全球电竞文化导论

张舸 孙静 主编

华东师范大学出版社
·上海·

图书在版编目（CIP）数据

全球电竞文化导论 / 张舸，孙静主编 .—上海：华东师范大学出版社，2022

ISBN 978－7－5760－3477－6

Ⅰ. ①全 ... Ⅱ. ①张 ... ②孙 ... Ⅲ. ①电子游戏—运动竞赛—文化研究—世界 Ⅳ. ① G898.3

中国版本图书馆 CIP 数据核字（2022）第 226865 号

全球电竞文化导论

主　　编　张　舸　孙　静
责任编辑　顾晓清
审读编辑　赵万芬
责任校对　张诗雨　时东明
封面设计　陈玮琪
版式设计　刘怡霖

出版发行　华东师范大学出版社
社　　址　上海市中山北路 3663 号　邮编　200062
网　　址　www.ecnupress.com.cn
客服电话　021－62865537
网　　店　http://hdsdcbs.tmall.com/

印 刷 者　上海邦达彩色包装印务有限公司
开　　本　787 × 1092　16 开
印　　张　27.5
字　　数　380 千字
版　　次　2023 年 4 月第 1 版
印　　次　2023 年 4 月第 1 次
书　　号　ISBN 978－7－5760－3477－6
定　　价　128.00 元

出 版 人　王　焰

目 录

Contents

编者序

近年来，电子竞技已成为全球重要文化活动，拥有庞大的受众群体，并引发了社会各阶层的强烈关注。然而当前由于研究成果的匮乏，国内对电竞的理解往往停留在经验层面，缺乏对电竞文化的深度解读，甚至存在着不少误解。为此，完美世界游戏研究中心启动了“全球电竞研究”（Connected E-Sports Research）科研项目，将电子竞技理解为一种基于具体社会历史语境的文化现象，借鉴国外知名电竞学者的专业知识和研究成果，使用学术论文、专题讲座、学术对谈的方式，力争从严肃的学术视角出发，深度解读电竞文化，为国内外电竞研究者、电竞政策制定者、电竞从业者以及未来有志于加入该领域的年轻人提供有力的参考。

该项目源于完美世界与全球电竞学者针对“电子竞技文化”开展的系列国际合作。2019 年初，应完美世界游戏研究中心的邀请，电竞研究国际专家、澳大利亚皇家墨尔本理工大学游戏媒体实验室主任艾玛·维特科夫斯基（Emma Witkowski）赴上海参加国内首届电竞产业人才培养学术研讨会，并发表了名为“电竞与跨机构的互动参与”的主题演讲。之后，来自国内外电竞产业资深从业者、高校及科研机构的电竞研究者以及行业协会代表共聚一堂，对电竞文化及电竞教育等议题展开了深入讨论。以此为基础，完美世界游戏研究中心进一步启动了“全球电竞研究”项目，力图打破学术研究和知识分享的壁垒，呈现全球电竞文化的多样性，让项目成果能够惠及更多受众。

联结的意义

2020年，编者在讨论“全球电竞研究”项目时，最初是想将一些优质的电竞研究成果介绍给国内乃至全世界的学界和产业，但若仔细推敲，“介绍”一词也不太恰当。首先，它听起来中立，实际上却深藏着学者及其观点选择背后的基本价值观。其次，它还暗示着一种单向的知识传播，即假设存在无知受教的一方。比较式研究几乎总是想要导向某种目标，希望至少从别人那里学到点什么。实际上，我们不想停留在简单比较的层面上，而是对创建联系更感兴趣。“联结”（connection）这个词更加开放，对其地点和内容都未做定义，因此，本书秉持着更开放的心态，其中收录的学术文章和沙龙演讲采用了极为不同的视角和研究方法，涉及多个不同学科，希望读者能够通过这些迥然不同的切入点，找到自己想要的联结点，不管是由其他国家或地区与自身经验的相似性而得到共鸣，还是从批判理论中重新认识电竞，抑或是从对某款电竞游戏的“深描”（thick description）中得到新的思考。

本书虽然中文名为“全球”，但并非要构建一个同质化的全球电竞网络，也不是某种永久的档案或者电竞研究的成果库，而是想促成多样性，用研究角度和语境中兼具暂时性和时间性的协同作用去激发和产出基于具体语境的知识，涵盖体育科学家、心理学家、人类学家、社会学家等不同人群，让电竞研究这个新兴领域成为开展跨国跨学科合作的良好契机。本书涉及十篇学术论文与四场学术沙龙，虽然其原来的语言主要为英文（除了日本电竞沙龙），但我们并非要推广一个盎格鲁中心视角，而是出于英语这一国际通用语言的便利性。同时，此书也并非以商业收益为准绳，这当然不是说电竞的市场利润不重要，而是说以纯粹利润为导向会模糊我们的全球视角，让我们看不到其他相对较小的电竞生态，比如波兰、芬兰、巴西、日本。我们的任务不只是向国内读者进行介绍，也是在联结中国或者说中文世界与世界各地的电竞从业者、研究者和爱好者。

就联结而言，编者想推广一种以地域电竞历史文化为基调的互动视角，从而帮助读者建立新的联系，例如中国与韩国（从史蒂芬·雷亚的文章中可以明显地看到韩国的加速感和中国的加速感的联结）、中国与巴西［从迪亚哥·法尔高（Thiago Falcão）的讲座中可以察觉到历史上的盗版和网吧文化的联结］、芬兰和澳大利亚的相似点以及韩国与日本的巨大差异等。我们可以从本书的文章和讲座中得到各式各样的线索，然后自己联系起来生成新的知识。与此同时，在生产这些联结的时候，我们也要时刻提醒自己，不要陷在两个主流文化认同系统（比如中文与英文）之间的循环，而要主动去从相对的时间和空间中寻找其他可能性。例如，我们从迈克尔·博罗维和金大勇的文章中可以看出，日本游戏生产商在20世纪80到90年代的街机电竞中处于统治地位，这与杨骏骁所描述的一个疲软的当代日本电竞市场形成了鲜明对比；再如，我们也可以从扬·什韦尔赫提到的卡牌游戏的电竞化直接质疑汤姆·布洛克对电竞这一体育形式的批判。

谈及针对电竞游戏本身的研究，编者提倡对游戏进行深描，细致具体地描述电子游戏，而不是泛泛而谈。例如本书对《炉石传说》和《DOTA2》进行了细致入微的描写，不管是游戏系统还是其具身性。我们也特别想让读者看到一些在自己舒适圈之外的游戏，了解游戏文化的异质性，因为不管一款游戏在某个国家或地区有多么流行，换一种环境可能就完全不同。例如，我们可以通过《万智牌》来了解传统游戏的电子化之路，通过《我要活下去》（*Free Fire*）来研究巴西阶级与种族问题，通过《喷射战士》来理解日本游戏生产者如何用游戏设计来编辑或重组文化元素。

篇章介绍

本书分为四个部分。第一部分为整本书提供理论和历史基础，尝试从不同的角度定义电竞、批判电竞和追溯电竞的现代起源。第二部分从玩家的角度去讨论电竞类游戏中的身体操纵、情感及微观与宏观、或失败或成功、或符合规则或不符合规则的游戏实践，这其中也包含了电竞运动员与普通玩家的身体性差异。第三部分主要讨论电竞观众、景观与粉丝文化，以量化研究和个案研究来看不同类型电竞游戏的景观化、粉丝与性别问题的关系。第四部分汇集了几位青年学者近期的研究成果，从本土语境出发，用不同的研究方法来解读地域电竞文化。

第一部分聚焦电竞的理论与历史，三篇文章分别从电竞作为一个体育项目的定义、电竞文化早期的街机电竞文化、电竞作为游戏理性化的警示这三个角度去探讨电竞的起源、定义和理论根基。这些观点并不是一个立场，但是恰恰如此我们展现了电竞理论的多样性。艾玛·维特科夫斯基的《在数字赛场之上》一文聚焦早期的《反恐精英》战队，详细描述了电竞运动员的具身性以及技术如何作为行动者（比如移动、触觉参与、平衡的身体），重新定义了电子竞技的体育性，并质疑了传统体育本体论中的一些固有假设。迈克尔·博罗维与金大勇的《电子竞技的先驱》一文，从“体验经济”的概念出发，回顾了早期北美街机圈的多种电竞景观和大型活动。作为当代电竞的起源，这段历史不仅对整个电子游戏史很重要，也有助于未来电竞产业化的发展。汤姆·布洛克的《罗杰·凯卢瓦与电子竞技》一文，基于凯卢瓦关于游戏特别是竞争的定义，对电竞导致游戏的“工具化”和不稳定性进行了批判。

第二部分从民族志、认知心理学以及现象学角度出发，对《星际争霸》《天堂Ⅱ》《星际争霸：母巢之战》《DOTA2》和《反恐精英：全球攻势》中的游戏与体育实践等具体案例进行了详细分析。史蒂芬·C. 雷亚的《校准游戏》以人类学的视角描述了在韩国的宏观“加速”叙事下，两款电子游戏的玩家如何从空间和时间层面校正不同的“劳作景观”，即《星际争霸》电竞选手的APM（每分钟操作次数）和《天堂Ⅱ》中的“体力活”（类似于中文语境中的“刷”或者“肝游戏”）。西蒙·多尔的《即时战略进程中的启发式圆环》借鉴了心理学中“启发式圆环”的概念，从作战、调动与战术计划出发，细致解剖了游戏《星际争霸：母巢之战》中的战术思维（或者说宏观策略）和实际操作（或者说微观操作），以概括电竞游戏背景下的认知与感知过程。本·埃格里斯顿的《眼见非实操》用一个独特的现象学角度，即“身体限度”的概念，来讲《DOTA2》专业选手和普通玩家之间操作的身体性驾驭差异、时机问题及其导致的消极情绪。西德尼·V. 埃尔文与安尤姆·纳韦德以游戏《反恐精英：全球攻势》中违反“体育精神”的行为（例如用外挂、卡bug等）为例，来探讨游戏观众是如何划分和辩护违反体育精神的边界的。

第三部分聚焦电竞观众与粉丝文化，从《万智牌》的电竞化到传统体育粉丝文化与电竞粉丝文化的差别，再到电竞景观中的性别问题。扬·什韦尔赫的《卡牌游戏的媒介化》详细分析了游戏发行商威世智如何分层次地逐步将《万智牌》深度媒介化。这其中涉及很多元素，比如为了让这款模拟类游戏能够符合当代直播文化，游戏在游戏机制、商业模式、媒介逻辑等层面上做出极大改变。肯农·A. 布朗等人的《交互媒体时代粉丝文化的交汇》一文基于1300多份调查问卷数据，使用量化方法分析了电子竞技爱好者的媒介消费情况，以发现电子竞技和传统体育用户之间的联系与差异。山姆·谢尔夫豪特等人的《在性别身份与玩家身份之间寻找平衡》以《炉石传说》选手“白泽”为个案，详细分析了电竞赛事中的性别差异。作为一款与“传统”电竞游戏（比如操作性极强的《星际争霸》）差异很大且玩家群体文化也不同的游戏，《炉石传说》给电竞背景下的性别议题提供了一个独特的案例。

第四部分是“全球电竞研究”学术沙龙实录，分别以波兰、巴西、芬兰与日本的地域电竞文化为主题。沙龙包括主题演讲和沙龙讨论两个部分，主持人为本书主编之一的张舸。

在东欧电竞专题沙龙中，波兰学者马特斯·费尔恰克（Mateusz Felczak）发表了题为“透过文化回路模式理解波兰电竞”的主题演讲。费尔恰克聚焦波兰电竞直播和大型赛事，通过“文化回路”的概念，探讨电竞文化的表征、身份、生产、消费和监管等要素。他把电竞视作一个由观众驱动的行业，并将观众理解为有意识的电竞活动消费者，由此构成生产和消费之间的媒介回路。他的演讲扎根于波兰的社会经济及历史文化，涉及玩家、战队、解说、赛事赞助方和主办方等人群，涵盖推广活动、直播策略、战队的社会经济架构、选手及观众在镜头前的呈现方式等内容。费尔恰克详细解释了电竞赛事的各要素——从全息影像到摄影机运动，再到数字文化的特定元素——在特定时期内是如何被仔细筛选及安排的。

在南美电竞专题沙龙中，迪亚哥·法尔高发表了题为“电子竞技在巴西：勇往直前的游戏”的主题演讲。法尔高在电子游戏与巴西复杂的社会经济和政治历史之间建立了全面的联系。他认为，巴西电竞文化是“个人意志、企业对自身平台的管理以及社会结构共同作用下的产物”。在巴西游戏及电竞史上，有一些关键符号，比如20世纪80年代的租赁店、局域网游戏屋、《反恐精英》中的里约地图、“巴西制造”（Made in Brazil）等《反恐精英》战队、巴西《英雄联盟》冠军赛以及最近流行的《我要活下去》。最后法尔高指出，“晚期资本主义和新自由主义的动向把握住了巴西人玩乐的脉搏”。

在北欧电竞专题沙龙中，主题演讲人为维利－马迪·卡胡拉迪（Veli-Matti Karhulahti），题目为“芬兰与北欧的电竞：文化、健康与心理学”。在芬兰，因为电竞被正式认定为体育竞技项目，所以电竞选手享有和其他体育选手相同的待遇。卡胡拉迪认为，电竞一方面可以满足多个层面的社交需求，另一方面也可能带来负面影响。他还表示，许多电竞选手相信自己的比赛表现会受到身体健康状态，包括伤病、营养等问题的影响。在心理健康方面，他认为问题的关键不在所谓“成瘾”，而是玩家是否有多个均衡的兴趣爱好。

在亚洲电竞文化专题沙龙中，杨骏骁以《喷射战士 2》为个案，发表了题为“日本作为方法：多样游戏文化的可能性”的主题演讲。杨骏骁认为，该游戏表达了一种知识论的视角，它源自日本近现代历史对各种本土和国外文化元素的融合和编辑，而非提炼自日本文化的精华。他还指出，日本的电竞游戏源自非常特别的社会科技基础结构，如其占主导的主机文化、法律体系等等。一方面，在日本政府推广的官方电竞游戏名单中，确实包括一些全球知名的游戏，比如《守望先锋》，但总体而言，其他像《DOTA》《星际争霸》《反恐精英》等爆款游戏在日本的流行程度却很有限；另一方面，日本的流行游戏很少具备成为电竞爆款的基本条件，但这并非因为日本观众不喜欢对战性的电竞游戏，而是因为日本观众可能更喜欢其他形式的竞争比赛。《喷射战士 2》的特殊之处在于，作为一款第三人称射击游戏，它却不突出射击机制，在这种情况下，传统射击游戏通过重新组合和编辑而被改变了。

在编撰过程中，本书遵循了两大原则，一是严谨务实，二是开放多元，尝试为国内外读者搭建一个兼具学术性和包容性的电竞研究学术平台，同时成为产业和学界互动的桥梁。感谢为本书编撰提供帮助及建议的所有人，尤其是在全球疫情期间参与“全球电竞研究”科研项目的海内外学者，没有你们的支持，本书难以完成。本书收录的文章属于作者/讲者个人观点，不代表编者及项目资助方的立场。若有不足之处，请大家批评指正，以便我们继续为全球电竞研究添砖加瓦。

张舸　孙静

2021 年 5 月 6 日

第一部分

电竞理论与电竞史

在数字赛场之上：我们如何在联网电子游戏中“做体育运动”①

艾玛·维特科夫斯基（丹麦哥本哈根信息技术大学） 文

蒋子祺 译

摘要

在本文中，作者通过分析《反恐精英》战队在职业业余混合（pro/am）的电子竞技局域网（LAN）赛事中付出的劳作与身体感受，探究了将玩电子游戏作为一种体育运动的概念。这份质性研究通过移动（movement）、触觉参与（haptic engagement）以及平衡的身体（the balanced body）等几个核心主题来描述玩家是如何身体性地参与到练习和比赛中的。另外，本研究还描述了游戏中的技术也是劳作的行动者；玩家与技术处于联网的、拓展的状态，并在同一个赛场内外发挥作用。通过提出电子竞技（e-sports）中是否存在“体育运动”（sport）这个问题，本研究质疑了传统体育本体论的正当性，同时探究了将电子游戏视作正当体育运动的观念。

关键词：电子竞技；身体性；触觉参与；移动；平衡；反恐精英

---

① 本文英文原文为：Witkowski, E. (2012). On the Digital Playing Field: How We “Do Sport” With Networked Computer Games. *Games and Culture*, 7(5), 349-374.

前言

“好玩儿，有挑战性”，“肾上腺素”，“竞技”，“肾上腺素”，“肾上腺素”——五位队员用这些直观的词语上气不接下气地描述着自己参加这项体育运动的动机。他们从事的体育运动是多人第一人称射击游戏（First-person shooting game，简称 FPS）《反恐精英：起源》（*Counter-Strike: Source*，CSS）；这个游戏是名为“X 体验”（The eXperience）的局域网赛事的一部分。这场赛事为《反恐精英：起源》比赛提供了一万欧元的奖金，吸引了来自欧洲各地的选手和战队前来报名参赛。这些年轻人（这场比赛中所有的选手都是十几岁到二十岁出头的男性）用**电子竞技**的名义来玩这款电子游戏。通常，电子竞技是指以组织化的竞技方式玩电子游戏。在过去十年间，这种游戏方式通过联网的电脑进行，其中，结构化的网络游戏战队与网络化的本土赛事，为玩家 / 选手 * 提供了一个参与严肃对战或职业竞技的场所。然而还有一个问题仍待探讨：这些电子游戏选手们是如何“做体育运动”的？

本研究通过分析局域网赛事中多人 FPS 电子游戏《反恐精英：起源》（Valve，2014）和《反恐精英 1.6》（CS 1.6，Valve，2003）的玩家 / 选手实践，来探究电子竞技中的“体育性”（sportiness）。本文涉及两个带有争议性的话题，它们经常出现在把电子竞技当作体育运动的探讨中。第一部分探究了玩家 / 选手的身体性如何在这一特定竞技背景下得到展示。第二部分探讨了人的表现与技术之间的关系，着重审视了这种关系在电竞领域和比赛情境中所发挥的作用。为完成上述讨论，本文会涉及人的移动、平衡和镇定、触觉参与、联网的身体和技术中的感官性等主题。

迄今为止，电子竞技已经引起学术界的关注，相关研究视角包括游

---

* 译注：由于原文“player”既可以指（普通）游戏玩家也可以指（职业）体育或电竞选手，在两种意思都有表达的情况下，翻译为“玩家 / 选手”。

戏的物质性（N. Taylor，2009；T. L. Taylor，2012）、电子竞技的历史（Lowood，2010）、游戏的专业操作和专业性（Reeves，Brown，& Laurier，2009；Wagner，2006）以及高水平比赛（Harper，2010；Rambusch，Jakobsson，& Pargman，2007；N. Taylor，2009；T. L. Taylor，2012）等。这些研究都直接指出或间接地说明，就电脑前的玩家而言，其具身性有多重要。本文试图为这个不断发展的研究领域增添一种严谨的现象学视角，详细解释“做电竞运动”时的身体与技术。本文的贡献在于：它对体育本体论展开了批判性分析，并呈现了针对玩家 / 选手如何实现并完成联网体育动作的田野调查。本研究的重要性尤其体现在与传统体育研究的对比参照方面，特别是该研究通过严谨地观察玩家如何“做”电子竞技，可能有助于进一步讨论现代体育运动（在形式、体验和文化层面上）是什么，以及“可能成为什么”。此外，联网团队式的比赛提供了一些具体的、有挑战性的瞬间，这些瞬间有助于我们以批判性的视角来反思当代对体育运动中的身体与游戏技术的理解。

方法

“电子竞技”这个称谓不正是一个绝妙的矛盾修辞吗？一样东西何以成为“电子竞技”？它可能是什么呢？也许它是指在职业网球赛事中用到“鹰眼”（*Hawk-Eye*）技术的情况。“鹰眼”是在比赛中作为电子司线员的网球飞行轨迹跟踪系统。另一个合理的猜测是电子竞技也许是一种运动模拟（sports simulation）、一个数字化的运动场或是一场激光枪比赛（laser tag）。其中，技术不仅仅延展了身体的机能，而且也在竞技场上发挥着作用（Giddings，2006；T. L. Taylor，2009）。由于电子竞技中强调的是“电子”而非选手在该空间中做运动的身体，基于常识，人们可能会反对任何将电子游戏归类为一种体育运动的说法。传统概念中对体育的想象往往是一名处于移动中的选手，即视觉上可见的活动中的身体（Edwards，1973；Hargreaves，2004）。四肢穿越球场或运动场，往往是文化中被认可的身体的“体育运动状态”（sporting motion）（Meier，1988；Osterhoudt，1973）。对于那些从未在第一人称射击游戏中走过地图、从未在即时战略游戏或格斗游戏中卡在精确的时间地点上做出一系列组合动作的人来说，电子竞技作为一项潜在的体育活动，可能就像一个从未听过的和弦（关于电子竞技 / 高水平游戏操作在其他游戏类别的探讨案例可以参考这些文献：Harper，2010；Rambusch，Jakobsson，& Pargman，2007；N. Taylor，2009；T. L. Taylor，2012）。为了说明电子竞技的现状并详细地描述玩家 / 选手的实践和实际游戏体验，本研究主要采用了观察方法并对 2009 年两场最主要的斯堪的纳维亚电子竞技职业业余混合比赛——“X 体验”（丹麦，《反恐精英：起源》比赛）和 2009 年“DreamHack 冬季赛”（简称 DHW）（瑞典，《反恐精英 1.6》和《反恐精英：起源》比赛）中的《反恐精英》选手和赛事主办方进行了半结构化访谈。另外，我还在洛杉矶举办的 2010 年“世界电子竞技大赛”（World Cyber Games）的《反恐精英 1.6》总决赛中进行了额外的观察、访谈和照片记录。最后所提到的这项田野调查是为了检查研究的饱和度，也是为几个核心主题进一步收集视频和照片记录。在这些各长达三四天的局域网赛事中，我观察并记录了初期的循环赛、中期的双败淘汰赛以及总决赛。

在“X 体验”比赛现场，我总计进行了 15 份从个人到团队的半结构化选手访谈。这些访谈中有来自五个不同战队、四个不同国家的选手，其中有职业的、半职业的，也有业余级别的。这些受访的选手和战队有来自胜者组的获奖队（比如完全受到资助的职业战队），也有来自败者组的队伍，他们带回家的仅仅是游戏体验（比如斯堪的纳维亚的自费业余战队）。此外，我在现场以及赛后，还与赛事的主办方进行了正式与非正式的访谈。在 2009 年的 DHW 中，我又与一支业余《反恐精英

1.6》战队中的四名选手进行了访谈。对 DHW 的研究着重“站在选手或战队的背后”（over-the-shoulder）来进行观察，通过各种不同的观看视角，其中包括：坐在现场的一个观赛区、通过线上的网站（推特上的比分更新和评论、对赛事的现场直播和回播）以及参加“极限梦幻竞技场”（*DreamArena Extreme*）——《反恐精英 1.6》的决赛就在这个大厅的舞台上进行，现场有电竞解说（shoutcast）* 和 1100 名欢呼雀跃的观众（以及数千名在网络上观看直播的观众）。

《反恐精英 1.6》的战队和选手大多数都达到了“职业生涯”（career）或“职业”（professional）** （这些选手以某种形式获得薪酬）的竞技水准①。在参加这场比赛的 32 支战队中，有 25 支是“职业”战队，来自 13 个不同的国家。这场比赛中还有以下参赛队伍：

- 13 支通过各个全国联赛获得资格的战队（最远的国家队来自马来西亚）。
- 3 支前 DreamHack 赛事获胜者战队。
- 6 支在现场获得资格的业余战队。
- 3 支级别不明的战队。
- 7 支著名的电竞职业战队，被直接邀请参赛。

---

* 译注：shoutcast 专指为电竞比赛做现场的解说评论。

** 译注：作者明确区分了“职业”和“职业生涯”两个词：职业在这一语境下指可通过比赛获得经济收入的选手，而职业生涯指的是一个选手长期参与电竞所付出的训练和持续地参加比赛。详见下页注释。

① 在我接触过的选手和战队中，获得的奖励差异很大：有的是由赞助商提供住宿和差旅费用，有的选手从职业战队中获得薪资和特权合同（从小钱到报酬丰厚的长期合同）。有几支队伍是自费的（这些主要是在 DHW 和“X 体验”中的本地或斯堪的纳维亚的战队），许多选手只有在赢下比赛奖金的情况下才能拿到钱。然而，这未纳入尤其在《反恐精英 1.6》和《反恐精英：起源》当中更广泛的“为了钱的比赛”（money game）（更多细节参见 Ashley，n.d.；Kane，2008；Taylor，2012）。

正如上述分类所示，在这个由如此参差不齐的选手组成的竞技场上，用“职业”甚至“职业生涯”一词是比较模糊的[①]。此外，本研究还纳入了一位前《反恐精英 1.6》职业选手的自述经历，他参与了 2010 年的《电子竞技与电玩运动主义：欧洲篇》（*E-Sports and Cyberathleticism: European edition*，一场由 T. L. Taylor、Emma Witkowski、Henry Lowood 所举办的工作坊）的玩家 / 选手研讨会。作为一名自己也玩游戏的研究者，我曾在局域网比赛以及线上玩了数年《反恐精英 1.6》和《反恐精英：起源》。玩游戏为我提供了：玩家们于赛场上相互比拼的实际身体体验；身体上对时机和团队合作的感受；对专注、精准和身体控制的体验；对游戏中涉及的技术设备的感受。论述我自身的背景立场时，我必须说明我曾经是一名职业篮球运动员。我也借助了这一经历来考量体育运动和电子竞技中身体的细微差异。在整篇文章中，所有的受访者都用假名来称呼。

选择《反恐精英》的主要原因是由于它一直在电竞“圈”占据主导地位（在传统体育本体论中，持久性是一个“必要条件”），以及《反恐精英：起源》和《反恐精英 1.6》就游戏玩法和局域网比赛的设定而言有着紧密的联系。通过考察《反恐精英》作为电子竞技所涉及的各种选手群体和其他事物，我希望本研究能够提供一个更广阔的视角，进一步了解这项特定的活动是如何被构建、玩和体验的。然而也必须强调，这种特定的第一人称射击游戏仅仅是电竞领域中众多形式的一种。许多其他的游戏、游戏类型、电竞设定，以及某些选手们会参与到更广泛的电竞

---

① 职业（professional）的头衔并不一定意味着选手是拿薪水的，但通常是可以从赢得比赛中获得经济收入的选手（未必依靠这个收入来生存）。职业生涯（career）也是一个很模糊的词（Chambliss，1989），但对于一些电竞选手来说这确实近似于他们从事的方式，即长期的训练和严肃的比赛，在从事的期间有不同程度的参与、归属感和成就。

探讨中，在他们的比赛表现中都具有自己特定的集合（assemblage）*与身体性。在这一点上，未来的研究可能可以关注不同的身体与其他游戏中的技术表现，比如，即时战略游戏或格斗游戏圈、家庭游戏、观赏性作为游戏的一部分以及非专业的竞技玩家的参与（这些方向的研究可参见 Harper，2010；Lowood，2007；N. Taylor，2009；T. L. Taylor，2012）。

电竞赛事中的《反恐精英》

从电竞形式上来说，在传统局域网赛事中，《反恐精英 1.6》和《反恐精英：起源》是 5 对 5 的比赛（见图 1）。游戏中双方队伍面对面坐，一支“恐怖分子”队（以进攻开局，目标是在两个地点之一安置炸弹）对战一支“反恐精英”队（以防守开局，并试图阻止对手成功引爆炸弹）。对战双方的目标是将对手从赛场上除掉（fragging **）。玩家之间既有口头交流也有非口头交流。战队内部的沟通可以使用游戏内的聊天系统（尽管这受到不同比赛规则的限制）、标准化的游戏内交流（比如向团队发送通用的警示或指令）、语音交流（《反恐精英》有内置的语音频道，但在实践中经常会使用第三方软件）或者在同一房间内的队友交谈或打手势。其他比赛标准中还包括以下几点：

---

* 译注：“集合”作为一个哲学概念来自德勒兹与伽塔利，这个概念后来被泰勒（T. L. Taylor）采用。“游戏的集合”（assemblage of play）指的是玩家在游戏过程中与各种技术、经验和社会性的集合。此处作者对集合的用法与泰勒类似。

** 译注：fragging 在《反恐精英》的语境下泛指击杀，该用语来源于在越战时期有美军士兵使用碎片手雷（fragmentation grenade）来杀害己方军官，在军事语境中泛指故意杀害队友的行为。

图 1：FPS“X 体验”的第一人称射击局域网赛事配置：
赛场上的玩家（在田野调查中拍摄）

●由比赛主办方提供的标准化设备。比如，连接到同一个服务器的同一款 PC，并分配了同样大小的游戏区域。

●个人周边。其中包括鼠标、耳机、键盘，以及配置文件（configuration file），可将操控角色移动的指令绑定到键盘的特定按键上[①]。

●按胜利的场次计算的分数。目标包括引爆、解除炸弹或消灭对方整个队伍——或者两者都实现。

●完成目标可获得的游戏内的金钱。游戏里的钱有助于战队获得更好的道具，因此也是游戏中关键的策略因素。

规则至少存在于三个地方。在游戏的代码、比赛的规则（据我观察是变化且灵活的）以及游戏社群中（关于电子竞技中对规则的详尽分析和解读，参见 Taylor，2012）。

① 具备同样的技术条件未必等同于竞技场上的“公平”。实际上，关于技术如何在局域网竞技环境中影响个体选手有充分的分析和记录（参见 T. L. Taylor，2009，2012）。

我所参加的比赛，每一回合时长都被限定在1分45秒以内，而比赛是在三张地图中的三局两胜制。总的来说，比赛设定如下：

●每场比赛最多有30个回合。

●参赛者扮演“恐怖分子”15个回合，而在剩下的15个回合中切换角色为“反恐精英”。

●优先获得16个回合胜利的队伍获胜。

●一场比赛可以达一个小时以上（比如，在DHW中比赛时长最多为1小时15分钟）①。

在深入探讨选手的实践之前，先用一小段来厘清“体育运动的必要条件”的定义和分析。

体育运动的必要条件

> 赛博格体育运动的时代成为一种对默认的与生俱来的能力（perceived naturalities）的解构，这种解构不仅针对运动员的身体或运动中人的特性，而且还有对体育运动的常见定义。（Butryn，2002：119）

泰德·伯顿（Ted Butryn，2002）在他关于身体和技术的哲学著作中，探讨了传统体育运动和运动员的一些“默认的与生俱来的能力”。延续他的论点，我认为电子竞技挑战了人们对于体育运动的一些常识。然

① 在赛事中，包括为了壮观场面所做的各种额外准备（让观众就座、评论员做准备、解决各种技术问题等），一般像DHW决赛这样的大型联赛可以长达两个小时。

而，要分析“对体育运动的传统定义”需要先展开这些概念。展开各种对体育运动的定义就可以看到传统体育和电子竞技之间的相似点与不同点。除了对体育的正式定义之外，我也引入了对体育的现象学和社会学描述，因为它们不仅体现了这些定义边界的柔软，也展现了体育运动的感官层面，而我认为这开启了对电子竞技作为体育运动的更丰富的理解，乃至广义上对传统体育的重新认识。（1979 年到 2009 年间对体育的定义可参见 Caillois，2001；Coakley，2008；Edwards，1973；Eitzen & Sage，2009；Giulianotti，2005；Guttmann，2004；Hargreaves，2004；Meier，1988；Suits，1988；Sands，1999）

这些对体育运动的定义有四个显著特征：

- 体育运动是身体性的。
- 体育运动是有规则的。
- 体育运动中存在竞技。
- 体育运动是有官方组织的①。

虽然所有这些特征都值得从电子竞技的角度进行严谨的分析，然而本文将视角收窄到最突出的体育运动的必要特征之一，即这项活动是**身体性**的。我也会对体育运动中**玩**（ludic）的元素进行分类。在这一点上，我注意到体育社会学家理查德·朱利亚诺蒂（Richard Giulianotti，2005）将体育运动中玩的元素描述为“萌芽的兴奋”（germinating excitement）。在分析**体育运动的感受**（sensations of sport）时，这一特征得到关注，正是由于那种运动中的熟悉感受让电竞选手们认为他们所参与的是一项正

① “体育运动的必要条件”中的“有官方组织的”，是对体育的定义中最具有争议的一点。正如迈尔（Meier，1998）以及伊森和赛奇（Eitzen & Sage，2009）所提出的，体育可以是非正式的、有组织的或是有集团支持的。

当的体育运动。此外，彼得·阿诺德（Peter Arnold，1979）在他关于体育中运动的重要性的著作中提出，体育的“本质”应当被视为是**大于**其形式方面的。他强调体育运动是一种实践，而在这种实践中我们所附加的各种意义和动机是理解和认识体育的重要因素（p.146）。换言之，要理解电子竞技，那些在现场观察、体验或描述的实践是十分重要的。通过赛场上的故事我们才得以探讨电子竞技的身体性和感官体验。这些来自对体育的传统概念的论点，有助于我们思考这个相对新的（相对于体育运动的历史），且某种程度上少有（学术）关注的竞技性的、有组织的和身体性的游戏。

讨论

实践中的玩家——身体性与电子竞技中的技术

身体性是构成“体育运动的必要条件”中最重要的一点（Caillois，2001；Coakley，2008；Edwards，1973；Eitzen & Sage，2009；Giulianotti，2005；Guttmann，2004；Hargreaves，2004；Meier，1988；Sands，1999；Suits，1988）。从国际运动员的身体到哲学和社会学上的描述，这种运动知觉（kinesthetic）的特性总是处于体育修辞的中心。因为对体育的刻画中经常指出，这种身体性能和竞技者的发挥是决定体育比赛胜负的关键因素（Council of Europe，1992；Meier，1988；Suits，1988）。就电子竞技作为正当的体育运动而论，毫无疑问身体性就是其阿喀琉斯之踵。电竞比赛的选手和主办方在访谈中明确地指出，要清楚地说明电子游戏如何涉及身体性是十分复杂的，选手们也很难把握他们从事的活动中的“体育性”在哪里。或许这种讳莫如深也显示了这些年轻人从未在口头上表述过他们是如何在感官上体验他们的运动的。

找寻体育运动中的身体性也并非一个新的挑战，像国际象棋这种游戏已经被列为公认的奥林匹克运动项目，但同时也在体育研究文献中被定义为一种非身体性赛事（“纯粹”的智力竞赛）（Caillois，2001；Guttmann，1978，2004；Meier，1988；Osterhoudt，1973）。类似的争议也出现在涉及机器或动物的运动中，如纳斯卡赛车（National Association for Stock Car Auto Racing，NASCAR）和马术（Butryn，2002；Giulianotti，2005；Gumbrecht，2006）。在体育运动的身体性中，人体的**运动表现**（movement performance）是处于核心位置的，也就是说，运动的身体是否有助于或影响了比赛的结果。无论是电子竞技中对心理战略的强调，还是决定胜负的技术（通常协调了游戏中的行动），电子竞技与其他“在边缘地带”（push to the fringe）的运动（如飞镖）面临着一样的挑战：需要对竞技的身体表述出“充分的身体性”才能够在文化层面上被认可为一项正当的体育项目（Guttmann，1978）。

在下文中，我将探讨电子竞技选手的身体性**在哪里**、**是什么**以及是**如何执行的**。本文探讨针对那些《反恐精英》玩家 / 选手的身体性中最具不确定性的领域，包括人的移动、平衡的身体与触觉参与。在这之后是关于游戏中的技术的讨论，重点是选手和技术作为相互延展的网络创造了游戏中的行动和结果，此外还有对电子竞技中感官体验的分析。

玩家 / 选手与团队的移动

我观察到的高水平的《反恐精英》玩家 / 选手所做出的动作是熟练（受过训练的）且能够把握时机的。玩家 / 选手必须通过显示屏上有限的视野，穿行于三维的数字地图中。在数字赛场上，因为不具备边缘意识（peripheral awareness）的可能，故而让角色的头部移动（将视野左右移动）以及知晓从哪里查看对手的位置成了高水平比赛中的必要运动动作（Reeves et al.，2009；Sudnow，1983）。在游戏中呈现的角色移动是有风险的。在每回合开始时，有五名玩家 / 选手都在寻找机会，争取把对手从赛场上消灭掉。因此，所有的移动都是团队仔细地设防、练习并经过战略优化的，而玩家 / 选手的身体动作也经过了微调。所以，游戏是建立在玩家 / 选手和团队间协同移动的基础之上的。如果一位选手 / 一支队伍从 A 点移动到 B 点的能力很差，或者无法迅速精确地瞄准他们视野中的敌人，甚至不善于在赛场上移动时与队友进行空间上的协调（这些队形配合有不同的方式，取决于扮演的角色、地图以及场上剩余的选手数量），那么“失败”的概率就随着每一次发挥欠佳的行动而增加。这种对选手移动的论述可以与罗伯特·奥斯特豪特（Robert Osterhoudt，1973）对象棋的诠释进行比较。他认为象棋是一种不具备“运动性移动”（sporting movement）的交战（用奥斯特豪特的术语来说，是一种“纯粹的智力竞赛”）[①]。奥斯特豪特提出象棋（在标准的“没有计时”的情况下）这种比赛方式并不需要身体的表现，即运动知觉对任何棋子从 A 点到 B 点的移动都不造成影响（Osterhoudt in Drewe，2003）。然而，从炸弹投放点 A 行进到炸弹投放点 B 的许多移动决策，都与游戏中每时每刻的结果有关。为了进一步阐述移动对体育比赛结果所造成的核心作用，克劳斯·米尔（Klaus Meier，1988）提出：

> （在这里）……（体育运动和游戏之间）有一个重要的区别，即体育运动需要展现身体技能，因此其结果在一定程度上取决于参与者所展现出的身体素质。因此，尽管身体动作和特定的机动移动（motor movement）对于许多比赛的结果来说都不重要，但这些明确且多样的因素对于体育运动的表现来说却是至关重要的。（pp. 24—25）

或许，身体的移动可以用更简单的话语来阐述，即“我们边行动边

① “运动性移动”这个概念所遵循的论点是，对移动中时机的把握和执行力提供了体育运动与“其他”项目之间一种微妙的区别——无论是游戏还是智力竞赛。

思考，而非行动开始前就想好了一切”（Ingold，2000：230）。社会人类学家蒂姆·英戈尔德（Tim Ingold，2000）关于对环境的感知的研究有助于理解移动，他提出，“当我们从一个地方行进到另一处时，我们从一系列图像中穿过，每一幅图像都是针对一个特定的位置，因而使我们得以识别沿途中那个特定的**位置**”（着重部分由作者标明，p.224）。根据英戈尔德的描述，我指出《反恐精英》让玩家们处于一个持续移动并制造意义的过程之中。随着一名玩家做出的任何移动，对手和队友都在观察这些“位置”，并对这些变化中的场景（组成当前位置的图像、声音等）做出反应，而其中任何的移动都对游戏的最终局势至关重要。在团队比赛中，玩家互相协作并对抗对手的身体间性（intercorporeality）*，为穿行于场景中的意义增添了另一层维度（Hockey & Allen-Collinson，2007），因为队友之间的交流和不断变化的游戏平衡使得游戏中的移动表现尤为多变。

当我近距离观察一个美国《反恐精英 1.6》职业电竞战队时（DHW 中的一场争夺铜牌的比赛，奖金为 2600 欧元和五台赞助商提供的电脑），我听到队长喊出了一个暗号，示意他的队友们冲到地图上的一个特定位置。面前的显示屏上一连串迅猛的移动让我感到眩晕，更加令人晕头转向的是有些屏幕上来自不同方位的视角旋转了 180 度。他们用熟练的手法转动着角色，穿行在火车站的地形中，步调一致地汇合，在一阵鼠标左键连击发出的枪声（砰砰砰！）后，他们精准地消灭了最后一名对手。莱特、博里亚和布莱登巴赫（Wright，Boria，& Breidenbach，2002）指出，在《反恐精英》中，“游戏的过程并非简单地在虚拟场景中盲目地移动，而是把握了游戏特点的反射意识（reflexive awareness）的移动……”（para.4）。根据大卫·苏德诺（David Sudnow，1983）对地形（terrain）

---

* 译注：身体间性是由梅洛－庞蒂提出的一个现象学词汇，关注个体与他人身体之间的关系。

图 2：在《反恐精英》中运动性移动（在实地调研中拍摄）

的概念，里维斯等人（Reeves et al.，2009）呼应了这个观点，他们指出专业的操作要求选手们在“一瞥之下”（at-a-glance）就能够把握地形，因为“高手知道（在地形中的）每个行动的含义并采取相应的行动”（pp. 205—227）。回到我之前对选手快速转动的评论，里维斯等人（Reeves et al.，2009）和莱特等人（Wright et al.，2002）的观察都回应了这一点，尤其是针对特定的游戏局势。引起队长突然行动的是炸弹滴答作响的声音。一旦炸弹被安置好，会在 35 秒钟后爆炸。当炸弹被安置后，“反恐精英”一方所面对的游戏局势集中在了节奏和精度上。游戏的节奏被打乱了，近似于一场（向着炸弹安置点的）赛跑，而把握时机和对敌方的意识（在此情景下，只剩最后一名敌人）以及对自己仍在场上的队友的意识，对于影响最终结果的快速决策至关重要。要实现在《反恐精英》中的“运动性移动”，即边看边移动，选手需要身体性地参与其中，比如维持对身体的控制，同时迅速地穿行在游戏环境之中。通过与团队的协调（通过敏捷的身体间性，比如“用身体来感知”团队的节奏）来娴熟地移动角色，以及在微调呼吸节奏下，通过手部和手指的肌肉和肌腱活动，身体性地执行操作①。我们在此类电子竞技中看到的是，移动对于每一场比赛的结果都至关重要。

平衡的身体

《反恐精英》中的移动是一种视觉体验。即便是刚刚上阵的新手也能够注意到，要参与到游戏中必须协同移动且营造方位的意义（locational meaning making）。然而，在游戏中还有更加细微的身体参与，这种细微的参与导致一种平衡的身体。平衡的身体可以理解为身体在调节比赛带来的压力。这一点显示在两个核心领域中。首先是为了执行屏幕上的操作而做出的身体选择，其次是身体的镇定受到操作和游戏情境中节奏和强度的影响。下面这段田野笔记为游戏中平衡的身体与镇定提供了一个范例：

> 四十台显示器微弱地照亮了黑暗的大厅。坐在我前方的选手绷紧了他的身体，轻轻地移动着鼠标画着小圈。接着，鼠标在他屏幕

---

① 《星际争霸》（Blizzard Entertainment，1998）的竞技选手所报告的每分钟操作次数（APM）是另一种身体性与移动的形式。有的竞技选手的 APM 能高达 300，《星际争霸》选手的情境意识和位置选择与这种微观移动的效率有紧密的联系（Kuchera，2010）。

大小的鼠标垫上迅速地抬起并扫过。在定位的同时，他的左手协调地使用事先调试好的键盘，使他的角色能够流畅地转动。他在走廊里来回穿梭，并迅速地转向对手可能试图占领的区域。一切都很安静。他慢慢地、静悄悄地爬上一个消防梯，向楼上窥视。他看了一、二、三次，每次观察一个不同的区域。第三次时他开枪了，却被一个耐心和安静的敌人给消灭了，敌人已经在那儿蹲着静候了他多时。当我面前被干掉的选手屏幕逐渐变黑，我看到坐在他身边的队友很大动静地往另一个消防梯跳了下去，急着要安置炸弹。他着陆的方向非常完美（在半空转弯 180 度），冲向炸弹投放点并同时侦查敌人。他转过身来倒退着走，以便观察房间的后方入口。炸弹被安置好了。余下的两名“反恐精英”在听到声音后立刻发起进攻，就在几秒之内，最后一名蹲在炸弹旁边保护炸弹的恐怖分子就被解决了。

第一人称射击游戏以给那些不熟悉空间方向感的玩家们带来晕动症而出名。快节奏的比赛给许多玩家带来眩晕感，这是由于在三维环境中迅速并稳定地寻找方向是有挑战性的。这种方向感的丧失出现在移动的玩家身体中，比如身体的躯干向着屏幕上的角色同样的移动方位倾斜（Westecott，2008）。一个很常见的景象是，新手玩家的身体弯向了屏幕，试图窥视那些游戏中数字图像表征的角落（Lahti，2003；Swalwell，2008）。然而即使是经验丰富的电子游戏玩家（那些不常玩第一人称视角的人）也会体验到晕动的感受，即便他们已经“了解”数字环境。我所观察的选手中没有人倒向屏幕或模仿他们角色的移动，他们的移动也没造成恶心难受的表现。这些选手们做出的身体选择是让身体**不要**陷入任何松懈的动作。他们挺直着背，肩膀前倾，将精力投入到控制做好准备的手和手指上——游走于熟练的、有目的的操作之间——从视觉上就可以辨识出这些是受过训练的手（Sudnow，1983）。霍克尼和艾伦 - 柯林森（Hockey & Allen-Collinson，2007）指出，运动中的身体做出的身体性选择与移动和身体的时机有关，比如手臂在运动中的节奏。这让我想起我在田野笔记中对运动中的身体的描述（操纵鼠标时做出扫动的动作），但他们也探讨了**有效的身体控制**，比如，呼吸调控对许多选手来说是体育运动中一个重要的组成部分（pp. 119—120）。

可以挑出一个特定的点位来思考有效的身体控制，也就是建立或破坏一个阵容中不可或缺的玩家 / 选手——狙击手。正如《反恐精英：起源》选手霍尔格（Holger）所解释的，“狙击手的能力是可以将地图一分为二，这就为其他四位选手提供了很多游荡的空间去锁定炸弹的地点”。狙击手的任务是掩护队友会在地图上暴露的区域，这些暴露的区域是从爆炸点 A 到爆炸点 B 的必经之路，因此狙击手的技能至关重要。当我现场观看一场局域网比赛中的某支队伍时，几乎无法从屏幕上看到狙击手。隐藏在一片废墟和阴影下，狙击手蹲在一条长长的走廊的尽头，融入了场景。我面前选手的屏幕上的视角，在武器瞄准镜和常规视野之间不停地切换。他很镇定，做好了准备，等待着行动的信号。狙击手的任务（在狙击的时候）不是穿行在地图之中，而是要给对手在地图中的穿行造成困难。从表面上来看，我面前的这位选手看起来几乎是放松的——呼吸缓慢，手指轻微地放在键盘上，轻轻地扫动着鼠标，视角悬停在预期的突破点（breach point）上[①]。戈登・卡勒加（Gordon Calleja，2007）在对詹姆斯・纽曼（James Newman，2002）的遍历连续体（ergodic continuum）[*]提出批判时强调，当狙击手静静地监视整个地形时已经做好了行动的准备，而比起选手在对系统输入指令的时刻（比如直接的

① 在这个案例中，我会想到那些精英射击运动员，在射击时，他们的心理机能调节异常活跃，比如他们会监测自己的心率，瞄准后卡在心跳的节拍之间来射击（Konttinen，Lyytinen，& Viitasalo，1998）。

* 译注：电子游戏语境中的“遍历”概念源于埃斯本・阿瑟斯（Espen Aarseth）所提出的遍历文学（ergodic literature），在这个语境中，遍历指受众需要主动参与到文本之中以获取信息。

交战），狙击手此时的行动并不“缺少遍历性”。卡勒加的观点提醒我们，令人兴奋的事情也正在“幕后”发生，比如选手身体上的隐性参与以及持续的身体控制，这些远非可见的行动（Dye，Green，& Bavelier，2009）①。比起队友和对手那些狂热的说话声和动作，大喊大叫，我面前这位狙击手表面上的平静要更令人着迷。很快，狙击手的位置优势凸显了出来。仅仅是屏幕上飞快闪过的一个阴影就警示了狙击手接下来的行动。一名对手出现在了瞄准器的准线上，他仅仅暴露了不到一毫秒的时间，然后，砰！一个屏幕变黑了。敌人倒下了。在这种情形下，对于狙击手来说关键的操作只是在点击鼠标的那一瞬间。那些听起来如此简单的事情（瞄准、点击）是通过详细认识对手头上的装备（狙击手的武器和狙击手看到的对手所携带的武器）以及局势地形（比如突破点和当前位置的已知策略）而完成的。然而，成功始终与注意力和准确度息息相关。同样地，这个操作的时刻也是基于赛场上的声音和观察到的事件（墙上的弹孔、远处的枪声、留在场上的人数）以及牢牢把握所使用技术的限制和精准性（比如选手显示器的每秒的刷新率赫兹对于精确射击很重要）。T. L. 泰勒（Taylor，2012）描述了在局域网比赛中当老式的（但在当时是更优异的）阴极射线管（CRT）显示器被最新的（通常是比赛赞助商提供的）液晶（LCD）显示器所取代时，电竞选手们所面临的挑战。最终选手们面对的是一个更低级、更慢且没有练习过的赛场。对于熟练的狙击手来说，这些看似不起眼的事情都关系到感官技能的开发。在这些局域网比赛中，屏幕上接连的事件会让未经适应的选手或战队不知所

---

① 更多关于隐性的身体行动的论述，可参见达芙尼·巴弗利尔（Daphne Bavelier）关于动作电子游戏中视觉处理的重要研究。她在研究中提出，熟练的（特定）第一人称射击游戏选手在游戏中表现出的速度和精度，是通过训练来增强他们的视觉空间注意力（visuospatial attention）所达成的（Dye，Green，& Bavelier，2009；Green & Bavelier，2007）。尽管这些研究特别关注的是视觉感知，因此也未纳入其余身体参与的部分，但仍然为特定选手活跃的身体劳作提供了很有说服力的论点。

措。经过训练的选手或战队做出的表现是熟练的（既是具有特长的，也能够胜任各种局势），并且“持续地用感官监视（sensory monitoring）着各种情况”（Ingold in Hockey & Allen-Collinson，2007：126）。确实，有太多的感官监视在同时进行，因此可以理解为何选手们很难表述游戏操作通过身体的表现（除了他们将其比作体育运动的感受之外），因为多层次的感受太过复杂且交织在一起，难以将一层与另一层剥离或区别开来。在这个领域的游戏中，我认为，高手在游戏中的行动和操作是从一个丰富的感官网络中获得回应，才得以做出熟练的表现。这说明了这些电竞选手的身体性参与不仅仅是飞快的手速和自控能力，这种身体性也延展到熟练地管理并调动多种身体的感官和行动（人与非人），而这些也只是身体性在具身的游戏表现中所涉及的一些类型。

关于游戏玩法中的感官构成我要讲的最后一点是，狙击步枪的枪声在游戏中被解读为给其他选手的告示，它部分地揭示了各个队伍的战略。《反恐精英》中的剧情内声音（diegetic sound）[*]是一种感官信息，也是选手们积极使用的一种试图影响对手的决策①。声音和视觉上的信号会触发选手的行动，让选手动起来，并告诉他们如何操作②。这是受过训练的感官监视在发挥作用，正如霍基和艾伦－柯林森（Hockey & Allen-Collinson，2007）所示，这些细微的身体参与，相比我们在赛场上看到的那些高超的体育表现中熟练的身体技能，是很容易被忽视的（p.126）。虽

---

* 译注：剧情内声音在电子游戏中指游戏里与叙事、角色动作等有关的背景音乐与音效。非剧情声音（non-diegetic sound）在电子游戏中指游戏之外的操控音效，如菜单、设置等。

① 剧情内声音并不总是会传递到局域网比赛的房间里。这凸显出了作者亲身玩过游戏的重要性，因此知道这些声景（soundscape）给选手们传递了怎样的信息，也最终为这些观察提供了额外的感官（尽管并未听到）数据。

② 另外，在传统体育运动中，声音是一个重要的特性，有助于强调体育中的节奏和移动。这一点在有裁判的体育运动中最为显著，比如在体操运动中地板动作落地时的各种滚动声，这些确实是在体育中表现与改进的日常感官方面。

然单独的声音并不能构成电子竞技具有体育性的最有力的论点，我仍然认为这是一个很有说服力的论点——考虑到身体在实践中的多样性，其中包含了声音、触觉、肌肉控制 / 镇定、移动等。所有的这些，都出现在了这个通常被刻板地认为其身体参与性还“不足以”被视为体育运动的活动中[①]。

在电子竞技中，平衡指的不仅仅是我们所看到的参与的身体，它同时也是隐藏的身体的平衡。对于参赛的选手来说，平衡的身体也可以从**镇定**来谈。以田野笔记中那段最后以二对一结束的比赛为例。作为队伍中唯一剩下的选手，你很清楚你在接下来的决战中处于劣势。你知道你那四位已经“出局”了的队友正在观察你的一举一动，而且你也知道一个完美的表现能让你的战队跻身于胜者组，离“一大笔奖金”又更近了一步。或许，这种局势下的多重压力还不能引起共鸣？那么试着想象一下你身处一个更熟悉的劣势情形，或许是一场篮球比赛，你的队伍现在落后 1 分，而你成功抢断比赛还剩 3 秒钟可以得分绝杀，最终的结果取决于你的训练成果对这个瞬间的把控。又或许，你可以回想起在一场大型多人在线游戏*中面对最终 boss 战时的感受，在副本地图中的移动，加上及时的施法将决定你（和你的团队）下一刻的生死存亡。在那一刻，玩家承受着极大的压力，这来自于肾上腺素（也是在本文最开始时选手们所描述的游戏动机）和如何应对这不断变化的局势的心理挣扎。汉斯・甘布雷希特（Hans Gumbrecht，2006）在关于体育美学的著作中针对这一点做了补充，他认为，“……在面对绝境时的镇定是（体育）生产的至高点……那些屈服于精神痛苦的人是无法在他们从事的体育中达到巅峰的”（pp. 164—166）。甘布雷希特所描述的这种精神痛苦是这些选手

---

① 比如，参见米克尔莱特（Micklewright，2010）对于高水平电子游戏选手的研究，将身体的健壮（而非身体的技能或感官意识）作为“体育运动”正当的类别。

* 译注：大型多人在线游戏（massively multiplayer online game）就是中文语境中的例如《魔兽世界》的网络游戏。

日常体验中的重要部分[①]。他们在“枪林弹雨”下的镇定也与甘布雷希特对高水平体育运动员的描述形成了呼应，正如《反恐精英：起源》选手乔所说，

> ……这其中也有心理因素，你连续三次都被干掉了，有的人向你喊着你很差劲的话，无论你是否愿意，你确实会受到影响。
>
> ……它能刺激肾上腺素，但真的是很有趣。

在迈克尔·凯恩（Michael Kane，2008）对于职业玩家的观察中，一位受访的《反恐精英 1.6》玩家通过将他的游戏体验与狩猎经历联系在一起，对游戏中平衡的身体和身体感受的概念做了补充。他强调，游戏中静止的时刻与在狩猎中看到目标时（在狩猎场景中是一头鹿）是类似的，那一瞬间肾上腺素飙升，而在被冲击的身体反应（他颤抖并感到眩晕）之后的行动都是明确在控制之下的。正如这位玩家所言，“这与在《反恐精英》比赛中的一对一局势中的刺激感一样。首先你要试着埋伏。然后就是要在炮火之下保持镇静”（p.32）。不论是有趣还是痛苦，保持身体的镇定是熟练的操作和高水平赛场中必备的训练（Taylor & Witkowski，2010）。这些电竞选手们体现了在高水平的体育运动中身体所参与的劳作。在这其中，移动、平衡（平稳和镇定）以及训练都结合在一起。然而，这些选手们也在发挥中展现了他们对游戏设备的感官理解，即在手中的感受——运动中身体的触觉参与。

触觉参与

将电子游戏视为一种体育运动时，有必要思考选手的触觉参与。选

① 然而，有数位选手经常提及维持镇定的“乐趣”，而非甘布雷希特所说的“精神痛苦”。这种对比赛压力的接纳也与许多职业运动员形成了呼应，尤其是那些出类拔萃的运动员（Bird，Johnson，& MacMullan，2009；Russell & Branch，1979）。

手们对战的地形虽然可能被表述为一种“虚拟环境”，但也具有某种感受或纹理。当角色的手中拿着步枪而非匕首奔跑时，游戏/角色会“感觉很慢”。游戏本身也有不同的快慢感受，正如一位《反恐精英：起源》职业选手在回忆起玩《反恐精英1.6》的感受时，他注意到“我更喜欢《反恐精英：起源》，我认为这个游戏更快一点”——威廉，职业《反恐精英：起源》选手（也是前《反恐精英1.6》高手）。当局域网的连接或机器碰到**延迟**（对指令输入的反馈变慢），选手们将其描述为赛场上的“速度”（这很像在板球场上的速度，球手们评估着泥土，探讨着球可能如何从当天的场地地面上弹出去）。使用的设备、网络连接以及比赛的场所（在比赛用的房间和在数字媒介之中的场所）都是在比赛、网络和竞技者个体之间发挥作用的感官元素（Giddings，2006；N. Taylor，2009；T. L. Taylor，2009）。霍基和艾伦－柯林森（Hockey & Allen-Collinson，2007：123）提出了一个关于足球运动员的重要的体育案例。球员们不仅从视觉上来评估比赛的场地，也用手触摸草地，把手指和鞋钉按到地面上，感受风和对球的把控。在2010年FIFA世界杯的赛场上，球员们就展现了这种触觉练习。官方比赛用球（阿迪达斯的“普天同庆”足球）导致球员们改变了练习赛，这基于该技术*在赛场上的不确定性。前职业足球运动员（以及足球鞋和足球设计师）克雷格·约翰斯顿（Craig Johnston，2010）对这种特定的技术所带来的感官感受进行了评论，他指出，

>（“普天同庆”足球）有一种人工的感觉和轨迹，球员在踢球时大约只有20%的技巧（球员是如何在用脚触碰到球的毫秒之间控球的）能在球上体现出来。（para.5）

《反恐精英》的选手们也一样，技术是通过身体实践的，并且需要用

---

* 译注：作者在此处是把足球本身看作运动中的一项技术（technology）。

身体去感受，才能够发挥出专业的水平。在比赛中所使用的触摸材料是很重要的，选手们步入大厅时背的背包（见图 3）很明显地说明了这一点：当没有在比赛时，选手们也带着他们的私人键盘和鼠标（关于游戏的物质性，参见 Taylor，2012）。

思考一下把你的手放在鼠标上操作与电脑相关的任务时，你可能不会意识到对鼠标垫的感受——鼠标是能够流畅地滑过，还是会卡住呢？

图 3：一位选手带着他的私人键盘。键盘是具身的对战中关键的技术因素（在田野调查中拍摄）

你甚至可能不会知道鼠标滑轮的用处，或是不了解操控的节奏。要做出屏幕上理想的操作需要什么尺寸的鼠标垫？尽管这些问题听起来有些琐碎，但答案却会对选手的发挥产生巨大的影响，就像在拉力赛赛车的副驾驶位置上摆放了一个巨大的盒子，而驾驶员不被允许切换到高速档。那些借助技术来延展运动表现的选手们对操作时手中触碰的东西有一种亲密的感受（Dovey & Kennedy，2006）。在不同的局域网比赛中，每位选手分配到的桌面空间不太一样。在“X体验”的比赛中，选手的桌面空间可以容纳选手的键盘、鼠标和鼠标垫，别的几乎就放不下了（相比较而言，在DHW的决赛上，选手们分到了很大的会议桌作为桌面，可以随意铺开设备）。桌面空间对于游戏的框架结构来说十分重要。在我第一次见到一位来自挪威的前《反恐精英1.6》职业选手时，我的第一反应是对他的身材感到惊讶——他很高，大约一米九左右。我此前采访和观察的所有选手都没有这样的身材。当说到他要如何适应在赛事中分配到的桌子时，他表示这并不是什么大问题，“就是适应罢了”。而且，因为他开始得比较晚（20岁），所以他总是“用这么大的身躯在玩”。这种对物理空间中的挑战不予理会的态度与一位名为fRoD的长期职业狙击手的评论形成了呼应。在思考影响熟练操作的因素时，fRoD并没有抱怨在局域网比赛中所用的椅子或桌子，反而他关注的是获得合适的刷新率（Hertz）的必要性（Kane，2008），虽然他没有抱怨的那些东西也是相关的。在WCG上，可以看到选手们把椅子叠在一起坐，以营造出最佳的赛场。一位选手甚至带来了他的本科物理课本来架高显示器，以便获得更佳的身体与屏幕的对应位置来执行操作。桌椅也被认为是局域网比赛中的挑战性因素，尽管它们并非各种技术和身体挑战中最重要的因素，但这些挑战可能会破坏理想的游戏环境。基于特定的坐在桌子前比赛的身体，选手们在如何适应他们所接触的空间上有显著的差异。因此，在赛场上的触觉参与远远不止那些“连接电脑”（plugged in）的物件。桌子和椅子以及其他许多普通的技术，也塑造了选手以及对游戏本身的操作（N.

Taylor, 2009）[①]。在观察一支队伍为比赛做准备时，我看到了这些技术是如何发挥作用的。一位选手抓狂了——他的鼠标垫在分配的空间里放不下。鼠标垫铺到了旁边的桌上，这造成表面上的一块凹陷，也对他理想中的流畅移动造成了一定的麻烦。此外他还受到比赛规则的限制，因为改变实际的空间摆设是违规的（如果这样做的话团队的参赛资格会被取消）。很明显，对于选手来说，鼠标垫是很重要的工具，而这个细微的情况会妨碍其他技术的发挥（鼠标和按键）。换言之，对所使用的技术的感受对于比赛中的操作执行来说至关重要，而在鼠标垫凹凸不平的情形下，这种感受会发生剧烈的变化（甚至可能像在"普天同庆"足球的案例中一样，那种感受会变得很陌生且不可控）。在剩下的有限的时间里，问题解决了，他与一个用更小鼠标垫的队友交换了座位。这种情况与受伤的运动员或是在被更改过的赛场上比赛的情况类似，比如足球场的情况在一场大雨后发生了变化［比赛中的场景技术（landscape technologies），参见 Butryn, 2002］[②]。尽管在这些例子中并非工具发生了故障（这取决于你对此的定义），但他们确实强调了触觉参与的重要性，作为体育生产即比赛胜负结果的关键因素。此外，触觉参与凸显了各种"不仅仅只是比赛本身"的玩法的差异。比赛的结果受到**所有**联网的身体和技术因素的影响，这些因素构成了游戏中重要的瞬间，无论是复杂的（比如联网的系统），还是简单的（比如桌椅；N. Taylor，2009；T. L. Taylor，2009）。

将选手的身体性实践串联在一起，就开始说明在这种特定的电子游戏的设定和风格中有强烈且微妙的身体性的投入和移动。然而，我所观察到的和电竞选手所描述的在比赛中的表现，始终是处于选手和机器的

① 参见尼克·泰勒（N.Taylor，2009）关于"Xbox 360 局域网比赛"的优秀研究，在研究中他描绘了竞技游戏空间中的亲密空间如何被标准化的电线长度所塑造。

② 2008 年的"欧洲冠军联赛"是传统体育当中有详细记录的一例触觉失误。在罚点球的阶段，切尔西队的队长约翰·特里（John Terry）罚丢了一个关键性的点球。这个失误普遍被认为是由于草坪湿滑的"问题"所致。

协作之下的，或者更恰当地来说，是多位选手和他们用的多种技术。因此，身体性的主题中出现了第二条线索，即体育技术的感官性。

联网体育运动的感官性

作为影响比赛中的行动和结果的重要因素，身体与技术的感官劳作贯穿了整篇文章。在这一部分，我将展开对电子竞技作为体育运动的最后一个领域的论述：游戏中技术的显著性与感官性。

正如“电子竞技”这个称谓所强调的，电子是比赛中一个很明显的组成部分。在一篇早期关于电子竞技的论文中，迈克尔·瓦格纳（Michael Wagner，2006）为这种特定的游戏形式开辟了一块领地。他提出，电子竞技“……是一种体育运动的方式，人们通过这种方式来开发和训练使用信息和通信技术的心理及生理上的能力”（p.3）。瓦格纳的论文在对电子竞技的批判性分析中迈出了重要的第一步，然而探究他的视角时我们会发现其缺乏各种非人行动者（nonhuman actors）的影响。此外，他的论点集中在使用信息和通信技术（ICTs）的专业知识上（而非更广泛的技术与事物的集合），是将电脑作为核心或主导的技术。回顾我个人的田野调查以及 T. L. 泰勒（T.L. Taylor，2009，2012）与尼克·泰勒（N. Taylor，2009）的研究，我更倾向于不将电脑置于这项活动的核心地位。正如民族志研究所显示的那样，电子竞技是一种动态竞技，其中运动的行为（以及比赛的结果）是由许多人与非人的行为者或事物采用默许或公开的方式进行制造或记录的。根据甘布雷希特（Gumbrecht，2006）关于体育运动中所使用的工具的研究，我们可以将所涉及的多种技术视为体育运动中的**复杂性**（complexifications）。然而，它们不仅仅是使玩家 / 选手们得以进入理想动作中的复杂的附加“部分”，在这里我指的是联网的比赛（甘布雷希特的著作，与拉提一样，将这种**复杂性**视为一种假体）。在电子竞技中，最重要的是这些复杂性也“处于比赛之中”。比如，突然断开连接的机器或是局域网连接的速度，都会改变场上的感受。用 T. L. 泰勒（T.L. Taylor，2009）的话来说，在一支由 40 位（人类）电子游戏选手组成的战队中，技术是“第 41 位选手”。对于非人行动者的考量直接基于行动者网络理论（Actor-network theory）。该理论提出最基本的观点是，人类从来不是单独行动的：集体经验是由人类与非人行动的集合共同生产出来的结果（Latour，2005）。这里最后一个主题探讨的是，如何将非人的劳作纳入体育运动必须有“人”的表现这个概念中。

泰德·伯顿（Ted Butryn，2002）指出，“所有的精英运动员，在不同程度上来说，都被深刻地技术化了”（p.116）。从心理训练到装备的改进，高水平的运动员们始终在体育运动中使用技术，更重要的是，技术塑造了他们用来发挥的身体（Rigauer，1981）。拉提（Lahti，2003）将其描述为一种“假体记忆”（prosthetic memory），即为了在比赛中获胜，需要将假体的时机和移动内化到身体中。甘布雷希特（Gumbrecht，2006）用射击作为一个比方，这有助于将比赛的技术视为比赛中的行动和感官假体。他解释说，射击运动提供了一种工具来拓展我们已经能够做到的行动，在这里指的是击中目标的功能（p.177）。然而，我想要补充的是，步枪自身也是行动的。它的重量会拖累疲惫的射击手，或者在罕见的情况下，冬季两项选手的步枪可能会卡壳：这种非人的行动也会影响体育运动的结果。甘布雷希特指出，运动员与技术（比如步枪）之间有感官接触，另外还有对于这个工具如何在比赛中发挥作用的具身认识，也就是说，冬季两项选手需要先调整呼吸，然后才能操纵这个沉重的工具，来达成他理想的行动。在电子竞技中，选手们调整他们的鼠标垫、耳机、屏幕刷新率、鼠标敏感度，并且回忆如何用手上的装备来操纵游戏中的地形，把握正确的时机并执行移动以及在进入下一轮比赛前检查它们的连接状态（Reeves et al.，2009；Sudnow，1983）。尽管我也看到过许多选手们在比赛开始前忙着准备各种各样的工具、设备和人（吹尘机、电池、鼠标线托、键盘架、家长、伴侣）。然而这种通过技术来采取行动和记住现场的复杂性是一种感官行为。根据劳伦斯·加里斯（Laurence de Garis，1999）的术语——体育运动中的感官性（sensuousness）——来说，运动中的移动可以被理解为多个行动者之间的接触。加里斯探讨了职业摔跤手的身体间性，通过身体触碰中细微的线索来了解如何在擂台上移动（以及了解擂台）。我使用了他的概念来思考比赛中选手和技术表现出的感官性。问任何一个职业篮球运动员，他们都可以告诉你，运动绷带缠在扭伤处应该是一种什么样的感觉才能达到最佳的可操纵性。他们可能会谈论在特定场地上怎么带球，描述一些必要的根据情境的调整。同样地，电子竞技局域网比赛选手会谈论如何为特定的赛事场所做好准备，了解是否需要携带吹风机用来暖手或是带上各种不同的鼠标垫（形状和材质）来适应赛场桌面的设定。他们可能告诉你关于赞助商的设备的经验，告诉你标准的工具不一定能够适应每一个身体的需求，让你熟悉获得最理想的表现所需的随机应变和调整。甘布雷希特探讨了比赛**中**唯一的工具——步枪——作为拓展身体行动的工具，而我强调的是**在**比赛（以及赛前和练习）中发挥作用的多种且广泛的工具。为了做出高水准的体育行为而做的各种调整都明显地揭示了需要用感官去接触比赛之中和比赛周围的事物，以使这些行为被塑造为“原来是这样”（Lowood，2009；Taylor，2006）。

对于电子竞技中的表现和结果来说，身体与技术共同作用下的**复杂性**至关重要。在电竞领域，人的表现并未被技术的行动（“第 41 位选手”的非人行动）所压制（以至于没有可识别的人的表现）。因为人的**不可预测性**（unpredictability）总是在发挥作用，且始终在影响选手的行动（Miah in Butryn，2002）[①]。伯顿继续这一思路，他指出，

> 虽然任何运动员都有可能使用同样的创新技术，但毫无疑问，

① 本文由于选题原因未纳入电子竞技中关于作弊的探讨。

他们在心率、焦虑管理、动机以及个人对所用技术的反应等方面的表现都会有所不同。（p.120）

这里的重点是，在玩《反恐精英》中所使用的技术通过实践塑造了个体的身体。尽管鼠标或网络等技术并非我们身体上“赛博格式”（cyborgian）的组成部分［用伯顿的术语来说，这是一种**自我**技术（*self*-technology）被永久地安置在身体上或改变身体］，但它们对身体确实有着持久的影响。

结论

在局域网比赛中玩《反恐精英》是一种丰富的感官体验，为了能够在高水平的比赛中表现得更有竞争力，选手们需要在各个层次上做出消耗身体精力的行动。这些选手们是**边看边移动**的典型案例，他们在游戏地形上操纵着角色，对该空间以及空间中的其他选手和技术做出行动与回应。**平衡的身体**是身体性当中核心却不明显的部分，但这在高水平的比赛中是必要的。镇定、呼吸以及平稳，这些对选手身体的要求影响着选手所体验到的感受，并引导着每一局比赛中的行动与结果。选手和技术之间的**触觉参与**详细地描绘出所有参与其中的事物网络，那些隐性的和/或微观的移动以及那些迫使选手的身体和技术做出回应的感官强烈的时刻（sensorial moments）。本研究中的选手表现指向一种**感官性的联网比赛**：选手和机器之间的网络、各个选手与各种技术之间的网络，是电子竞技中值得思考的一个领域，特别是体育表现中人与非人因素错综复杂交织在一起，最终的游戏局势终究是由多个行动者所塑造的（Giddings，2006；Rigauer，1981；T. L. Taylor，2009）。此外，在这些具有复杂技术条件的背景中进行比赛，带来了“对身体进行重新描述”

（redescription of the body）的概念，这就像在传统体育当中使用增强体能的药物、高压氧舱或是使用了先进工艺的游泳衣（Beamish & Ritchie，2006）。这种重新描述为选手们提供了“其他人从未想到过的新的可能性”（Roberts in Butryn，2002：123）。虽然我并不是说，高水平的局域网比赛中所使用的各种技术可以等同于极端的体育用药，或是引发伦理问题的各种混合海拔的训练方法，但我确实认为在这种对**身体的重新描述**中，有一些类似的现象，身体在**被**技术拉扯，也在**与**技术并行，这在高水平的电竞选手中十分显著。而这种“从未想到过的”体育的新可能性当中也有某些熟悉的概念。除了《反恐精英》以外，电子竞技也更广泛地凸显出了身体表现与技术表现以亲密的关系一起进行着。然而，在摸索之中，通过《反恐精英》的案例，我们也明显看到了传统体育定义中的种种不足和挑战，以及人类的身体性能、人的身体跟人的表现与技术之间的（人工）界限。

参考文献

Arnold, P. (1979). *Meaning in movement, sport, and physical education*. London, England: Heinemann Education.

Ashley, R. (n. d.). *Pro gaming levels up*. Retrieved December 8, 2011, from http://www.1up. com/features/pro-gaming-levels

Beamish, R., & Ritchie, I. (2006). *Fastest, highest, strongest: A critique of high-performance sport*. London, England: Routledge.

Bird, L., Johnson, E., & MacMullan, J. (2009). *When the game was ours*. Boston, MA: Houghton Mifflin Harcourt.

Butryn, T. (2002). Cyborg horizons: Sport and the ethics of self-technologization. In A. Miah & S. Eassom (Eds.), *Sport technology: History, philosophy, and policy* (pp. 111-

134). Oxford, England: Elsevier Science.

Caillois, R. (2001). *Man, play, and games* (M. Barash, Trans.). Urbana: University of Illinois Press.

Chambliss, D. (1989). The mundanity of excellence: An ethnographic report on stratification and Olympic Swimmers. *Sociological Theory*, *7*, 70-86.

Calleja, G. (2007). Revising immersion: A conceptual model for the analysis of digital game involvement. *Digital games research association conference proceedings*, Tokyo, Japan.

Coakley, J. (2008). *Sports in society: Issues and controversies* (10th ed.). New York, NY: McGraw-Hill.

Council of Europe. (1992). *European sports charter.* Retrieved March 10, 2009, from https://wcd.coe.int/

Counter-Strike 1.6 [Computer game]. (2003). Bellevue, WA: Valve Corporation. Counter-Strike [Computer game]. (2004). Bellevue, WA: Valve Corporation.

de Garis, L. (1999). Experiments in pro wrestling: Toward a performative and sensuous Sport ethnography. *Sociology of Sport Journal*, *16*, 65-74.

Dovey, J., & Kennedy, H. (2006). *Game cultures: Computer games as new media.* New York, NY: Open University Press.

Drewe, S. (2003). *Why sport? An introduction to the philosophy of sport.* Canada: Thompson Educational Publishing.

Dye, M., Green, C., & Bavelier, D. (2009). Increasing speed of processing with action video games. *Current Directions in Psychological Science*, *18*, 321-326.

Edwards, H. (1973). *Sociology of sport.* Homewood, IL: Dorsey Press.

Eitzen, D., & Sage, G. (2008). *Sociology of North American sport.* Boulder, CO: Paradigm Publishers.

E-Sports and Cyberathleticism. (2010). *E-Sports and Cyberathleticism: European edition workshop*. Copenhagen, Denmark, May 28, 2010.

Giddings, S. (2006). Playing with nonhumans: Digital games as technocultural form. In S. Castells & J. Jenson (Eds.), *Worlds in play: International perspectives on digital games research* (pp. 115-128). New York, NY: Peter Lang Publishing.

Giulianotti, R. (2005). *Sport a critical sociology*. Cambridge, UK: Polity Press.

Green, C., & Bavelier, D. (2007). Action-video-game experience alters the spatial resolution of vision. *Psychological Science*, *18*, 88-94.

Guttmann, A. (1978). *From ritual to record: The nature of modern sports*. New York, NY: Columbia University Press.

Guttmann, A. (2004). Rules of the game. In A. Tomlinson (Ed.), *The sports studies reader*. 2007. New York: Routledge.

Gumbrecht, H. (2006). *In Praise of Athletic Beauty*. New York: Harper Perennial.

Hargreaves, J. (2004). The autonomy of sport. In A. Tomlinson (Ed.), *The sports studies reader*. 2007. New York, NY: Routledge.

Harper, T. (2010). The art of war: Fighting games, performativity, and social game play (PhD Dissertation). Ohio University, Athens, OH.

Hockey, J., & Allen-Collinson, J. (2007). Grasping the phenomenology of sporting bodies. *International Review for the Sociology of Sport*, *42*, 115-131.

Ingold, T. (2000). *The perception of the environment*. New York, NY: Harper Perennial.

Johnson, C. (2010). Football: Jabulani ball branded a 'disaster'. Retrieved November 5, 2010, from Otago Daily Times Online News website: http://www.odt.co.nz/print/113684

Kane, M. (2008). *Game boys*. New York, NY: Harper Perennial.

Konttinen, N., Lyytinen, H., & Viitasalo, J. (1998). Preparatory heart rate patterns in competitive rifle shooting. *Journal of Sports Sciences*, *16*, 235-242.

Kuchera, B. (2010). *300 actions a minute? Truly mastering StarCraft*. Retrieved September 5, 2011, from http://arstechnica.com/gaming/news/2010/07/excellence-of-execution-video-of-starcraft-mastery.ars

Lahti, M. (2003). As we become machines. In M. Wolf & B. Perron (Eds.), *The video game theory reader* (pp. 157-170). New York, NY: Harper Perennial.

Latour, B. (2005). *Reassembling the social: An introduction to Actor-Network-Theory*. New York, NY: Oxford University Press.

Lowood, H. (2007). 'It's not easy being green': Real-time game performance in warcraft. In B. Atkins & T. Krzywinska (Eds.), *Videogame/player/text*. Manchester, UK: Palgrave.

Lowood, H. (2009). *Players are artists, too*. Unpublished manuscript. Presentation for art history of games, Atlanta, February 5, 2009.

Lowood, H. (2010). *Beyond the game: The Olympics ideal and competitive e-sports*. Unpublished manuscript. Presentation for PhD course, Acting together on technological playing fields: Computer games, e-sports, and team play. IT University of Copenhagen, Denmark, May 26-27, 2010.

Meier, K. (1988). Triad trickery: Playing with sport and games. In W. J. Morgan, & K. V. Meier (Eds.), *Philosophic inquiry in sport*. 1995 (2nd ed.). Champaign, Ill: Human Kinetics Publishers.

Mickelwright, D. (2010). Top video gamers fail on fitness. *University of Essex Knowledge Gateway, June 2010*. Retrieved January 11, 2011, from http://www.essexknowledge gateway.co.uk/news/2010/topgamers.aspx

Newman, J. (2002). In search of the videogame player. *New Media and Society*, *4*, 405-422. Osterhoudt, R. G. (1973). *The philosophy of sport: A collection of original essays*. Springfield, IL: Thomas.

Rambusch, J., Jakobsson, P., & Pargman, D. (2007). *Exploring e-sports: A case study of gameplay in counter-strike*. Digital games research association conference proceedings, Tokyo, Japan.

Reeves, S., Brown, B., & Laurier, E. (2009). Experts at play: Understanding skilled expertise. *Games and Culture*, *4*, 205-227.

Rigauer, B. (1981). Top-level sports and "achievement". In W. J. Morgan, & K. V. Meier (Eds.), *Philosophic inquiry in sport*. 1995. (2nd ed.). Champaign, Ill: Human Kinetics Publishers.

Russell, B., & Branch, T. (1979). *Second Wind: The Memoirs of an Opinionated Man*. New York: Random House.

Sands, R. (1999). *Anthropology, sport, and culture*. Westport, CT: Bergin & Garvey.

Schenkhuizen, M. (2010). Grubby — My first tournament. In J. Christophers & T. Scholz (Eds.), *E-sports yearbook 2009*. Germany: Books on Demand.

Sirlin, D. (2005). *Playing to win: Becoming the champion*. Available online at Lulu.com. StarCraft [Computer game]. (1998). Irvine, CA: Blizzard Entertainment.

Sudnow, D. (1983). *Pilgrim in the microworld: Eye, Mind, and the Essence of Video Skill*. New York: Warner Books.

Suits, B. (1988). Tricky triad: Games, play, and sport. In W. J. Morgan, & K. V. Meier (Eds.), *Philosophic inquiry in sport*. 1995. (2nd ed.). Champaign, Ill: Human Kinetics Publishers.

Swalwell, M. (2008). Movement and kinaesthetic responsiveness: A neglected pleasure. In M. Swalwell & J. Wilson (Eds.), *The pleasures of computer gaming* (pp. 72-93). Jefferson, NC: McFarland.

Taylor, N. (2009). *Power play: Digital gaming goes pro* (PhD dissertation). York University, Toronto.

Taylor, T. L. (2006). *Play between worlds*. Cambridge: MIT Press.

Taylor, T. L. (2009). The assemblage of play. *Games and Culture*, *4*, 331-339.

Taylor, T. L. (2012). *Raising the stakes: e-sports and the professionalization of computer gaming*. Cambridge: MIT Press.

Taylor, T. L., & Witkowski, E. (2010). *This is how we play it: What a mega-LAN can teach us about games*. Foundations of Digital Games Conference, June 19-21, Monterey, CA.

Wagner, M. G. (2006). *On the scientific relevance of eSport*. International internet computing and computer game development conference proceedings, Las Vegas.

Westecott, E. (2008). *Bringing the body back into play*. The [player] conference proceedings, Copenhagen, Denmark.

Wright, T., Boria, E., & Breidenbach, P. (2002). Creative player actions in FPS online video games playing Counter-Strike. *Game Studies(*2). http://www.gamestudies.org/0202/ wright/.

作者简介

艾玛·维特科夫斯基（Emma Witkowski）是哥本哈根信息技术大学（IT University of Copenhagen, Copenhagen, Denmark）电子游戏研究中心博士二年级研究生。她的研究采用质性视角分析了联网电子游戏中的团队比赛。她曾经是一名精英运动员的经历，为思考联网团队比赛与传统团队体育中熟悉和陌生的部分奠定了坚实的基础。她的具身知识也被转译到了其研究中，在研究联网团队比赛之外，她还探究了选手、团队和技术所发挥的作用，同时也引入了对传统团队体育运动的社会学和现象学分析。她撰写过许多主题的文章，诸如比赛中的男性气质、游戏的异质性、高水平比赛以及具身性。

电子竞技的先驱：20 世纪 80 年代早期街机游戏比赛中的体验经济与市场营销 ①

迈克尔·博罗维、金大勇（西蒙菲莎大学） 文

蒋子祺 译

摘要

本文运用三个新的概念框架，阐述了 20 世纪 80 年代初的电子竞技（有组织的竞技性电子游戏）的发展历史。我们认为电子竞技伴随着更为广泛的游戏文化的萌芽，是“体验经济”（experience economy）概念的标志，也是一种消费行为的后继，该消费行为的发展同活动营销（event marketing）作为一种主要的商业推广策略的兴起是一致的。通过分析电子竞技——既作为一种市场营销活动，也作为一种体验商品——的起源，我们认为这个时期是衔接了不同阶段的一个过渡时代，在体育、市场营销和技术等领域，其结果是竞技性电竞运动主义（cyberathleticism）* 的扩张。

① 本文英文原文为：Borowy, M., & Jin, D. (2013). Pioneering eSport: The Experience Economy and the Marketing of Early 1980s Arcade Gaming Contests. *International Journal Of Communication*, 7, 21. Retrieved from https://ijoc.org/index.php/ijoc/article/view/2296

* 译注：cyberathlete 一词来自于 1997 年成立的 Cyberathlete Professional League（CPL），中文译为“职业电子竞技联盟”。cyberathlete 是早期意指电竞的词汇，为了避免混淆，所以在这里还是译为电竞运动员。cyberathleticism 译为电竞运动主义。

关键词： 电子竞技；职业玩家；街机；体验经济；活动营销；电子游戏；公共活动

前言

在21世纪初，玩家对战玩家的竞技性电子游戏（此后的电子竞技）是总体游戏文化中被大力推广的一大特色。尽管电子竞技——被视为一项电子体育运动和联盟，其中玩家通过联网游戏与其他相关的活动竞争（Jin，2010）——早在20世纪80年代初就已经存在，但这项活动到21世纪才受到更多的关注，这标志着游戏产业正在采用更灵活的公共活动消费途径，其目的是创造更高的利润。虽然单独的电竞活动很常见，但它们也会作为其他产业活动，包括大型展会、新闻发布会，甚至是巡回管弦乐团的附属，这表明了竞技性游戏在娱乐产业的活动营销机制中持续扮演着重要角色。

长期以来，在深入地考察一个群体的文化、社会与政治时，公共活动及其相应的景观，尤其是那些基于体育运动的活动，都是理想的主题（Burton，1999；Kyle，2007）。然而，虽然游戏研究学者已经开始认可街机并将其视为电子竞技的真正源头，但是却鲜有学者探讨街机中电子竞技的发展历程如何回应了以体验和活动为中心的经济体的日益增长。特别是，历史上电子竞技作为20世纪80年代市场营销领域流行趋势的一系列活动，还未得到充分的论述。将公开游戏比赛纳入电子游戏的整体营销中（很大程度上遵循了成熟的体育赛事营销的惯例），其结果是形成了“电竞运动”（cyberathletics）初步的、媒介化的状态，其中职业街机游戏玩家可以成为明星，获得赞助、新闻报道和名气。将一项活动转变为一项正当的体育运动所需要的这些标准——中央的管理机构、正式的比赛记录、制定规则以及促进和鼓励公平竞争——在20世纪80年代中期就已经牢固地建立起来了。

因此，在三个主要背景因素的交汇之下，本文对电子竞技的发源，尤其是在八十年代中期的美国展开历史性的探讨。第一，早期的电子竞技赛事与电子游戏的迅速崛起以及随之而来的街机中的玩家文化息息相关。第二，电子竞技发源的时期恰逢体验经济在经济发展中成为流行趋势，这在学术著作与商业背景中都有探讨。第三，在电子竞技比赛出现的最初时期，被亲身实践、仔细斟酌地采用并巩固的活动营销，作为企业宣传增长的载体走上舞台的中央[①]。通过分析电子竞技——既作为一种市场营销活动，也作为一种体验商品——的起源，我们可以看到这个时期是衔接了不同阶段的一个过渡时代，特别是在体育、市场营销和技术等领域。当下分析这种新的体育活动的形成是适时的，因为它有助于我们回答一些问题：关于体育类活动的建构、如何进行宣传以及媒介作为体育的概念对于数字经济中的体验消费阶段有何启示。

理解体验经济

体验经济的概念出自对过去几个世纪间全球经济变化的评论（比如，从农业到工业再到服务业的转变）。许多学者，包括赤松要（Kaname Akamatsu）和阿尔文·托夫勒（Alvin Toffler）都对这些20世纪的变化进行了广泛的讨论。尽管并非所有人都明确使用了“体验经济”一词，但其中许多理论家都为理解全球范围内新兴的将体验商品化的转变提供

---

① 值得注意的是，从20世纪90年代到21世纪初，体验经济的概念在两大主要的推广营销中占据了重要地位。第一个是活动营销，但是随着广泛的宽带互联网服务让更广大的受众得以接入互联网，对活动营销的侧重与Web 2.0时代的结合催生了参与式的社交网络，社交网络也成了广告商最主要的投放对象。

了有用的概念基础，或者预测到了这种转变，但使用了不同的术语。这些概念性的根基为研究早期电竞产业提供了有利的角度，将其视为体验消费、活动营销以及组织体育赛事景观的交汇之中的一个商品发展阶段。

20世纪60年代，日本学者赤松要（Akamatsu，1962）针对亚洲的经济和技术发展提出了“雁行理论”（flying geese model）的概念。他将整个亚洲地区最为发达的国家日本类比为一群大雁中的领头，而后继的群体（比如第二梯队的新兴工业经济体，包括韩国和中国台湾地区或第三梯队的东盟国家，如菲律宾）紧随其后。每个梯队都代表着相应的国家和地区正在“穿行”的特定社会经济形态，这基于可用劳动力、成本以及相对的市场竞争力。当领头雁进入一个新的经济产业，它将把在先前领域的掌控权传递下去。比如，日本曾经是小型电子和汽车制造业的领头，但在20世纪八九十年代，随着日本更多转向以服务为导向的业态，小型电子和汽车这些产业的大部分份额被向后传递下去。

赤松要的理论对于定义亚洲的制造业市场十分有效，也被应用于一个全球框架，其中日本与美国等工业力量一同确立了全球的生产分工。这个经济理论模型说明了每个时代是如何建立在上一个时代之上的，这一点尤其有用。而在体验经济中，被出售的主要产品是一种整体体验或记忆，而不是前服务业时期的有形商品。尽管在历史上，体验在许多行业（艺术、体育、旅游等）中一直是主导商品，但这里提出的论点是，在全球范围内，这种转型已经足够显著到它成为一种主要资本收益和最高水平的价值积累方式。

20世纪70年代初，未来学家阿尔文·托夫勒在试图预测即将到来的经济趋势时，同样预见了向体验为中心的市场转型。托夫勒提出，他所说的体验产业助长了“一用即弃文化”（throw away culture），而其中“人与**物**的关系正在变得越来越短暂”（Toffler，1970：51，保留原文重点）。托夫勒对经济变化的分析指出，市场上除了汽车和家电以外，还有一系列新的被买卖的产品，这也预测了整体经济结构中的潜在转型[①]。他强调了大众艺术文化的扩张，认为现存的文化产业正“致力于创造或展现特别的心理体验”。他预测到了“一个奇怪的新行业的兴起，这基于所谓‘体验产业’”，因为他认为，后服务业经济体的关键在于“从制造业开始的所有生产的心理化（psychologization）”（Toffler，1970：221）。设计超越基本需求的商品将驱动这些产业的增长，而这些商品的附加价值是基于吸引消费者的“心理附加值”（psychological extras）。换言之，当以体验或记忆的名义购买产品时，消费者愿意为非实用的附加值付费。而产品本身实际上成为了基于特定时间和地点的参与体验——被包装和出售的是消费的过程。托夫勒提出体验产品可以有两种类型：“模拟环境”（simulated environments），与其相关的是电脑、机器人、重现历史、博物馆等等；“现场环境”（live environments），以地理枢纽为代表，在很多方面其功能就像体育运动、旅游以及游戏赛事（Toffler，1970：230—231）[②]。

最早在商业史上提出体验经济这个概念的是派恩与吉尔摩（Pine & Gilmore，1998）。尽管他们承认，一直以来，对体验的消费都驱动了各种行业（艺术、美食、体育、旅游等）的经济增长，但派恩和吉尔摩提出的观点是，在全球范围内，将体验作为商品的营销已经成为了资本积

---

① 此外，托夫勒特别关注计算机化及其在体验产业中的意义，在《未来的冲击》（*Future Shock*）一书中他预测，基于消费者的数字游戏产业正在来临。他提出：

> 我们将见证某些产业革命性的扩张，这些产业全部的输出都并非制造出来的产品，甚至不是普通的服务，而是提前设定好的“体验”。体验产业将成为超级产业主义（super-industrialism）的其中一个支柱，实际上也是后服务经济中的基石。（Toffler，1970：226）

② 电子竞技的案例在这些环境下的重要性在于，竞技性电子游戏作为一种公共的、媒介化的景观，成了这两种类型的合成体。前者的计算机模拟环境被无缝衔接到一个现场活动的模板中，而现场活动正是公共电子游戏作为一种比赛类型的框架。

累的主要方式，突出了消费品的非实用性。正如我们下文将看到的，在电子游戏产业的早期发展阶段，对品牌化的体验（branded experience）日益增长的重视，也成为了公共游戏赛事营销中的核心部分。

在派恩与吉尔摩对全球经济转型进行了初步的以商业为中心的分析后，有些作者对这个词进行了更精确的定义。波尔森与凯尔（Poulsson & Kale，2004：270）将商业体验视为一种"供应商和消费者共同创造的行为，其中消费者在邂逅中以及其后的邂逅记忆中感受到了价值"。他们强调，虽然体验经济的概念可以是服务行业的一部分，但是其中有重要的区别——服务是指**为**你所做的事，而体验是指产品**对**你所做的事，给你留下一段记忆。事实上，他们提出，一个关键的区别是，体验通常是一种强化的消费过程；在很大程度上，消费的行为便是产品。达莫尔与松德伯（Darmer & Sundbo，2008）还指出，虽然体验可以构成一种产品（他们以戏剧为例），它也可以是产品的补充；体验成为商品的整体，其中包括消费者的心态。他们重申，体验中包含了内涵因素，包括消费场所、装饰、设计、营销和使用，以及构成体验的符号价值和其他关联，这可以应用于从鞋子到度假的一切事物。另外，体验既可以是物质的，也可以是非物质的，无论是否需要精神上的付出，无论是被动还是主动。重要的是，他们还指出，体验是可以被拜访的（旅游的主要目的），或者体验也可以被送到消费者面前（比如从网飞订购一部电影）。

将活动重新定义为体验式商业策略，以及街机游戏作为电子竞技的兴起

体验式商品营销最吸引人的一个方面，是其中的关系营销（relationship marketing）概念，为消费者营造与品牌相关的体验，通过创造忠诚度来销售商品。相比传统的福特主义时代的市场营销强调理性的消费选择

与更高价值的单次交易，关系营销在产品中创造了额外的无形价值。体验经济中的市场营销诉诸的既是消费者的理性，也是他们的感情，强调客户保留度、服务、质量以及个体化 / 定制化（Chang，Yuan，& Hsu，2010；Coles，2008：40；Musico，2009）。实际上，科库雷克（Kocurek，2012）将投币游戏的兴起视为"一种对于新兴消费经济至关重要的消费行为……这对应着消费支出从耐用品向新奇娱乐的转型"（p.205）。她认为这些转型也同样暗示了一种从福特主义的制造和消费向后现代形式的过渡。这些因素对于在 20 世纪七八十年代新兴的电子游戏产业来说尤其重要。因被认为对年轻人有害，这一产业也很快遭到抨击。街机运营商和游戏制作厂商很快开始投身于构建和增进统一的玩家文化，通过广告宣传将公共游戏空间塑造为新的游戏社群可以聚集的场所。

推广活动的意义和经济潜力的不断上升，与持续强化的体验经济概念同步并行。盛大活动很快在市场营销中成为主导，活动作为一种重要的商业行为，其包装和受重视程度也明显上升。约翰逊与奈斯伦德（Johansson & Näslund，2007）用戏剧性（theatricality）的概念来看待推广活动的生产，这意味着戏剧中的技巧被那些活动营销公司运用了。因为"比起现实，体验经济的设定更加青睐戏剧性的呈现"，他们断言，"根据人们对景观的迷恋，戏剧化和盛大的景象被推崇为塑造体验经济的关键"（p.157）。

20 世纪 90 年代，当派尔与吉尔摩正在撰写关于体验经济的论文时，活动营销正在迅速地发展，并成为许多公司主要的宣传工具，其增长速度超过了其他所有宣传方式。整合了企业对活动的赞助，以及如广告、促销、公共关系等其他营销元素，活动营销费用在九十年代中期增长到每年 120 亿美金，其年增长率约为 17%（Avrich，1994：132）。到了 1998 年，这个数字在世界范围跃升到了 174 亿美金（Taylor & Cunningham，1999：425）。2009 年，VSS * 的通信产业预测（Communications Industry

---

* 译注：VSS 全称为 Veronis Suhler Stevenson，是一家总部位于纽约的投资公司。

Forecast）估算当年美国在活动营销和赞助方面的支出达到 220.1 亿美元，而展开看其中提供资金的行业，这个数字就不令人惊讶了。虽然活动营销资金的迅速增长很大程度归功于体育产业和娱乐产业快速且欣然地接纳了活动营销。在这 220.1 亿美金的总额中，2009 年体育活动的赞助达到了 87 亿，是其中最大的金额；其后是娱乐、旅游和景点的 12 亿，该份额与基于活动的缘由相当；随后是艺术（6.36 亿）；节日、博览会和活动（5.19 亿）；以及协会类别（3.88 亿）（Odell，2009）。

基于八十年代的公共活动实践，推广活动在九十年代越发受欢迎。电子竞技模式以传统体育作为蓝本，而传统体育的销售和营销实践在八十年代间也经历了翻天覆地的变化。尽管政府的资助为体育产业兴建了体育场，推动了教育项目、联合宣传并提供了其他补贴和支持，然而企业媒体－体育（media-sport）的联合效应也为体育注入了资本，媒体的介入（尤其是电视）以及大量涌入的广告——这些新的辅助成分带来了体育整体的转型。

奥运会尤其有助于我们理解景观化体育模式的兴起，其中体育赛事的广大观众群体被塑造成为或身处现场或通过媒介观看的粉丝。其他在八十年代侧重于活动营销潮流的媒介化体育景观的增长——诸如超级碗和世界杯，它们体现并延续了媒体－体育联结（media-sport nexus）——奥运会则体现了在全球范围内制作体育赛事活动中所运用的最先进的市场营销技术。奥运会与商品化的受众、企业利益以及主流媒体（都是驱动活动营销的组成部分）之间的关系产生了深度变化。格鲁诺（Gruneau，1984）认为，1984 年的洛杉矶奥运会为此提供了最佳的说明。前两届奥运会（1976 年和 1980 年），主办城市都因举办赛事而遭受了巨大的经济损失，因此申办 1984 年奥运会的城市寥寥无几，洛杉矶几乎毫无异议地获得了举办权。当赛事主办方为开幕式寻找导演时，他们将目光投向了好莱坞。这场赛事有几十家“官方”产品赞助商，且开幕式上出现了 84 架三角钢琴和一支马车列队。格鲁诺认为，这场特定的奥运会“更充分地体现了体育实践被融入到不断扩张的国际资本主义市场之中”（Gruneau，1984：2）[①]。此外，洛杉矶奥运会也是首个盈利的案例，并且为后继的几代人“改写了举办全球体育盛事的配方”（Tomlinson & Young，2006：10）。洛杉矶奥运会为公共活动确立了举办盛大仪式的新标准，“娱乐产业的景观从一开始就抢占在了体育运动会之前”（Tomlinson，1996：90）。

当体育与媒体的概念模式碰上了电子游戏产业和公开竞技的兴起，电子竞技作为一种产品便出现在这样的背景下[②]。街机电竞活动成为八十年代早期新兴体验经济中的重要部分。虽然陈设的街机柜依然是实体的电子消费品，但游戏产业开始营销这些机器可以提供的游戏体验。相比其他与其竞争的媒介（如电影或电视），游戏的特殊性质中包含了用户参与、操纵内容以及灵活性，因此电子游戏迅速地成为新的后福特主义式（post-Fordist）数字经济的代表（Kline，Dyer-Witheford，& de Peuter，2003）。很快，游戏厂商就用各种不同的方式吸引玩家来到街机厅。世嘉推出的《立体空战》（*Zaxxon*，1982）是最早投放昂贵电视广告的街机游戏之一，它鼓励观众“来体验操控感，你可以上升，可以下降。来感受你攻击和躲避时的力量”。这条广告的主角是一个全神贯注打街机游戏的人，最后也给出了毫不含糊的信息：“就在你最爱的街机厅。”

虽然商业电子游戏早在七十年代初就已经存在，但伯恩汉姆（Burnham，2001）提出，直到八十年代初的“街机大爆发”（arcade explosion）才让这一产业站到了大众的聚光灯下。德马里亚与威尔逊（DeMaria & Wilson，

---

① 约翰·凯利（John Kelly，2006）也以“世界棒球经典赛”（World Baseball Classic）为例，分析了历史上棒球与资本主义的关系。

② 有部分游戏设计师和研究者，包括费尔斯·卡亚利（Fares Kayali，2013）依旧广泛地将运动类电子游戏与电子竞技混为一谈。然而电子竞技是有组织的竞技性电子游戏，而职业玩家玩的不仅仅是体育类电子游戏，也有其他游戏类型，尤其是即时战略游戏，包括《星际争霸Ⅰ》和《星际争霸Ⅱ》。

2004）也提出了类似的观点，认为 1981 年和 1982 年构成了“街机游戏史上最重要的两年”（p.83）。这场爆发中有数个不同的主题。其中包括，产业为了营销游戏而设计出了更多更好的街机游戏，尤其是在 1980 至 1981 年间，出现了一系列作品，有《蜈蚣》（*Centipede*，1980）、《吃豆人》（*Pac-Man*，1980）、《大金刚》（*Donkey Kong*，1981）、《青蛙过河》（*Frogger*，1981）以及《大蜜蜂》（*Galaga*，1981）。这场爆发也带来了交互游戏、创新的游戏形式的传播，在年轻人中快速流行，并带来数字娱乐技术的经济增长。在 1981 至 1982 年，街机的年收入约为 50 亿美元，也就是说，有 200 亿个硬币被投入了机器中（Burnham，2001：278；Sheff & Eddy，1999：149）。在每年总合有 75000 人年 * 的玩电子游戏的时间里，玩家们为这个产业贡献了“比内华达州所有的赌场加起来还多一倍的钱，比电影产业多近一倍的钱，比棒球、篮球和足球的主要联盟还多两倍的钱”（Kent，2001：152）。到了 1982 年，美国约有 150 万台运营中的街机、24000 个街机厅和 40 万个街边投放点（Kent，2001）。

研究街机空间的形成，不仅为我们提供了更广泛的与活动和体验营销相关的概念，也让我们进一步认识如今的电子游戏产业正在经历的变化。科库雷克（Kocurek，2012）认为，当代的游戏产业正在塑造诸如青年、男子气概和技术等这些在大众观念中流行的概念，但其实这些价值早在七八十年代的街机文化中就已经出现了。电子街机的出现作为一种公共的商业和消费行为，其中对街机机器的生产、市场营销和分销都在营造街机体验中扮演了关键的角色。在这个时期，公众游戏的流行度迎来了爆发，与此同时，消费者不仅在娱乐上增加开销，而且还对休闲与媒介提出了要求，寻求更新更刺激的方式。换言之，新兴的文化行为定义了这个时代，而这在很大程度上是由于新奇的电脑时代，以及人们在

---

* 译注：人年（man-year）是一个人在一年中所投入的工作时长，单位为小时。此处指美国所有人在一年内所玩电子游戏的小时时长加起来有 75000 年。

新的娱乐形式上消费的冲动。

大众和历史的叙述视角将街机厅描述为随处可见的、充满活力的体验消费文化场所（Burnham，2001；DeMaria & Wilson，2004；Herman，1997；Wolf，2002）。有许多分析都强调了该场景的核心是竞争，玩家们比拼着想登上排名榜的榜首，而这些分析也很好地说明了，街机运营商们是如何成功地在那些花哨的、像赌场一样的环境里，打造出了这种初具雏形的体育活动。事实上，重视视听层面的刺激，对于制造商（为了吸引和留住玩家）和街机厅店主（想要扩张为更大的、更有气势和能量的街机厅，从而更具吸引力）来说都很重要。竞赛和酷炫的感官刺激合为一体，成为八十年代青年文化的标志。比如，柯林斯（Collins，2012）分析了声音在吸引和刺激早期街机玩家中的作用："走进一家街机厅就是体验一场压倒性的攻势，撞击、镭射枪、合成对话和哔哔响的电子音乐，全都在争夺我们的注意力"（p.119）。她注意到，有很多声音都是在电子游戏出现之前、技术有限的"电动机械和投币机器"时代所遗留下的。尽管如此，街机厅的视听景观依然是游戏、竞争和青年的代名词。科库雷克（Kocurek，2012）也同样认为街机厅有几个关键的构成概念，即视觉、声音和游戏——计算机式的哔哔声加上未来主义感的发光霓虹显像屏，创造了一种彻底的媒介化的游戏形式。

当游戏制造厂商正在为新奇的游戏体验打广告时，一些有创业精神的人开始贩卖一种次级体验市场：虽然仍牢牢地扎根于游戏，但还提供了一种社交环境，通过现场的活动来获得游戏体验。其结果是出现了一些玩家能聚集在一起社交或互相比拼的街机厅。在八十年代，比赛帮助街机厅建立起玩家社群，也带来充满活力的竞技景观，每个街机厅都有各自的明星玩家，在群体中十分出名，也是其他人努力的标杆。媒体对街机电竞持续增长的报道也引发了大量关于这种新兴的玩家文化以及其中培养出来的年轻的男性明星玩家的公众探讨。在八十年代，街机厅被各种流行文化描绘，这反映了它巨大的流行度，并且促成了一个描绘游戏玩家的词——“游戏一代”（gamer generation）。观赏性自然已经是街机体验的重要基石，而很快，这些整体的活动孕育了有组织的比赛：“电子竞技并不是当前这个历史时刻所独有的，它甚至可以追溯到最早的计算机游戏的时代。”（Taylor，2012：3）因此这些早期的系统性的比赛也被视为最初的媒介－体育景观，它们受活动营销的助推，但也很快被接纳成为所谓体验经济的一部分。

街机比赛和体验经济

八十年代兴起的有组织的竞技性电子游戏是公共游戏*漫长历史中的一部分。当新的电子游戏产业被引入到公共街机厅，这些场地的经营者迅速地从玩家们争夺高分的现象中发现了他们的竞技天性。很快，这些街机厅的管理者开始组织比赛，而他们也从体育历史——体育既作为一种竞技性游戏也作为一种公众景观的历史——中借鉴了很多内容。街机电竞抵达巅峰的同个时期，1984年的洛杉矶奥运会为营销活动场景下的文化商品树立了新的标准，也为那些试图维持经济持续增长的商业模式带来了转机（Gruneau，1984；Rader，2004；Tomlinson，2006）。正是这些文化实践以及营销和商业策略孕育了体育文化的扩张，并在数字化体验市场中为早期电子竞技赛事的进一步市场化提供动力。

正如托夫勒所预测的，那些职业街机玩家即便从聚光灯下退出后，也持续地利用他们从电子竞技中获得的成功来推动街机厅成为竞技的圣地，这与20世纪的职业体育一样。他们的成就也在很大程度上推动了某些游戏主导的空间成为（电子）运动的旅游观光场所。美国职业街机选手利欧·丹尼尔斯（Leo Daniels）曾经创下了五项全国纪录，并且指导

* 译注：公共游戏（public play）此处指的是在公共场合（比如街机厅）玩游戏。

了其他玩家（其中包括两名全国冠军）。他很早就意识到，除了可以培训和指导其他玩家以外，他在街机上的竞技成就也具有极大的商业吸引力。丹尼尔斯当时正在运营北卡罗纳州的“光年娱乐中心”（Light Years Amusement Centre），这里曾经创下八项该州的纪录。他表示，曾试图通过发起挑战，用集中的竞技（centralized competition）来吸引人们到这个街机厅来：“我们开业的时候，宣传让人们来这里尝试打破纪录，或是来挑战我。”（Associated Press，1982：17）因此，（电子）运动竞技的宣传可以被视作八十年代初街机空间成为体验式、活动式的青年文化的主要载体并大获成功的主要原因。

电子竞技的历史牢牢地扎根于街机厅面对面的竞技游戏，而不是起源于因特网上的联网游戏，这一点也很重要。这表明了游戏一直以来是一种竞技性追求，而电子竞技也未必是由九十年代的联赛发起人所创立的。此外，虽然多方联合推进职业游戏作为体育的制度化可以被视为仅限于八十年代的现象，但在七十年代就已经有了重要的先驱。在东京的一场活动中，由街机制造商世嘉所赞助的“全日本电视游戏冠军赛”（All Japan TV Game Championships），有16位决赛选手（从全日本的300位当地冠军中选出）参加了比赛，而这场活动也预示了美国八十年代即将到来的公众电子竞技热潮。值得注意的是，据《自动贩卖时代》（*Vending Times*）这家报纸报道，世嘉的一位管理者已经意识到了“这些比赛对于促进制造商－地方－客户之间的商业关系，以及为电视娱乐游戏创造竞技氛围十分重要”（“Sega Sponsors All”，1974）。在活动营销和体验经济的概念才初具雏形的时期，游戏的开发商和街机厅运营商就已经运用了相关的策略，使原始游戏社群变得更和谐，用活动的方式联结游戏创作者、公众游戏运营商以及电子游戏消费者，无论是休闲还是竞技玩家。

普遍公认的首次电子游戏大赛，是由电子游戏版的《太空入侵者》（*Space Invaders*，1978）的制造商雅达利在1980年组织的。“太空入侵者锦标赛”于纽约举办，获得了广泛的纸媒和电视的报道，并在洛杉矶、旧金山、沃斯堡、芝加哥和纽约等地举办了地方活动，总计吸引了超过一万名参与者（“Players Guide”，1982；Polsson，2012）。如图 1 所示，这场活动与今天的电竞比赛十分相似。次年，在 1981 年 10 月 28 日，一家西雅图公司（Tournament Games）（其背景是在七十年代为台球、桌式足球和飞镖等比赛做宣传）在芝加哥会展中心（Chicago Exposition Center）组织了一场为期三天的全国电子游戏比赛。这场活动被宣传为“一场重大的**新式体育比赛**，10000 到 15000 名全世界最优秀的电子游戏玩家将在一款游戏——《蜈蚣》——中一决高下”（Kent，2001：162，原文重点）[①]。作为这款游戏的开发和发行方，雅达利最初同意出资 24 万美金为比赛进行宣传（后来协商到 10 万美金），为全美国的街机厅运营商提供 1500 个宣传包，并在芝加哥发起了长达一个月的系列广告活动（Smith，2012a）。

到了 1984 年，在多个美国城市（包括圣何塞、纽约和安克雷奇）举办的全国性的“电子游戏大师赛”（Video Game Masters Tournament），以 60 个官方街机游戏来评判选手的成绩（Millar，1984）。此时，街机厅已经是充满活力的游戏场所，并预示着公众体验将带来进一步加速的商业化。然而，电子游戏与其他职业体育项目如曲棍球、足球等之间一个重大的区别是，数字技术不仅仅是其宣传的媒体，也是比赛的媒介本身。由于极少有两人的游戏，因此大多数流行的游戏是以最高分作为衡量标准，这些早期的比赛沿用了高尔夫和保龄球等流行体育项目中的计分模

---

① 尽管主办方预计将迎来数万名参赛者，然而他们错估了人流量，由于参赛者需要自负交通、住宿以及 60 美元的门票——大多数青少年玩家都负担不起这个费用——而且，练习的机柜也不是免费，而且只提供很短的时间。此外，许多参赛者事先并不知晓《蜈蚣》是整场比赛里唯一的游戏；有些人是为了玩《小行星》（*Asteroids*）或者其他的雅达利游戏而来的。最终只有 174 名玩家参加了活动中的各种比赛（如桌式足球和气垫球），且只有 138 人参与了《蜈蚣》的比赛。（Kent，2001；Smith，2012a）

图 1a：1980—1981 年间的“太空入侵者锦标赛”

图 1b：八十年代最早的游戏比赛（《太空入侵者》）为结构上类似的现代电子竞技比赛打下了基础，如这场 2013 年的流行的 PC 游戏《英雄联盟》的比赛

图片来源："Space Invaders Championship," by CNET, 2007, http://news.cnet.com/2300-1043_3-6189707.html; League of Legends "What to Watch: The Week in eSports (February 8-14, 2013)," by T. J. Hafer, 2013, *PC Gamer,* February 8, http://www.pcgamer.com/2013/02/08/what-to-watch-the-week-in-esports-february-8-14-2013

板。八十年代早期的街机游戏中，极少出现竞技者同时在同一个屏幕上对战的情况，而这一点也是早期的倡导者在提出街机游戏可以成为由观众驱动的类体育项目时需要考虑的因素。

早期街机游戏的体育化（Sportification）进程

当街机游戏产业在八十年代初期蓬勃发展时，精明的创业者们组织了电子游戏比赛，并开始进行关于制度化和职业化的探讨。1983 年，随着“电子马戏”（Electronic Circus）活动的举办，一场昂贵的投放于电视、广播和报纸的系列广告也随之铺开。为吸引参与者，主办方给出了薪水保障和官方的职业身份。这场活动的创办者和推广人吉姆·莱利（Jim Riley）预计每个周末的门票收入将在 150 万到 250 万美元之间，可以为奖金提供充足的资金。实际上，莱利认为排名第一的选手在做代言之外每周将获得 3000 美元的收入（Smith，2013c），而如果一位选手能在为期 40 周的活动中都占据榜首，那么将加冕为电子马戏历史上首位拿到六位数字奖金的职业选手。

“电子马戏”揭示了基于托夫勒所预言的一种早期数字表现形式。一位筹办者设想了一个巡回的电子游戏马戏团，配备了马戏团长、顶尖的职业玩家、现场音乐和娱乐设施。这场活动的三个主要元素包括“世界上最大的街机厅”（有超过 500 个可以任意玩的游戏）三环电子马戏团（其中一组是乐队，一组是化装角色，还有一组是接受了《吃豆人》训练的大猩猩，它们将与人类对手对决）以及一场“超级明星职业巡回赛”（Superstar Pro Tour）。30 名明星玩家（最后只有 8 名）将在每一个巡回赛站，用 10 种不同的街机游戏，与各个站点的街机厅运营商组织的当地挑战者进行比拼。这场活动最初计划在波士顿的海湾会展中心（Bayside Expo Center）举办，然后在 40 周的时间内巡回 200 个城市。然而由于筹办人面临的财务问题，几个主要节目在启动前就被取消了。尽管如此，剩余的活动还是维持了近一周的时间（之后由于入场率过低导致了马戏的关停），现场有摇滚乐队和福音乐队，还有游乐园的各种设施、小丑、杂耍和各种表演，并且惊人地实现了托夫勒对“现场环境”的预言，有超过 500 个电子游戏分布在八个迪士尼公园似的主题区域中，其中包括“外太空”（Outer Galaxies）、“丛林狩猎”（Jungle Safari）、“勇者斗龙”（Dragon Quest）（Smith，2013c）。虽然这场活动的筹办方超级明星制作公司（Superstar Productions）亏损了两百万美金并宣告破产，但参加比赛的选手依然独立开启了 48 个城市的全国巡回（Smith，2013c）。

这些将电子游戏塑造为体育的宣传方式多是出于几个因素，它们提高了公众游戏比赛中的职业化程度。作为行业内的官方计分榜，由沃尔特·戴（Walter Day）所发起的“双子星系”（Twin Galaxies）便是其中一个因素。双子星系成立于 1981 年，自称“电子娱乐的官方积分榜”（Twin Galaxies，2011），它收集排名和计分、比赛数据以及主要关于电子游戏的统计数据，就如其他收集体育项目统计数据的出版物一样。这家机构的出现填补了将游戏作为体育的制度化中所需的几项标准：档案记录、设立规范以及对竞技的推广和鼓励。事实上，由于双子星系的成功，以及奥塔姆瓦市有一家以它命名的街机厅，使得这座城市成了体验式品牌消费的中心。奥塔姆瓦很快变成了著名的有组织的竞技性电子游戏比赛的发源地，并迅速获得了“世界电子游戏之都”的名号。在 1981 年双子星系成立后不久，正如托夫勒在七十年代所预测的那样，游戏迷和电玩运动员们长途跋涉来到这座城市，就如人们拜访拉斯维加斯、尼亚加拉大瀑布和大西洋城等体验中心（experiential hub）* 的原因一样。而这也仅是托夫勒所辨识出的方式之一，在不久的未来，这些体验将被利用到高增长的工业化模式中。

---

* 译注：这里的体验中心指的是体验经济比较显著的地点。

第二，八十年代中期创立的美国全国电子游戏战队（U.S. National Video Game Team）是另一个早期游戏职业化的因素。这支战队由最优秀的街机玩家组成，参加了许多联赛、展会和贸易展览，并对外国大使馆提出街机挑战，助推了国际社群参与到联赛当中，并为十五年后的“世界电子竞技大赛”（World Cyber Games）奠定了基础。这个战队也赞助了一些邀请赛，如第三届“美国电子游戏挑战赛”（American Video Game Challenge），于1985年1月12至13日举办，只有50位北美最优秀的选手得以参赛。他们确实是“世界上第一支职业电子游戏战队”（Dean，2005：para.89）。为了观看这支著名队伍打游戏，粉丝们排起了长队，而赛事组织者也将参与的人流量视作为比赛、开幕式和公共活动增添价值的利好，将这支队伍打造成一群像运动员一样的名人。而这预示了名人与活动的联合推广不仅在游戏行业，在其他的体育和娱乐行业也在不断增长。

第三，不断增长的媒体关注度也加快了这些电子体育赛事的组织发展，这些活动很快就出现在了游戏爱好者杂志、报纸和电视的新闻报道中。约翰逊与奈斯伦德（Johansson & Näslund，2007）认为，这些恰当呈现的活动“提供了一种强大的触及消费者的方式——不仅仅是那些参与的人们，还有那些通过媒体看到消息的人们”（p.158）。这些媒体报道对早期电子竞技在街机中的发展至关重要，尤其是1981至1982年的成形期，它们巩固了游戏比赛作为一种新式体育活动和新奇的体验经济。事实上，这些早期的报纸和杂志叙述也告诉了我们很多关于这种新式电子运动（cybersport）比赛的市场营销。

随着电子游戏赛事在美国和加拿大的爆发式增长，包括在洛杉矶、多伦多和芝加哥等地的比赛，《纽约时报》等主流媒体开始报道这些活动。早期有一篇题为“致电子游戏迷们，灵活的手指很有用”的文章（Montgomery，1981），为该报纸庞大的读者群体首次记录了游戏比赛的竞技性本质。这篇文章提到了一场由雅达利赞助的比赛，这场于曼哈顿的花旗集团中心举办的赛事，其决赛中有来自 10 个欧洲国家参赛者。尤其是，年轻的选手们已经开始承担传统职业体育运动员的角色，这意味着这种新的、发展中的媒介与体育之间的相互作用并非只存于字面上。实际上，有一位 15 岁的冠军由一位 17 岁的经纪人陪同，后者兴高采烈地说“他知道的一切都是我教给他的”（Montgomery，1981：45）。各大全国新闻平台意识到了选手 - 经纪人关系是现代体育的核心，并将这种关系反映在了报道中，这也加强了将竞技性电子游戏作为新式运动活动的营销，使之成为一种值得观众参与的体验。

1982 年，《纽约时报》继续对电子竞技和更广泛的游戏产业进行报道，并在一篇文章中指出了跨界合作的商业行为的作用，特别是游戏产业和其他娱乐行业之间的交叉推广。随着电影公司在争夺消费者的娱乐开支上开始逐渐输给了游戏开发商，这两者之间的合作也变得越来越普遍。卢卡斯影业拿出了他们的技术专长，并热切地将其知识产权（包括《星球大战》）授权给了游戏公司，派拉蒙影业则通过收购世嘉公司，以制造商和发行商的身份进军了电子游戏产业，而其他公司也很快加大了投资。当华特迪士尼制片公司（Walt Disney Productions）将其即将上映的《电子世界争霸战》（*TRON*）系列电影授权给了游戏市场时，该公司做了协调，在百利制造公司（Bally Manufacturing Corporation）（制作《电子争霸战》游戏的公司）下属的“阿拉丁城堡”（Aladdin’s Castle）街机厅同步开启了电影的上映与街机游戏的发售，这些推广比赛为纽约的一场电子竞技比赛铺路，而这场比赛也于 1982 年 7 月在电影和游戏的发行时同步举办。

早期电竞游戏比赛被正当化为体育类活动的过程中，最重要的事件之一发生在 1982 年 11 月，《生活》杂志拜访了双子星系街机厅，并为其特刊“图片中的一年”拍摄了美国最优秀的电子游戏玩家（Burnham，2001：239；Dean，2005）。《生活》杂志将街机玩家纳入对体育和运动员的探讨中，这被视为玩家和产业迈出的重大的一步。强纳森与蒂伯格

（Jonasson and Thiborg，2010）提出，“作为一项运动，这项活动会自动变得正当化并被接受。在这种状况下，组织者以及选手都获得了更高的社会地位，并获得了更多的资金和赞助”（p.293）。在前一年，1981 年，15 岁的史蒂夫·尤拉塞克（Steve Juraszek）因为玩了 16 个小时的《防卫者》（*Defender*）并在游戏中获得了将近 1600 万的高分，他的照片出现在了《时代周刊》上（Kent，2001：152）。在玩家的心目中，在比赛中获胜，并且能够在全国的杂志和报纸上获得对成就的认可是他们提高游戏水平的主要动力，继而提高了公众对竞技性游戏和对专业选手的接受度。由于没有其他替代性的途径能够将他们玩游戏的活动正当化，不仅仅是出于对游戏的热爱，也是为了获得名声，这些选手们参与到景观化的竞技对战中。

这些因素交织在一起，使游戏被认可为体育类的比赛。1985 年，在洛杉矶很受欢迎的“电玩队长”（Captain Video）街机厅，最优秀的街机游戏玩家与 ABC 新闻、《今日美国》和《吉尼斯纪录》（Guinness Book）聚集在一起，参与了第三届年度玩家加冕日比赛。这场比赛的结果被记录到 1985 年的《吉尼斯体育纪录》（*Guinness Book of Sports Records*）中。次年的吉尼斯世界纪录又正式迈进一步，将数十个游戏的最高分以及纪录保持者的名字和家乡都列入了纪录中（Dean，2005）[①]。吉尼斯纪录对早期高分榜的正当化，也加强了把早期街机游戏纳入电子竞技历史的考量，因为这些案例证明了竞技性游戏早在八十年代就已经越来越职业化。

电子游戏产业不断增长的关注度也带来了用电视节目为游戏做宣传的尝试。早在 1982 年，竞技性街机游戏就在美国的电视上被转播给了全国观众。参赛者达蒙·克劳森（Damon Claussen，2001）描述了他在游

① 尽管近来出版的《吉尼斯世界纪录游戏玩家版》（*Guinness World Records Gamer's Edition*，自 2008 年起）引起对电子竞技潜力的大量探讨，但许多参与探讨的人并不知道吉尼斯早在八十年代初就已经开始发布高分纪录了。

戏节目《街机明星》(*Starcade*)中的经历，他讲述了申请试镜的过程、电视比赛本身，以及更重要的，在电视节目上比赛的感受。他说："除了在街机厅以外，最棒的就是能在电视上看到街机……毫无疑问，它是超前的。"(p.332)1981年9月13日星期日，这个节目的试播集在旧金山NBC下属的KRON上播出，甚至还收获了该时段最高的收视率(Smith，2012b)。《街机明星》于1982年到1984年间在WTBS上播出，成为首档以竞技性游戏为主的电子游戏电视节目，此后还出现了其他节目，如《能量电玩》(*Video Power*，1990—1992)以及《尼克街机》(*Nick Arcade*，1992—1993)。

专为电子竞技打造的节目早在八十年代初就已经出现了，一些更普遍的游戏节目也在这些年间将电子游戏纳入其中。最好的一个早期案例是1983年美国游戏真人秀电视节目《难以置信！》(*That's Incredible!*，1980—1984)邀请了三位职业街机选手来角逐全国电子游戏冠军。肯尼迪(Kennedy，1983)用16岁玩家本·戈德(Ben Gold)的视角重新叙述了这集节目，戈德面对100多名观众进行拍摄，参与了这场在ABC演播室里的挑战赛。这场比赛与当下各种轰动的赛事相比并无太大区别——有明亮的舞台、众多的电视观众、明星主持人(凯西·李·克劳斯比，Cathy Lee Crosby)，甚至还有一枚颁给"世界上第一个电子游戏冠军"的金牌(Dean，2005；Kinser，2006)。虽然最后这种头衔在"世界电子竞技大赛"(WCG)和联网的电子竞技时代是有争议的，但沃尔特·戴对此表示认可，他认为像戈德这样的选手是职业游戏的先驱，而"昔日的选手和今天的选手一样优秀，只不过那个时候没有那么多的赞助和比赛机会"(Kinser，2006：para.29)。沃尔特·戴认为戈德是首位电子游戏冠军，而戈德也预见了电子竞技的未来，设想到了更高的回报和更多的竞技赛事，而这在如今已经十分普遍了。有人甚至将这些赛事称为"首届电子游戏奥运会"(Burnham，2001：239)。虽然这些早期的赛事与WCG有一定的相似之处——如火炬仪式、列队游行、淘汰资格赛以及奖牌——但它们仍然缺乏构成奥运会和WCG中的一个重要因素：国际性。尽管这些活动并非真正的全球性事件，在八十年代早期对电子竞技的探讨中，仍有大量文献将它们与奥运会进行对比。

电视节目的重要意义不仅仅在于拉近了电子游戏和体育之间的差距，还为玩家们打造了明星体系。米勒（Millar，1984）在她的一篇关于1984年“电子游戏大师赛”（Video Game Masters Tournament）的文章中采访了竞技街机玩家罗伊·希尔特（Roy Shildt）（在写这篇文章时，希尔特是街机游戏《导弹指令》的纪录保持者），希尔特说，除了坚持认为电子游戏是一项体育运动的少数硬核玩家，“无论电子游戏比赛意味着什么，有的时候对于那些能拿下世界纪录的人来说是有利可图的”（Millar，1984：4b）。实际上，由于希尔特早期的电竞成就，他获得了各大公司的赞助，其中包括塔可贝尔（Taco Bell）和耐克，这也显示了当时的企业赞助来自各行各业。相比较而言，现代电子竞技的赞助商主要来自电信和IT行业。造星进程可以减少创意产业中粉丝的三心二意，确保明星可以带来良性利润，平衡其他的支出，并已经成为媒体体育文化综合体的重要支柱。这也是整体文化产业中一种普遍的推广附属商品的现象。赞助商与发起人在营销职业明星上倾注了大量的资本，也寄希望于从投资中获得回报。然而这种将玩家当作体育人士的职业化也促进了对玩家文化和竞技性游戏的接受度，使其成为一种体验式消费活动。随着登上发光的积分榜榜首这永远的征途成了北美各地青年人普遍的向往，电竞产品早在这个成形时期就一直存在了。

尽管新晋的职业玩家阶层和更广泛的电子竞技获得了各种竞技层面的成功，但无论是在八十年代还是在今天，这项迅速发展的体育所面临的关键问题之一还是其性别包容性。人们在抨击游戏成瘾和过度沉迷、暴力以及更广泛的电子游戏引发的道德恐慌时，也批评了游戏中的性别不平等。有许多作者都关注了高等电竞中明显缺乏女性这一现象（Hjorth，Ng，& Huhh，2009；Jin，2010；Taylor，Jenson，& de

Castell，2009）。尤其是这个系统性的歧视根植于竞技性电子游戏的核心概念中。最高等级的电竞一直以来与**公众**游戏有深远的联系，即在实体空间里玩游戏，无论是在实体的街机厅比赛，还是在网吧里练习或是参加现代的联赛。在今天的电竞市场中，甚至最高等级的训练和技能展示都是公开的，顶尖玩家们在线上平台上直播自己的秘技。然而，这些公众游戏空间由于一直以来都是极度具有侵略性和男性化的，往往使得犹豫的女性玩家被排除在外，她们常在还未能玩上游戏前就被认为水平不佳或被认为想博取关注。从传统体育中借鉴来的电竞话语也同样有着威慑作用，这促进了某种茧房效应，导致参与者和仅仅观看的人之间被隔绝开来。这些因素叠加在一起，给想要参与到高等级电竞中的女性造成了困难。在这个主题上，进一步的研究还有待展开。从八十年代早期电竞的萌芽，到今天有数十万观众的全球联网赛事，这种风气也一直鲜有改变。

结论

20 世纪 70 年代末到 80 年代初，街机比赛逐渐变得组织化并获得批准，成了有冠名赞助商、观众甚至有一些媒体报道的公开赛事。这些电竞活动成了推广媒体平台的载体，并将体育与科技联系在一起（Hutchins，2008；Jin，2010）。竞技性游戏具有综合了体育、媒体和科技的立场，也因此成了研究体验经济虚拟景观的理想案例。这种电竞活动可以被视为某种超级体验（hyperexperiential）产品，一种“后体验式体验”，即最初的体验消费品是由发行商提供的游戏，而次级体验阶段则是观看那些十分熟悉的游戏。由于电竞比赛的观赏性，游戏成了一种观众商品。

电子竞技活动仅仅是历史上大众娱乐场所发展的一种类型，其他还包括游乐园、马戏团、狂欢节等。然而，它也是媒介化的体育景观在数字市场经济中的一种延伸。游戏活动为数字产业的大众营销和推广提供了一个重要机会，使竞技性游戏跻身更广泛的体验经济。作为娱乐式的活动营销，体育在媒介化的文化中扮演了一个成功案例，而在这其中，游戏成为了一种参与式的、以表演为中心的体验，同时也是一种观赏性体验。

公共活动在这种新的经济导向中的核心作用十分清晰：

> 活动的魅力在于它的感情和审美潜力，这使它成了体验经济的核心特色。活动成了一种媒介，使商业的理性和玩耍的感性之间得以创造性地相得益彰。（Johansson & Näslund, 2007：160）

可以说，再没有比电子竞技更好的将媒体结合到体育中的案例了，而通过探究它的起源，我们可以看到这种竞技性游戏活动是如何与活动营销和体验经济一同发展起来的。公共游戏将玩家和粉丝重置于一条推广链条上，其协同效应串联起了竞技性游戏、公共活动、观赏、市场营销和商业策略。历史上，这使得传统体育活动成了媒介化的市场中的主导商品，而分析这些作用的交汇也显示了重要的协同效应，即将玩游戏营销为一种竞技性游戏体验。

本文将20世纪80年代初的竞技性电子游戏的起源置于发展中的游戏文化、体育观赏的历史、活动营销以及新兴的体验经济的集合背景下，分析这种新出现的数字创意产业。公共活动和伴随的推广方向是公关之机智与市场营销之工具的输出和协调，而电子竞技作为一种体验式商品的原型也不例外。职业游戏比赛为赞助商和主办方允诺了特定的玩家群体，但它们也对游戏进行重新定位，并为参与者提供了更具参与感的景观和辉煌。

参考文献

Akamatsu, K. (1962). A historical pattern of economic growth in developing countries. *Journal of Developing Economies, 1*(1), 3-25.

Associated Press. (1982, October 12). Making it in the world of video. *The Globe and Mail*, 17.

Avrich, B. (1994). *Event and entertainment marketing: A must guide for corporate event sponsors and entertainment entrepreneurs.* Chicago, IL: Probus.

Burnham, V. (2001). *Supercade: A visual history of the videogame age 1971-1984.* Cambridge, MA: MIT Press.

Burton, R. (1999). Sports marketing and the Super Bowl. In J. P. Jones (Ed.), *The advertising business: Operations, creativity, media planning, integrated communications* (pp. 437-452). Thousand Oaks, CA: SAGE Publications.

Chang, W., Yuan, S., & Hsu, C. W. (2010). Creating the experience economy in e-commerce. *Communications of the ACM, 53*(7), 122-127.

Claussen, D. (2001). Starcade. In V. Burnham (Ed.), *Supercade: A visual history of the videogame age 1971-1984* (pp. 332-335). Cambridge, MA: MIT Press.

Coles, T. (2008). International car manufacturers, brandscapes and tourism: Engineering the experience economy. In T. Coles & C. M. Hall (Eds.), *International business and tourism: Global issues, contemporary interactions* (pp. 238-255). London, UK: Routledge. CNET. (2007, June 8). Space Invaders championship. Retrieved from http://news.cnet.com/2300-1043_3-6189707.html

Collins, K. (2012). One-bit wonders: Video game sound before the crash. In M. Wolf (Ed.), *Before the crash: Early video game history* (pp. 119-137). Detroit, MI: Wayne State University Press.

Darmer, P., & Sundbo, J. (2008). Introduction to experience creation. In J. Sundbo & P. Darmer (Eds.), *Creating experiences in the experience economy* (pp. 1-12).

Cheltenham, UK: Edward Elgar. Dean, P. (2005). U. S. National Video Game Team. Retrieved from http://spyhunter007.com/us_national_video_game_team.html

DeMaria, R., & Wilson, J. L. (2004). *High score! The illustrated history of electronic games* (2nd ed.). New York, NY: McGraw-Hill.

Gruneau, R. (1984). Commercialism and the modern Olympics. In A. Tomlinson & G. Whannel (Eds.), *Five ring circus: Money, power and politics at the Olympic Games* (pp. 1-15). London, UK: Pluto Press.

Hafer, T. J. (2013, February 8). What to watch: The week in eSports (February 8-14, 2013). *PC Gamer.* Retrieved from http://www.pcgamer.com/2013/02/08/what-to-watch-the-week-in-esports-february-8-14-2013

Harmetz, A. (1982, July 1). Video games to *[sic]* to Hollywood. *The New York Times*, p. 1.

Herman, L. (1997). *Phoenix: The fall and rise of videogames* (2nd ed.). Springfield, NJ: Rolenta Press.

Hjorth, L., Ng, B., & Huhh, J. (2009). Games of gender: A case study of females who play games in Seoul, South Korea. In L. Hjorth & D. Chan (Eds.), *Gaming cultures and place in Asia-Pacific* (pp. 251-272). New York, NY: Routledge.

Hutchins, B. (2008). Signs of meta-change in second modernity: The growth of e-sport and the World Cyber Games. *New Media and Society*, *10*(6), 851-869.

Jin, D. Y. (2010). *Korea's online gaming empire.* Cambridge, MA: MIT Press.

Johansson, M., & Näslund, L. (2007). Artisans of the spectacle: Entrepreneurship in the event industry. In D. Hjorth & M. Kostera (Eds.), *Entrepreneurship and the experience economy* (pp. 155-179). Copenhagen, Denmark: Copenhagen Business School Press.

Jonasson, K., & Thiborg, J. (2010). Electronic sport and its impact on future sport. *Sport in Society, 13*(2), 287-299.

Kayali, F. (2013). Playing ball: Fan experiences in basketball videogames. In M. Consalvo, K. Mitgutsch, & A. Stein (Eds.), *Sports videogames* (pp. 197-216). New

York, NY: Routledge.

Kelly, J. (2006). *The American game: Capitalism, decolonization, world domination, and baseball*. Chicago, IL: Prickly Paradigm Press.

Kennedy, M. (1983, January 26). Incredible video victory: Dallas teen-ager beats the best in TV show's game competition. *Dallas Times Herald*, p. 4.

Kent, S. L. (2001). *The ultimate history of video games*. Roseville, CA: Prima.

Kinser, A. (2006, November 17). Richardson man was pioneer for today's gamers. *Dallas Morning News*. Retrieved from http://www.dallasnews.com/sharedcontent/dws/spe/2006/high_score/indexbmw.html

Kline, S., Dyer-Witheford, N., & de Peuter, G. (2003). *Digital play: The interaction of technology, culture, and marketing*. Montreal, Canada: McGill-Queen's University Press.

Kocurek, C. A. (2012). Coin-drop capitalism: Economic lessons from the video game arcade. In M. Wolf (Ed.), *Before the crash: Early video game history* (pp. 189-208). Detroit, MI: Wayne State University Press.

Kyle, D. G. (2007). *Sport and spectacle in the ancient world*. Malden, MA: Blackwell.

Millar, H. (1984, June 30). It's not just a game anymore: Video virtuosos joust with joy sticks at national tourney in S. J. *San Jose Mercury News*, 1b, 4b.

Montgomery, P. L. (1981, October 11). For fans of video games, fast fingers are big help. *The New York Times*, 45.

Musico, C. (2009). No substitute for experience. *Customer Relationship Management*, *13*(12), 22-29.

Odell, P. (2009, December 1). Slow growth. *Promo Magazine*. Retrieved from http://promomagazine.com/eventmarketing/marketing_slow_growth

Pine, J., & Gilmore, J. (1998). *The experience economy*. Boston, MA: Harvard Business School Press.

Players guide to electronic science fiction games. (1982). *Electronic Games, 1*(2), 35-45.

Retrieved from http://www.archive.org/stream/electronic-games-magazine-1982-03/Electronic_Games_Issue_02_Vol_01_02_1982_Mar#page/n35/mode/1up

Polsson, K. (2012). Chronology of arcade video games. Retrieved from http://vidgame.info/arcade/index.htm

Poulsson, S. H. G., & Kale, S. H. (2004). The experience economy and commercial experiences. *Marketing Review*, *4*, 267-277.

Rader, B. G. (2004). *American sports: From the age of folk games to the age of televised sports* (5th ed.). Upper Saddle River, NJ: Prentice Hall.

Sega sponsors all Japan TV game championships. (1974, November). *The Vending Times, 14*, 69.

Sheff, D., & Eddy, A. (1999). *Game over: How Nintendo conquered the world.* Wilton, CT: GamePress.

Smith, K. (2012a, November 12). The Atari $50,000 Centipede fiasco. *The Golden Age Arcade Historian*. Retrieved from http://allincolorforaquarter.blogspot.ca/2012/11/the-atari-50000-centipede-fiasco.html

Smith, K. (2012b, December 10). Starcade. *The Golden Age Arcade Historian*. Retrieved from http://allincolorforaquarter.blogspot.ca/2012/12/starcade.html

Smith, K. (2013c, March 1). The electronic circus. *The Golden Age Arcade Historian*. Retrieved from http://allincolorforaquarter.blogspot.ca/2013/03/the-electronic-circus.html

Taylor, N., Jenson, J., & de Castell, S. (2009). Cheerleaders/boothbabes/*Halo* hoes: Pro-gaming, gender and jobs for the boys. *Digital Creativity*, *20*(4), 239-252.

Taylor, S. F., & Cunningham, P. H. (1999). Event marketing. In J. P. Jones (Ed.), *The advertising business: Operations, creativity, media planning, integrated marketing* (pp. 425-436). Thousand Oaks, CA: SAGE Publications.

Taylor, T. L. (2012). *Raising the stakes: e-sports and the professionalization of computer gaming*. Cambridge, MA: MIT Press.

Toffler, A. (1970). *Future shock*. New York City, NY: Bantam Books.

Tomlinson, A. (1996). Olympic spectacle: Opening ceremonies and some paradoxes of globalization. *Media, Culture, & Society, 18*, 583-602.

Tomlinson, A. (2006). Los Angeles 1984 and 1932: Commercializing the American dream. In A. Tomlinson & C. Young (Eds.), *National identity and global sports events: Culture, politics, and spectacle in the Olympics and the football World Cup* (pp. 163-176). Albany, NY: State University of New York Press.

Tomlinson, A., & Young, C. (2006). Culture, politics, and spectacle in the global sports event: An introduction. In A. Tomlinson & C. Young (Eds.), *National identity and global sports events: Culture, politics, and spectacle in the Olympics and the Football World Cup* (pp. 1-14). Albany, NY: State University of New York Press.

Twin Galaxies. (2011). Retrieved from http://www.twingalaxies.com

Wolf, M. J. P. (2002). *The medium of the video game.* Austin, TX: University of Texas Press.

作者简介

迈克尔·博罗维（Michael Borowy），西蒙菲莎大学研究生。

金大勇（Dal Yong Jin），媒介研究学者，加拿大温哥华西蒙菲莎大学传播学院杰出教授，主要研究兴趣为数字平台、电子游戏、媒介历史、传播的政治经济学、全球化与跨国化、韩流以及科学新闻学。

罗杰·凯卢瓦与电子竞技：论将游戏当成工作的问题[①]

汤姆·布洛克（英国曼彻斯特城市大学） 文

蒋子祺 译

摘要

在《游戏与人》（*Man, Play and Games*）[*]一书中，罗杰·凯卢瓦（Roger Caillois）警示了工作对游戏的“理性化”（rationalization），并论述了竞技性游戏（*agôn*）的职业化会对人与社会造成负面影响。在本文中，我将详细阐述凯卢瓦的论点，并提出，通过将玩家的心理转向对外在奖励的追求，电子竞技的职业化背景实现了游戏的**理性化**。这体现于伴随着竞技游戏做出的工具化（instrumental）决策，以及电竞选手为忍受不稳定的工作环境而不得不采取的“生存”（survival）策略。在这两种情况下，游戏都被当成了工作，并因此导致了心理学与社会学意义上的潜在问题。

关键词：反身性；罗杰·凯卢瓦；玛格丽特·阿切尔（Margaret Archer）；职业游戏；游戏；工作；比赛造假；电子竞技

---

① 本文英文原文为：Brock, T. (2017). Roger Caillois and E-Sports: On the Problems of Treating Play as Work. *Games and Culture*, 12(4), 321-339.

* 译注：本书暂无中译本，根据法文原版的书名“*Les jeux et les hommes*”，暂译为《游戏与人》。

规则再度从不受约束转向绝对，对与世隔绝的、不受侵袭的、中立的游戏的干扰倾向蔓延到了日常生活之中，并尽可能地使其服从于自己的需求。曾经的快乐成了一种执迷，曾经的解脱之物成了一种义务，而曾经的消遣成了愤怒、强迫和焦虑源。（Caillois，2001a：45）

在《游戏与人》一书中，罗杰·凯卢瓦提出需要警惕日常生活对游戏的“理性化”，并提出当游戏变成一种像工作一样的义务时，可能会对人们的自主性与社会的道德观带来有害的影响。凯卢瓦（Caillois，2001a：43）指出工作式的游戏可能会败坏游戏的六种特质。在他看来，游戏应当是：自由的、单独的、不确定的、无产出的、受约束的和虚构的。凯卢瓦认为，当“将游戏中理想化的规则与日常生活里含混隐伏的规则区分开来的鲜明界限变得模糊”，那么游戏的这些“形式”特质就失去了光环。换言之，现代生活里的社会、政治与经济组织有一种倾向，试图通过我们玩的游戏，将游戏的种种形式特质**理性化**。

读者们应该对凯卢瓦对游戏的分类很熟悉——［竞争］（*agôn*）、［机运］（*alea*）、［模仿］（*mimicry*）与［眩晕］（*ilinx*）*。他在书中还描述了游戏从一种“自由的活动”转变为一种“工作”，以及由这种转变所引发的在人类文化中“生根发芽”的特征。在本文中，我尤其关注凯卢瓦（2001a：83）对［竞争］的探讨，以及竞技性游戏如何塑造人的能动性。凯卢瓦特别关注，当比赛的规则嵌入玩家的“习惯”或“条件反射”时，对人的心理会造成怎样的影响。他在阐述［竞争］时说：

在竞技场之外，当锣声响起的那一刻，［竞争］真正的扭曲就开始了，这是所有类型中最普遍的一种。它出现在每一次不受游戏

* 译注：在本文中后面出现的 *agôn* 等希腊语词汇均以［ ］符号区分。

的严谨与意志所干涉的冲突之中。竞争不过是天性。在社会中，一旦它发现道德、社会和法律约束体系——类似于游戏中的限制和规则——的漏洞，就会恢复原始的残暴。这就是为什么那些疯狂的、痴迷的野心，在任何不遵守竞赛和自由玩耍*的规则的情况下，必须被谴责为离经叛道。一名好的玩家必须能够用客观、抽离的头脑思考，即使是面对付出巨大努力后的不幸结果或是巨大损失，至少表面上要保持冷静……（p.46）

本文试图论述这种［竞争］的扭曲源自混淆工作与游戏之间的界限，尤其是通过电子竞技比赛。

泰勒（Taylor，2012）写道，电子竞技的典型特征是电子游戏玩家在“职业化背景”下竞争奖金和名誉。如今在电竞比赛中流通的大笔资金也体现了这一背景。比如，2016 年电竞比赛的观众约为 3 亿人次，共创造了 4.93 亿美元的收益，奖金也超过了 7500 万美元（Newzoo，2016）。这些比赛在欧洲、北美和东南亚等数十个国家举办，微软、英特尔、索尼、谷歌等公司都提供过赞助。这种级别的赛事中玩的游戏涵盖了各种类型，其中有即时战略游戏，如《星际争霸：母巢之战》（*StarCraft: Brood War*，1998）和《星际争霸Ⅱ》（*StarCraft II*，2010）；有第一人称射击游戏，如《反恐精英》（*Counter-Strike*，2000）和《光晕》（*Halo*，2001）；还有多人在线竞技游戏，如《英雄联盟》（*League of Legends*，2009）和《DOTA 2，2013）。

玩电子游戏之所以能成为“职业”，也体现在玩游戏的实践之中。就拿《星际争霸Ⅱ》的竞技场景来看，来自世界各地的玩家互相对抗，试图以最快和最高效的方式摧毁敌方基地。这被称为“即时战略”，指的是实时操纵一系列复杂任务的认知和具身过程，其中包括管理资源、建设

---

* 译注：自由玩耍在原文中是“free play”，指没有正式规则的、即兴的玩耍或游戏。关于“play”与“game”在概念上的区分，可参考文献：Golumbia, D. (2009). Games Without Play. *New Literary History*, 40(1), 179-204.

基地、控制个体单位等（参见 Witkowski，2012）。

首先，这些游戏活动也受职业场上规则和常规期望的约束。比如，《星际争霸Ⅱ》是由暴雪娱乐（现为动视暴雪）开发、专有和运营的专利技术。因此，游戏玩法受到玩家控制之外的变化的调控。比如，补丁和/或扩展包会通过引入新的单位和地图来改变游戏的玩法。第二，大赛针对“公平竞争”的规则决定了玩家**应该**如何玩，即不使用造成不公平优势的“外挂”软硬件（参见 Consalvo，2007）。第三，职业选手也必须与那些为他们及/或他们的战队提供竞技游戏所需的财务支持的投资方企业保持一致的立场。因此，电子竞技的职业化背景是一套复杂的、受社会-心理、文化与经济因素支配的关系构造。

虽然泰勒（Taylor，2012）、徐裕里 * 和郑尚旭 **（Seo and Jung，2014）等学者对凯卢瓦针对“游戏”和工作之间的区分提出了质疑，但我将捍卫凯卢瓦的观点，我认为电子竞技导向一种人类“反身性”（reflexivity）（Archer，2007）的高度理性模式，追求外在（extrinsic）而非内在（intrisinc）奖励（Ryan & Deci，2000；Ryan，Rigby & Przybylski，2006）。这体现为竞技性比赛成功背后的理性决策（Mauricio，Diaz，Hussmann & Strijbos，2015），以及选择在竞技性比赛中“造假”（Platt，2015；Shea，2015）。我认为在这两者中，游戏都被视为工作：它被当作工具理性（instrumental rationality）的对象，这使玩家不仅要面对心理问题（Sudnow，1983），还要面对不稳定的社会因素（Woodcock & Johnson，2016）。从这个观点出发，本文引申了凯卢瓦最初的警示：现代游戏文化的要求正通过将人类的心理转向工具理性，从而将游戏扭曲。

---

* 译注：音译，Yuri Seo。

** 译注：音译，Sang-Uk Jung。

凯卢瓦、游戏与文化

游戏、竞赛与人类行为

要理解凯卢瓦对工作将游戏“理性化”的担忧，必须先反思他是如何对有规则的游戏的社会建构进行批判的。在《游戏与人》一书中，凯卢瓦（2001a：65）列举了游戏的特质，他认为这些特质在社会生活中几乎具有普遍性（尽管存在矛盾）：

●想要证明自己的优越性；

●想要挑战、打破一项纪录或是至少克服一个障碍；

●渴望或寻求命运的青睐；

●拥有秘密、幻想和伪装的快感；

●渴望恐惧或唤起恐惧；

●追求重复性、对称性，或与之相反，从即兴、创造或无尽的解决方案中获得快乐；

●解开悬疑或谜语；

●从所有精湛技艺的艺术中获得满足；

●想要试炼自己的能力、技能、速度、耐力、平衡性和原创性；

●遵守规则和法律，尊重它们的义务，以及规避义务的诱惑；

●最后，沉迷，并渴求癫狂，渴望眩晕带来的恐慌。

然而，凯卢瓦提出，这些本能受制于规则的（社会）建构，被划分为四种游戏类型：[竞争]、[机运]、[模仿]与[眩晕]。他认为，这些游戏类型塑造了不同的文化和该文化中人的个性；他提出的主要理论假设是：

> 被某个民族所推崇的某项游戏，同时也可以被用来定义该社会的道德观或智识，为其确切的定义提供证据，并通过强调相关的品质来促进大众对它的接受程度。用当地流行的游戏来诊断一个文明，这并非荒唐之事。（Caillois，2001a：83）

比如，凯卢瓦在探讨罗马和角斗士时提出，他们的游戏所具有的特定的习惯与条件反射反映了罗马帝国的攻击天性。他认为，“游戏引起了对某种反应的预期”，“它们必然反映了一个特定社会在其演变的特定阶段所具有的文化模式，并且为了解该社会的偏好提供了有用的标志”（Caillois，2001a：83）。凯卢瓦提出，罗马人的角斗游戏展现了其帝国的［竞争－机运］特质，罗马的格言也印证了这一点：“有社会之处必有法律”（Ubi societas ibi ius）（p.126）。等级制度、法典、战斗、暴力与竞争得来的荣誉是其文化的“品质”，而角斗游戏为罗马人提供的精神和实践，确保了帝国长达一千多年的稳定性和普世性。

在他看来，通过玩特定类型的游戏，游戏的形式特质渗透到日常生活的社会政治组织中。游戏在某种层面上印证了人类文化的恒定性：如果我们能看到游戏的起源，那么我们就能够认识到它们几乎具有普世性，尤其是游戏规则以及其确立的原则和“人”的类型。当然，这种观点符合凯卢瓦的现实主义视角[①]。作为人类学家马塞尔·莫斯和功能主义哲学家乔治·杜梅齐尔的学生，凯卢瓦曾在20世纪30年代早期于巴黎高等研究实践学院学习。他在此与其他超现实主义作者乔治·巴塔耶和米歇尔·莱里斯等人共同成立了社会学学院（*Collège de Sociologie*）（Frank，2003）。因此，像埃米尔·涂尔干一样，凯卢瓦在探讨社会结构时关注的

---

① 对乔治·巴塔耶和罗杰·凯卢瓦的现实主义视角的描绘可参见梅洛的论述（Mellor，2004）。梅洛提出，社会学学院的目的在于通过联系涂尔干对社会（非）一体化来保持社会现实主义（social realism）这一概念的活力。因此他拒绝将巴塔耶和凯卢瓦解读为后现代主义者。

是其现实，即有因果的功能性。游戏中竞赛的惯例（ludic conventions）* 不过是这些“社会事实”（social facts）① 中的一个例子，而凯卢瓦将它们视为可以触发、社会化并维持社会秩序的必要条件。

对游戏的玷污

然而凯卢瓦（Caillois，2001a：44，48）提出，当游戏与现实之间的界限变得模糊，游戏的这些特质可能会被“玷污”（而社会的稳定性会遭到威胁），尤其是当游戏的形式特质被“制度化”（institutionalized）为工作的一部分。他写道，“曾经的快乐成了一种执迷”。对于职业拳击手、自行车手或演员来说，[竞争]和[模仿]已经不再是一种消遣，可以放松疲劳或缓解单调压抑的工作。这已经成了他们的工作，成了维持生计的必要……凯卢瓦认为，这些游戏类型的制度化会威胁到现代社会的价值。在这里，游戏中竞赛的惯例被认为对人和社会有着负面影响，游戏者的个性也被他们所掌握的游戏的特征所影响。比如，凯卢瓦（2001a：54）认为，现代社会中遍布的社会与经济竞争是[竞争]的制度化所造成的一种结果。他提出，“[竞争]唯一的目标就是获胜，这也迁移到了现实之中，无休止的比赛成为常态”，而文化也开始重视竞争、暴力与欺骗。

这里，凯卢瓦用尼采（Nietzsche，1911/1999）所提出的“权力意志”（the will to power）——人们达到人生中最高地位的野心和成就的驱动力——来设想这些竞争文化。同样地，凯卢瓦（2001a：65，75）认为

---

* 译注：“ludic”一词在凯卢瓦所探讨的语境中指 *ludus*，即以规则为导向的游戏，是竞技性游戏的基础，区别于 *paidia* 所指的无秩序的、简单的玩耍。

① 罗杰·凯卢瓦似乎是使用这个词来指代“功能”，这反映了马塞尔·莫斯的“总体性社会事实”（total social fact）（参见 Frank，2003：110）。弗兰克（Frank，2003）也认为，凯卢瓦这段时间的许多写作都脱离了他早期对超现实主义的接纳，转而找到了更稳定的想象力来源：激活集体生活的文化、物质结构与模式。

社会性从众（social conformity）是［模仿］的制度化所导致的一种现象，而且有一些游戏崇尚现代社会中的服从和被动性的价值，但这也以社会疏离（social estrangement）作为代价。“扮演另外一个人通常会导致异化和迁移，”他提出，“这可能会引起某种失控或情绪的爆发，在被幻觉所占据的心智里，现实世界被暂时抛弃了。”因此，这些将游戏分类并调控游戏的规则，通过潜在地疏远人们与自己和他人的关系，影响着人们的社会生活。

当凯卢瓦批判性地关注到，现代社会通过将游戏作为休闲方式，开始突然对公众实施“规范性的控制”（methodical control）（Caillois，2001a：101）时，这个论点最为明显地体现了出来。与韦伯（Weber，1947）的观点相呼应，凯卢瓦将竞争游戏描绘为一种树立秩序并控制公众的手段。需要注意的是，正如亨里克斯（Henricks，2010：175—176）所指出的，凯卢瓦对于这些游戏主要的政治论点是印证在他对法西斯主义意识形态的担忧之中的。凯卢瓦批判了法西斯制度试图将自身呈现为一种平等主义（egalitarian），然而实际上却试图将荣誉（merit）系统化，使用游戏作为一种机制，将运气和竞争作为向那些较为不幸的人提供获胜机会的唯一手段。因此，凯卢瓦（Caillois，2001a）提出警示：现代形式的城市生活可能会**强调竞争是个人流动性的基础**，且自律、坚持和追求成就是值得称颂的价值。比如他认为，由国家提供的赌博，包括国家彩票，宣扬了竞争、追求个人财富和成功的价值观。针对体育英雄和明星，他也提出了类似的观点。确实，凯卢瓦认为这些游戏的功能是给大众提供一点渺茫的希望。它为那些在生活中缺乏机会的人们提供了一种“逃离工人阶级”的手段（参见 Bleasdale，1995 cited in Casey，2016），也就是说，让贫穷的工人们有机会获得他们所不敢想象的奢侈和荣耀。游戏的功能是保守的：它作为一种手段，通过制度化的竞争来控制群众，并提供机运的“迷思”（myth）来维持人与人之间的不平等。

回应凯卢瓦的批判者

尽管凯卢瓦提出了种种见解，但他的观点如今似乎已不再受到一些游戏研究学者们的青睐。特别是泰勒（Taylor，2012）提出，凯卢瓦的著作未能理解工作与游戏中“不纯正”（messy）的本质。用她自己的话来说：

> 这样一个极度制约的“魔环”（magic circle）模型经常会导致一种论调，认为一旦游戏被外在的世界触碰了，一旦它的意义超出了特定的游戏系统，一旦它对任何除游戏经验本身的事物**产生价值**，那么它就败坏了，且将继续败坏其他事物。不幸的是，这种绝对的立场是经不起推敲的……真实的玩家，无论他们是否是职业的，都会认识到游戏麻烦的本质，游戏与工作、义务之间是一种“既/又”（both/and）关系。（p.99）

在这里，泰勒反对凯卢瓦的观点，即工作必然会败坏游戏的形式特质。凯卢瓦认为游戏具有不同于工作的特征或游戏具有与日常生活不同的独特价值（sui generis），而泰勒对此持批判态度。泰勒认为，一个人将什么视为工作、什么视为游戏，始终是主观的，这种社会建构只“存在”于与其他环境的关系之中。徐裕里和郑尚旭（Seo & Jung，2014：10）特别针对电竞玩家提出了类似的观点。他们认为，凯卢瓦对游戏与工作的论述未能认识到电竞玩家们“被赋予权力去追求外在利益，如奖金和社会地位”。因此，徐裕里和郑尚旭反对凯卢瓦将职业游戏视为“虚假”游戏的观点。他们提出，我们应当将电子游戏的职业化视为主观“行为和说法”（这与泰勒的观点相呼应）的集合，而选手从中获得个人的自主性。

在他们对凯卢瓦的理解中，有一些概念性的混淆，这也对职业游戏展开批判性论述产生了影响。泰勒、徐裕里和郑尚旭都对凯卢瓦在他的社会本体论中将游戏和工作作为分离的现象持批判态度。他们转而提出一种关系性的论述，认为构成工作和/或游戏的是一种主观解读，是一套基于行动者网络（actor-network）中的“集合体”（assemblage）（参见Latour，2005）。换言之，工作或游戏的构成部分并不能被定义为一套分离的特质、特性或权力（心理上或其他的）。它们应当被视为社会物质关系的构造，并处于无限的、不确定的且异质性（heterogeneous）不断增长的世界之中（参见Deleuze & Guatarri，1980）。

我认为这种对凯卢瓦观点的批判有两个问题。首先是这种批判忽视了凯卢瓦的政治观点和社会本体论之间的关系。凯卢瓦坚持游戏与工作之间有质的区别是为了以此批判工作将游戏理性化为一套社会政治的控制手段。这一点在徐裕里和郑尚旭（Seo & Jung，2014）对凯卢瓦的批判中完全被忽视了。确实，这些作者们断言职业游戏的“外在”奖励（金钱以及象征）能够为玩家“**赋权**”（empower）（p.10，重点由作者添加），但并未注意到电子竞技的政治经济加剧了社会竞争，促进了不公平的比较，并导致不稳定的工作关系（Jin，2010；Woodcock & Johnson，2016）。我将在下文中对这些问题展开详细论述。

与此相关的是，凯卢瓦描述游戏这些与工作区别开来的形式特质是为了在好的与坏的游戏之间树立**伦理**边界。他提出游戏相对于工作是“隔离的”、“无产出的”，这一点对于理解玩家如何对游戏保持控制、距离和“镇静”（equanimity）来说非常重要。此外，凯卢瓦（Caillois，2001b）提出那些充分“混淆”了游戏与工作这两个领域的人，不能被视为一名“好玩家”。而反之：

> 这样一名好玩家……即便在输了的情况下，也能够意识到游戏依然是游戏，也就是说，他认为这种消遣不值得被当作所爱之人一样得到重视，也认为不应该被它的风险所击垮。（p.159）

因此，凯卢瓦坚持游戏作为一种自由的活动，与工作作为一种经济“义务”之间存在区别，以此来诠释当后者**限制**了个人自主性时，便对前者造成了约束。

在我看来，在探讨这个问题时，并不需要拒绝将游戏和工作视为分离的实体，而是应当意识到，人类行为者**反身性地协商**两者中的“内在”与外在的奖励（Ryan & Deci，2000；Ryan et al.，2006）。从这个角度出发，就能够看到当竞技性游戏成为一种工作，尤其是作为一种工具化决策时，其特征是玩家**理性**地实现外在奖励。本文接下来将对这个问题展开深入探讨。

游戏与人类反身性：论竞争的理性

内在 / 外在奖励

社会心理学研究对游戏中的内在与外在的奖励进行了区分（参见 Ryan & Deci，2000；Ryan et al.，2006）。游戏被认为与内在奖励相关：它是一种自由的活动，受其固有的满足感所驱动，如“乐趣”（Lewis，1982）或竞争解谜的“挑战”（Danesi，2002）。它通常与基于**内部**控制核心的强个人自主性联系在一起。也就是说，人们觉得他们可以掌控自己的生活（Gray，2011）。工作被认为与外在奖励相关：它是一种工具化决策，受到服从于外部控制的驱动，如对金钱的需求（Deci，1975）或对出色地完成一项任务或工作的压力（Lawler，1973）。它通常与基于外部控制核心的弱个人自主性联系在一起——人们觉得他们的决定是受非个人选择的环境所控制（Gray，2011）。

凯卢瓦（Caillois，2001a：65）将游戏描绘为既包含内在奖励，又包含外在奖励。正如前面所强调的，游戏被认为包含了“悬疑”的元

端实践者最接近于理性选择理论（Rational Choice Theory）中“理性人”的行为。

这一概念的基础是阿切尔关于晚期现代性下人类主体性的一个更广泛的观点。阿切尔认为，由于多样性生产出更多多样性的趋势，如今我们面对越来越多的选择［她称之为“机会的情境逻辑”（situational logic of opportunity）］。此处提出的论点十分复杂，但其主要结论是在当代西方社会中，人们在生活中受到日益增长的时间和经济上的压力，而工具理性成了一种与之平衡的方式。

自主反身者被认为会通过最**实际**和最**有效**的手段，做出满足他们最近出现的需求的选择：以使他们快速、有效地达到目的。重要的是，阿切尔（Archer，2012：169）提出，争强好胜的行动者属于一类自主反身者。这是因为这些行为可以让主体重新确认他们的独立性，并通过实际的努力来磨练他们对世界的掌控感。阿切尔（Archer，2012：169）引用了竞技体育选手作为案例，提出这类人有一种“**对实际秩序的深度自我投资**”，并发展出基于实践的惯例，能够帮助他们实现唯一的核心目标——获胜。

竞技游戏与自主反身性

我们可以在对竞技性游戏的研究中看到自主反身性运作的案例。比如，毛里西奥、迪亚兹、胡斯曼和斯特里博斯（Mauricio，Diaz，Hussmann，& Strijbos，2015）提出，玩多人在线战斗竞技场游戏的魅力——如《DOTA2》[①]——可以被解释为“假说演绎推理”（hypothetico-

① 《DOTA 2》是一款免费的多人在线战斗竞技场游戏，由各五名玩家组成的两个队伍互相对抗，通过合作来摧毁敌方被称为“遗迹”的大型建筑物，同时捍卫己方。这款游戏被认为具有典型的如《星际争霸》这样的即时战略游戏的元素。

deductive reasoning）所带来的挑战。基于一份对游戏行为的研究，他们认为，玩家享受提出和证伪假设，以发展出取胜策略。玩家经常会通过暗示（或自我对话），如“我想这很有可能”或“我觉得大概率会是这样”等，来选择游戏所提出的竞技性要求，包括游戏对玩家的时间、资源和情境化知识的要求。从这个角度来看，《DOTA2》中所谓“技能高超的操作”是指能够有条不紊地处理一系列互相冲突的要求，其中包括对地图的意识/可见度、隐藏信息、误导敌人，所有皆是为了获胜。在《DOTA2》中，这意味着将“送人头”（当你或你的队友不停地被杀，因而给对手提供了资源和经验值）降到**最低限度**，并将资源/经验收集提到**最大限度**，以击败敌方队伍。这种成本－效益逻辑预设了一个相对自主但又高度理性的主体，玩家最初从解决问题的挑战中获得（内在）价值，但往往代价是创造了一个不太灵活的目的（以及如何最好地满足这些目的）。

这正是苏德诺（Sudnow，1983）在他对《打砖块》（*Breakout*，1976）这个游戏的现象学论述中提出的担忧——那些试图通过有条理地算计游戏规则来建立自主性技能的人，会形成一种理性的游戏观。对于苏德诺来说，他对《打砖块》的执着源于他试图找到一种实用的数学方案来实现一次“完美的游戏”。这使他花了几百个小时去开发和测试公式，以检查自己是否有进步。苏德诺使用了“全神贯注”（cathexis）这个词来形容他为了实现这个目的而投入的单一化的脑力焦点（或精力）。他的结论是，这样的焦点是不健康的。因为他对数学方案的追寻转移了他的注意力，这让游戏的乐趣变为达到“完美”的目标。这也使他的注意力从他的家庭、朋友以及他已经习惯了的肮脏的玩游戏的环境中转移了出去。

苏德诺对他在《打砖块》中工具化倾向的描述与精英竞技性玩家的思维有许多相似之处，尤其是在韩国。徐裕里和郑尚旭（Seo & Jung，2014）认为，韩国是世界主要电子竞技中心之一，竞技游戏已经成为很多韩国年轻人的生活方式。《星际争霸Ⅱ》是其中最受欢迎的游戏之一，韩国顶级电竞队伍 KT 战队的选手也玩这款游戏参加比赛。如上所述，玩

《星际争霸Ⅱ》的主要挑战是处理多重任务——识别威胁、建造单位和管理资源。具有熟练技能的玩法特征就是能够迅速并有效地完成这些任务。比如，读者们可能很熟悉将极高的 APM 作为技能指标的重点。这指的是玩家在一分钟内可以完成的操作总数。它往往表明了玩家的游戏知识，以及成功实施操作所需的手动灵活性。新手的 APM 往往比较低，通常在 50 以下。KT 战队的选手，比如李永浩（Flash），他的 APM 次数大约在 300 到 400 之间。单有如此高的 APM 并不能说明技能水平，但当与游戏规则的反思性知识以及大量的时间投入结合在一起时，它可以说明一位玩家已经达到了“机制上完美”① 的水准。

从这个角度来说，竞技性游戏规则可以构建人们的内部对话。竞技游戏中的技能感似乎是通过快速有效地找到解决问题的方法来建立的。虽然说将我们的思维投向寻找挑战的解决方案可以是有趣的，但对完美游戏的追寻可能会将玩家的思维导以工具化目的，尤其是 APM 这样衡量了什么是构成“完美”表现的标准。

在本文的余下部分，我将探讨电竞中的名誉与奖金是如何进一步加剧了这一心理进程的。特别是我将提出，在外部奖励作为衡量技能与专业性标志的竞争背景下，比赛造假成为一种理性上无可厚非的选择。

这里，凯卢瓦对游戏被理性化的警示再度回到视野之中：游戏与工作的结合不仅控制了玩家，也异化了那些依赖游戏的外在奖励作为生存手段和个人身份的玩家。

不稳定的游戏：电子竞技中的比赛造假

凯卢瓦（Caillois，2001a：43—55）向我们预警了游戏与经济和人

① Liquipedia 详细介绍了要想成为精通《星际争霸》的玩家需要具备哪些条件，检索自 2016 年 6 月 5 日：http://wiki.teamliquid.net/starcraft2/How_to_Practice。

际竞争的“制度苟合”（institutional coupling）。他提出当这两个领域混淆在一起，而玩家无法再以平和心态对待游戏时，游戏就会遭到玷污（Caillois，2001b：159）。换言之，当游戏与取胜紧密相连，无论是为了奖金、名誉或同行的认同所带来的满足感，玩家都会丧失自控力和风度。当玩家的生计依赖于游戏给予的外在奖励时，他们就无法再从游戏中抽离出来。

在本文的余下部分，我将论证那些在电子竞技中努力获取职业认可的选手们也是如此。电子竞技的职业之路是不稳定的，我将思考在这种不稳定的背景下，比赛造假是如何作为一种理性决策——作为一种策略——出现的。

伍德考克与强森（Woodcock & Johnson，2016）提出竞技游戏的职业背景需被视为一种不稳定的工作。他们认为职业选手是包括赞助商、经理人、出品方等在内的整个电竞生态中最不稳定的劳工。伍德考克与强森从三个方面论证了他们的观点：

> 第一，和体育运动一样，年轻是职业游戏的基本要求。世界级的游戏选手过了三十岁就无法继续保持他们的水准，许多人在三十岁前就退役了。这被认为让职业选手陷入了与体育运动员类似的职业焦虑，但却没有其他稳定的就业机会（如在电视、广播等领域）。
>
> 第二，大赛的收入是职业游戏选手的主要生计来源，而这种收入由于竞赛的范围与规模的不同是不确定且分散的。**部分**电竞团体开始为选手发放工资，但这种做法并不常见，且工资不高。用他们的话来说，“因此，对绝大部分人来说，在大赛中获胜依然是主要的获取财务安全感的方式”。
>
> 第三，电子竞技的政治经济可以被视为一个尖顶或金字塔，与数以万计的全身心投入职业游戏生涯的选手相比，只有极少数成功的精英。其结果是，职业游戏是一条风险极高的职业道路，“很难”

> 持续地走下去，而选手们需要制定策略以与他们面对的财务、时间压力来“谈条件”。

为延伸这一观点，我将论述这些不稳定的社会经济条件**构成**了精英选手的“心态”发展——利用自主反身性以工具化的方式去与这些要求交涉。正如金大勇*（Jin，2010：82）提出的，像李永浩这样的选手每天都必须花 14 到 16 个小时敲击键盘和鼠标来锻炼技能以及操作模式（modus operandi）。在这个竞争高度激烈且不稳定的职业生涯中，获得“成功”需要付出昂贵的投入。因此，玩家将住在被设计成工厂一样的房子或公寓里：有半私人的隔间或一排排的电脑，唯一的目的是最大限度地增加游戏时间，并最大限度地减少无产出性的“干扰”，包括与家人、朋友和亲密伴侣的联系（Lee，2015）。确实，相对人际关系，职业选手必须**优先考虑**训练计划，谈恋爱和 / 或其他爱好的时间需求不利于成功所需的专注力（Thorin，2014）。吃饭、睡觉和个人卫生都受制于同一套理性化过程或“牺牲”（Savov，2014）。日常生活变得公式化，为了驱使他们尽量减少或最大限度（min/max）地发挥个人主体性。

这种心态的危害不容低估。一旦游戏被转化为一种生产性行为，正如凯卢瓦（Caillois，2001b：159）所警示的，那么玩家就丧失了平和心态，并将生存依附于游戏规则之上。瓦克（Wark，2007）与克尔派特里克（Kirkpatrick，2013）对当代社会生活提出了类似的主张，认为竞技游戏可类比于新自由主义资本主义的工作规则。这些作者认为，竞技游戏的结构和文化与当代政治经济的原则相似，现实似乎是公平的竞技场，然而实际上游戏却近似于一场“老鼠赛跑”**，崇尚的是不正当的竞争与唯才主义（meritocracy）。从这个角度来看，工具理性既是资本主义**也是**竞

---

* 译注：音译，Dal Yong Jin。

** 译注：“老鼠赛跑”指在竞争激烈的条件下，无休止地、毫无意义地追逐目的。

技游戏中的一种**必要**且**充分**的条件。克尔派特里克（2013：21—23）详细地阐述了这一点，他提出，在“玩得好”这种观点的背后，与工人们面对自由市场所提出的要求背后，存在着同样的原则。用他的话来说，竞技游戏教会了选手如何使自己“更有效率”：只需专注于好好表现，这是对现代性中不稳定的工作形式做出的理性回应。

这样看来，竞技游戏的模糊特征充分地表现在电子竞技中，选手在一个碎片化的、不确定的生态系统中努力争取成功。我将其称之为“不稳定的游戏”（precarious play），而我认为比赛造假是这种矛盾状态下所产生的一种合乎逻辑的产物：竞技选手们发展出一套高度工具化的人类反身性模式来面对电子竞技这样一个他们所（外在）依赖的，却也是不稳定的未来。这一点可以从一个案例研究中得到实证。

比赛造假作为一种生存策略

在美国新闻机构 VICE 的一部纪录片中，《英雄联盟》精英选手千敏吉（Cheon “Promise” Min-Ki）描述了他进入职业游戏的转型以及这对他的生活造成的影响（Shea，2015）。这是一部少见的电竞选手传记，充分地记述了追寻这条新兴职业道路上，电竞选手身上所肩负的社会、文化与经济压力。

这部纪录片详细地描述了千敏吉的人生历程和事件，包括他对失业的恐惧、他遭受比赛造假的指责以及被韩国电竞终生禁赛后自杀未遂等事件。通过他所面临的工具化选择，这个案例可以作为对游戏理性化的证据。

和当今韩国的许多年轻人一样，千敏吉也是在迫于生计的情况下接触到电竞世界的。“我为了成为职业选手，完完全全地投入到了训练中，因为我很穷，”千敏吉告诉记者，“我每天唯一的一顿饭就是一锅面和两罐咖啡。有时候当我在训练的时候，我的粉丝问我饿不饿，他们会给我点一份外卖。”金大勇（Jin，2010）认为，这种情况在韩国并不罕见。许多像千敏吉这样的年轻人受到了职业玩电子游戏所允诺的财富、成功的诱惑，但心理上的代价是巨大的。选手们开始依赖赞助来提供日常训练所需的资金。在 VICE 的采访中，千敏吉表示，这种经济压力最终促使他（与他的经纪人能大哲和韩国电竞赌博网站）共谋比赛造假。千敏吉回忆道，他敏锐地意识到，如果他不能帮助战队获得支付食物、租金和设备费用所需的资金，他的战队就会解散。就在这个时候，千敏吉意识到他必须做出选择：

> 说实话，我真不想那么做。我只想用我的方式来打我的比赛。但如果我不这么做，他们说我作为职业选手是没有前途的。那个时候我无法想象这种事情。玩游戏……对我来说就是生命。（Shea，2015）

这个决定是将工作和游戏混为一谈的负面案例，因为有了经济竞争，也就有了对比赛造假的合理化，作为在经济困难和就业不稳定时的切实选择[①]。千敏吉做出的决定是出于必要的经济需求，而战队可能破产的情况则为自主反身性决策提供了可能的、紧迫的条件。进一步的调查也揭示了战队的经纪人曾要求千敏吉对此事保持沉默，利用他的职业生涯（和社会流动性）为代价，来达成这个潜在的经济机会（Ashcraft，2014）。

异化

这样看来，凯卢瓦对现代生活和游戏的理性化的警示是预言性的：可见职业选手参与到了一个对他们不利的新自由主义体制或“游戏”当

① 泰勒（Taylor，2012：81—82）针对“黑袜”（Black Sox）丑闻也提出了相似的观点，指芝加哥白袜（White Sox）战队的队员在世界大赛中为了钱而故意输掉比赛的事件。

中。他们被鼓励要好好玩，并以最大限度提高胜算的方式来行动，但同时也发展出了一种工具性，有助于他们在这个不稳定的就业关系之中生存。游戏不再是对工作的逃避，而是成了商品化的形式，职业游戏将人的认知塑造为一种更加工具式的存在方式。其结果可以被视为对游戏的玷污，尤其是当玩家将比赛造假等行为合理化，这也显示了自主反身性是如何瓦解职业选手在面对游戏规则时的平和心态的。

凯卢瓦（Caillois，2001b：159）也揭示了这种瓦解所造成的影响，他警示玩家可能会被这种固有的（混淆工作与游戏）风险所“摧毁”。千敏吉以工具化的方式投入竞技游戏，这几乎摧毁了他的事业。个人和职业的失败前景与经济需求驱动下的比赛造假相结合。这种矛盾是难以承受的。他在遗书中也反映出了这一点：“在尽我最大努力训练了一整年后，我只剩下一种空虚感。”（Ashcraft，2014）这与凯卢瓦（Caillois，2001a：49）所说的“异化”（alienation）有惊人的相似：职业背景将玩家们引向了某个他们已经无法辨认自己的极限点。从这个角度来看，当想要通过艰苦奋斗来获得胜利的激情被置于一个存在许多“失败者”的政治经济之中，职业选手将做出工具化的决策，这玷污了游戏以及他们对该如何玩游戏的理解。玩得好已经不再被视为唯一的获胜途径。比赛造假也成了一种战胜游戏的切实手段。千敏吉迷失在这两者的分裂中。他已经认不出他所成为的模样了：对游戏成了一种经济对象感到失望，同时也被无法获得外在奖励的失败压垮了。游戏已经变得如此不稳定。

结论

本文旨在捍卫凯卢瓦的游戏社会学，以及他所警示的，现实对游戏的理性化会给人与社会带来的负面影响。我试图展示我们可以通过人类反身性的分析来理解这个理性化进程，以及它是如何调节电子竞技所提出的政治经济要求的。我的主要的几个论点是：

- 从批判现实主义的视角来看，罗杰·凯卢瓦对游戏、玩家和文化之间因果关系的论述是模糊的，缺少了以反身性作为中介的过程。玛格丽特·阿切尔的著作有助于理解这一点。
- 对反身性的探讨促进游戏研究认识竞技性游戏将人的认知塑造为自主的、工具化的行为模式。这种模式始终与游戏所处的社会经济背景**相关**。
- 在电子竞技的职业化背景下，对**自主反身性**的案例研究显示了工具思维主导了职业选手所做出的选择，而这些选择也成为他们个人履历上的亮点。
- 批判现实主义有助于阐明工具理性成为竞技游戏和资本主义的**必要**且**充分**条件这背后的心理机制。这一点可见于职业选手利用自主反身性以谋求职业发展的最有效的手段。
- 在极度激烈的竞争和缺乏财务安全感的情况下，职业选手会做出工具化的选择而试图忍耐。比赛造假的丑闻支持了这一点，并揭示了这种缺乏体育精神的行为是受自主反身性的主导。
- 当工作的压力瓦解了玩家对待游戏的平和心态时，凯卢瓦（Caillois，2001a；2001b）所说的对游戏的玷污或败坏就出现了。凯卢瓦在对“异化”的论述中展现了这一点：有证据表明，部分电竞玩家已经无法再辨认出他们成为的模样，职业化背景迫使他们必须在极端的竞争环境中生存。

最后我想补充的是，这些观点向我们提示了凯卢瓦的遗产：半个多世纪以前，他的社会学项目不仅试图对游戏进行分类（游戏研究中常见的重点），也探索了游戏的道德观。像约翰·赫伊津哈一样，凯卢瓦担忧我们正在屈服于我们社会的游戏，而我们应当保持警惕，以免使我们的文化和人民被这些游戏所定义。我希望通过对人类反身性的论述可以完善凯卢瓦的社会本体论，同时也能够从社会心理学的视角正视电子游戏的职业化问题，给予更多批判性的关注。

参考文献

Archer, M. (1995). *Realist social theory: The morphogenetic approach.* Cambridge, MA: Cambridge University Press.

Archer, M. (2007). *Making our way through the world: Human reflexivity and social mobility*. Cambridge, MA: Cambridge University Press.

Archer, M. (2012). *The reflexive imperative*. Cambridge, MA: Cambridge University Press.

Ashcraft, B. (2014). *League of legends pro attempted suicide after tournament scandal*. Retrieved September 1, 2016, from http://kotaku.com/league-of-legends-pro-attemptedsuicide-after-tournamen-1542880793

Bhaskar, R. (1997). *A realist theory of science*. London, England: Verso.

Caillois, R. (2001a). *Man, play and games*. Champaign: University of Illinois Press.

Caillois, R. (2001b). *Man and the sacred*. Champaign: University of Illinois Press.

Casey, E. (2016). *Women, pleasure and the gambling experience*. New York, NY: Routledge.

Consalvo, M. (2007). *Cheating: Gaining advantage in video games*. Cambridge, MA: MIT Press.

Danesi, M. (2002). *The Puzzle Instinct: The meaning of puzzles in human life*. Bloomington: Indiana University Press.

Deci, E. (1975). *Intrinsic motivation*. New York, NY: Plenum.

Deleuze, G., & Guatarri, F. (1980). *A thousand plateaus: Capitalism and Schizophrenia*.

Minneapolis: University of Minnesota Press.

Elder-Vass, D. (2015). Disassembling actor network theory. *Philosophy of Social Sciences, 45*, 100-121.

Frank, C. (Ed.). (2003). *The edge of surrealism: A Roger Caillois reader*. Durham, NC: Duke University Press.

Gray, P. (2011). The decline of play and the rise of psychopathology in children and adolescents. *American Journal of Play, 3*, 443-463.

Henricks, T. S. (2010). *Play and the human condition*. Champaign: University of Illinois Press.

Huizinga, J. (1955, originally published in 1938). *Homo Ludens: A Study of the Play Element in Culture*. Boston: Beacon Press.

Jin, D. Y. (2010). *Korea's online gaming empire*. Cambridge, MA: MIT Press.

Kirkpatrick, G. (2013). *Computer games and the social imaginary*. Cambridge, England: Polity.

Lawler, E. E. (1973). *Motivation in work organisations*. Monterey, CA: Brooks/Cole.

Latour, B. (2005). *Reassembling the social: An introduction to actor network theory*. Oxford, England: Oxford University Press.

Lee, D. (2015). *The real scars of Korean gaming*. Retrieved September 1, 2016, from http://www.bbc.co.uk/news/technology-32996009

Lewis, M. (1982). Play as whimsy. *Behavioral and Brain Sciences, 5,* 166.

Mauricio, C., Diaz, C., Hussmann, H., & Strijbos, J.-W. (2015). Scientific heroes: Multiplayer online battle arenas foster players' hypothetico-deductive reasoning. In *Proceedings of the 2015 Annual Symposium on Computer-Human Interaction in Play* (CHI PLAY'15) (pp. 481-485). New York, NY: ACM. doi: http://dx.doi.org/10.1145/2793107.2810313

Mellor, P. A. (2004). *Religion, realism and social theory: Making sense of society*. London, England: Sage.

Newzoo. (2016). *E-Sports revenues for 2016 adjusted upward to $493 M*. Retrieved September 1, 2016, from https://newzoo.com/insights/articles/esports-revenues-2016-adjusted-upward-493m/

Nietzsche, F. (1911/1999). *Thus Spoke Zarathustra*. New York, NY: Dover. Platt, G. (2015). E-Match fixing: Why poverty and chaos is driving pro-gamers to risk everything. Retrieved September 1, 2016, from http://www.vice.com/en_uk/read/ematch-fixing-why-poverty-and-chaos-is-driving-pro-gamers-to-risk-everything-105

Ryan, R., & Deci, E. (2000). Intrinsic and extrinsic motivations: Classic definitions and new directions. *Contemporary Educational Psychology, 25,* 54-67.

Ryan, R., Rigby, C. S., & Przybylski, A. (2006). The motivational pull of video games: A selfdetermination theory approach, *Motivation and Emotion, 30,* 344-360.

Seo, Y., & Jung, S. (2014). Beyond solitary play in computer games: The social practices of eSports. *Journal of Consumer Culture, 8,* 1-21.

Sudnow, D. (1983). *Pilgrim in the microworld*. New York: Warner Books. First Printing Edition.

Taylor, T. L. (2012). *Raising the stakes: E-Sports and the professionalization of computer gaming*. Cambridge, MA: MIT Press.

Thorin. (2014). *Western pro-gamers shouldn't want to be like Koreans*. Retrieved June 1, 2016, from https://gamurs.com/articles/western-progamers-shouldnt-want-to-be-likekoreans

Savov, V. (2014). *Inside the life of a pro gamer: E-Sports are turning silly teenagers into disciplined professionals*. Retrieved July 1, 2016, from http://www.theverge.com/2014/7/21/5919973/inside-the-life-of-a-pro-gamer

Shea, M. (2015). *The dark side of non-stop gaming: eSports (Part 4/5) Video*. Retrieved June 1, 2016, from https://www.youtube.com/watch?v.105cdUq98wo

Wark, M. (2007). *Gamer theory*. Cambridge, MA: Harvard University Press.

Weber, M. (1947). *The theory of social and economic organisation* (A. M. Henderson &

T. Parsons, Trans). Oxford, England: Oxford University Press.

Witkowski, E. (2012). On the digital playing field: How we “do sport” with networked computer games. *Games and Culture, 7,* 349-374.

Woodcock, J., & Johnson, M. (2016, September). Professional gaming and eSports in the UK: Digital labour and the blurring of work and play. In *Work, Employment and Society Conference*, University of Leeds, 6th-8th September 2016.

作者简介

汤姆·布洛克（Tom Brock）是曼彻斯特城市大学社会学系的讲师。他拥有杜伦大学的社会学博士学位，研究兴趣包括社会理论、数字文化以及政治抗议，并发表过多篇电子游戏消费文化、批判性教育学、学生运动与民粹主义等领域的论文。汤姆是《结构、文化与能动性：玛格丽特·阿切尔论文选编》（*Structure, Culture and Agency: Selected Papers of Margaret Archer*, Routledge）一书的作者之一。他目前是 BSA 现实主义和社会研究小组的共同召集人，并指导 BSA 理论研究小组，也是华威大学社会本体论中心（Centre for Social Ontology）的研究员。

第二部分

电竞游戏：具身性与游戏实践

校准游戏：韩国电子游戏文化中的社会时间性[①]

史蒂芬·C. 雷亚（美国加州大学尔湾分校） 文

蒋子祺 译

摘要

本文以韩国在过去几十年间的制度化转型为背景，分析了电子游戏文化的重要性。这里电子游戏的背景是韩国社会流行的“加速”叙事，以及其上附加的强调快和耐力的、对生存和行为模式（being and acting）[*]的社会时间性预期。我将电子游戏中的虚拟与现实世界视为叠加（nested）的“劳作景观”（taskscapes）。我认为**校准**（calibration）——将不同劳作景观中的现象相互对应协调的过程——最能够描述韩国电子游戏玩家们是如何将他们个体的、具身的游戏，与社会时间性预期达成一致的。具体来说，我分析了民族志背景下的两种电子游戏实践——一种是衡量电子竞技表现水平的标准，即“每分钟操作次数”（actions per minute，APM），还有一种是被称为“体力活”（*nogada*，韩语：노가다）

① 本文英文原文为：Rea, S. C. (2018). Calibrating Play: Sociotemporality in South Korean Digital Gaming Culture. *American Anthropologist*, 120(3), 500-511. Retrieved from https://escholarship.org/uc/item/5pp590dx

* 译注：作者通过 being and acting 表达一个人在社会中的存在 / 生存方式和行动模式，在此译者将其简化为生存和行为模式。

的网络游戏活动——二者都是将游戏与主流的社会时间性进行校准的模式。社会时间性中快与慢的对比，以及持续进行重新校准之必要，正是许多韩国人无止境的压力和挫败感的来源。游戏作为一种校准的倾向，能够帮助我们理解个体应对不稳定的劳动市场时所采取的日常的权宜之计。

关键词：电子游戏；时间性；游戏；韩国

东律（Dong-ryul）说："韩国的家长觉得最重要的事就是学习、上大学，然后找份好工作。"几个月前，我在首尔举办的一场职业电子竞技比赛中认识了东律，他是一位大学一年级学生。和许多同龄的韩国男孩一样，东律在不用上课或学习的时候喜欢玩在线电脑游戏，会观看职业《星际争霸Ⅱ》（*StarCraft II*，2010）比赛，这是一款由韩国选手主导的电子竞技游戏。我们坐在仁川的一家咖啡馆里，刚从附近的一家网吧（PC bang）* 出来，我们在那里玩了一上午的游戏。在谈到韩国社会中的电子游戏时，东律继续说道："家长们认为游戏造成了一种慢效应，因为游戏，韩国的发展变**慢**。这是一件负面的事情。他们认为韩国正在**慢下来**。"（采访，2013年2月15日）

东律的表述反映了一种我们熟悉的关于社会"加速"的叙事，这种叙事出现在有关政治经济（Kim & Hong，1997）、社会文化价值（Na & Cha，2000）和流行文化（Martin-Jones，2007）的韩国研究文献中，在我与对谈者的对话中也经常出现这种叙事。学者和大众们都惊叹于韩国在过去的半个世纪中，从世界上最贫困的国家之一相对迅速地转型为世界上最大的经济体之一。韩国充满活力的电子游戏文化是这一转型的指标、产物，也是引擎。它显示了韩国作为世界知名的信息社会的技术能

---

* 译注：PC bang 在韩国是专门为玩家提供台式机电脑来玩电子游戏的消费场所，也是玩家们在线下的社交场所。PC bang 与中国的网吧很类似。在国内，大多数网吧的消费目的都是以玩游戏为主。所以文中将 PC bang 意译为网吧。

力，而这种加速叙事的物质基础就体现在韩国拥有世界上最快的平均互联网网速上（Akamai Technologies, Inc，2017）。电子游戏的发展曾经被认为是一种“战略产业”（Strategic Industry；Kang，2014：64），帮助韩国加快了在20世纪90年代的信息化（*jŏngbohwa*）进程，然而正如东律所述，电子游戏目前在这种加速叙事中反而处于一个相对模糊的象征地位。

对电子游戏文化在当代韩国社会中定位的分析，显示了在这种加速叙事中，表象和实践上变化的特征里米歇尔·德·塞尔托（Michel de Certeau）所说的个体所采取的“权宜之计”（“make do”；1984：18）。根据托马斯·马拉比（Thomas Malaby）的观点，游戏“是一种随时准备即兴发挥的态度，面对着一个不断变化的、不允许被任何超凡秩序归纳的世界”（2009：206），将游戏视为一种态度揭示了在快速变化的、不稳定的环境中生存和行为的模式。我将韩国的电子游戏文化视为蒂姆·英戈尔德（Tim Ingold）所谓“劳作景观”（taskscape）*，即一系列“相关的活动”，其中的“时间性（temporality）……从本质上来说是社会性的”（2000：195）。劳作景观涵盖了时间、空间、人与实践，既是互动的，也是具身的。此外，这些劳作景观是通过、并在它们与其他劳作景观的关系之中被建构的。一个特定劳作景观的时间性“并非任何特定的节奏，而是处于该劳作景观所构成的相互关联的多重节奏网络之中的”（p.197）。韩国的电子游戏玩家们同时处在数个相互叠加的劳作景观之中：他们所玩的虚拟游戏世界、进行游戏的实际世界的环境以及这些世界所处的相对宏观的制度进程。我认为，**校准**（calibration）——将不同劳作景观中的现象相互对应协调的过程——最能够描述韩国电子游戏玩家们是如何将他们个体的、具身的游戏，与强调快和耐力的社会时间性预期达成

* 译注：taskscape一词的翻译参考自：卡蒂·林斯特龙，卡莱维·库尔，汉尼斯·帕朗文，2014. 风景的符号学研究[J]. 彭佳，译. 鄱阳湖学刊（4）：5-14。

一致的。在某个劳作景观中，一项活动的理想节奏不一定能够与另一种节奏进行互补，因此电子游戏玩家们必须学会同时与潜在会相互冲突的预期去进行校准。玩家们为了在电子游戏的劳作景观中获得成功，必须要有特定的技能和态度，需要学到“身体的技巧”（“techniques of the body”；Mauss，1973）。在信息化的韩国，这些技巧不仅仅对于工作来说是不可或缺的——一种使具身的劳作达到技术水准的“基础设施能力”（“infrastructural aptitude”；D. Lee，2015）——而且对于驾驭制度化的等级制度来说也是必不可少的。

我的分析是基于从2009年至2013年间为期15个月的田野调查。在此期间，我作为参与观察者，在二十多个网吧和一款在韩国十分流行的大型多人在线角色扮演游戏（MMORPG）的虚拟世界里进行了观察；我在一百多场职业电子竞技比赛里与《星际争霸Ⅱ》的粉丝社群互动；我还采访了电子游戏文化中各种不同的利益相关者，包括游戏玩家、电竞组织者以及从事电子游戏病理研究的从医人员。根据我的理论框架的大纲，将游戏和玩游戏置于韩国的社会文化和历史背景下，我分析了韩国的电子游戏的劳作景观中两种对游戏进行校准的模式：一种是衡量电子竞技表现水平的标准，即“每分钟操作次数”，还有一种是被称为“体力活”的MMORPG游戏。我提出，APM和体力活代表了两种模式，它们依照更广泛的强调速度和耐力的社会时间性预期来校准游戏。这种社会时间性预期是韩国社会中加速叙事的特征，并影响了整个韩国社会的生活与工作。最后，我分析了作为一种校准的倾向，游戏如何能够帮助理解个体应对不稳定的劳动市场时日常所采取的权宜之计。

“在这里速度是关键”

在东律的描述中所暗示的加速叙事通常在口语中表达为“*ppalli*

ppalli munhwa”（韩语：빨리빨리），即“快快文化”（chop chop culture）[1]，这个词起源于20世纪六七十年代所谓汉江奇迹的经济发展时期，用来表达对飞速工业化的情感体验（参见S. Lee，2003）。作为韩国后殖民时期泛叙事的一部分，“这个在经济上关于速度的特征，以及它转化为对韩国文化生活特征上的影响，被用来描述一种韩国特色并且服务于韩国的历史转型”（Chung，2003：7）。张京燮（Chang Kyung-sup）曾将这个历史阶段描述为“浓缩的现代性”（compressed modernity），即“经济、政治、社会和/或文化的变化，在时间和空间上都极为浓缩的文明状况”（Chang，2010：446）。浓缩的现代性既是一种分析的方式，也是分析的对象。它是一个在比较视角下分析韩国历史的理论框架，将韩国历史视为在质性上的加速；而当被视为一种现存条件时，它打开了围绕速度的社会时间性中关于生存和行为模式的话语空间。韩国的精神科医生文医生在二十多年间为有偏差游戏行为的玩家们进行治疗。他向我解释说，“在这里速度是关键。这就是快快文化：‘如果你需要帮助，那我可以帮你，但是如果你不想要帮助，我是很忙的。随你去吧’”（采访，2013年10月8日）。

文医生的表述表明了，快快文化不仅描述了一种现象（descriptive），而且开出了一剂**处方**（*pre*scriptive），是一种“快速做事的指令”（Harkness，2013：228），在不同劳作景观中的活动被一种“时间逻辑”（“temporal logic”；Mazmanian，Erickson，& Harmon，2015）指导着。社会时间性预期驱使着个体进行自我校准，通过自我监控使自己的行为达到快快文化的节奏。每当我提到快快文化这个话题时，我的对谈者们都会紧张地笑起来。他们认为这是日常生活无处不在的一部分，既是振奋人心的又是令人沮丧的。执行快快文化所重视的快速，将个体与整个社会捆绑在一起，这说明“对时间的使用和校准中蕴含着一套价值体系”（Desjarlais，1997：90）。在奖励

---

① “*ppalli*”在韩文中意为“快点”，而“*munhwa*”意为文化。可以将这个词粗略地译为“chop chop culture”，保留韩语原文中的押韵。我认为这能够代表这个词中快的标志性特征（参见Whorf，1956：268）。

快速的生存和行为模式的机制以外，还有一种害怕自己因为不够快而“落后”的普遍焦虑。这样一来，快快文化的社会时间性融入到各种劳作景观的人际关系之中，造成了一种“韩国式的与邻居琼斯的攀比现象”*（Kendall，1996：512），即个体在努力赶上与同行一致的节奏①。

关于韩国的发展与现代性的论述也反映了在宏观社会范围内韩国对“落后”于世界其他国家的类似焦虑。这就是韩国所谓发展阶段（Woo，1991），而韩国的政治与商界领袖强硬地推进了“追赶”战略，以实现汉江奇迹时期飞速的经济增长（K. Lee & Lim，2001）。他们的做法与其他“后发工业化”经济体的模式一致（Amsden，1989）。发展的叙述就是从社会时间性的角度构造的：韩国是一个急于“追赶”世界上其他地区的国家，因此会对再次“落后”感到焦虑。在推进信息化的时代，金泳三（1993 年—1998 年）和金大中（1998 年—2003 年）政府颁布了，旨在使韩国成为全球信息和通信技术（ICTs）的领军国家的政策。1995 年《朝鲜日报》提出的一个口号明确表明了这种情绪，这个口号后来成为那个时代的经济、政治和社会目标的象征：“工业化虽晚，但信息化领先。”② 这个口号将信息化置于“追赶”和“落后”的社会时间性语境中。

---

* 译注：原文中的 keeping up with the Joneses 是英语中的俚语，源于 1913 年至 1938 年连载的同名漫画作品。

① 郑宰（Jae Chung）呼吁人们关注一种相关的论述：“韩国人书写和探讨着韩国的消费……断言韩国人在不断地匆匆忙忙，不断地插队，不断地沉浸在最新的社会潮流（*yulpoong*，字面意思是台风）之中，不断地舍弃已经过气的新鲜事物。”（2003：4）

② 来源：http://news.chosun.com/svc/content_view/ content_view.html?contid=1995030570106，收于 June 16，2016。我的对谈者们常常转述这个口号。例如，朴博士，一位金泳三任总统期间在促进信息化委员会（Informatization Promotion Committee）工作的社会学家，对信息化时代总结如下：“韩国、日本、中国：我们一直都在相互竞争。中国是一个大国，而日本在经济和技术层面比韩国的水平更高。但是韩国人民知道就历史而言，日本领先于韩国仅有不到一百年的时间。因此今天日本虽然比韩国更富裕，但韩国人认为‘我们曾经一直领先于你们，那我们仍然可以再次领先’。我们认为我们工业化虽晚，但是我们在信息化方面领先于日本。”（采访，2012 年 10 月 22 日）

过去的韩国也许发展得比较晚，但是现在的韩国正在加速追赶其他国家。保持这种加速能够确保韩国在未来不会落后，而且能够为其他信息化社会设立发展的节奏。这种快速是加速叙事和快快文化的基础，某种程度上也是韩国“迟到的”经济发展所造成的症状。

然而，这种强调快速的做法掩盖了一个事实，即韩国在汉江奇迹时期社会和经济的持续加速是建立在不稳定的基础之上的。布鲁斯·库明斯（Bruce Cumings，2005）提出，韩国的发展速度并没有什么特别的“奇迹”，而是因为冷战时期的地缘政治，给大企业集团（财阀，*chaebŏl*）的优惠贷款，最重要的是普通公民的辛勤劳动等因素的共同作用。此外，政治和商界精英所获得的利益和机会并没有被平等地分配给每个人，使许多韩国人在这一过程中被边缘化。比如，赵慧贞（Cho Han Hae-joang）提出，在20世纪90年代，韩国的女权运动和进入劳动市场的年轻人都遭遇了与经济发展的节奏“不一致的时机”（out-of-synth timing），“因此加剧了社会上严重的不平等和不平衡”（Cho，2000：54）[①]。这种快速发展也带来了严重的实质性后果：1994年汉城圣水大桥的坍塌和1995年三丰百货公司的倒塌，都明显地体现了这一点。两起事故都是由于为了加快速度而粗制滥造地建设，都象征着“意想不到的成本和风险威胁了经济与社会发展的可持续性”（Chang，1999：31）。最近，2014年的世越号渡轮沉没事故中，有304名乘客和船员因船体倾覆下沉而罹难。事故调查显示，这艘渡轮的改造过程匆忙而缺乏监督，这也再次将造成人命伤亡的快快文化带入公共讨论之中。

① 快快文化的性别维度以及其对电子游戏文化的影响值得单独撰写一篇文章进行探讨。虽然女性在韩国的电子游戏市场中占有相当大的比例——在最近的一份调查中，有62%的女性受访者表示她们玩游戏（KOCCA，2016：19）——但她们更有可能参与到虚拟世界，而非现实世界的劳作景观之中。例如，在我对网吧的观察中，女性只占顾客总数的约20%。本文中女性声音的缺席代表了我的数据中存在一个重大的缺陷。

汉江奇迹的不稳定性在1997年亚洲金融危机的影响下到达了顶峰，许多韩国学者将其原因归结为当初意在维持经济加速增长的商业和政治模式（如Shin，2000）。危机发生后，韩国股市立即损失了近20%的总值，韩元价值暴跌，大约有150万工人失业。然而，危机带来的一个意想不到的后果是网络游戏作为一种流行的休闲活动出现了，其部分原因是网吧的出现。许多在经济危机的大规模裁员中失去工作的白领，转而投身于网吧这样的创业项目（Jin & Chee，2008）。网吧的数量迅速增长，从1997年约100家到1998年约有3600家，再到1999年有13,000多家（Aizu，2002：14）。网吧和网络游戏——特别是在1998年3月的经济危机中发行的《星际争霸》——显示了宽带网络的速度和实用性，并推动了家庭用户对宽带的需求（Jin，2005；Lau，Kim，& Atkin，2005）。随着网络游戏的大规模流行，网吧的经营者开始为他们的客户组织比赛，并最终发展为制度化的电子竞技赛事，得到文化体育观光部（MCST）的支持，并由两个专门播放电子竞技节目的有线电视频道进行转播。2000年，MCST与三星合作，在首尔举办了第一届世界电子竞技大赛（World Cyber Games）——以奥运会为蓝本的国际电子竞技赛事。此时韩国已经稳居全球电子竞技的前沿。在大赛的开幕式上，时任总统的金大中在预先录制的演讲中对观众致词："我希望第一届世界电子竞技大赛能够帮助我们的国家，在游戏、知识产业和信息基础设施等领域，成为世界公认的领军者之一，并帮助世界上热爱游戏的年轻人们交流并建立友谊。"（引述自Stewart，2004：9，n. 3）这一发言有效地将电子游戏和电子竞技认可为推进信息化的工具。

快与慢

关于日常生活的加速并非韩国独有话语。哈特穆特·罗萨（Hartmut Rosa）提出，"现代性历史的特点似乎是，各种技术、经济、社会和文化进程的广泛加速，以及一般生活节奏的加快”（2003：3）。作为社会转型现象的理论建构来说，信息与通信技术的创新对于速度和加速特别有启发，虽然这些理论往往近似于技术决定论（Virilio，2010）。虽然信息与通信技术表面上在加快一切事物的速度，但它也造成了一种新的**慢速**。正如朱迪·瓦克曼（Judy Wajcman）所观察到的，“速度和效率并不是单纯从技术中产生的特性，而是与社会规范有关，随着技术设备融入日常生活，社会规范也随之**演变**”（2014：31），因为“我们生活的轮廓与节奏受到并跟随机器的校准”（p.33）。布莱恩·拉金（Brian Larkin）针对尼日利亚的修理文化也提出了类似的论点：“技术所产生的速度导致了慢的体验，因此，速度和加速、减速和静止，是相对的、处于不断变化中的状态。”（2008：236）换言之，快从来不是一种整体化的力量，而是社会时间性预期的一个维度，在不停地“移动着指针”，也就是说，“一个人的快，是另一个人的慢”（Cresswell，2010：21）。从这个角度来看，韩国的加速叙事和快快文化也是如此。代表了一个在不断加速的社会，曾经足够快的生存和行为模式的节奏突然就“太慢了”。

在不同的社会文化背景下，快与慢有不同的价值，以及相应的针对个体校准的不同含义。比如，南希·蒙恩（Nancy Munn，2007）分析了在加瓦社会（Gawan society）* 中，快与慢作为具身时空（embodied spacetime）里的特性，如何表现了关于地域、性别和活动等因素中更广泛的象征意义。加瓦主流的社会时间性将快规定为一种理想的生存和行为模式，而据此在社会中造成了一种因害怕自身无法达到这种规定的焦虑。蒙恩写道，“总体上来说，加瓦人很重视能够迅速地或是在恰当的时间范围内完成任务，而不是拖拖拉拉——而当地的人们经常觉得自己达不到这个标准”（p.77）。这种现象在韩国的电子玩家们面对快快文化的时候也很容易出现。在其他地方，快与慢并不是代表着正面和负面的对立价值，反而是根据活动的

---

* 译注：指巴布亚新几内亚的加瓦岛。

不同各有价值。比如，布拉德·韦斯（Brad Weiss，1996）记录了哈亚人（Haya）* 是如何校准香蕉的成熟度的，他们根据不同的酿酒目的采用不同校准。当酿造啤酒时，他们更喜欢在炉火上慢慢地熏制香蕉，而在蒸馏金酒时，他们发现使用通道或密闭的坑来熏制更快、更有效。用炉火熏制的慢节奏被视为一种更可控的方法，而蒸馏的快节奏则属于一种更有风险的商业方案，因此这显示了“那些历史力量，塑造了像‘速度’这样具有多重含义的性质，也使这种性质成为一种政治和道德上的问题”（p.72）。同样地，韩国的电子游戏玩家们在一些劳作景观中不得不以最快的速度来移动，而另一些劳作景观则要求一种更缓慢的、更细致的耐久劳作。

虽然主流的社会时间性预期规定了特定的生存和行为模式，但这并不意味着它是特定社群中的普遍体验。相反，“某些群体在时间和空间上的压缩会破坏另一些群体的力量”（Massey，1994：150）。社会的不平等势必会影响人们被预期的校准方式，更不用说，是**哪些人**需要做校准，而哪些人的社会时间性一直以来就是规范。正如莎拉·夏尔马（Sarah Sharma）所提出的：“有一种预期在要求一些身体校准于另一些身体的时间。”（2017：132）此外，“大多人所面临的不是快节奏的生活，而是结构性的压力，这要求他们必须重新校准以适应各种制度、社会关系和劳动安排所提出的时间预期。重新校准就是学会如何处理时间，掌握自己的时间，学会什么时候该快，什么时候该慢”（p.133）。因此，社会时间性的校准是一种应对不平等的权力关系结构的权宜之计。比如，皮埃尔·布迪厄提出，对于理解主观经验而言，像礼物交换这种仪式活动的规范性节奏，与其形式结构同样重要。“只有精通‘生活之道’的人，才能在不确定的行为与情境中，利用好各种固有的资源，以做出适合每一种情况的行动”（1977：8）。换言之，在结构约束下进行有效的校准需要具备一定的技能，而这种技能并不是公平分配的。

---

* 译注：指居住在坦桑尼亚西北部的一个族群。

在韩国电子游戏文化叠加的劳作景观中，快快文化所表现出的社会时间性预期设立了一种快节奏的生存和行为模式。然而，狭隘地关注快，会忽略许多电子游戏中的慢，那些体验拖沓、乏味的耐久劳作。对快的生存和行为模式的预期和对忍受慢的必要，这两者之间的张力决定了游戏校准的界限。在当代韩国社会的日常生活和工作中，也存在类似的差异：快速发展的可能性取决于忍耐缓慢、重复的劳作。然而，在日益不稳定的情况下，为了达到快快文化所要求的节奏而从事的耐久劳作，并不能够保证人们能通过制度化的等级形式获得晋升，特别是对于那些处于边缘的人来说。

社会时间性与校准在新自由主义的韩国

韩国电子游戏玩家通过游戏以及在游戏中所进行的社会时间性的校准，其背景是 20 世纪 90 年代中期开始的新自由主义经济和政治改革。这些改革在 1997 年金融危机后被加速推进。为了应对危机，韩国从国际货币基金组织（IMF）和其他国际金融机构获得了 584 亿美元的贷款。这些贷款被应用于结构调整和经济自由化。在韩国危机后的经济复苏及其新自由主义转型中，信息化发挥了不可或缺的作用。金大中政府在危机刚刚开始时上台，颁布了改革的政策，旨在“通过提前部署信息化，加快国家的整体结构调整，以克服当前的经济困难”(NCA，1999：8)。这里再次运用到了一个社会时间性的词汇：如果金融危机暂时“减慢”了韩国的发展速度，那么这些改革将使经济发展“重新加快”①。

① 宋洁淑（Jesook Song）提出，“信息社会这个项目是一石二鸟的。它将公共工程项目与有风险的小企业（风险企业）的创业启动费用联系起来，应对了失业危机。它也采取行动试图实现长达十年的未来主义愿景，希望用新技术和后工业化的资本主义竞争下的新市场来使国家繁荣”（2009b：6）。

韩国在1997年后的复苏伴随着在金融危机发生前就已经开始的经济和社会转型。继1995年加入WTO和1996年加入OECD后，韩国财阀向政府施压，要求政府放宽劳动法使其对他们更有利，这也奠定了危机后对商业更有利的政治环境（Koo，2007；也可参见Shin，2010）。劳动改革促进了非正规劳动者（韩语：*pichŏngkyuchikcha*，即临时工、日结工和非全日制劳工）的激增。1999年韩国非正规劳动者的人数超过了正规就业人数（参见Chun,2009）[①]。对于韩国的年轻人来说,"非标准就业的主流化（已经）迫使年轻就业者，从一份短期工作转移到（或随时准备转移到）另一份短期工作"（Lukacs，2015：388）。相对于危机前的劳动力市场，这种人群的工作更替节奏在继续加快。宋洁淑（Jesook Song）讲述了做出租车司机的退休工薪族（*hwaesawŏn*）"于先生"和他的儿子在韩国危机后的经济现状中生存的故事："（他们）分别代表了不同的优点，那些在过去几十年中蓬勃发展的人（由于他们的坚持、耐心和稳定）和那些可能在未来几十年中取得成功的人（由于他们的灵活性、活力和冒险精神）。"（2007：344）从社会时间性的视角来看，他们的故事说明：造就了汉江奇迹和快快文化的那些吃苦耐劳的工作，在新自由主义的韩国这种快节奏、不稳定的经济中，已经不能再产生同等的回报了。

我在网吧遇到的很多玩家都是处于劳动市场边缘的人。他们有的是退休人员，把玩游戏当作退休后的爱好；有的是失业人员，正在找工作；还有的则是在建筑行业打零工的非正规劳动者，每当他们被一个项目雇用后，就会从网吧"消失"几个月，合同一结束就又会回来。奉贤三十出头，我遇到他的时候他已经失业了，他对自己的就业前景感到焦虑。他最近刚从著名的高丽大学毕业，在数十年前这个学位肯定能够让他获得财阀公司的职位，然而如今这个学位已经不能再赋予他同样的象征资

① 截至2017年10月，在韩国经济的活跃人口中有50.1%的人从事某种形式的非正规劳动（KOSTAT，2017：3）。

本了。他与父母一起住在家中，父母一直在催促他找工作、搬出去住，但是他一直到那个时候都未能找到工作。奉贤告诉我，找工作是他生活中压力最大的事，他只有在网吧里玩网络游戏时才能真正感到放松。

努力和忍耐是否最终能使人们获得成功，对于这一点的焦虑普遍也反映在韩国教育体系的社会时间性倾向里。韩国青少年的生活主要被准备高考占据了，这一阶段从工业化初期就开始被称为“考试地狱”（*sihŏm chiok*）。想要在财阀公司里获得稳定的工作必须要有一流大学的学位，而申请人的数量远远超过了学校的招生名额，因此，学生和家长们报补习班和课后辅导，利用一切的方式试图超越同学们。这种付出不仅是经济上的，而且也是时间上的。准备高考的学生们在课堂时间之外，还要投入无数个小时的死记硬背和钻研，这是一种被称为“练习”（*yŏnsŭp*）的耐久劳作，它需要“通过重复特定的任务来培养新的习惯”（Sorensen，1994：30）。学生们通过“练习”来将自己的日程与社会时间性预期进行校准。有一句话说“*samdang sarak*”，意思是，“睡三个小时考得过，睡四个小时考不过”（Seth，2002：144）。这句话被用来描述那些高中生从20世纪60年代开始获得成功的概率，至今也依然广为流传[①]。换句话说，每晚睡四个小时与睡三个小时相比所损失的那一小时潜在的学习时间，就代表了高考中过与不过之间的差距。

鉴于韩国不稳定的劳动市场，许多学生们体会到“练习”所带来的回报越来越少。赵慧贞（Cho Han Hae-joang）在她的大学学生中“发现许多爱玩角色扮演游戏的玩家……因为这种游戏容易被预测。在这些游戏中，玩家可以根据自己投入的努力而晋升到相应更高的等级”（Cho，2015：457）。对于这些学生来说，比起学习，他们更愿意玩电子游戏，

① M. 李和拉尔森（M. Lee & Larson，2000：251）引述了另一种说法——“睡四个小时考得过，睡五个小时考不过”（*sadang orak*）——但我的一位学生说在2016年夏天的实地调研中看到在一所韩国高中的教室里贴的海报上写着 *samdang sarak* 的标语。（Ho Yeon Park，个人交流）

二者不仅在获得的乐趣上有差异，在其社会时间性上也有不同。洪博士是一位研究偏差游戏行为的神经精神病学专家，他的研究呼应了赵惠贞的观察。他描述了他所发现的电子游戏对玩家的强烈吸引力："网络游戏最大的特点就是速度快，强烈，而且非常公平。如果青少年们投入一个小时玩游戏，就能得到一个小时的奖励。但在学习上就不一样了。虽然他们投入了十几个小时，但他们的成绩还是很落后。那个时候，他们就会觉得学习的回报很慢。"（采访，2012 年 12 月 13 日）东律的朋友显宰表达了补充观点，他认为游戏的劳作景观给他带来了确定和稳定的感觉。"韩国是一个竞争社会（*kyŏngjaeng sahwae*），而这对于游戏文化来说很重要，"他告诉我，"网络游戏的服务器有排名，玩家可以在上面看到自己是世界上最强的。这有利于竞争心态。"（采访，2013 年 2 月 15 日）对于显宰来说，在游戏的背景下，耐久劳作可以转化为成就，这与社会文化中关于竞争的价值观一致，也帮助他理解了自己的处境。

虚拟世界和现实世界的劳作景观之间存在某种不一致，这加剧了在系统等级上快速晋升的志向，与晋升所需的缓慢、重复的耐久劳作之间的张力。快只能通过乏味的重复来维持——也就是说，要在一个不断加速的节奏中忍耐。然而快也并不一定能够带来回报，无论是即刻的还是其他的，无论是在劳动市场非正规的就业，还是害怕"练习"不一定能够带来它所允诺的收益。在这些宏大的制度背景下，电子游戏的劳作景观受到社会时间性预期的影响，玩家们通过游戏，在游戏中与对快和耐力的预期进行校准，并且通过这样做来学习如何应对的权宜之计。

APM 与时机

APM 的速率是计算玩家在一分钟内通过鼠标和键盘所操作的游戏内指令的数量。这个指标对于评估某些电子竞技的操作表现尤其重要，比如《星际争霸Ⅱ》。在这款游戏里，训练并维持较高的APM速率是进入比赛的顶级梯队的前提条件。韩国职业的《星际争霸Ⅱ》选手们通常在一场比赛中能够保持平均300左右的APM速率，有时能够在特别激烈的情况下超过1000。对于《星际争霸Ⅱ》的粉丝来说，APM的快速不仅代表了职业选手的技能和天分，也代表了他们个人的游戏风格。比如，在我的田野调查中，有些解说员亲切地把黄康昊（Hwang Kang-ho）称为“APM之王”，因为他的条件反射速度快得非同寻常。相比之下，马库斯·埃克洛夫（Markus Eklöf）这位在韩国战队中为数不多的外籍选手获得了“勺子杀手”（*sutkarak sarinma*）的绰号，因为他的玩法节奏较慢，更有条理。

对于《星际争霸Ⅱ》的选手来说，职业化道路的关键是训练高APM速率，这也是他们与游戏的社会时间性进行校准的主要方式。我从韩国电竞粉丝、前职业选手和解说员那里听到的一个常见的说法是，在《星际争霸Ⅱ》里，“时机就是一切”。既喜欢看《星际争霸Ⅱ》也喜欢玩的东律告诉我，“手速**快**”是一个职业选手最重要的技能，因为它可以让选手更好地管理自己的资源，“让（自己的）部队比其他选手走得更快”。不过，他还补充说，手速必须与直觉（*chok*）相辅相成，因为“如果其他玩家的策略很不一样，那么比赛也就会不一样”（采访，2013年2月15日）。职业选手获胜的概率最终取决于他们如何平衡优越的策略（“宏观战略”）与精确地操纵单个游戏单位（“微观操作”）。在《星际争霸Ⅱ》的虚拟劳作景观中，宏观与微观的平衡取决于选手如何依照特定比赛的节奏和编入游戏程序里的节奏来校准自己的具身游戏节奏。

学习掌握《星际争霸Ⅱ》的时机和训练高APM速率需要两种形式的校准。第一种涉及操作电脑设备。每一位《星际争霸Ⅱ》的职业选手都会使用带有弹簧轴的机械式无膜键盘，而不是大多数当代笔记本和PC键盘上的橡胶帽式。机械键盘不易卡住或粘连，这对于职业选手来说是十分重要的。职业《星际争霸Ⅱ》对抗的节奏非常快，操作的顺序也非常复杂，哪怕是错过一个按键都有可能导致比赛胜败的差距。许多职业选手还会改造键盘，去掉与比赛无关的按键，把经常使用的按键换成多色键，并贴上不同材质的贴纸使按键可以通过触摸来区分，这也稍微提高了微操的执行速度。

第二种校准涉及编入游戏软件程序里的节奏。与其他电子游戏一样，《星际争霸Ⅱ》里的行动并不一定会在玩家发出指令后立即执行，而是有一定的延迟时间。每个《星际争霸Ⅱ》中的单位、建筑和技术都有一定的“建造时间”，这指的是发出建造指令和可以投入使用之间所需的时间。同时还有一个指令无法使用的“冷却”阶段，这也决定了某些行动和技能的使用频率。管理建造时间和冷却时间是宏观战略的基础，并有助于整体对战的节奏。通过练习，选手们能够熟悉这些节奏以便校准自己的游戏。更为复杂的是，在我进行田野调查时，《星际争霸Ⅱ》可以用五种不同的速度来进行游戏。职业《星际争霸Ⅱ》的节奏有一个标准，按照这个标准节奏，所有东西的移动速度都是“正常”游戏速度的 1.38 倍，这使得粉丝和选手们将其称为“星际争霸时间”（*StarCraft* minutes）[①]。因此，比起业余游戏，职业《星际争霸Ⅱ》的游戏**确实**是加速的。

虽然培养高 APM 速率——其背后是与《星际争霸Ⅱ》的节奏进行具身校准——对于特定比赛的结果来说至关重要，但职业选手也必须在参与电子竞技的实际世界的劳作景观中进行校准。韩国最优秀的选手签约于三星、SK 电讯、CJ 娱乐传媒等韩国媒体和信息通讯技术公司所赞助的职业战队[②]，选手们一起住在宿舍式公寓里，在那里吃饭、睡觉、训练。练习通常包括手指的灵活性和敏捷性练习，通过看录像来侦察接下

① 在 2015 年发布的《星际争霸Ⅱ》的更新版本中，“快节奏”的版本与“实时”同步了，因此在各种使用中“星际争霸时间”这个类别都不存在了。

② 这些企业赞助商及其团队参与的《星际争霸Ⅱ》职业俱乐部于 2016 年 10 月解散，但在我的实地调研期间，他们是重要的机构参与者。

来要面对的对手以及与队友的对战训练。所有的这些练习都有助于选手们培养高 APM 速率以及其他技能。一位退役选手告诉我，每天 10 个小时的训练时长是维持个人水平所需的最低限度。他估计，就维持身体素质和对当前宏观战略（macro game）的熟悉程度而言，哪怕是休息一周，也相当于损失了一个月的时间。因此，职业选手在比赛中表现出的快速，其前提是耐力、反复练习以及对落后和失去竞争优势的焦虑。与我交谈的粉丝们崇拜职业选手，不仅因为他们极高的 APM 速率，也是因为这种速率背后所需的耐久劳作。我问贤明——一位《星际争霸Ⅱ》粉丝，也是立志成为电竞解说员的人——为什么黄康昊的操作会如此之快，他立刻举出了黄康昊“每天花十个小时练习”的数据。不过，他补充说，他并不羡慕职业选手的生活方式：“他们除了吃饭睡觉，就是打游戏。他们的眼睛太累了（*nun pigonhae*）！”（采访，2013 年 3 月 17 日）对于像贤明这样的业余玩家来说，职业《星际争霸Ⅱ》的加速节奏所需的校准，对玩家的身体和健康所造成的影响，既是令人敬畏的，也是他们不想要的。

APM 中结合了快与耐力，这很好地证明了职业《星际争霸Ⅱ》的劳作景观中的表现是如何与更广泛的社会时间性预期中的快快文化进行校准的。韩国《星际争霸Ⅱ》职业战队与韩国电子竞技协会（KeSPA）之间的联络人真秀告诉我，“我们的民族个性（*kukminsǒng*）与《星际争霸》非常像。韩国人的速度很快，很聪明，并且希望与他人交谈”。为了进一步证明这种相辅相成的特点，真秀比较了《星际争霸》对韩国的意义与他所看到的《魔兽争霸Ⅲ》——曾是韩国乃至全球第二受欢迎的电子竞技——与其他国家游戏背景之间的联系：“《魔兽争霸Ⅲ》在欧洲和中国非常流行。他们的文化基础与韩国不同，他们不像韩国人那样速度快。”（采访，2013 年 3 月 22 日）他认为《星际争霸》的社会时间性很好地契合了韩国的社会文化价值观，这个观点也将电子竞技与一种符合加速叙事的、本质化的“韩国特色”联系在一起。

体力活与耐力

大约在我们第一次见面的一周后，奉贤向我介绍了一款在韩国流行的大型多人在线角色扮演游戏《天堂Ⅱ》(*Lineage II*，2003)。在平常的一天里，我们会在网吧里待六到八个小时，在游戏里玩各种游戏模式，与其他在我们游戏“工会”(*hyŏ lmaeng*,《天堂Ⅱ》玩家的正式组织)里的成员聊天。然而大部分时间里，我们都是在努力完成任务来赚取经验值，给《天堂Ⅱ》里的角色“升级”和在游戏的等级架构里晋升。我们为了给角色升级而执行的工具性任务(instrumental tasks)，与其他做剧情任务和战斗的游戏活动不同。这也反映在韩国玩家给这种类玩游戏的方式所起的非官方名称上：体力活(*nogada*)。

nogada 一词来源于日文的 *dokata*，意思是“没有技术含量的体力劳动者”，通常被用来指建筑工作和工人，将从事的活动与建筑工作的繁重性质联系起来。在韩国电子游戏文化中，体力活是一个常见的俚语，表示长期、持续的重复性游戏模式①。在《天堂Ⅱ》里“干体力活”通常指一个角色独自在虚拟世界的各种狩猎区里战斗、猎杀自动生成的敌人，为了获得升级所需的经验值和游戏里用来购买物品的金币(*adena*)。随着韩国的大型多人在线角色扮演游戏在全球范围内的流行，它们极其困难的等级系统也开始闻名。由于体力活在游戏的玩法中处于核心地位，像《天堂Ⅱ》这种大型多人在线角色扮演游戏有时在本质化的话语中被归类为“韩式爆肝游戏”(Korean grindfests)*，将这种风格的游戏与“韩

---

① 这近似于一些北美的大型多人在线角色扮演游戏玩家称为“grinding”(肝)的行为(Taylor，2006)。

* 译注：grindfest 在电子游戏的语境中指一种游戏类型。在游戏语境中 grind 指重复性地做一件事，在中文游戏社群中通常俗称为“刷”或“肝”，因此 grindfest 也对应于中文游戏语境中的“爆肝游戏”。

国特色”联系在一起[①]，就像真秀将“韩国特色”与《星际争霸》联系在一起，尽管是出于不同的原因。

体力活是《天堂Ⅱ》的虚拟劳作景观中的结构性节奏之一，其衡量标准包括击杀敌人所需的按键顺序，升级所需的击杀量以及达到玩家的目标所需的等级。体力活的节奏是由几种因素共同组成的：玩家执行按键操作和在虚拟世界的狩猎区中穿行的速度以及游戏程序中的变量，比如敌人的攻击和防御概率与“重生”的速率，即敌人在被消灭不久后重新在同一区域出现的频率。随着角色等级的提高，升到下一级的难度成倍增加，由于需要更多的经验值才能升级，因此体力活也会占用玩家更多的时间。理论上来说，玩家可以无限地将体力活继续下去，因为游戏并没有设计任何时间限制。奉贤告诉我，他在年轻的时候曾经长时间地做体力活——他吹嘘说自己曾经连续二十四小时只刷怪别的什么都不做——但是他现在最多只能忍耐几个小时。

我那些玩《天堂Ⅱ》的对谈者们认为体力活是玩游戏的过程中很费力但也不可避免的一部分。他们对体力活不感兴趣，因为这是一个考验他们耐心的乏味活动。但讽刺的是，这也是最快的升级方式。他们跟我解释说，升级能够提升他们的游戏体验，可以让他们获得更好的武器和护甲，在游戏的虚拟世界中打开新的区域，以及在仅限高等级角色的活动中获得新的社交机会。同时，在玩家等待其他玩家加入集体活动的无聊间隙，体力活也能占据他们的注意力。我和奉贤经常在我们最喜欢的网吧，与一位六十多岁的退休男子一起玩游戏，我们亲切地称他为“传奇先生”——他就经常以这种方式来做体力活。他告诉我们，他能够在网吧玩的时间很有限，所以他不能“浪费时间”等着而不做点有意义的事情。此外，对于传奇先生来说，体力活不仅是一种升级或忙活的手段，

① 中国的大型多人在线角色扮演游戏和玩家也常被置于类似的框架下，汉娜·威尔曼（Hanna Wirman，2016）称其为“汉学东方主义”（Sinological-orientalism）。

而且能够为他提供一个小小的收入来源。他用那些做体力活收集到的金币在《天堂Ⅱ》的商店里购买物品，然后在一个名为Itembay的第三方拍卖网站上出售。在许多大型多人在线角色扮演游戏社区，这种半合法的做法被称为“现钱交易”（real-money trading，参见Castronova，2006）。传奇先生把这些他卖东西赚来的钱用于支付在网吧消费的时间。

体力活的特点不仅是重复，而且是考验耐力，因此它也定义了玩家和他们游戏行为的社会时间性。将一个角色升到满级需要花费数百个小时做体力活。例如，我只花了四天和二十多个小时的游戏时间就把我的角色从1级提升到65级，但又花了八个月中的八百多个小时才升到最高的99级。高等级的角色赋予了背后操纵的玩家精英的社会地位，部分原因是他们所能忍耐的体力活的时长。体力活也有助于训练新玩家，帮助他们将自己的身体操作与《天堂Ⅱ》的游戏机制和硬件界面进行校准。对于那些不习惯电子游戏的人来说，《天堂Ⅱ》可能会让人迷失方向且感到沮丧，因为必须同时使用鼠标和键盘才能够在游戏的虚拟世界中流畅地移动，并且还要执行战斗的指令。通过长时间缓慢、费劲地重复敲击键盘，玩家们得以与游戏的程序校准，最终发展出一套流畅的动作能够迅速地执行操作。做体力活也能让人全神贯注，有时玩家们会在现实世界的劳作景观中忘记时间的流逝，类似于在“心流”体验（Csikszentmihalyi，1990）[①]中时间的扭曲感或是玩机器赌博的玩家在游戏里正处在“兴头”（in a “zone”）上的感受（Schüll，2012）。有一次，我和奉贤在结束一次特别长的体力活后，在离开网吧时他转向我，惊讶地喊道外面天怎么突然黑了。我们玩了八个小时的《天堂Ⅱ》，但奉贤表示他以为只过了三四个小时。

---

① 在完整地提出“心流”概念之前，米哈里·契克森米哈赖（Mihaly Csikszentmihalyi）和史蒂斯·贝内特（Stith Bennett）提出，挑战和能力之间理想的平衡定义了游戏活动。这种平衡出现在“当我们的行为与环境产生‘共鸣’的时候，当‘反馈’为行动的不间断流动提供了充足的可能性”（1971：46）。

通过做体力活，《天堂Ⅱ》的玩家们也学会了将他们的游戏日程与更广泛的游戏社群的社会时间性预期进行校准。对于他们来说，体力活不仅是游戏设计中的一种构成因素，也是参与这种劳作景观的基础。体力活的慢节奏与《天堂Ⅱ》中其他的游戏模式形成了鲜明的对比，尤其是"打副本"（raiding）（协作活动，由 7 至 21 名玩家共同合作，击败由计算机控制的强大的敌人）。在多数情况下，玩家可以根据自己的喜好随时去做体力活，并且在相对孤立的情况下进行，然而打副本则需要在所谓"副本"里进行，这是虚拟世界里某个区域的副本，每次有一支团队进入时都会创建新的副本。在一场特定的副本中，只有团队的成员角色会出现在那个区域里，同时那里还遍布着自动生成的怪。玩家在规定的时间内只能进入一个副本一次，这个时间段根据不同的副本而有差异（比如，有些是每四个小时一次，有些是每三天一次），这意味着在任意一天中，一位玩家可以尝试的副本次数有限。由于这个原因，玩家们经常专注于快速有效地完成副本任务，因为那些在打副本的过程中速度太慢的人可能会成为他们团队的负担。此外，这些社会时间性预期也延伸到打副本之外。玩家们经常会一起赛跑到副本外的集合区域，"赢的人"可以"第一个"进入团队的文字聊天室。那些先到达的人还会告诫落伍的人要"快点"（*ppalli oseyo*），从而将对快的生存和行为模式的预期加固为一种游戏社交中的义务。根据社群中的礼仪标准，《天堂Ⅱ》的玩家们通常只针对这些缺点提出建设性的批评。然而同公会的成员告诉我，他们经常在私下的聊天室和线下的交谈中抱怨那些慢出名的人和缺乏经验的玩家。

虽然体力活是一种与《天堂Ⅱ》的社会时间性进行校准的手段，但充分与游戏的劳作景观达成一致有时也会造成另一种校准的失衡，使得其与围绕着游戏的现实世界里的劳作景观中的节奏不一致。虽然在分析上可以将这些劳作景观分开来，但在实践中，当一个任务的要求影响到另一项活动时，就会打破它们之间的界限。正如亚历克斯·古鲁布（Alex Golub）在另一款大型多人在线角色扮演游戏中所观察到的，"吸引人的项目可能起源并限定于一个特定的虚拟世界里，但这并不意味着这个项目所创造的社交性、行动和文化形态会被限制在这个世界之中。事实上，一个群体越是投入于一个项目，这个项目就越有可能延伸到这些人生活世界里的其他部分”（2010：40）。正如这些项目可以很容易地从现实世界的劳作景观中传播到虚拟世界，它们一样可以反向传播。有一次，在一段要打多个副本的行程中，我们的团队在第一次尝试拿下一个副本的怪时就失败了，使得我们必须在再次尝试前等待副本的计时器重置。当我们在等待的时候，一位团队的成员询问还要等待多久，解释说他孩子的幼儿园临近放学时间，这位成员就快要离开去接孩子了。团队的领队回复说，既然参加了团队突袭战就需要坚持到完成为止，暗示这个玩家应该事先就清楚计划安排和可能存在的风险。这个事件显示了虚拟世界和现实世界的劳作景观之间可能会产生脱节，《天堂Ⅱ》的玩家在管理个人和社会义务上面临的社会时间性校准，有时候会彼此冲突。

在电子游戏之外校准游戏

APM 和体力活构成了它们各自的劳作景观中的社会时间性预期以及它们各自所属的电子游戏中的节奏，而它们也是被这些预期和节奏所构成的。《星际争霸Ⅱ》的职业选手训练极高的 APM 速率，以便将他们对时间的具身感知与职业电子游戏所要求的表现进行校准。通过花费大量时间做体力活，玩家与《天堂Ⅱ》的时间结构以及他们的玩家社群的日程进行校准。这两种模式的游戏校准都结合了与当代韩国社会其他生存和行为模式共同的社会时间性特质，比如应对非正式劳动市场以及成绩上的成功所需的“练习”。如果说 APM 的具身形式代表了一种理想中的快，那么体力活就是它必要的补充：为了追赶、保持节奏、避免落后所必须忍耐的缓慢而乏味的劳动。因此，APM 和体力活不仅是在电子游戏的劳作景观中与社会时间性预期进行校准的模式，还说明了游戏本身是如何与当代韩国社会中的加速叙事和快快文化进行校准或不校准的。因此，校准游戏不但是学习掌握特定电子游戏的劳作景观中的特殊性，而且是更广泛地在应对不稳定环境的权宜之计。

游戏研究者长期以来一直对游戏和玩游戏感兴趣，因为它们展示了人类在不确定环境中的创新潜能。托马斯·马拉比写道："游戏因其不确定的结果，因而囊括了（尽管是一种人为的方式）日常生活中的开放思想。"（Malaby，2007：207—8）将游戏视为一种"虚拟的模拟，其特点是刻意安排的偶发性变化，对游戏的精通或是进一步的混乱，能够带来操控的机会"（Sutton-Smith，1997：231）。它可以被视作通过游戏的挑战来校准熟练的操作，应对不稳定性的权宜之计以及努力减少游戏结果的不确定性。麦肯齐·沃克（McKenzie Wark）提出，"游戏已经不再是生活之外或与生活相伴的消遣"，"有一种普遍的意识形态将世界想象为**平等的竞技场**……一切都从一个空旷的时空里抽离出来，似乎是自然的、中立的、没有任何特性的——一个游戏空间（gamespace）"（2009：5—6）。电子游戏玩家们，依照《星际争霸Ⅱ》和《天堂Ⅱ》等写入游戏程序中的节奏，来校准他们的游戏和自身。他们确信这些虚拟的劳作景观确实是公平的竞技场，耐久劳作和快最终能为他们带来有利的结果。然而，在实际过程中，他们发现"在直观、可知的游戏算法与游戏空间所处的日常生活中飞逝的不平衡、不公平的算法的假象之间，总是存在着差异"（p.23），这个观点与洪博士和显宰的视角相呼应。洪博士认为，比起学习等现实世界中的活动，电子游戏显得"更加公平"，而显宰喜爱游戏的虚拟世界的劳作景观中等级模式的确定性。

不同劳作景观中的行为和预期会产生不一致，这有助于理解像奉贤这样的玩家在游戏中获得的快乐以及他们在面对日常生活的任务时感到的挫折。虽然通过做体力活来校准游戏能够确保奉贤在《天堂Ⅱ》中的进步，但在就业市场上，与社会时间性预期的校准并未给他带来同等的回报。这种明显的校准失衡——并非玩家与劳作景观的失衡，而是劳作景观彼此之间的失衡——反映了东律在我们的谈话中所提及的韩国正在“减速”，代表着玩家和游戏正在从根本上与韩国的高速节奏脱节。他所提到的慢是一种隐喻，也是韩国的电子游戏中最极端的症状：游戏“成瘾”问题。“这真的是一个大问题，”东律告诉我，“因为那些失业者。有些失业的人玩游戏成瘾。”显宰也同意他朋友的观点，并补充说，“那些有权力的人认为成瘾是问题所在，所以他们制定了伤害游戏开发者的法律”（采访，2013 年 2 月 15 日）。虽然韩国游戏成瘾的具体情况过于复杂，无法在此充分探讨，但成瘾以这种方式与劳动和加速叙事产生联系，这表明了电子游戏可以体现快快文化的快，如在电子竞技中，而同时又被视作减缓韩国发展步伐的问题。

在现实世界的劳作景观中，对生存和行为模式的社会时间性预期的背景下，正如保罗·费斯塔（Paul Festa）所分析的台湾男人的麻将游戏，电子游戏“开辟了一个平行的时空，激发了游戏行为与更广泛的社会政治世界之间的想象互动”（2007：101）。这种互动可以在不同的劳作景观中很好地达成一致，正如职业选手在《星际争霸Ⅱ》中训练高 APM 速率，但它也可能造成问题，比如游戏的成瘾。从这方面看来，体力活是处于中间的。在《天堂Ⅱ》的环境里，它模拟了一种通过吃苦耐劳来获得进步的精神，这在电子游戏之外的生活与工作中是理想化的。然而，玩家也绝不会混淆体力活与快快文化中的快。相反，它提供了一种很有用的慢，一种让玩家掌握自己的时间与活动的手段，同时也让玩家与电子游戏社群中普遍的社会时间性预期进行校准。

从《天堂Ⅱ》中狭窄的劳作景观推及整个韩国社会，最后我想提出，体力活作为一种游戏校准模式，代表了一种对快快文化中苛刻节奏的解药。相较于其他游戏活动，体力活为玩家提供了“慢下来”的机会。在宋洁淑对韩国 1997 年后人民生活的民族志描述中，她的受访者表达了类似的愿望。她介绍了一位曾经是学生社会运动者的“车女士”，车女士告诉宋洁淑，“她理想的世界里社会的节奏很慢，那里有让人们偷懒的空间”（2009a：148）。在新自由主义韩国灵活的劳动市场中快节奏、不稳定的背景下，宋洁淑写道，车女士和许多像她一样的人“并不相信工业资本主义的利益，他们认为回归田园农耕生活是高速城市工业化的解药”（2009a：149）。而比起这些想要回到快快文化之前的一个浪漫化的时代的愿望，也许电子游戏的劳作景观和游戏校准可以提供一种替代性策略，在不完全拒绝对生存和行为模式的社会时间性预期的情况下，以权宜之计应对不稳定的环境。社会时间性中快与慢的对比以及持续进行重新校准的必要正是许多韩国人无止境的压力和挫败感的来源。但与此同时，在电子游戏的劳作景观中与社会时间性预期进行校准，使得玩家们有机会在一个情形下能够“追赶”并跟上他们的同伴，即便他们可能在另一种情形下“落后”。

参考文献

Aizu, I. (2002). A Comparative Study of Broadband in Asia: Deployment and Policy. Paper presented at the *Asian Economic Integration — Current Status and Prospects Symposium*, Tokyo, Japan, April 22.

Akamai Technologies, Inc. (2017). *Akamai's State of the Internet: Q1 2017 Report (May)*. Cambridge, MA: Akamai.

Amsden, A. (1989). *Asia's Next Giant: South Korea and Late Industrialization*. Oxford: Oxford University Press

Bourdieu, P. (1977). *Outline of a Theory of Practice*. Cambridge: Cambridge University Press.

Castronova, E. (2006). A Cost-Benefit Analysis of Real-Money Trade in the Products of Synthetic Economies. *Info* 8(6): 51-68.

Certeau, M. (1984). *The Practice of Everyday Life*. Berkeley: University of California Press.

Chang, K. (1999). Compressed Modernity and Its Discontents: South Korean Society in Transition. *Economy and Society* 28(1): 30-55.

Chang, K. (2010). The Second Modern Condition? Com- pressed Modernity as Internalized Reflexive Cosmopolitization. *The British Journal of Sociology* 61(3): 444-64.

Cho, H. H. (2000). "You Are Entrapped in an Imaginary Well": The Formation of Subjectivity within Compressed Development — A Feminist Critique of Modernity and Korean Culture. *Inter-Asia Cultural Studies* 1(1): 49-69.

Cho, H. H. (2015). "The Spec Generation Who Can't Say 'No': Overeducated and Underemployed Youth in Contemporary South Korea." *Positions* 23(3): 437-62.

Chosŏn I. (1995). Sanŏphwa-nŭn nŭjŏtchiman jŏngbohwa-nŭn apsŏcha [Late to industrialize, but ahead in informatization]. Accessed June 16, 2016. http://news.chosun.com/svc/content_view/content_view.html?contid=1995030570106.

Chun, J. J. (2009). Legal Liminality: The Gender and Labour Politics of Organising South Korea's Irregular Workforce. *Third World Quarterly* 30(3): 535-50.

Chung, J. A. (2003). The Cultural Tempo of Korean Modernity: Celerity in Venture Industry. PhD dissertation, Rice University.

Cresswell, T. (2010). Towards a Politics of Mobility. *Environment and Planning D: Society and Space* 28(1): 17-31.

Csikszentmihalyi, M. (1990). *Flow: The Psychology of Optimal Experience*. New York: Harper and Row.

Csikszentmihalyi, M., & Bennett, S. (1971). An Exploratory Model of Play. *American Anthropologist* 73(1): 45-58.

Cumings, B. (2005). *Korea's Place in the Sun: A Modern History (Updated Edition)*. New York: W. W. Norton & Company.

Desjarlais, R. (1997). *Shelter Blues: Sanity and Selfhood among the Homeless*. Philadelphia: University of Pennsylvania Press.

Festa, P. E. (2007). Mahjong Agonistics and the Political Public in Taiwan: Fate, Mimesis, and the Martial Imaginary. *Anthropolog ical Quarterly* 80(1): 93-125.

Golub, A. (2010). Being in the World (of Warcraft): Raiding, Realism, and Knowledge Production in a Massively Multiplayer Online Game. *Anthropological Quarterly* 83(1): 17-45.

Harkness, N. (2013). *Songs of Seoul: An Ethnography of Voice and Voicing in Christian South Korea*. Berkeley: University of California Press.

Ingold, T. (2000). The Temporality of the Landscape. In *The Perception of the Environment: Essays on Livelihood, Dwelling and Skill*, 189-208. London: Routledge.

Jin, D. Y. (2005). Socioeconomic Implications of Broadband Ser- vices: Information Economy in Korea. *Information, Community and Society* 8(4): 503-23.

Jin, D. Y., & Chee, F. (2008). Age of New Media Empires: A Critical Interpretation of the Korean Online Game Industry. *Games and Culture* 3(1): 38-58.

Kang, I. (2014). It All Started with a Bang: The Role of PC Bangs in South Korea's Cybercultures. In *The Korean Popular Culture Reader*, edited by Kyung Hyun Kim and Youngmin Choe, 55-75. Durham, NC: Duke University Press.

Kendall, L. (1996). Korean Shamans and the Spirits of Capital- ism. *American Anthropologist* 98(3): 512-27.

Kim, K. S., & Hong, S. D. (1997). *Accounting for Rapid Eco- nomic Growth in Korea, 1963-1995*. Seoul: Korea Development Institute.

KOCCA (Korea Creative Content Agency). (2016). *Keim iyongcha shiltaechosa bokosŏ*; [Game users survey report]. Seoul: Korea Creative Content Agency.

Koo, H. (2007). The Changing Faces of Inequality in South Korea in the Age of Globalization. *Korean Studies* 31(1): 1-18.

KOSTAT (Statistics Korea). (2017). *Economically Active Population Survey in October 2017*. Daejeon: Statistics Korea.

Larkin, B. (2008). *Signal and Noise: Media, Infrastructure, and Urban Culture in*

Nigeria. Durham, NC: Duke University Press.

Lau, T. Y., Kim, S. W., & Atkin, D. (2005). An Examination of Factors Contributing to South Korea's Global Leadership in Broadband Adoption. *Telematics and Informatics* 22(4): 349-59.

Lee, D. (2015). Absolute Traffic: Infrastructural Aptitude in Ur- ban Indonesia. *International Journal of Urban and Regional Research* 39(2): 234-50.

Lee, K., & Lim, C. (2001). Technological Regimes, Catching-Up and Leapfrogging: Findings from the Korean Industries. *Research Policy* 30(3): 459-83.

Lee, M., & Larson, R. (2000). The Korean 'Examination Hell': Long Hours of Studying, Distress, and Depression. *Journal of Youth and Adolescence* 29(2): 249-71.

Lee, S. M. (2003). South Korea: From the Land of Morning Calm to ICT Hotbed. *The Academy of Management Executive* 17(2): 7-18.

Lukacs, G. (2015). Labor Games: Youth, Work, and Politics in East Asia. *Positions* 23(3): 381-409.

Malaby, T. (2007). Beyond Play: A New Approach to Games. *Games and Culture* 2(2): 95-113.

Malaby, T. (2009). Anthropology and Play: The Con- tours of Playful Experience. *New Literary History* 40(1): 205-18.

Martin-Jones, D. (2007). Decompressing Modernity: South Korean Time Travel Narratives and the IMF Crisis. *Cinema Journal* 46(4): 45-67.

Massey, D. (1994). *Space, Place and Gender*. Minneapolis: University of Minnesota Press.

Mauss, M. (1973). Techniques of the Body. *Economy and Society* 2(1): 70-88.

Mazmanian, M., Erickson, I., & Harmon, E. (2015). Circumscribed Time and Porous Time: Logics as a Way of Studying Temporality. Paper presented at CSCW 2015, Vancouver, Canada, March 14-18.

Munn, N. D. (2007). *The Fame of Gawa: A Symbolic Study of Value Transformation in a Massim (Papua New Guinea) Society*. Durham, NC: Duke University Press.

Na, E., & Cha, J. (2000). Changes in Values and the Generation Gap between the 1970s and 1990s in Korea. *Korea Journal* 40(1): 285-324.

NCA (National Computerization Agency). (1999). *Informatization White Paper*. Seoul: National Computerization Agency.

Rosa, H. (2003). Social Acceleration: Ethical and Political Consequences of a Desynchronized High-Speed Society. *Constellations* 10(1): 3-33.

Schu ¨ ll, N. D. (2012). *Addiction by Design: Machine Gambling in Las Vegas*. Princeton, NJ: Princeton University Press.

Seth, M. (2002). *Education Fever: Society, Politics, and the Pursuit of Schooling in South Korea*. Honolulu: University of Hawaii Press.

Sharma, S. (2017). Speed Traps and the Temporal: Of Taxis, Truck Stops, and Task Rabbits. In *The Sociology of Speed: Digital, Organizational, and Social Temporalities*, edited by Judy Wajcman and Nigel Dodd, 131-51. Oxford: Oxford University Press.

Shin, K. (2000). The Discourse of Crisis and the Crisis of Discourse. *Inter-Asia Cultural Studies* 1(3): 427-42.

Shin, K. (2010). Globalisation and the Working Class in South Korea: Contestation, Fragmentation and Renewal. *Journal of Contemporary Asia* 40(2): 211-29.

Song, J. (2007). 'Venture Companies,' 'Flexible Labor,' and the 'New Intellectual': The Neoliberal Construction of Under- employed Youth in South Korea. *Journal of Youth Studies* 10(3): 331-51.

Song, J. (2009a). Between Flexible Life and Flexible Labor: The Inadvertent Convergence of Socialism and Neoliberalism in South Korea. *Critique of Anthropology* 29(2): 139-59.

Song, J. (2009b). *South Koreans in the Debt Crisis: The Creation of a Neoliberal Welfare Society*. Durham, NC: Duke University Press.

Sorensen, C. W. (1994). Success and Education in South Korea. *Comparative Education Review* 38(1): 10-35.

Stewart, K. (2004). Informatization of a Nation: A Case Study of South Korea's Computer Gaming and PC-Bang Culture. Master's thesis, Simon Fraser University.

Sutton-Smith, B.. (1997). *The Ambiguity of Play*. Cambridge, MA: Harvard University Press.

Taylor, T. L. (2006). *Play between Worlds: Exploring Online Game Culture*. Cambridge, MA: The MIT Press.

Virilio, P. (2010). *The Futurism of the Instant: Stop-Eject*. Malden, MA: Polity Press.

Wajcman, J. (2014). *Pressed for Time: The Acceleration of Life in Digital Capitalism*. Chicago: University of Chicago Press.

Wark, M. (2009). *Gamer Theory*. Cambridge, MA: Harvard University Press.

Weiss, B. (1996). *The Making and Unmaking of the Haya Lived World: Consumption, Commoditization, and Everyday Practice*. Durham, NC: Duke University Press.

Whorf, B. L. (1956). *Language, Thought, and Reality: Selected Writings of Benjamin Lee Whorf*. Cambridge, MA: MIT Press.

Wirman, H. (2016). "Sinological-Orientalism in Western News Media: Caricatures of Games Culture and Business." *Games and Culture* 11(3): 298-315.

Woo, J. (1991). *Race to the Swift: State and Finance in Korean Industrialization*. New York: Columbia University Press.

作者简介

史蒂芬·C. 雷亚（Stephen C. Rea）是美国加州大学尔湾分校货币、技术和金融包容性研究所（Institute for Money, Technology and Financial Inclusion）的一位文化人类学家，研究人们如何接触、使用和体验数字和移动媒体。他曾在韩国对电子游戏玩家和电子竞技粉丝进行田野调查，研究美国的数字金融服务和合作金融机构，开发了关于对抗数字极端主义的教学模块以及许多其他项目。

即时战略进程中的启发式圆环：《星际争霸：母巢之战》案例研究①

西蒙·多尔（加拿大魁北克大学阿比提比分校） 文

蒋子祺 译

摘要

本文旨在研究《星际争霸：母巢之战》中的竞技性游戏体验。战略是一种运用游戏策略（战术）* 与对战局势的进程。通过认知心理学研究，以及参考这些研究在国际象棋与电影研究中的应用，本文旨在归纳即时战略进程中的启发式圆环（heuristic circle）里的认知与感知进程。此模型基于战略方案的三个层面（作战、调动与战术计划）以及玩家脑海中的三种对战局势（即时、推断与预测局势）。而后通过分析一场具体的《星际争霸》赛事，来说明将战略作为一种进程的概念及其在理解即时战

① 本文英文原文为：Dor, S. (2014). The Heuristic Circle Of Real-time Strategy Process: A Starcraft: Brood War Case Study. *Game Studies*, 14(1). http://gamestudies.org/1401/articles/dor

* 译注：此句中"战略"对应原文中的 strategy，指整体宏观上的战略方向；游戏策略对应原文中的 game plans，指具体的计划；战术对应原文中的 strategies，需与宏观上的战略区别理解。

略游戏的作用[①]。

关键词：星际争霸；母巢之战；即时战略；战略；认知；感知；玩法；图示

研究即时战略（Real-Time Strategy，简称 RTS）在游戏研究中并不常见。研究这一类型的文章大多关注它的视听方面，进而质疑其中的政治含义（Mauco，2005）或是文化偏见（Dillon，2008；Ghys，2012）；又或是试图理解游戏叙事中主角的视角。当然这些研究中也有针对战略性问题的贡献。亚历山大·加洛维（Alexander R. Galloway，2007）提出在《星际争霸：母巢之战》（*StarCraft: Brood War*，Blizzard Entertainment，1998）这款游戏里，战术是以算法的方式被铭刻在游戏之中的，因此“虫族快攻”（zerg rush）是该族固有的特定战术，并非产生于游戏实践中。克里斯蒂安·麦克雷（Christian McCrea，2009）对《星际争霸》观赏性的研究明确且精准地回应了加洛维的分析，尽管其文中对于几个种族之间“石头—剪刀—布”式的动态关系描述并不能代表实际的策略。杰拉德·沃里斯（Gerald A. Voorhees，2008）将战术纳入了他对《星际争霸》的分析中，但他仅描述了那些他认为是常见的战术，仿佛它们是固定的叙事，而非充满变化的生态系统。托尼·福尔廷（Tony Fortin，2004）甚至认为，RTS 这种游戏类型进一步固化了无产阶级群众的社会地位。他认为，RTS 玩家须以最快的速度再现出被预先设置好的最佳策略，因此他们是完美的无条件服从命令的员工（Fortin，2004：58）。

关于 RTS 研究的综述让人意识到，有必要对这一类型的游戏进行深入且完善的理解。詹姆斯·保罗·吉（James Paul Gee）提醒我们：“如

---

① 如果没有伯纳德·佩伦（Bernard Perron）的支持与建议，本文是不可能完成的，我由衷地感谢他。也感谢凯利·布德罗（Kelly Boudreau）的修改和校对。

果你玩游戏，那么你就知道即便是暴力游戏也需要更关注战略——发现规律、解决问题——而不是只盯着屏幕上无论暴力与否的图像。”（2007：3）游戏研究者们在从表现、叙事、社会与政治层面入手分析和解读一个游戏之前，需要首先从战略性层面去理解这个游戏。如果玩游戏可被视为一种政治性行为，那么我们必须先理解这个游戏是怎么玩的，然后再基于特定的文化背景对这个游戏进行解读。若要恰当地批判 RTS 游戏中的政治论述，那么首先需要了解在实际操纵 RTS 游戏时应探讨的问题。因此，为 RTS 研究打下基础也是本文的目标之一。我们如何通过个体玩家的视角，去理解即时战略游戏中战略的运作过程？

此处声明，本文运用了吉姆·比佐基与约书亚·塔纳鲍姆（Jim Bizzocchi & Joshua Tanenbaum，2011）所描述的深度阅读方法，然而同时也要明确声明，游戏并不遵循技术或形式上的决定论。正如朱利安·霍赫伯格（Julian Hochberg）与弗吉尼亚·布鲁克斯（Virginia Brooks）所指出的电影研究的问题那样，电影分析具有一种疏离的姿态，抽离于作为观影体验核心的融入当下的感受之外（1996：381）。在这种无可奈何的疏离姿态之下，电影认知理论代表了一种从外部视角去理解观众立场的有趣的途径。我使用认知心理学作为研究方法具有同样的原因与局限性。精确地探究玩家大脑里的情况并非本文的重点①。因此，我将本文的论证基于《星际争霸》的第一手游戏体验，以及作为观众观看游戏赛事的视角。怀抱着竞技的心态，我花了数月时间玩这个游戏，但是根据 ICCup 的标准②，我还只能算是入门玩家。为了更加熟悉比赛

---

① 这样的方法可能会带来有趣的结果，就像西蒙菲莎大学的马克·布莱尔（Mark Blair）领导的 Skillcraft 项目所想要做的事情一样（www.skillcraft.ca）。

② ICCup 是 International Cyber Cup 的简称，是《星际争霸：母巢之战》、《魔兽争霸Ⅲ》（*Warcraft III*，Blizzard Entertainment，2003）、《DOTA》（《魔兽争霸Ⅲ》的一个地图）和《魔兽世界》（*World of Warcraft*，Blizzard Entertainment，2004）的游戏服务器，可以记录玩家的积分（www.iccup.com）。

与常见的战术，我还在视频网战上观看了数百场《星际争霸》的对战赛事。

很明显，要了解这个游戏类型，我们不应该将“即时”**与**“战略”作为对立的概念分开探讨，而是应将即时视为战略的一种特质。玩家是如何在一场游戏的**即时**状态里处理**战术**，即游戏策略的呢？本文的主要目标在于试图说明即时战略思维中认知过程扮演的角色。为了说明游戏中战略的重要性，我将详细阐述《星际争霸：母巢之战》中的一种模式，也就是1v1天梯赛。首先，我将描述什么是《星际争霸》，以及玩家是如何从战略角度看待这个游戏的。然后，我将基于伯纳德·佩伦（Bernard Perron，2006）先前关于电子游戏的著作，提出一种战略模型——此处将制定战略定义为一种认知进程——我称之为“即时战略进程的启发式圆环”（heuristic circle of real-time strategy process）。最后，我将通过具体分析一场《星际争霸》赛事来论证这些结论。

《星际争霸：母巢之战》概述

与大多数RTS游戏一样，在《星际争霸》中玩家需要操纵一支军队，通过建造基地、采集资源（矿石和瓦斯）、生产和控制单位来摧毁敌方的建筑。在常见的联赛中，两个玩家之间进行对抗，每位玩家需在三个种族中选择一方：拥有机械技术的人类，即人族；昆虫形态的外星异虫，即虫族；以及拥有灵能技术的星灵，即神族。每位玩家的单位和建筑都有特定的颜色标识，须在预先设定好障碍（桥、坡道等）与资源位置的地图上进行战斗。“即时战略”中的“即时”意味着每位玩家都在同一时间操纵游戏：当他们通过鼠标或键盘给一个特定的单位发出指令时，该单位需花费一定的时间去独立完成指令，这样一来就给了玩家在此期间操纵其他东西的机会。因此，优化各个单位行动是RTS游戏性的核心。

在游戏开局时，玩家有一个建筑和四个农民。每个玩家都需要用农民来采集资源，输送到主要建筑物——人族的指挥中心、虫族的孵化场和神族的星灵枢纽里。为了拥有更快的资源采集流程，玩家需要不断地生产新的农民，最终建立新的基地，这也被称为扩张。

要操练军事单位、为现存单位升级和研发新技术、防御基地还需要建造其他的建筑类型。大多数建筑的摆放位置在地图上受到限制：虫族必须将他们的建筑建在菌毯之上，菌毯由孵化场在其周围生成，也可扩张为菌毯集群；神族必须将大多数建筑建在一种名为水晶塔的建筑附近。只有人族不受这种建筑位置的限制。建造每种军事单位与建筑都需要相应的建筑物作为前提条件，以科技树的形式展现：比如，一位虫族玩家如果想要建造异龙，那么他们需要建一个塔巢，而要有塔巢则需要先有一个进化为巢穴的孵化场。而为了能够操练单位，玩家需要先提高他们的人口上限，人族与神族的方式是特定建筑，虫族的方式是特定单位。在一场战斗中，每个单位的属性（如伤害、射程、攻击类型、冷却时间以及护甲等等）将决定它们的生命值受损程度。当一个单位或建筑物的生命值降为零时就会死亡或被摧毁。

屏幕上显示的范围始终仅为全局地图的一部分，而全局地图在屏幕左下角小框里显示（见图 1）。但是屏幕上并不会显示地图里的全部信息：玩家只能看见他们自己单位的视野范围内可见的信息。因此，在游戏开始时，对手的决定都是不可见的。于是玩家需要发送侦察机去获取情报，侦查对手的据点和行动。给玩家提供的信息基于“战争迷雾”（fog of war）机制：已经探索过的区域显示为正常的光线，而被一个单位探索过但是已离开的区域则较暗。玩家仍能够看见地形信息（河流和岩石等），以及上次所见的建筑物位置，但是单位的位置则不可见了。未被探索的区域则显示为一片漆黑（见图 2）。战略思维的过程很大程度上取决于这种信息机制。

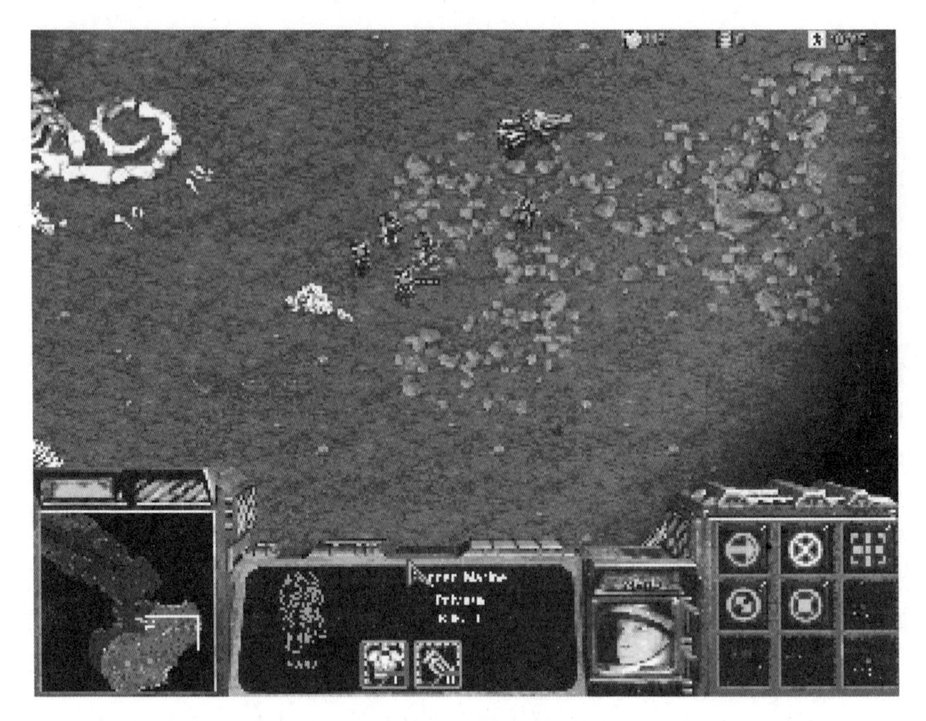

图 1：左下角代表全局的小地图

用战略思维感知游戏

当玩家带着战略思维进入游戏时，他们会带着一定的预设与预期去感知游戏，这可以由“图示”（schema）的概念来说明。心理学家弗雷德里克·巴特莱特（Frederic C. Bartlett）认为，图示在整个感知过程中起了一定的作用：它是一个内在的，指引着主体的探索行为和运动的“策略”（plan）。它将决定在某个特定环境里的感知，而这种感知最终也可能改变图示自身（Bartlett，［1932］1954：54）。马文·明斯基（Marvin Minsky）以框架（frame）的名义重新整合了图示的概念。明斯基将框架解释为一种代表特定情况的数据结构。每个框架都包含了情况本身的信息，以及接下来可能发生的或可能取代它的情况。简单来说，框架不仅

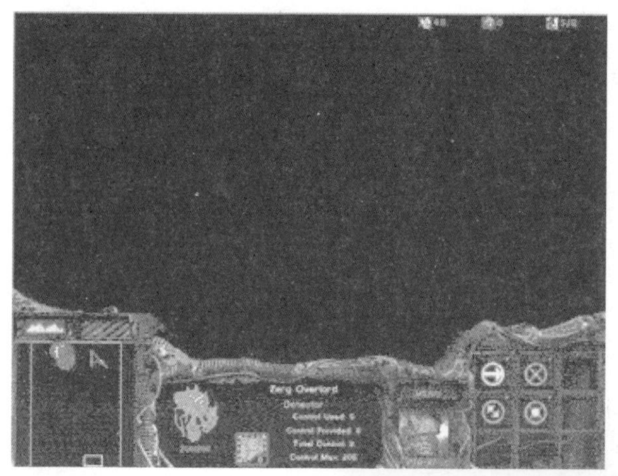

图 2：自上至下依次为未探索区域、当前区域和已探索过的区域

是情况本身，而且是其他可以套用该情况的情境（Minsky，1975：212）。在一个框架中，有些内容比其他的更重要；有些内容则需要根据具体情况再详细分析。

每个框架都嵌套在一个框架系统里，即一组可以在类似情境下使用的框架。考虑一下“在咖啡馆点单”这个框架。当进入一家未知的咖啡馆时，我可以预设，要么会有服务员为我服务，要么需要排队等候来点单，要么自己倒上咖啡再去结账。同样一个“走入咖啡馆”的情况整合了不同的能够指引我感知现实情况的图示。简言之，图示组织了知识的结构，并引导主体获得这样而非那样的感知。

认知心理学家奈瑟尔（Ulric Neisser）认为，当我们感知一个熟悉的对象时，我们能够立即感知到一系列围绕这个对象的潜在行为：使用它的方式以及包含它的各种情境等等。这些都是直接被感知的，先于那些能向我们证明他们确实存在的细节（Neisser，1976：71）。这些潜在行为都是感知的一部分，就如同一个物体的形状或颜色。奈瑟尔以铅笔为例：只要看到铅笔，就会自动想到它的“书写”功能。奈瑟尔基于詹姆斯·吉布森（J. J. Gibson）的概念，将其命名为“可供性”（affordance）。这些所感知到的功能当然不是普遍存在的，而是取决于感知者的图示。

> 每一个自然物体都有大量的用途和潜在的含义，每一个光学分布（optic array）都指向无限种可能的属性。感知者凭借对其中某些性质更为敏锐的感知，从这些属性和可供性中进行选择。对意义的感知，如同都环境中其他方面的感知一样，取决于图示控制下对信息的拾取。

奈瑟尔用国际象棋作为另一个例子。当看到象棋棋盘时，一个婴儿只能看到一些木块；如果要感知到棋盘的概念和象棋作为游戏的可能性，我们必须先了解象棋。从理论上来说，信息对于每一个感知者都是可获得的，然而每位感知者不同的背景会使他们感知到不同的信息（Neisser，1976：181），也就是他们准备好能看到的东西。在一场象棋游戏中，一个优秀的棋手“与新手或非棋手相比，他**看到**的状况完全不同——要更充分、更全面”（p.180，保留原文重点）。他们已能觉察到潜在的走法，而这对于不具备游戏知识的人来说是不存在的。同样地，玩家的战术（这里定义为游戏策略）将会为他们做好感知某些对战局势的准备。

要预判对手在一场对弈中的行动，玩家需要对游戏有着与对手同等的熟悉程度，要能够从同一对战局势中获得同样的信息（p.183）。在RTS的语境中，这种感知发生得非常迅速。此时引导玩家做出行动和决策的图示有时包含了对未来行动的预判（p.182）。如阿德里安·德赫罗特（De Groot）所言，经验在理解象棋战术中起到关键的作用：“从棋子的排布中识别出开局类型，就能够立刻看出正在发生什么，原则上来说，从棋子的结构就能够看出可能会发生什么——这是经验之谈。”（引述自Holding，1985：74）根据查尔斯·S. 皮尔斯（Charles S. Peirce）的术语，我将其称之为“战略习惯”。

皮尔斯认为，“习惯是这样形成的，当我们有过在a、b、c场合采取特定的m行为的感受后，我们在每次发生普遍事件I后都会采取m行为，而a、b、c就是I的三个特殊的情况”（Peirce，[1868] 1991：76）。习惯助推事物——每一次当我把纸放到燃烧的壁炉里时，纸都会烧焦，习惯也同样助推人与想法——神族玩家在抵挡虫族的早期跳虫攻击时，通常会使用锻炉墙作为防御。地球上所有物体都会有的习惯便是描述自然规律的最佳方式，比如当我们掉落东西时，它们会被吸引到地面上（Lefebvre，2007：147）。

正如马丁·列斐伏尔（Martin Lefebvre，2007：148）所述，对于皮尔斯来说，精神与物质并无本质区别。列斐伏尔将超出事物的“物理”性质范畴的行为类型称之为“文化习惯”（p.174）。比如说，钻石有着坚硬的属性，因此它可以被用作手术工具。同时它也有着很高的价值，这与非洲的纷争有关联。文化上来说，钻石有坚硬程度与外观之外的其他属性，而人文与社会科学通常更加关注这些文化习惯（p.178）。

如前文所述，我也用战略习惯来描述玩家对特定的对战局势所做出特定反应的倾向。除了要知道陆战队可以伤害飞行单位，黑暗圣堂武士有永久隐身能力，掠夺者不能飞之外，玩家还需要知道某个特定局势将导向某些特定的可能性，而且是直接感知到，即便并不完全精确。假设说，有一个人族玩家建造两个工厂来开局。如果对手有效地侦查到了这个信息，那对手几乎可以肯定会立即推断出人族玩家打算用机械化打法。这种推断来自一种心理习惯，“那些在特定情形下，让我们做出这些而非那些的推断”（Peirce，[1877] 1991：147）。当然这也可能是个陷阱，人族玩家其实想要选步兵单位而非机械单位。但是这两者的同时出现太屡见不鲜——两个工厂和一个机械部队——因此这会在玩家心理自动地形成一个习惯，让他们在还没有搞清楚对手确切的建造顺序的情况下就做出相应的反应。这在象棋中也是一样的：“布局（patterns）直接与相应的合理走法相关联。”（Charness，1977：42）为了能在 RTS 游戏里迅速地思考，必须要形成这种习惯。用心理学术语来说，在事物中寻觅习惯也意味着建立一个可以归纳它们的框架。

虽然由玩家创造的那些习惯和框架是玩法的核心工具，但同时可能也会带来某些阻碍。正如明斯基所言，“如果选择得当，这种观念模式可以作为仓库，提供宝贵的启发式策略构架；如果选择不当，则可能会形成会麻痹人的集合，包含了各种非理性的偏见。”（Minsky，1975：228—229）一种特定的战术可以是游戏的实用基础，但同时也可以是一开始就形成的误读从而导致视野的局限。在一场对战中，玩家并没有根据游戏规则去考虑所有潜在的情形：他们考虑的是那些为了应付对手而必须采取的相应习惯与战术。习惯带来对战中的快速发挥，而其反面则是限制玩家的可能性，使其只是对一个明确的情况直接作出特定行动。

游戏的美学倾向于培养习惯与框架。在象棋中，所有的兵都是一样的，因此更容易识别，也更有可能成为习惯或可供性的一部分。《星际争霸》也使用了类似的原则——一种“图块式”（tile-based）美学（Rollings & Adams，2003：340）。比如说，每一只火蝠都是一样的，而每个玩家也都知道潜隐集群里可能有什么。如果一场游戏里有刺蛇出现，那么玩家很容易把这种局面与另一场有刺蛇出现的局面联系在一起，因为它们是一样的，也具有一样的功能。在感知者的心里，每一个刺蛇都是单一“连续体”（continuum）的一部分，可以进行比较（Peirce，[1863] 1986：103）。

尼尔·查尼斯（Neil Charness）认为，当一个象棋棋手在看一个棋局时，他们将所有的棋子重新组织成不同的“组块”（chunks），也就是长期记忆中的一个单元（1977：40）。组块化是理解同一概念中不同的单独内容的方法，以便于在短期记忆中调动它们。在象棋中，有经验的棋手会将棋子重新组合为不同的组块，而新手则必须依赖于仅由单颗棋子形成的组块（p.42）。在《星际争霸》中也有类似的原理：在残局中由雷兽、跳虫和蝎虫的后盾组成的军队通常被称为“Ultraling”。比起在细节上，从宏观尺度上去把握整个对战的局势更为容易。短期记忆只能够储存或多或少（上下浮动两个）约七个组块（Charness，1977：40），因此在每个组块里储存一个以上的单位或建筑，更易于养成习惯。

不同类型的知识

雅克·塔尔迪夫（Jacques Tardif，[1992] 1997：47）认为认知心理学将知识划分为三种类型：陈述性的（declarative）、程序性的（procedural）和条件性的（conditional）。陈述性知识是基于理论和经验的，由事实、规定、规律等组成。为了能够在行动中调用，陈述性知识需要被首先转化为程序性和条件性的知识。程序性知识意味着获得行动本身，意味着实现行动。塔尔迪夫认为，这种类型的知识需要回溯行动（retroaction，p.51），这在学习玩电子游戏的过程中很常见（Gee，2008：21；Sauvé，Renaud，& Gauvin，2007：97）。条件性知识也被称为“战略性知识”（strategic knowledge），它在某个特定程序的基础上增加了使用的特定时间和情境。学习者在面临选择程序（procedures）的情况时，才能够最好地习得这种类型的知识（p.54）。以上每种类型的知识都可以被视作一种图示，如奈瑟尔所说的，“图示不仅仅是规划，也是规划的执行者。它是一种行为模式，也是一种引导行为的模式”。正如伯纳德·佩伦（Perron，2006：67）所说，图示意味着“做什么”和“怎么做”。

电子游戏里的程序性技能也与感官运动技能有关。当玩家想要学习一种新的建造顺序，需要面对三个步骤，分别对应着三种类型的知识。首先，需要知道该做什么，这可以从战术攻略里借鉴，也可以由玩家自己逐步领会。然后，通过练习操作，将其作为一种程序性知识来习得。如詹姆斯·保罗·吉所说，“当学习者学习一套新的技能/策略时，他们需要在不同的情境中反复练习，以使其在几乎无意识的惯例下操作”（Gee，2004：71）。只有在第三个阶段，当精通了操作，熟悉了游戏机制后，玩家才能够习得条件性知识：知道要做什么、怎么做以及什么时候去做。在《星际争霸》中，知道你的对手早早地建了控制芯核是一回事，而要知道该怎么做出有效回应则又是另一回事。同样地，派遣侦察兵是一个应该保留的重要习惯（程序性知识），且关键是在获得了这些信息以后知道该做什么（条件性知识）。

用圆环式概念理解知识

巴特莱特在提出图示时明确表示，它们既能够引导感知，也会被感知所塑造。奈瑟尔补充说，在一个需要技能的行动中行进感知时，这个行动者“采取行动，感知其行动的后果，对要做的事情形成更准确的概念，再次采取行动，再次感知，如此循环往复，直到实现最终的成果”（Neisser，1976：51）。在体育运动以及电子游戏中，学习一套行动是一个启发式原理。大卫·波德维尔（David Bordwell）描述了两种在观看电影的过程中同时发生的进程：

> “自下而上”（Bottom-up）处理的是那些迅速的、必须性的活动，通常是感官的，是由“数据驱动”的。“自上而下”（Top-down）处理的是“概念驱动”的东西：它们是考量的、意志的，比如解决问题和抽象判断。（Bordwell，1989：18）

自下而上进程迅速组织感知，不需要太多与记忆的配合（Branigan，1992：37）。自上而下进程从概念走向感知：调用对某个事物的普遍概念，将感知引向与现有图示相应的特定方向。如果没有预先存在的恰当图示，自下而上进程将成为主导。在图示被感知逐渐确认的情况下，自上而下进程将发挥作用。

伯纳德·佩伦将这些机制运用到恐怖游戏的分析中（Perron，2006：66）[①]。佩伦认为，圆环能够最好地说明感知与认知进程，因此他坚持玩法（gameplay）与观赏中的回馈反应（图3）。现有的图示将引导玩家的行动，而这些执行在界面上的行动将改变实际的对战局势。当感知到新的对战局势时，将会产生新的图示，或改变已有的图示，于是这个“玩法的启发式圆环”又会持续下去。

① 我在此不讨论佩伦后来与多米尼克·阿森诺（Dominic Arsenault）共同开发的模型（Arsenault & Perron，2009）——那个模型更适合作为进展类游戏的分析。

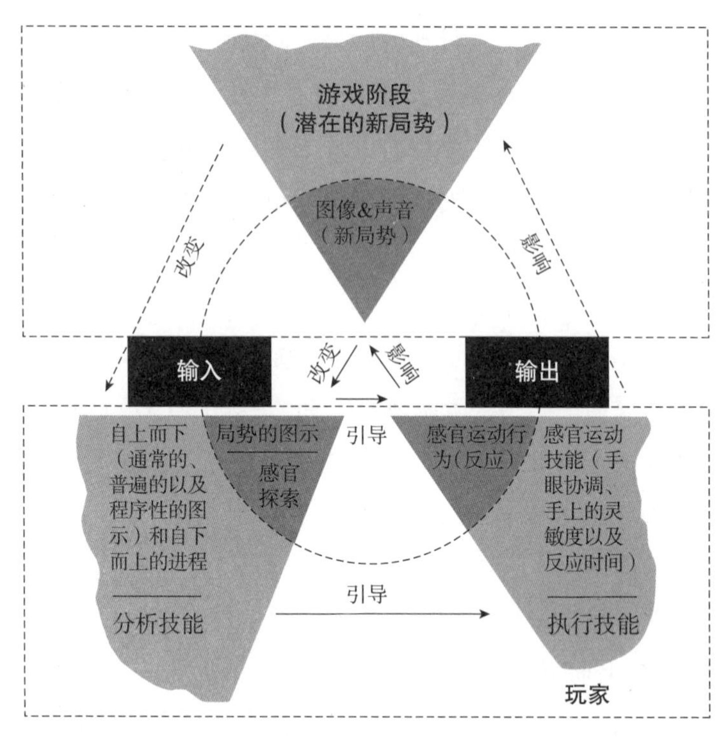

图 3：玩法的启发式圆环（Perron，2006：66）

而这个圆环也在另一个层面起到作用，表现为一个同时发生在外部的圆环。当实际的对战局势发生变化时，玩家可以推断出一个潜在的对战局势，而这也会影响图示和认识行为。这些图示也在影响内部圆环里的执行，以及外部圆环里的感官运动技能。这些执行技能帮助玩家思考新的潜在局势，因此使这个圆环运作在两个不同层面之上。我在这里提出的即时战略进程中的启发式圆环模型（图 4）就来自于这种不同层面的圆环同步循环发生的想法。

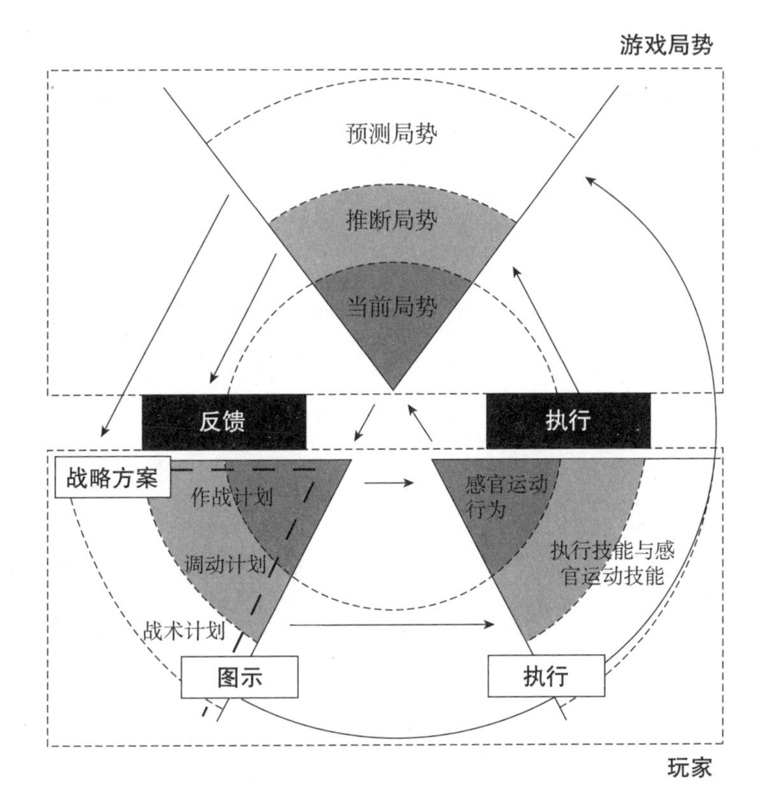

图 4：即时战略进程中的启发式圆环

即时战略进程中的启发式圆环

“作战计划”（operational plan）是在特定时间内有效的实际策略。当一场游戏开始时，玩家心中会有自己的建造顺序，这也会成为作战计划。这个计划引导着感官运动技能去执行操作，改变当前（immediate）的对战局势。因为玩家通常事先知道给单位下达指令的结果，所以在游戏里实施行动之前，对战局势就已经在玩家的脑海中被改变了。不过，如果需要的话，画面与音效还是可以让玩家确认自己的作战策略是否在照常运作。

当遭遇对手或试图预测对方的行动时，玩家将“推断”（infer）一个潜在的对战局势，从中他们能够“预测”（anticipate）到未来的对战局势。假设说，玩家侦察到了对手，并看到了对手在搭建扩张。意识到这一点后，短期记忆就会调动一定数量的计划。从推断出对战局势的那一刻起，玩家便会自动调动一定数量的计划，这是一种习惯。调动计划（mobilized plan）是中短期内可执行的短系列行动，以便战术计划（projected plan）能够得以实现。通过预测他们的对手，玩家能够制定战术计划，而这有助于进一步预测对手。战术计划不需要预测到游戏结束前的每一个行动：它起到了选择调动策略的功能。面对快速扩张时，玩家可以预测到敌方的军队进攻被拖延，因此可计划一场早期的进攻，或者相反，确保自己的扩张。我们很清楚，战略并不是玩家在玩游戏时使用的唯一一种知识：因此我们将它们确定在图中的图示部分，其中也可以包括“现实生活”中的知识、游戏的规则和对计算机游戏的普遍认识。

根据战术计划，可以调动一组策略。但是这些明确的计划会根据具体游戏环境的需要而发生改变。一个调动计划大致与一个组块相对应，小到可以是确立扩张、建造星港或是给一个狂热者部队的行动速度升级。玩家处理多重任务的技能每次只考虑一个调动计划，在短时间内赋予它“作战计划”的地位，根据战术计划的优先考量或特定情况下所需的行动来决定。但其他的调动计划同时也在玩家的脑海中平行运作。玩家知道每一个调动计划都是在实际情况下的一套潜在的行动，但并不一定是正在主导他们行动的东西。如果玩家想要获得短期的经济优势，他们可以有三个明确的调动计划：迅速建造两个扩张、持续建造龙骑士或骚扰敌方军队，让他们保持警惕。三种调动计划中的每一种都将会被提升为作战计划——即使可能只有短短一秒——而玩家通常会想要优化其中的每一项，但根据优先顺序来选择其中一些，而非另一些——这是由战术计划所决定的。

如果发现一个战术计划需要被淘汰，无论是因为它已经遭到反击、被认为是无效的或是已经完成了，那么玩家就会选择另一个战术计划。他们可以根据自己感知到的、推断出的以及预测到的局势来选择，但游戏的“即时性”说明玩家通常会凭习惯或感觉来选择策略，未必能准确地判断它的可行性，或根据新的对战局势来改变、完善它。调动计划本身也有助于推断对战局势：在游戏的特定时间里，玩家想要建立扩张或移动军队，意味着他们在假设并预测对手准确或可能的反应。比如说，采取猛攻计划时玩家会直接推断出对手将会以训练军队的方式来应对，而不会扩张经济。作战计划也会直接被自下而上的进程改变。如果玩家遭到意外的后门攻击，他们会试图以最快的速度做出反应，但是这种反应未必是调动计划的一部分。因此，在这种情况下，作战计划未必是提前预备好的调动计划。作战计划可以仅由游戏习惯组成。玩家可以在不影响初始战术计划的情况下，迅速地摆脱后门偷袭。然而另一方面，偷袭可能会造成更大的混乱，并需要玩家投入所有的注意力，以至于扰乱当前的对战局势。此时玩家不得不再度建立新的对战局势，来使这个循环继续生效。

自上而下的进程与执行力和程序性技能都无关。有了作战策略就会引导对战局的感知。玩家的目光则或多或少只集中在那些他们根据作战计划认为有用的单位上[①]。比如说，这个计划可能需要玩家投入所有的注意力，以至于他们会看不到其他重要的方面。骚扰策略就依赖于这个“看到”原则（seeing principle）：当玩家向对手的采矿点派出几支单位时，对手几乎必须要做出反应，否则长远来看他们的资源采集就会受到重创，以至于输掉比赛。不过，这种转为防守模式的做法——采取防守作战计划——最有可能使玩家忘记了他们原本的调动计划，或是太过专注于这个关键的防守而错失了同时进攻的机会。“一个极有可能（也因此极易被猜测到）的事件在发生时贡献的信息量很少，而一个不太可能的事件发生时会贡献很大的信息量”（Holding，1985：78）。当对战局势越

① 这大概是丹尼斯·赫顿（Dennis Holding）关于国际象棋的说法：“无论他使用何种表现形式，很明显，或者至少有证据强烈地表明，棋手在任何时候都只考虑棋盘的一个选定部分。他想象的、记住的或审视的选择——抑或区域取向（zone of orientation）——似乎仅限于最活跃的棋子或方块。”（Holding，1985：65）

是符合战略方案——战术计划、调动计划与作战计划——就越不容易受到干扰。如果一个新出现的当前局势不在计划之中，那玩家就需要将这些新的事件整合到他们推断和预测的局势中，也因此会在制定策略上浪费更多的时间。

在游戏刚开局时，玩家有时会基于预测的局势有一个战术计划。他们可能了解对手，于是可以预测一些对手可能采取的行动。玩家还可以采取“孤注一掷”（all-in）的策略，迫使对手的行动往自己想要的方向发展：采用这种建造顺序，如果对手能够防住，那么就会导致自己的溃败。在通常情况下，玩家开局会像往常一样采取相同的作战计划、调动计划和战术计划，然后尽量从对战中获取信息，再踏上某个具体的方向。在将这些概念用于分析一局游戏对战之前，我会先做总结，并做几点补充。

对战局势详解

当前对战局势是在一个特定时刻里所看到的东西。但是，这里所“看到”的对战空间也包含了它的可供性：这个对战局势的一部分是根据习惯来呈现的。翁贝托·艾柯（Umberto Eco，[1979] 1985：63）认为，一段文本是由一堆可由读者来填满的空白所组成的，至少有两种填补空白的方式：它的百科全书层面上的意义与它的“推理结果”（inferential work）。百科全书包含了在游戏规则的允许范围内，经验所及的所有可能性（p.148）。它是玩家已知的所有习惯的合集。而通过推理，玩家可以填补那些他们无法感知的空间。比如说，当看到异龙的时候，玩家知道对手已经建造了生产这个飞行单位所需的所有建筑。根据部署这些异龙的时间以及其他的线索，诸如搭建扩张的时间，玩家可以假定对手还有一些自己没有看到的其他单位。因此，这个百科全书与游戏规则本身相符：有特定单位所需的前提条件、战略习惯以及异龙的常见用法。这些讯号可以让玩家填补空白，创造一组可能的世界（p.165）。在一场《星际争霸》对战中，玩家会根据他们的百科全书和推理结果来创建一组可能的世界。但是这个世界未必与“现实世界”相类似：如果玩家对游戏的了解很充分，就不太需要用现实世界去推断游戏里的情况。这样看来，这组可行的世界并不会依照经验多而扩大，反之，它往往会因习惯的巩固而缩小。玩家若想要做出相应的打法，需要迅速地创建这些世界。条件性知识——在一个特定情况下该做什么——有时是基于推断的局势，而非当前局势。一个完整且精确推断出来的世界，如果与实际对战局势很接近，那么就可以促成有效的决策，但如果根据对实际局势的预判推断的世界有误的话，那么它越是精确，玩家就越难以随机应变。

战略方案详解

我用三个不同的层面来描述战略方案，但我们也可以将作战计划描述为实时运用中的调动计划。调动计划是复数的，因为他们是在任何时候都有可能使用的作战计划储备库。战术计划有些不同，它们指向长期形势。然而，这每一个计划都从属于玩家从长期记忆中、存储大量战略方案的百科全书中，挑选出来的一系列计划。

如前文所述，象棋与《星际争霸》一样，选择合适的游戏策略可能是个习惯问题。但是策略的选择并不仅仅是出于下意识（automatism）。查尼斯认为，如果一个棋手需要比较不同走法的可能性，那么他就“必须在他试图预想的，呈指数增长的走法数量里，**选择性**地搜索”（1977：36，保留原文重点）。在一个特定情况下（当前的、推断的和预测的），玩家是如何得知某些策略会比另一些更为合适呢？玩家如何在一组可能性中选择一个新的策略，而不必去搜索游戏规则允许范围内的所有可能性呢？

可以用框架的方法来说明在战略游戏中的优化过程（Minsky，1975：

258）。一个确切的情况可以附加到不同的框架上，这些框架是由已经经历过的、已经嵌入玩家的长期记忆里的那些可能的行动所组成的。每一个框架都必须被快速地评估，以便于选择最合适的那个。

如前所述，对战局势有时可以概括为一种说法，一个单独的组块，通过一个共同点来重新整合大量的可能性。比如说，可能会有无数种“堵口子”（containment）的情况，即在游戏中的某个时刻，你的对手正试图封锁你的基地入口。玩家面对附加在封堵情形下的每一个策略心里都有一个概括，以便化解局面，但若需要的话，仍可以对每个策略储备更深层次的信息（Minsky，1975：260）。比如说，如果玩家在对战中判断出他的策略针对一个具体情况失效了，那么他可以在心里记住这是为什么，确保在以后的对战中不再重复同样的失误。为了快速行动，玩家只需要对特定框架系统中的每个框架进行总结，即这个框架是否适合当前的、推断的和预测的局势。从当前局势出发，如果没有明显合适的作战计划，玩家将根据具体情况选择一个恰当的战略方案与框架概括。调动和战术计划也是以类似的方式从推断和预测的局势中选择出来。

游戏对战分析：WhiteRa（神族）vs yhnujmik（人族）

为了能够更好地说明这个模型的实用性，我将分析一场两个职业玩家之间的对战。我选择的这场赛事是 WhiteRa（神族）和 yhnujmik（人族）在“伤心岭 v1.2”（Heartbreak Ridge）地图（图 5），于 2009 年 12 月 2 日在 TSL（TeamLiquid StarLeague）天梯赛上进行的对战[①]。这场对

① TSL 的天梯是根据每个选手击败的对手的分数来打分的。每场单场比赛的重要性低于淘汰赛。

战在TeamLiquid的网站上可以回放[①]。我将概述整场对战，但会详细介绍一些关键时刻，用以说明战略方案和对战局势是如何运作的。

WhiteRa是一位来自乌克兰的神族玩家，他的名字是奥列克西·克鲁普尼克（Oleksiy Krupnyk），后来在四分之一决赛时被淘汰。人族玩家yhnujmik后来遭到禁赛，因为此账户所使用的IP地址与另一位名为Yosh（TL.net Bot，2009）的玩家相同。Yosh是一位来自美国的人族玩家，名为舍尔文·马博德（Sherwin Mahbod）。我无法百分之百确定yhnujmik就是Yosh，试图通过作弊在比赛中获得优势，所以我将他称为"yhnujmik"，或者就称为"人族玩家"。

伤心岭[②]这张地图只有两个可能的出生点。因此，每位玩家都事先知道对手的出生点，这也可能使玩家延后派出侦察的时机。资源扩张区与主基地的高度一致，双方基地中都有一狭窄的关口。此扩张区的入口比较大，但仍然可以被其他建筑物防护，其他的扩张区则更难守住。第二个扩张区通常会建在靠近资源扩张区的高地上（七点和一点钟方向）。人族玩家可以用攻城模式的攻城坦克来防守他的第二和第三基地，而神族玩家可以用三座水晶塔阻挡第三基地的入口。地图上的山脊会阻挡单位的视野，这让像坦克这样有大火力和射程的单位，在能看到山脊另外一边时能占优势。

---

① 回放可以保留游戏对战中的每一个动作，以便于玩家日后观看。这场回放是由TeamLiquid提供的（www.teamliquid.net/forum/viewmessage.php?topic_id=115850）。在WhiteRa压缩文件中，具体游戏编号为#0228。

② 关于此地图的信息和图像均来自Liquipedia（wiki.teamliquid.net/starcraft/Heartbreak_Ridge）。

图 5：伤心岭 v1.2。白线（由作者添加）界定出了初始位置。这个地图上有九个扩张区，很容易从浅蓝色的矿石位置上识别出来。有六个可跨越的山脊，在中间的扩张点周围呈螺旋状，并且阻挡了各单位的视野

在这场比赛中，WhiteRa 的出生点在十点钟方向，而 yhnujmik 在地图的另一面开始。神族玩家已经有了“12 Nexus”作为作战计划，这个建造顺序里有一个早期扩张，在人口达到“12”时——于第 12 个探机在训练中和第 13 个探机刚开始训练的这个间隙时刻，建造第二座枢纽。如果 WhiteRa 能够守住这一扩张，那他就可以获得经济优势。

人族玩家打了一个比较常规的开局，并决定延后他的侦察，以优化资源采集。然而，yhnujmik 凭经验认为他的对手大概率会用“野建筑”（proxy），即将一个生产建筑（神族的传送门）藏在对手的基地附近。有了这个建筑，神族就可以发动早期进攻，并迅速收到增援。因此，人族会在他的调动计划中增加提早探索那些神族通常可能用来隐藏建筑的地点的指令。

此时，神族有了要守住己方扩张的战术计划，而 yhnujmik 的战术计

划则是准备应对早期进攻。神族有三个调动计划:(1)不停地建造探机并派它们去采集两个基地里的矿石;(2)建造一个传送门和几个军事单位以抵抗早期进攻;(3)在枢纽建设开始后派遣一个侦察探机。人族有四个调动计划:(1)持续建造 SCV 并在主基地采矿;(2)建造一个兵营，然后建一个重工厂(一个常规建造顺序，可发展到机械单位);(3)往可能藏传送门的地方提早派出 SCV侦察;(4)在兵营建造完成前派遣 SCV 往神族基地侦察，同时继续四处侦察可能出现的野建筑。

各方的侦察兵抵达敌方基地的时间都比较晚，而这是神族的优势，因为其建造顺序可以带来经济优势。神族的信息收集受到阻拦，因为当探机抵达对方基地入口时被一排建筑拦住了。而人族则会意识到，第二座枢纽已经建好且投入使用了(图 6)。他因此会推测出，WhiteRa 只有

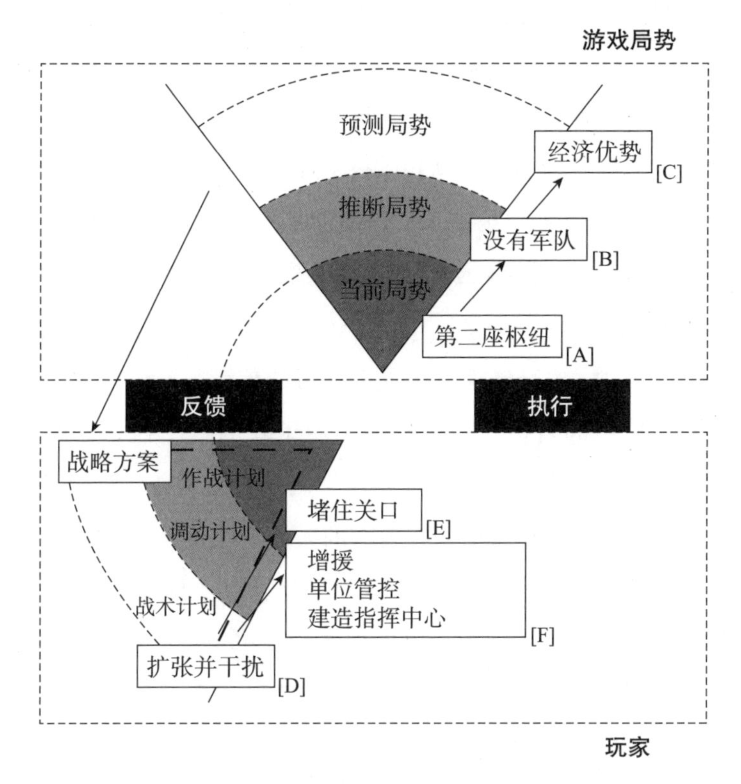

图 6：对即时战略进程中的启发式圆环运作的说明

少量甚至没有军事单位（B），因为已知资源都已投入到了扩张中，而不是一个常规的早期传送门里。他很容易推测出，如果他不做出反击，或自己也建造扩张的话，那么对手的扩张就会带来敌方经济优势（C）。于是他决定改变他的战术计划。他试图弥补他与对手之间的经济差距，首先是干扰敌方新基地的采矿，而后自己也要建造扩张（D）。yhnujmik 用他的侦察 SCV 在两个神族基地中间的狭窄的关口处建了一个补给站，作为路障，然后留下 SCV 修复补给站（E）。作为作战计划，这个策略会与其他至少三个调动计划交替使用：增援、有效的控制单位，并建造指挥中心（F）。堵住关口会延缓神族用来防御人族进攻的援军到来。

人族玩家已经建造了一座工厂，于是用它生产了秃鹫战车。第一波进攻部队由一个陆战队员和两个 SCV 组成。WhiteRa 看到攻击时，他改变了自己的调动计划并采取防御：一个狂热者试图从主基地摧毁补给站，而从分基地出发的探机则试图摧毁来袭单位。除了这个防御作战计划，WhiteRa 还有一个侦察计划。而人族玩家在专注于他的作战计划时，错过了潜入自己基地的侦察探机。WhiteRa 在对方的攻击中损失了几个探机，但也成功地在秃鹫战车和第三组陆战队前来增援之前，就用狂热者和龙骑士摧毁了建筑。WhiteRa 藏在人族基地附近的探机可以看到 yhnujmik 建造扩张的时刻（图 7、图 8），即使人族迅速派出秃鹫以确保没有单位偷偷潜入，WhiteRa 也已经拥有了这个宝贵的信息。

为了继续最初的目标，神族玩家采用了新的战术计划：保持经济领先的优势。在这个战术计划下至少有两个调动计划：（1）建造并守住第二个扩张区；（2）继续给发动小冲突失败的人族玩家施压，试图占领他的第一个扩张区。这种施压与其说是为取得军事优势，不如说是为了吸引人族玩家在自己计划上的注意力，以减少他的资源采集。WhiteRa 最终还是成功摧毁了保护敌方扩张的三个兵营，并且用三个龙骑士潜入了人族主基地，它们在摧毁一个秃鹫和一个坦克后被消灭。在人族的坦克升级了攻城模式后，这波施压就停止了，因为龙骑士的射程被超越了。

图 7：WhiteRa 在高地上可以看到人族基地里正在建造的指挥中心

图 8：在人族的视野里，高地隐藏在“战争迷雾”之中

接近 7 分 50 秒时，人族有了一个战术计划，准备用他所有的部队来打“时机进攻”（timing push）（TeamLiquid，2010）。这个常见的人族进攻手法用秃鹫和攻城坦克，瞄准神族在开始进行第二次扩张但还没未完全建成的时机，以进行有效的攻击。人族为了保持强大的攻击速度（attack rate），会慢慢移动攻城坦克，把它们的模式由攻城模式（有极强的攻击力和射程但完全无法移动）转为坦克模式（会削弱力量但可以移动）。地堡可以帮助军队消化一些伤害：人族玩家开始在神族的资源扩张区门口建造一个地堡。

此时，双方军队的实力相当（三个坦克、四个秃鹫和三个陆战队对九个龙骑士），他们的农民数量也相当，但神族的第三个基地已经投入运作了。双方玩家都有同样的生产建筑（两个工厂、一个兵营对三个传送门）。WhiteRa 利用迅速增援和军队位置的优势，在攻势刚开始时就将其拿下。在这波进攻之后，神族有 75 人口，而人族只有 50。

人族没有意识到自己经济上的不足，还改变他的战术计划通过获得地图的控制来阻止神族扩张。他其中的一个调动计划是派秃鹫去扩张点放地雷。同时他要建造第三个基地。这个基地会在神族建造第四和第五个基地时完成，此时人族与神族人口数量为 131 对 85。在 15 分时，高阶圣堂武士在人族扩张区成功着陆，并释放灵力风暴，消灭了农民，对已处在弱势的人族经济造成极大的打击。而人族则用坦克和秃鹫的空中登陆来应对，迫使 WhiteRa 做出防御。WhiteRa 接着建造了第六个基地。双方军队在 18 分时都达到了 200 的人口上限。人族利用一次交战获得优势，并继续他阻止神族经济发展的计划，摧毁了对手两个基地。WhiteRa 虽然输掉了一些交锋，但仍然保持着一个基地的领先。通过利用机动性优势，WhiteRa 用小分队从地图的上下两段同时进行攻击，阻止了人族占领任何其他的扩张领地。最终，WhiteRa 的小分队守住了所有人族可能占据的新基地，而人族无法再制造增援了。WhiteRa 在对战中获胜。

结论

即时战略进程的启发式圆环尝试去总结在竞技性游戏《星际争霸》中，认知和感知过程里的关键性思想。这个模型基于战略方案的三个层面：作战、调动和战术计划。但这些计划也必须与玩家脑海中三个层次的对战局势进行同步构想：当前的、推断的和预测的对战局势。这里的关键是，玩家必须对不同层面的战略与不同形式的对战局势进行构思。对未来潜在局势的思考是构思战略的一部分，并且要在任何一刻的小目标中间进行考量。因此，将“战略”视为游戏策略的传统定义不足以描述“即时”战略游戏的实际情况：**战略**是一个玩家必须同时处理策略与对战局势的进程。

掌握电子游戏的一般知识，并不一定足以充分地让玩家“看到”RTS

中战略的运作。这里所使用的认知框架是用来了解这个游戏类型的良好开端。对游戏对战的微观分析，比如像分析 WhiteRa vs yhnujmik 的赛事，也是我所鼓励的一个方向：对任何电子游戏的整体论述，都有忽略实际游戏中的考量的风险。了解《星际争霸》中的关键问题，了解玩家对玩法的感知，是一切对即时战略进行深度研究的基础，我也鼓励对这个类型进行进一步探究，并探讨我在此所强调的问题。对电子游戏的批判和政治探讨也显然需要事先去理解游戏中的行为，因为这种理解提供了玩家操作和做决策的语境。

参考文献

Arsenault, D., & Perron, B. (2009). In the Frame of the Magic Cycle. The Circle(s) of Gameplay. In Bernard Perron & Mark J. P. Wolf (eds.), *The Video Game Theory Reader 2* (pp. 109-131). New York: Routledge.

Bartlett, F. C. ([1932] 1954). *Remembering: A Study in Experimental and Social Psychology*. Cambridge: The University Press.

Blizzard Entertainment. (1998). *StarCraft: Brood War* [PC]. Blizzard Entertainment.

Blizzard Entertainment. (2003). *Warcraft III: The Frozen Throne* [PC]. Blizzard Entertainment.

Blizzard Entertainment. (2004). *World of Warcraft* [PC]. Blizzard Entertainment.

Bizzocchi, J. & Tanenbaum, J. (2011). Well Read: Applying Close Reading Techniques to Gameplay Experiences. In Drew Davidson, et al. (ed.), *Well Played 3.0: Video Games, Value and Meaning* (pp. 262-290). Retrieved July 8, 2013, from www.etc.cmu.edu/etcpress/content/well-played-30-video-games-value-and-meaning.

Bordwell, D. (1989). A Case for Cognitivism. *Iris*, 9, 11-40.

Branigan, E. (1992). *Narrative Comprehension and Film*. London/ New York: Routledge.

Charness, N. (1977). Human Chess Skill. In Peter W. Frey (ed.), *Chess Skill in Man and Machine* (pp. 34-53). New York: Springer-Verlag.

Dillon, B. A. (2008). Signifying the West: Colonialist Design in Age of Empires Ⅲ : The WarChiefs. *Eludamos*, 2, 1. Retrieved July 8, 2013, from www.eludamos.org/index.php/eludamos/article/view/vol2no1-10.

Eco, U. ([1979] 1985). *Lector in fabula. Le role du lecteur*. Paris: Grasset.

Fortin, T. (2004). L'idéologie des jeux vidéo. In Nicolas Santolaria & Laurent Trémel (eds.), *Le grand jeu: débats autour de quelques avatars médiatiques* (pp. 45-73). Paris: Presses universitaires de France.

Galloway, A. R. (2007). *StarCraft*, or, Balance. *Grey Room*, 28. Retrieved July 8, 2013, from www.mitpressjournals.org/doi/abs/10.1162/grey.2007.1.28.86.

Gee, J. P. (2004). *Situated Language and Learning: A Critique of Traditional Schooling*. New York/ London: Routledge.

Gee, J. P. (2007). *Good Video Games + Good Learning: Collected Essays on Video Games, Learning and Literacy*. New York: P. Lang.

Gee, J. P. (2008). Learning and Games. In Katie Salen (ed.), *The Ecology of Games: Connecting Youth, Games, and Learning* (pp. 21-40). Cambridge, MA: MIT Press.

Ghys, T. (2012). Technology Trees: Freedom and Determinism in Historical Strategy Games. *Game Studies*, 12, 1. www.gamestudies.org/1201/articles/tuur_ghys.

Hochberg, J., & Brooks, V. (1996). Movies in the Mind's Eye. In David Bordwell & Noël Carroll (ed.), *Post-Theory: Reconstructing Film Studies* (pp. 368-387). Madison: University of Wisconsin Press.

Holding, D. H. (1985). *The Psychology of Chess Skill*. Hillsdale: Lawrence Earlbaum Associates.

Lefebvre, M. (2007). Théorie, mon beau souci. *Cinemas*, 17, 2-3, 143-192.

McCrea, C. (2009). Watching StarCraft, strategy and South Korea. In Larissa Hjorth & Dean Chan (eds.), *Gaming Cultures and Place in Asia-Pacific* (pp. 179-193). New

York/London: Routledge. Retrieved July 8, 2013, from www.routledge.com/books/Gaming-Cultures-and-Place-in-Asia-Pacific-isbn9780415996273.

Mauco, O. (2005). Les représentations et les logiques politiques des jeux vidéo. L'intériorisation des logiques collectives dans la décision individuelle. In Sébastien Genvo (ed.), *Le game design de jeux vidéo: approches de l'expression vidéoludique* (pp. 117-135). Paris: Harmattan.

Minsky, M. (1975). A Framework for Representing Knowledge. In Patrick Henry Winston (ed.), *The Psychology of Computer Vision* (pp. 211-277). New York: McGraw Hill.

Neisser, U. (1976). *Cognition and Reality: Principles and Implications of Cognitive Psychology*. San Francisco: W. H. Freeman and Company.

Peirce, C. S. ([1863] 1986). Chapter IV. The Conception of Time Essential in Logic. In *Writings of Charles S. Peirce. A Chronological Edition. Volume 3. 1872-1878* (pp. 102-105). Bloomington: Indiana University Press.

Peirce, C. S. ([1868] 1991). Some Consequences of Four Incapacities. In James Hoopes (ed.), *Peirce on Signs. Writings on Semiotic by Charles Sanders Peirce* (pp. 54-84). Chapel Hill/ London: The University of North Carolina Press.

Peirce, C. S. ([1877] 1991). The Fixation of Belief. In James Hoopes (ed.), *Peirce on Signs. Writings on Semiotic by Charles Sanders Peirce* (pp. 144-159). Chapel Hill/ London: The University of North Carolina Press.

Perron, B. (2006). The Heuristic Circle of Gameplay. The Case of Survival Horror. In M. Santorineos (ed.), *Gaming Realities: A Challenge of Digital Culture* (pp. 62-69). Athens: Fournos.

Rollings, A., & Adams, E. (2003). *Andrew Rollings and Ernest Adams on Game Design*. Indianapolis: New Riders.

Sauvé, L., Renaud, L., & Gauvin, M. (2007). Une analyse des écrits sur les impacts du jeu sur l'apprentissage. *Revue des sciences de l'éducation*, 33(1), 89-107.

Sirlin, D. (2005). *Playing to Win. Becoming the Champion*. David Sirlin. 134 p.

Tardif, J. ([1992] 1997). *Pour un enseignement stratégique. L'apport de la psychologie cognitive*. Montréal: Logiques.

TeamLiquid [wiki]. (2010, June 22). Terran Timing Push vs. Protoss. Liquipedia. Retrieved February 8, 2012 from wiki.teamliquid.net/starcraft/Terran_Timing_Push_vs._Protoss.

TL.net Bot. (2009, December 13). DQs: Yosh, RiboRibo, Scan, Mercury. TeamLiquid Forums. Retrieved February 8, 2012 from http://www.teamliquid.net/forum/viewmessage.php?topic_id=107728.

Voorhees, G. A. (2008). "Simulations of the self: Rhetoric, argument, and computer game criticism," unpublished Ph. D. thesis, The University of Iowa.

作者简介

西蒙·多尔（Simon Dor）博士是加拿大魁北克大学阿比提比分校的助理教授。他的研究主要集中在战略游戏，无论是从游戏玩法或表现的角度，还是从竞技或叙事的角度，或者使用认知、哲学或历史的方法。他的教育和研究也引导他在电子竞技、沉浸感、伦理学、模拟器以及游戏设计等领域开展工作。

“眼见非实操”：身体、电子游戏与游戏“以外”的技术之间的张力[①]

本·埃格里斯顿（澳大利亚悉尼大学） 文

蒋子祺 译

摘要

电竞转播已经成为一种技术中介，塑造了个体在日常中与电子游戏的互动。本文着重探讨，电竞观众在试图模仿从电竞比赛转播中学到的技巧和战术时，身体上产生张力的时刻。我通过从一项更广泛的研究中获得的成果，提出其中揭示的三种张力：（1）玩家的身体机能与电竞中呈现的技术之间的对抗关系，这种关系浸润在流行的电竞文化之中，并持续地强调，将身体的驾驭能力与技术能力作为参与电子游戏的关键；（2）缺乏模仿高超技术时所需掌握的身体性时机；（3）在试图复制这些战术时出现的消极情绪状态——如恐慌与焦虑。我提出“身体限度”（bodily finitude）的概念，用以描述和分析这些张力。

关键词：具身性；现象学；后现象学；技能；电子游戏

---

① 本文英文原文为：Egliston, Ben. (2020). “‘Seeing isn’t doing’: Examining tensions between bodies, videogames and technologies ‘beyond’ the game.” *New Media & Society*, 22（6）, 984-1003.

前言

如今，可以毫无争议地说，职业游戏，即电子竞技，在电子游戏文化中占据极其重要的地位。然而却少有论证表明，电竞转播中各种赛事、联盟、锦标赛的景观极大地塑造了普通电竞观众（比如直播网站的用户）是如何参与并感受他们观看的那些电子游戏的。在围绕这一领域的有限研究中，电竞学者们所采纳的一个卓有成果的方向，是研究电竞直播如何作为技术中介，在用户日常的电子游戏中塑造他们的行动与感知的。比如最近的研究显示，电子游戏玩家提升能力的一种流行方式就是观看电竞视频——这是在游戏研究（Taylor，2012：236；Taylor & Elam，2018：254）、媒介研究（Egliston，2019）、社会学（Brock& Fraser，2018）和人机互动研究（Cheung & Huang，2011）[①]中皆有提出的观点。电竞选手以及战队的技巧和战术，从最初在职业竞技场的原点向外延伸，电竞观众们在平日里玩同款游戏时会模仿这些操作。通过对电竞赛事信息的实时选择、处理和呈现——传统体育媒体技术的再媒介化（remediating）（比如回放、评论、分析以及统计数据回顾，参见Egliston，2018）——观看电子竞技，对于很多人来说，既可以提高对高水平玩法的动态变化的理解和敏感度，还可以使自己的身体机能适应这些电竞玩法和战术（参见 Egliston，2019）[②]。

① 另参见关于电子游戏消费的非学术性报道，如布兰德等人（Brand et al.，2017：21）的研究。

② 这种锻炼技能的方式被视为一种分布式进程，分散在游戏、身体与游戏直接环境之“外”的材料里。这种材料继康萨瓦（Consalvo，2007）之后被学者们称为“副文本”（paratext）。需要指出的是，虽然康萨瓦和后继的游戏研究学者都使用了副文本这个词，但我并没有在本文中采用它。虽然康萨瓦的著作对于将游戏研究导向游戏之外的素材十分有用，但在当前的语境中，我认为这个词在认识论上具有局限性，尤其是考虑到游戏与非游戏之间互相渗透的程度极高。我在此的目的不是要重述什么构成了游戏（以及什么不构成），而是要探究游戏与游戏相关的媒体之间的流动关系如何影响了特定的玩的体验（身体感受）。

虽然这项关于技能的研究，对于理解普通观众和游戏玩家如何受到电竞景观的影响，已经取得了初步成果，但仍然需要更明确地关注这些关系的特殊性和多样性，这种无孔不入的媒介形式是如何嵌入到玩家的日常游戏实践中，需要更全面地被理解。本文着重探讨目前仍缺乏文献的一个特定领域——玩家的具身机能（embodied faculties）与游戏本身，以及他们往往为了提高水平而观看的视频资料之间的不协调，或者说是产生张力的时刻。那么首先我要提出的问题是："电竞直播如何抑制了观众即普通玩家的熟练发挥？"

受到休伯特·德雷福斯（Hubert Dreyfus，2004）对技能的现象学论述（尤其关注技能的物质性与具身性维度）的启发，我将技能定义为：通过逐步积累与周遭协调的敏锐度，对特定环境做出恰当且流畅反应的能力。比如说，我知道从某扇门出去需要推，进入则需要拉，因为我常常通过它进出。我对使用这扇特定的门很熟练。那么，当缺乏技能或是技能受到妨碍时，我思考的是某个特定行为的表现所具有的从此刻到下一刻的、取决于物质性的张力。再次以门作为基本例子，我可能会试图推开一扇门（而它需要被拉开），因为我之前从未使用过这扇特定的门（因此并无熟练使用它的技能）。

要了解身体技能、游戏与从电竞视频中获得的信息之间的对抗关系，我采用了一组半结构化访谈（来自一项从 2014 至 2018 年进行的更广泛的研究项目），对一项具体行为提供了详细的质性解析：即，通过采用在该游戏（极其流行）的电竞转播中获取的信息，在《DOTA2》这款面向PC的多人竞技游戏中的训练技能[①]。这些访谈中出现的一个关键

① 本研究明确关注的是电竞的视频转播。这包括在 Twitch 上观看比赛直播，也包括通过《DOTA2》客户端内的旁观功能来观看游戏、在 YouTube 上观看录制等等。本研究未涵盖其他素材，如粉丝网站（如 DOTA2Wiki）、论坛社群（如 Reddit 的 '/r/DOTA2'）以及电竞数据信息（如 DOTAbuff）。我的理由是，通过像 Twitch 等网站传播的视频资料是电竞相关的资料中知名度最高也是消费度最高的形式。关于观看数据，参见 https://www.trackdota.com/leagues。

主题是，玩家自身的身体机能与他们试图模仿的电竞比赛内容之间的对抗性。正如一位参与者所言，“我想大概看见了并不代表可以做到……多数情况下我的手就是在狂敲键盘……我跟他们（电竞选手）之间有巨大的差距”[①]。

为了描述并分析这些张力的时刻，我提出了身体“限度”（finitude）（或“局限性”）的概念。从具身性的过程－关系（process-relational）方法与技能的现象学论述出发，限度被理解为一种身体在其进行中的（ongoing）、且总是处于情境之中的生成（becoming）里所受到的限制。在这项对《DOTA2》玩家的研究中，这种限度是具有空间性的。这关乎熟练地或直觉性地驾驭游戏（或与游戏同步化）时身体上的局限性，不仅仅受限于游戏的要求，还受限于电竞视频里的玩法。现有的关于技能的论述往往关注其发展面向，而与其不同的是，限度关注的是，在更广的技能发展过程中，这些展现张力的具体时刻。鉴于现存的关于观看电竞与观众的游戏技能的研究范围往往只关注技能随时间的变化（而且更关注技能的提高而非退化）（参见 Egliston，2019），因此，将限度视为玩家、视频资料与游戏操作之间不协调的**时刻**（moments of dissonance），预计将会卓有成果。此外，我对那些技能发挥不好的时刻的特别关注在另一个观点的语境中具有特别重要的意义——该观点认为，从现象学上来说，不同级别的技能操作是极为不同的活动，其特点是身体与技术之间不同的关系（参见 Dreyfus，2004）。

除了对电子竞技，以及对电竞信息无处不在的迅速捕捉、转播奠定了游戏玩法这一形式感兴趣的学者以外，本文还希望为那些带着现象

① 虽然近来的研究有针对《DOTA2》中的这一现象进行简单的探讨，但皆被置于更广义的论述之中：用社会学理论探讨《DOTA2》技能学习（Brock and Fraser，2018：1229—1230）、无处不在的电竞景观造成玩家的身体与技术上转变（Egliston，2019），但本研究做出了更新的贡献，提出了一个更确切的经验与理论论述，说明了普通玩家和电竞转播的玩法之间的张力。

学主题来研究游戏的学者们提供相关借鉴。通过这种方式，本文进一步推动了，尤其是在过去十几年间，电子游戏研究领域特别关注的关于身体的探讨（与本刊有关的——比如，可参见 Behrenshausen，2014；Schneier & Taylor，2018）。更具体地说，本文对现有的关于玩电子游戏过程中出现的“消极”具身性的学术研究做出了贡献——包括对失败、愤怒和疲惫的探讨（参见 Apperley，2009；Ash，2013；Keogh，2018；Kirkpatrick，2009；Sudnow，1983；Taylor，2012）。此外，本文还进一步充实了对游戏“之外”的素材如何塑造玩家与游戏的具身关系的理解（迄今为止，学术界对这个问题的关注有限；参见 Egliston，2019；Ash，2012a；Hodges，2017）。这一点在考虑到一个如今普遍的学术观点时尤为重要——即，玩电子游戏是一个结合了各种人类与非人类因素的分布式“集合”（assemblage）（参见 Taylor，2009），尤其是所玩游戏之外的各种物质是一种理所当然（taken-for-granted）的许多玩家用来参与、感受和思考游戏的方式（参见 Consalvo，2007；Kirkpatrick，2015）。

除了与游戏相关以外，本文所涉及的案例研究还有更广泛的意义——特别是对于认识身体－媒介（body-media）关系以及构建身体－媒介关系的方法论。首先，在思考身体－媒介关系，尤其是培养数字技能时，本文引导我们思考身体如何在日常生活中适应（或无法适应）数字交互界面（digital interface）的问题（参见 Ash，2015；Ash et al.，2018）。这一点很重要，因为在发达国家，无论是休闲还是劳动，大多数人的活动都需要熟练地使用数字交互界面。通过介绍一个案例研究——在混乱、“无节奏感”（arrhythmic）（Apperley，2009：39）的时空里通过一种新的“界面”形式来交涉游戏——我希望本文能够引起人们的思考，也就是这种介于用户与界面之间的张力如何可以衍用到其他媒介化的生活之中。此外，从方法论的意义上来说，身体限度鼓励人们进一步去关注，在培养、发挥技能的过程中出现的（却往往未受重视），那些具体的、离散性时间中产生身体张力的时刻。

本文接下来将展开论述我的方法与经验材料。然后我将对身体限度展开理论说明。通过借鉴过程－关系的方法来思考有机体、具身性以及物质性，我将身体限度作为一种方法，借其将关注导向发挥技能时产生张力的时刻。此外，我会列举“身体限度”在思考电子游戏技能中的效用。接下来的部分组成了我的成果，展现了身体限度的概念。研究成果是，在玩家的身体、从电竞中获取的技巧和战术以及玩《DOTA2》这三者之间，存在三个关键性张力。第一个结果部分探究的是，玩家的认知和身体机能与电竞比赛中展现的技巧之间存在的张力。该部分还探讨了电竞成为《DOTA2》游戏中造成的一些被常态化的负面作用。第二个部分探究了，普通的业余玩家为何无法练出复刻电竞比赛中呈现的技巧所需的精准的身体性时机。在第三个部分中，我研究了玩家对游戏的情感投入中存在的张力——比如，要熟练复刻电竞资料中的知识所产生的压力而导致的焦虑与恐慌。本文的末尾附有一些简短的结论。

研究方法

本文所使用的主要经验材料基于一项研究中的24份半结构化访谈，访谈对象是观看《DOTA2》电竞视频转播的、不同技能水平的“业余”《DOTA2》玩家。观看视频资料的方式有不同的渠道，例如在推趣（Twitch*）上观看直播、在某些视频网站上观看录制或通过《DOTA2》游戏客户端内的旁观功能等等。访谈于2016年12月至2017年1月间，通过线上的即时通讯平台进行，使我与参与者之间能够展开更同步的对话。这些参与者是通过标准驱动的抽样方法从《DOTA2》的线上论坛中招募的。在展开访谈的过程中，我采用了解释现象学分析（Interpretative

---

* 编者注：为尊重习惯用法，后文仍用Twitch这一名称。

Phenomenological Analysis，即 IPA）的技术——这种方法的重点是，将受访者的经验作为主体与外界之间的关系来进行提问（Butt，1999，cited in Larkin et al.，2011）。

根据解释现象学分析的原则，访谈的问题是开放性的，并试图将参与者自己的叙述最大化（例如："你觉得电竞转播会影响你玩游戏吗？"）。虽然我一般会选择比较宽泛的开放式提问，但在访谈过程中，我还是在不同的时间点提出了一些具体的后续跟进问题（例如："你有没有关注一些特定的战队或选手？"）。IPA 的支持者和实践者们（如 Larkin et al.，2011；Smith et al.，2009）已经证明，这种反思性的、以参与者为中心的方法对于深入了解具身性与身体文化十分有效（比如，参见 Allen-Collinson，2009，关于体育的论述）。因此，使用 IPA 的方法有助于研究玩家自己的身体、电子游戏技术以及电竞转播这几者之间的张力。

IPA 注重让参与者用"他们自己的话"来说，与此一致的是，在访谈过程中我提醒自己要搁置自己对于玩《DOTA2》的所有预设，以此来鼓励受访者深入地描述他们自己在《DOTA2》中的个人体验。虽然抛开自己的经验在进行访谈时是有效的，但作为一名《DOTA2》玩家，我也能够理解参与者所描述的那些游戏中微妙的复杂与动态，从而解释研究结果。

本文的经验材料出自我对这些访谈的主题提取与分析。我采用的是一种归纳方法，即从数据中构建出分类与主题，而非事先决定。这符合本项目的探索性质以及 IPA 的研究原则（参见 Larkin et al.，2011）。与 IPA 提供以参与者为中心的视角的目标一致，我在呈现数据时，对量化主题以及它们的发生概率不感兴趣，而更关注参与者所提供的丰富的个人化叙述。根据我从数据中归纳出的主题，探讨建立在那些被归类为"消极"的玩家体验叙述——一般是指那些涉及到玩家、电竞转播信息以及熟练的游戏操作之间的对抗关系的访谈之上。

身体、技能与局限性

在日常我们与外界的身体性接触——比如试图培养一种技能时，限度的概念对于思考其中存在的张力与关系很有用。按常理来说，限度可以被定义为具有局限性的状况。然而正如我在本段中所论述的，身体（尤其是从过程－关系的视角出发）可以说是与稳固和局限性对立的。从这样的角度来看，限度被广泛地理解为一个可以超越的门槛（将身体视作囊括外界的力量和条件）。当身体被理解为过程和关系时，要思考身体的局限性，我认为身体限度并非身体上某种具体的、固定的极限。反之，我将限度视为一种身体在特定时刻或特定物质语境下的极限。在本研究中，身体限度不仅指游戏中的身体对应物质环境——包括游戏软硬件——发生转变时那些尴尬、紧张的时刻，而且也包括对电竞景观无处不在的实时捕捉和转播（许多玩家试图模仿的对象）。本段探究的观点是（游戏中）身体的限度，并将其置于具身性与技能的关系性视角之中。

转导：流动的身体

在跨学科传统的经验与理论著作中，身体被描述为与外界周遭组成进行中的动态。这很大程度上归功于吉尔伯特·西蒙东（Gilbert Simondon，2017）的个体发生（ontogenetic）哲学——特别是他提出的转导（transduction）理论[①]。西蒙东提出，转导意味着各种有生命与无生命力量之间的交换——可以理解为进行中的能量调控（modulation）（参见 Chabot，2003：79—87）。西蒙东提出的一个更广泛的观点是，对于有机（以及无机）存在体（从砖头到种子晶体，再到人类社会）来说，它们的存在形式永远不可能被彻底划入一个预先定性的归类（关于西蒙

① 关于用转导来思考技术、时间与身体的全面论述，见麦肯兹（Mackenzie，2002）的研究。

东所提出的这些例子的进一步说明，参见 Chabot，2003：75—101）。反之，必须从它与外部环境进行中的关系去理解。

虽然西蒙东的转导哲学延伸至超越有机体的思考，但他的理论给身体研究带来了直接且深远的影响［也影响了常就身体展开思考的理论家，如吉尔·德勒兹（Gilles Deleuze）、贝尔纳·斯蒂格勒（Bernard Stiegler）］。例如艾琳·曼宁（Erin Manning）近来的著作就通过进行中的个体化（individuation），或者是西蒙东（与其他人）所谓生成（becoming）来考量舞蹈中的身体的运动。她挑衅式地提问：

> 如果说皮肤并非一个容器呢？如果说皮肤并非限制自我的起点与终点呢？如果说皮肤是一个充满孔洞的、由无数潜在层面所组成的拓扑表面（topological surface），这些层面连接着不同的社会环境之间的关系，而每一层都是多重维度的内与外呢？（Manning，2013：1—2）

总的来说，曼宁认为，我们可以有效地将身体——它的运动、感知和经验——视为一个集合体而非一个稳固之物，它置身于与其环境的转导关系里（参见 Venn，2010）。同样地，布莱恩·马苏米（Brian Massumi，2002）认为，要用过度（excess）来理解具身性的概念，将其放置于与其他“社会实体与情境”（p.120）的关系里。对于扬·斯拉比（Jan Slaby）和雷纳·慕尔霍夫（Rainer Mühlhoff，2019：30）来说，西蒙东的语言体系提供了一个有效的框架，可以用非主观的术语来思考人类的情感性（affectivity）。这种继承西蒙东对待身体的方式，代表着从被马苏米和麦金（McKim，2009）称之为“人类建构主义者”（human constructivist）方法的远离，进而转向另一种构建身体的概念，通过进行中的不均衡的转导，身体不断地被制造和重新制造。

身体的技术性

要通过转导的概念来认识身体，关键在于要思考它是如何在物质与技术环境的关系中进行个体化的。贝尔纳·斯蒂格勒的后现象学研究在这里提供了有效的说明，它借鉴并重新修整了西蒙东关于转导的论述。斯蒂格勒认为人类的个体和集体性存在是由一个始终受个体化调介的过程所构成的。斯蒂格勒认为，我们与物质或技术形式有着原始的、密不可分的（或共同构成的）联系（他将其称之为一种"技术性"（technicity）条件，参见 Stiegler，1998）[①]。斯蒂格勒（Stiegler，2009：6）提出一种人类生成（becoming）的表述，其中"谁"（人）是与"什么"（工具、技术）相关地出现，并被共同表述出来。个体化并不单独地存在于人或工具中，而是存在于人与工具的同构性中。比如当人类开始学习使用工具（如旧石器时代的打火石），便克服了基因的限制，并继而塑造了行动能力（如与双足行走相关的身体技能）。

斯蒂格勒运用这个前提提出了一套技术谱系，随着技术根据时间的变化（如从电视、电影到手机和互联网技术中不同的感知和注意力模式），人类采取不同的经验与感知模式来进行不同的个体化。继斯蒂格勒的著作后，一系列思想家探究了人类个体化的转导，关注一系列不同的技术，其中包括电子游戏（Ash，2015）、数据与普适计算（ubiquitous computing）（Hansen，2015）还有数字算法（Hui，2016）。

---

① 为论述这个观点，斯蒂格勒在《技术与时间》第一卷（*Technics and Time 1*）中对安德烈·勒罗伊－古汉（André Leroi-Gourhan）的古人类学著作和卢梭关于人类起源的超人类学进行了冗长而复杂的解构性解读。简单概述这个著作，斯蒂格勒认为勒罗伊·古尔汉关于人类进化是工具使用的结果的论述和卢梭关于人类先天具有特定品质（先于技术补充性引起的转化）的演绎性解读都只是部分正确的。斯蒂格勒针对他所认为的西方思想中的一个盲点，提出了他对人类技术性的论述，即人的存在与生成的本质并不独立于技术之外，而首先必须建立在人－技术这个关系性之上。

身体限度与技能

从身体与外界（特别是外界的物质性）的转导关系来理解身体，与现有的、被广泛采纳的现象学研究技能的视角相吻合。梅洛－庞蒂（Maurice Merleau-Ponty，2002）关于身体习惯的著作是这里的根基。梅洛－庞蒂认为，重复性的身体－技术过程（如使用键盘）使得技术被身体"内"化，概括地来说，我们对外界的感知与驾驭是极度感性且具身的。

与本研究尤其相关的是德雷福斯关于技能的著作，他从梅洛－庞蒂（Merleau-Ponty，2002）的具身现象学出发，提出将技能作为一种具身化的行动、经验与感知的形式，使人们能够对环境做出反应。某种程度上来说这与西蒙东的个体发生哲学有类似之处，德雷福斯（Dreyfus，2004）认为技能并非固定的——他用著名的成人技能习得模型明确地阐述了这个观点。这个模型阐明了技能是如何随时间的推移而变化，且取决于发挥技能的特定物质环境的。举一个受德雷福斯启发的例子：我们如果长期经常性地练习一项活动（如打网球），那么就可能会从一名新手晋升为一名胜任者（习惯了球拍的重量、能够有效地挥拍等等）。

在身体的生成与外界持续流动的关系里，用德雷福斯模型来思考形成技能的几个分离阶段十分有效。在他看来，技能的每个阶段都是相互联系的，关键在于它们是由该活动的不同过程所组成的。此处尤其相关的是，他强调在技能习得的早期阶段里，其特征是操作者与该行动之间的张力。德雷福斯认为，新手到中级水平的操作者，可能会因为无法将理论知识与行动的执行结合在一起而在行动中感到不知所措。

要在广义的身体技能生成进程里去理解这些出现张力的时刻，其他学者也提供了一些有用的观点。同样受梅洛－庞蒂的启发，大卫·苏德诺（David Sudnow，2001）对技能习得的现象学论述也指出，他在从一名初学者到精通的爵士钢琴家的过程中所花的隐性功夫——反映了在身体能够内化或生成一套自然、习惯性的行为之前，那些眼、手与乐器之间笨拙、尴尬的不协调时刻。

本案例研究的是具身技能（或其缺乏）与外部录制的教学信息（电竞转播）之间的关系，而与此相关的技能现象学提供了进一步见解。比如，苏德诺（Sudnow，2001：18—19）指出在听到录制的旋律和试图重复这段旋律之间的不协调，强调了在发挥一项技能时身体与技术之间重要且微妙的相互关系。霍格维恩（Hogeveen，2012：62）在研究体育时也同样注意到了职业体育（由电视转播）与业余选手（艰难地试图复制职业体育运动方式）之间的不协调。正如这项先前研究表明的，从教学信息中学习，实际上可能会在具体行动中触发紧张、尴尬的时刻，尤其是当它尝试“跳过”培养隐性运动习惯的过程时（参见 Dreyfus，2002；Merleau-Ponty，2002）。

从具身性与技能的角度出发，更具体地说是从技能与外界进行中的转导关系出发，我大胆地提出身体限度的概念。我将身体限度视为在一个更广的、进行中的、受媒介影响的个体化进程中身体的局限性。在习得技能的具体行为中，限度指向尝试获取技能时身体与物质间存在不安或对抗的关系。我希望通过关注这些张力的时刻，能进一步引导我们对具身性的这些关键点展开思考。

在思考电子游戏技能时尤其需要关注身体限度。电子游戏技能——作为身体、硬件与软件之间的交易——提供了一种理解，将错综复杂的玩游戏过程视为人-技术的集合体。许多学者们曾提出身体与游戏之间的关系，反之，肉体与机器之间有许多断裂，无法顺畅地衔接，并可能导致不适、压力与失能。这种观点出现在各种以民族志方法为主的游戏研究中（Apperley，2009；Ash，2013；Sudnow，1983；Taylor，2012：39），以及关于游戏经验的媒介理论探究中（Keogh，2018：146；Kirkpatrick，2009）。然而这些观点往往没有确切地研究游戏与身体间的张力（通常将它们置于技能习得与具身性的更广义论述中）。此外，除了本研究之外，现存的文献也普遍未能认真考量身体、游戏，以及游戏本身直接接触的物质环境之外的资料之间的张力（除了 Ash，2012b 关于竞技格斗游戏中一些边缘视角）。

在接下来探讨研究结果的部分，我运用身体限度的概念来思考在电子游戏《DOTA2》中学习技术能力时，特别是在试图使用电竞比赛的视频转播中呈现的高阶技巧时存在的张力。

学习《DOTA2》与身体的限度

在探讨我的访谈中的主题之前，首先我将提供一些关于《DOTA2》的必要信息以及本文背后一个更大的研究项目的背景。《DOTA2》是一款对抗性的多人游戏，属于多人在线战斗竞技场游戏这一类型。MOBA 游戏结合了即时战略游戏（开采资源与管理单位）与角色扮演游戏（RPG，玩家通过获取物品、技能点等来让角色成长），游戏的玩法是各由五名玩家组成的两支战队试图摧毁对方的“基地”，还有前置的以 11 个强大的、电脑操控的炮塔加固结构。玩家根据自己喜欢的游戏风格（每个类型的英雄都有自己的游戏机制），从 115 个独特的角色中选择一个扮演，称为英雄。《DOTA2》以其高难度和陡峭的学习曲线而闻名，因此也为思考技能提供了一个素材丰富的领域。

简单地重申一下，本文背后有一个更广泛的研究项目，其目的在于研究《DOTA2》电竞视频转播与《DOTA2》电竞观众的游戏风格和技能水平之间的关系。该项目的研究结果发现，在《DOTA2》中已然永久化的电竞转播成了一种技术中介，塑造玩家的行为，并直接影响了玩家对《DOTA2》的玩法（参见 Egliston，2019）。然而，电竞中展示的游戏风格并不总是有助于普通玩家学到更娴熟的玩法。

在我的数据中，身体限度的概念在三个重要的主题中呈现出来。首先，也是最基本的，是玩家的认知和身体机能与电竞比赛中呈现出的技巧之间的张力。电竞的无处不在也是带来这种张力的原因，这让人们产生了一种期望，认为**所有**的玩家都应该使出电竞里呈现的高超技巧。其次，延续第一个主题，我研究了玩家通常是如何无法适应电竞比赛技巧所需的身体性时机的。最后，我考察了当玩家试图使用电竞战术时出现的某些特定的情绪状态是如何妨碍了游戏技巧的发挥。

身体性张力与永久化的电竞景观

我与玩家的访谈中一个重要的主题是，玩家的身体机能与他们试图模仿的技巧之间的对抗。许多参与者都指出，他们在使用那些往往需要高灵敏度的高阶战术时，会有这种感受。比如，在与一位从 2016 年［自“DOTA2 国际邀请赛”（“International 6”）电竞比赛后］开始玩游戏的新玩家的访谈中，他认为电竞对于熟悉游戏机制很有帮助（由于缺乏正式的、游戏内的教程），尽管电竞级别的技巧在高阶比赛中看起来十分有效，但他们并不能在自己的游戏中有效地使用这些技巧。正如他们所述，他们的身体记忆与在游戏中的操作之间存在张力：

> 我甚至都想不起祈求者的法术……这对那个英雄来说特别重要。我释放的大多数技能都没打中人，浪费了所有的魔法值（游戏中施法的消耗资源），然后就挂了……

详细来说，祈求者英雄是一个巫师，他主要的游戏机制是通过召唤基本魔法元素来施放法术。玩家键盘上的 Q、W、E 这三个键分别对应不同的“元素”（冰、雷、火），这些元素需要被“连击”在一起来施法（通常用食指和中指来敲击这三个键的各种组合）。比如，玩家如果按下“E-E-W”，那么就会从天上降下混沌陨石；如果输入“W-W-Q”，那么就能召唤强袭飓风，把祈求者路径前方的敌人都吹起来。其中许多法术需要快速地连着使用才能发挥最大的效果，所以，高阶玩家在敲击按键时，都会根据练就的体感记忆来预测下一步要做什么。祈求者一共有十个需要手动施放的法术，各有各的功效。如参与者所述：

> 我进入游戏时还觉得“我知道所有的法术组合”……然后我就忘了，或者不记得有些技能还在冷却中，或者是完全不看自己的生命值，然后我就挂了。

苏德诺（Sudnow，2001）关于学习弹爵士钢琴的第一手经验也与此呼应，“我认为，在实际比赛情况下与其他演奏者一起演奏，是很重要的”。维特科夫斯基（Witkowski，2012：365）关于体育与电竞的现象学解读也可与此类比——她观察到，尚未用惯的新技术为玩家带来了挑战，妨碍了游戏的流畅操作。

有趣的是，其中一部分参与者明确地意识到了，他们的身体机能与高阶技巧之间的张力，但却表示他们不得不继续使用这些战术，因为它们属于主流的“元游戏”（metagame 或 meta）——多人游戏中常用的一个主位术语（emic term）*——用来描述被多数人采纳的游戏战术与玩法（Carter et al.，2012；Donaldson，2017）。正如一位受访者所述：“你好像应该要有……这种对游戏本身的理解，但也要有最佳玩法，这通常来自 pro-meta。”这种 pro-meta——或者说是职业竞技中使用的技巧与战术——会根据游戏的客户端更新补丁（和特定英雄的相对实力）、电竞选手及战队里个人的优劣势，以及职业选手参加的不同联赛而有所改变（如：某场比赛中的 pro-meta 可能会具有猛攻的风格特点，目的是迅速地结束比赛）。

---

* 译注：主位术语是一个人类学术语，意思是以研究对象的角度去看或者理解他们所在社会 / 社群的词汇。在本文中指的是 DOTA 玩家自己用的词汇。与之对应的是客位术语（etic term），即从研究者的角度创造的词汇。

这种有义务要使用电竞技巧的感受与先前所述的玩家与电竞战术的关系相符，电竞级别的战术在业余游戏圈中也被认为是合理的且备受尊重（参见 Egliston，2019；Brock & Fraser，2018；Taylor，2012）。正如一些参与者认为，那些最优秀的玩家会研究电竞圈的元游戏，并能够有效地应用到自己的玩法上。与对游戏本身之外分散的物质形式与能动性的表现（或受限）之间的关系的探讨（Boluk & LeMieux，2017）相呼应，在电子游戏本身的直接语境之外的材料可能会带来限制或规范。对于许多参与者来说，技能（模仿职业“meta”的技巧）并不是他们**想要**获得的东西，而是他们觉得自己**必须**要演练的东西，即使那个操作风格对于他们自己的身体机能来说不太自然。正是这样，在《DOTA2》的社群中，已然永久化的电子竞技教化了这种负面习惯。

部分参与者与电竞 meta 之间存在一种不适关系，这也引申出了更多对电竞转播的物质政治和权力问题的批判性思考，这些问题在于将精通电子游戏视作一种理所当然的目的，而这种态度一直以来都是被游戏之外的各种中介所决定的（如游戏媒体，参见 Kirkpatrick，2015）。电竞景观鼓励我们关注和参与游戏——如普通玩家的模仿——并固化了游戏玩法的规范，崇尚熟练的技术与唯才主义（meritocracy）。采用斯蒂格勒（Stiegler，2011）批判性、物质政治的视角，我们可以将电竞理解为一种改变个体与集体对游戏态度的形式，将专业性视为理想品质——如果玩家看得够多、玩得够多就可以达到这种理想境界（正如我与那些雄心勃勃的观众－玩家的采访中所示）。这样的结果是，通过操控注意力（而且是一种偏重某种特定立场的注意力模式，鼓励玩家在学习高阶技巧上投入时间精力），将玩家置于一种标准化的消费模式之中（固化了某种狭隘的“合理”、有意义的电子游戏体验）。

这样看来，尽管身体限度可能是身体未经训练的特征，但它也可以被理解为与对游戏的认知有关，这种认知源于长期将游戏视为一项具备高超技能的事业——而电竞激发了对那些健壮的、具有社会经济特权的年轻男性身上个体优异性的崇尚（并非所有的身体都具备这些素质）。

总的来说，第一个主题通过观察玩家的感知运动机能和身体机能、作为技术系统的游戏与电竞转播（强调游戏中使用的战术）之间的张力，大致说明了身体限度。除此之外，结果还显示，对于玩得“差”（和“有限”的游戏身体）的认知可能是出于对什么是玩得“好”的范式认知——受崇尚个体优异性的电子竞技以及电子游戏文化中其他还原论的、排他价值的影响（参见 Keogh，2018；Kirkpatrick，2015）。

技术性、技术与游戏的时机

第二个重要主题是参与者无法适应执行电竞比赛中的操作所需的身体性时机。这个结论需要被置于一种特定的对技术的理解之上，即技术以物质性的特定方式框定了人类对时间的感知（参见 Stiegler，2011）。运用斯蒂格勒的术语来说，时间意识（temporal awareness）——我们对时间流逝的感知，构成对未来的预期，这个预期又基于对过去的记忆——具有“技术性”（technicity），这是一个不可避免的物质性基础。电子游戏在不同程度上构筑了我们对时间的感知，而许多电子游戏需要用户培养不同形式的时间意识来有效地进行游戏（参见 Ash，2012b；Egliston，2019）。像《DOTA》这种难度很高的游戏，需要在很短的时间窗口里进行大量操作，这需要玩家有能力通过快速调用关于如何做的记忆来迅速意识到可以做什么。

举一个关于因无法掌握游戏的时间意识而产生张力的例子。在我与一位参与者的访谈中，他提到了最后一击（last hit）的技术（通常称为“补兵”，玩家多称为“补刀”*）。补刀是一个关键的游戏机制，指玩家对游戏中的小兵（非玩家，由电脑控制的角色）造成“致命一击”，作为给玩家自己的英雄收割经验和资源的方式（电竞选手经常会使用的技巧）。

---

* 译注：原文中补兵为“cs”，玩家多称其为“csing”。

要打出这致命一击，需要对电脑控制的小兵在其临死时发动攻击（由于小兵会不断地受到其他 NPC 和玩家的攻击，因此要打出补刀需要注意把握时机，见图 1）。

图 1："补刀"中发生的一系列事件；截屏自作者自己的游戏流程

参与者表示，要有效地使出补刀，需要熟悉游戏的"攻击动作"（attack animations）。攻击动作指的是，玩家用鼠标右键发动对敌人的攻击时自己的英雄做出的一个很短的攻击动作。每个攻击动作都由两部分组成，各自有不同的时间长度："攻击前摇"（attack point）（角色做出攻击的动作，对敌人造成伤害——如从箭筒中拿箭、拉弓和射箭）和"攻击后摇"（backswing）（角色完成攻击后做出的动作——如角色在射箭后放下弓）。每个英雄都有自己独特的动作——有些较短，因此可以与其他技能连续使用，有些则需要的时间较长，更为繁琐。补刀对于有着更长攻击动作的角色来说很困难，因为玩家需要将自己攻击前摇的结束时间与敌方小兵即将死亡前的那一刻恰好对上（见图一中的第二帧）。娴熟的补刀者往往是在准备好行动的预期模式下进行操作，熟悉游戏的动作系统，因此知道该**何时**行动。

在解释补刀时，一位参与者指出了各种必要的具身技巧。要打出补刀，玩家需要不断地点击"攻击"，同时迅速敲击键盘上的"S"键来取消攻击动作。玩家表示，这样一来他们就能做好准备，精准地在"最后一秒"释放攻击。玩家将其称之为"抽搐"（spamming）*——与该词在网络用语的说法大致相近——用来描述按键向游戏输入信息的速度和频率。但他们也告诉我，这在实际的游戏操作中就更加复杂了。迅速地发动和取消攻击动作是一个"发动补刀的视觉信号，所以你不能一直拼命发……这是个很新手（noob）的错误"。在另一个访谈中，一位参与者强调了补刀技巧与业余游戏身体之间的张力。如他所说：

> 你会在游戏里看到有些人"好像懂了"，就是那些站在那不停地点取消攻击（前一段中所述的取消动作）的人。就好像规则里说了正确的补刀需要你不停地点取消攻击。

这种张力与德雷福斯（Dreyfus，2004）对于新手通常难以应对突发状况的论述紧密呼应——他们谨遵着一套"规则"，缺乏摆脱规则的能力。

---

* 译注：英文中 spam 意为滥发垃圾邮件，在中文玩家社群中被俗称为抽搐补刀。

有趣的是，另一位参与者认为，这种张力是电竞转播自身的形式所致，由于主持人通常倾向于对职业玩法里细微和常规的部分一笔带过——他们更关注比赛的“叙事”与更加宏观的战术，而非补刀所需的具身能力。在另一份对电竞的解读中（Egliston，2018），我提出电竞所呈现出的形式，其目的在于要创造可供持续消费的主题——通过一系列生产技术来实现（营造一个“热烈”的气氛，而非可复制的玩法）。那么正如这位参与者所言，也许问题并非在于通过观看来学习技能，而在于观看**模式**本身。矛盾的是，通过观看来进行学习（并且清楚如何分析屏幕上的**重要**信息），也许需要对游戏一定程度上的熟练。游戏记者克里斯·瑟斯顿（Chris Thursten，2013：n.p）对 DOTA 电竞的描述尤其适合用来描述这种玩家体验，如他所说：“学习怎么玩儿的回报是学会了怎么看。”[①,②]

我与其他参与者的访谈更进一步阐述了，在进行某些玩法操作时的身体限度，有些操作可用的时间段仅为十分之一秒。参与者们提到了一个关于“分身斧躲避”（Manta-dodging）的具体案例。分身斧躲避指的是使用“分身斧”这个可在游戏商店购买的物品，可以给玩家 100 毫秒的无敌状态（玩家不会受到敌方任何伤害）[③]。要使出分身斧躲避，就是要在敌人伤害到自己前迅速发动这个效果[④]。这样的操作可以在那 100 毫秒的时间窗口里完全免疫玩家的任何伤害（见图 2）。这一点执行起来非常困难，需要对游戏的动作系统时间非常熟悉才能准确地知道何时进行躲避。

---

① 正如我在其他地方所述（Egliston，2019），一些参与者认为特定的观看模式更有利于自己锻炼技能。我具体指的是用游戏中的客户端旁观功能进行观看。该功能允许玩家从每一位职业选手的游戏视角旁观，让观众可以更详细地了解职业选手的游戏动作（如鼠标光标移动、摄像头移动等）。

② 也可参见苏德诺（Sudnow，2001）对娴熟的音乐家能力的描述，他在学习成为一位更胜任的钢琴家后，学会了欣赏音乐之中的细微差别。

③ 参见 https://DOTA2.gamepedia.com/Manta_Style。

④ 具体来说，目标是要将 0.1 秒的无敌状态与敌人的攻击前摇动作的末尾重叠。所以，如果我要试图躲避一个 0.75 秒攻击前摇的技能，那么目标就是将我 0.1 秒的无敌状态与攻击动作的最后一个部分重叠。

图 2：玩家在一场电竞比赛中使出“分身斧躲避”

在数个访谈中，参与者都承认他们试图在自己的游戏中复刻分身斧躲避这个招数时都有一定的身体延迟。通常情况下玩家操作得太慢；存在直接意义上的具身滞后，按键的速度不够快，导致未能使出预期的结果。一位参与者在谈论观看和试图复刻职业选手 Arteezy（一位以分身斧躲避技能著名的选手）的打法时说：

……比赛中，甚至是个人直播中，他每场对抗都能很轻松地做一些像分身斧躲避弹道（敌人的攻击）之类的操作，好像这就是他的第二天性一样。但是如果我想要使出类似招数，那我几乎要用掉所有脑力。

对于这位玩家来说，他们对电竞技巧的使用与其说是提升了能力，不如说是造成了注意力的瓶颈（不得不集中精力去抓住如何以及何时进行分身斧躲避），且最终导致了失能。

综上所述，这一段落的整体主题是，虽然高水平比赛的转播可以使玩家对在高阶电竞中所使用的那些时空上精细的技巧变得敏感，然而要实际使用这些技巧却极其困难。许多参与者都表示，他们自己的玩法和他们热切观看的比赛之间脱节了。

“保持冷静”：情感与“平衡的身体”

在我的访谈中出现的最后一个主题是，参与者在操作高难度技巧时无法令身体保持沉着镇定，而这是发挥游戏技巧的一个重要组成部分（参见 Witkowski，2012）。正如一系列现存文献所指出的，游戏是一种丰富的感官体验，调节着许多不同的性情和感受（Ash，2015；Keogh，2018）。通过情感（affect）视角可以有效地理解这种感官体验（参见 Ash，2012a）。在情感研究中，我们大致可以将情感视为人与非人的力量和所在环境提供的条件之间一种情境化的“关系性”（relationality）（Slaby et al.，2019）或“强度”（intensity）（Massumi，2002），彼此之间的影响往往滑入知觉意识的起点之下（参见 Massumi，2002：89—95）。对人类来说，重要的情感状态就是从这种关系性中演化出来的，如情绪或感觉（关于情绪与情感的进一步区分，参见 Massumi，2002）。情感往往以技术为媒介——电子游戏就是一个极好的例子（Ash，2015）。

情感在电子游戏的实践中循环——作为身体与技术的杂糅过程，其中可能会产生一系列不同的情感状态，如兴奋、欣喜、愤怒、无聊和恐惧等等（参见 Ash，2012a，2015）。

尽管许多电子游戏会触发不同的情绪状态，能力强的玩家通常会试图“屏蔽”外力的影响，并同时强化自身主观的、身体的力量（参见 Ash，2013；Egliston，2018）。当然，这并不是说，要具备高超技能，就必须不受情感的影响。相反，熟练的玩法在很大程度上基于一种易受影响的能力，将身体开放给感官反馈，同时也通过对游戏的洞悉来管控身体的情感（参见 Ash，2013）。在我的一些访谈中，参与者谈到他们自己无法在游戏中保持镇定的状态——无法控制他们在玩游戏时产生的身体性情感。对于一些参与者来说，尽管他们对战术的运作方式有着清晰的或理论性的认识，但在具体执行的时候却无法保持冷静。这与先前的经验性研究相符——如维特科夫斯基（Witkowski，2012）在关于电竞级别选手的研究中观察到了同样的生理现象，即不知所措或被情感或情绪状态压垮。本研究中一位参与者向我描述了他是怎么看高超的“中路”（游戏中压力最大的角色之一）选手的：

> 我一开始自信满满地选了影魔……我见过职业玩家玩这个英雄，赢了很多很多次。然后我就开始紧张，错过了个补刀。接着他们开始骚扰我。我就开始出汗，手都没法好好握鼠标了。最后他们会把我杀了，或者整个队伍轮流来 gank（敌方一个队伍一起围猎一个玩家），然后我就会彻底情绪失控。对啊我是看电竞，用里面那些战术，但是就是会忘了自己在干嘛，胡乱挣扎 40 分钟，整场都在死。有的时候我试着用个中阶战术都吓得不行，手里真的全是汗。我连鼠标都握不住，然后就错过了补刀，直到送了人家十个人头！

另外一位参与者表示，在试图使用高难度技巧时会出现张力：

米波（一个需要极强的灵敏度与微操的英雄）我打得特别渣……我知道该干嘛，一开始也还行，冷静地来，然后当我需要微操（同时微观操纵数个单位）的时候就慌了……我看过不少N0tail……只能说我肯定当不了N0tail（一位擅用米波的著名职业选手）。

这些参与者理解并尝试使用那些战术，但是由于无法驾驭特定角色的“压力”和玩法的具体需求，从而导致未能达成最佳结果。借用维特考夫斯基（Witkowsk，2012）的研究术语来说，这些数据揭示了玩家无法养成“平衡的身体”，即征战高难度多人竞技游戏时所需的感官性的身体智慧。玩家们明白需要在游戏里做什么，却还不明白游戏会对他们做什么，以及如何“调和身体与游戏之间的压力”（Witkowski，2012：359—360）。

结论

本文探究了当电竞观众试图在自己的游戏中模仿从电竞比赛中学到的战术和技巧时，出现身体张力的时刻。我提出用身体限度的概念来针对性地描述玩家身体上的张力，它与所处环境中的技术（越来越多地涵盖了电竞的视频转播）发生相关联的个体化。在发展这一论述的过程中，我进一步充实了现有的观点，这些观点普遍未能考虑到，在学习电竞水平的技巧时，所涉及的那些复杂的、往往具有对抗性的关系。从广义上来说，探讨这个观点加深了我们对电竞的日常消费的理解。

我的《DOTA2》的研究中呈现出的三个主题提示我们，在采用从电竞比赛转播中学到的技巧时，有许多关于身体限度的案例。第一个主题揭示了玩家自身的具身能力与他们学习的电竞转播之间的张力。此外，对于某些玩家来说，这种张力仅仅在一开始时出现，由于他们期望根据标准的“元游戏”来玩，并且遵循着范式的“好”操作（符合主流认同的“合理”的电竞战术）。这样一来，尽管身体与游戏之间的张力来自习惯的缺乏，但它们也来自《DOTA2》中受电竞文化所滋养的“标准”行为方式，且激发了一种一直以来占主导地位的、与精通和支配有关的游戏的技术性（而并非所有身体都符合该标准）。第二个主题揭示了当玩家试图适应操作电竞级别技巧所需的身体性时机时所面临的困难。正如一些参与者所述，其部分原因在于电竞转播侧重创造“叙事”，而不对具体的技巧进行细致分析——如补刀或分身斧躲避。第三个主题强调了张力也存在于玩家对游戏的情感投入之中——某些玩家在调用高阶战术时出现恐慌和焦虑的感受。

探讨身体与游戏之外的信息素材之间的张力，进一步充实了当前对玩法总是从其在各种物质环境的情境中产生的理解。考虑到游戏外部的、“副文本”素材的重要地位（参见 Consalvo，2007），迫切地需要更清楚地解析这些素材对游戏性的影响。通过本文探讨的研究成果，我们可以窥见一套复杂的物质生态，它构成了玩是如何发生的（或具体地来说，高超技能的操作如何**没有发生**）——与一系列学科中围绕具身性和游戏的持续探讨有关，其中包括媒介研究（Behrenshausen，2014）、游戏研究（Apperley，2009；Keogh，2018）、人文地理学（Ash，2013）与社会学（Brock & Fraser，2018）。

除了与游戏研究相关之外，本文所探讨的行为也可能与其他更广泛的进行中的探讨有关，如个体是如何学习使用数字界面的，以及在用户的身体与界面之间特别的、具有特定物质性的矛盾（如参见 Ash et al.，2018）。虽然不能普遍适用于所有其他类型的媒介行为，但我希望本文对电子游戏中特定行为的分析，能够为关于身体与数字技术之间张力的更广泛的探讨做出一点贡献。

参考文献

Allen-Collinson, J. (2009). Sporting embodiment: sports studies and the (continuing) promise of phenomenology. *Qualitative Research in Sport and Exercise* 1(3): 279-296.

Apperley, T. (2009). *Gaming Rhythms: Play and Counterplay from the Situated to the Global*. Amsterdam: Institute of Network Cultures.

Ash, J. (2012a). Attention, videogames and the retentional economies of affective amplification. *Theory, Culture & Society* 29(6): 3-26.

Ash, J. (2012b). Technology, technicity, and emerging practices of temporal sensitivity in videogames. *Environment and Planning A: Economy and Space* 44(1): 187-203.

Ash, J, (2013). Technologies of captivation: videogames and the attunement of affect. *Body & Society* 19(1): 27-51.

Ash, J. (2015). *The Interface Envelope: Gaming, Technology, Power*. New York, NY: Bloomsbury.

Ash, J., Anderson, B., Gordon, R.., et al. (2018). Unit, vibration, tone: a post-phenomenological method for researching digital interfaces. *Cultural Geographies* 25(1): 165-181.

Behrenshausen, B. (2014). The active audience, again: player-centric game studies and the problem of binarism. *New Media & Society* 15(6): 872-889.

Boluk, S., & LeMieux, P. (2017). *Metagaming: Playing, Competing, Spectating, Cheating, Trading, Making and Breaking Videogames*. Minneapolis, MN: University of Minnesota Press.

Brand, J., Todhunter, E., & Jervis, J. (2017). Digital Australia report 2018. Available at: http://www.igea.net/wp-content/uploads/2017/07/Digital-Australia-2018-DA18-Final-1.pdf (accessed 10 July 2018).

Brock, T., & Fraser, E. (2018). Is computer gaming a craft? Prehension, practice, and puzzle-solving in gaming labour. *Information, Communication & Society* 21(9): 1219-1233.

Carter, M., Gibbs, M. and Harrop, M. (2012). *Metagames, paragames and orthogames: a new vocabulary. In: Proceedings of the International Conference on the Foundations of Digital Games (FDG'12)*, Raleigh, NC, 29 May-1 June, pp. 11-17. New York: ACM Press.

Chabot, P. (2003). *The Philosophy of Simondon: Between Technology and Individuation*. London: Bloomsbury.

Cheung, G., & Huang, J. (2011). Starcraft from the stands: understanding the game spectator. In: *Proceedings of the SIGCHI Conference on Human Factors in Computing Systems (CHI'11)*, Vancouver, BC, Canada, 7-12 May, pp. 763-772. New York: ACM Press.

Consalvo, M. (2007). *Cheating: Gaining Advantage in Videogames*. Cambridge, MA: MIT Press.

Donaldson, S. (2017). Mechanics and metagame: exploring binary expertise in League of Legends. *Games and Culture* 12(5): 426-444.

Dreyfus, S. (2002).Intelligence without representation — Merleau-Ponty's critique of mental representation: the relevance of phenomenology to scientific explanation. *Phenomenology and the Cognitive Sciences* 1(4): 367-383.

Dreyfus, S. (2004). The five-stage model of adult skill acquisition. *Bulletin of Science, Technology & Society* 24(3): 177-181.

Egliston, B. (2018). E-sport, phenomenality and affect. *Transformations* 31: 156-176.

Egliston, B. (2019). Watch to win? E-sport, broadcast expertise and technicity in Dota 2. *Convergence: The International Journal of Research into New Media Technologies*. Epub ahead of print. DOI: 10.1177/1354856519851180

Hansen, M. B. N. (2015). *Feed-forward: On the Future of Twenty-First Century Media*. Chicago, IL: University of Chicago Press.

Hodges, J. (2017). How do I hold this thing? Controlling reconstructed Q*berts. *New Media & Society* 19(10): 1581-1598.

Hogeveen, B. (2012). Skilled coping and sport: promises of phenomenology. In:

Martínková I and Parry J (eds) *Phenomenological Approaches to Sport*. London; New York: Routledge, pp. 61-71.

Hui, Y. (2016). *On the Existence of Digital Objects*. Minneapolis, MN: University of Minnesota Press.

Keogh, B. (2018). *A Play of Bodies: How We Perceive Videogames*. Cambridge, MA: MIT Press.

Kirkpatrick, G. (2009). Controller, hand, screen: aesthetic form in the computer game. *Games and Culture* 4(2): 127-143.

Kirkpatrick, G. (2015). *The Formation of Gaming Culture: UK Gaming Magazines, 1981-1995*. Basingstoke: Palgrave Macmillan.

Larkin, M., Eatough, V., &Osborn, M. (2011). Interpretative phenomenological analysis and embodied, active, situated cognition. *Theory & Psychology* 21(3): 318-337.

Mackenzie, A. (2002). *Transductions: Bodies and Machines at Speed*. New York: Continuum.

Manning, E. (2013). *Always More Than One: Individuation's Dance*. Durham, NC: Duke University Press.

Massumi, B. (2002). *Parables for the Virtual*. Durham, NC: Duke University Press.

Massumi, B., & McKim, J. (2009). 'Of microperception and micropolitics': an interview with Brian Massumi. *Inflexions* 3: 1-20.

Merleau-Ponty, M. (2002). *Phenomenology of Perception*. New York: Routledge.

Schneier, J., & Taylor, N. (2018). Handcrafted gameworlds: space-time biases in mobile Minecraft play. *New Media & Society* 20(9): 3420-3436.

Simondon, G. (2017). *On the Mode of Existence of Technical Objects*. Minneapolis, MN: Univocal.

Slaby, J., & Mühlhoff, R. (2019). Affect. In: Slaby J and Von Scheve C (eds) *Affective Societies: Key Concepts*. New York: Routledge, pp. 27-41.

Slaby, J., Mühlhoff, R., &Wüschner, P. (2019). Affective arrangements. *Emotion Review*

11(1): 3-12.

Smith, J., Flowers, P., & Larkin, M. (2009). *Interpretative Phenomenological Analysis: Theory and Research*. London: SAGE.

Stiegler, B. (1998). *Technics and Time, 1: The Fault of Epimetheus*. Stanford, CA: Stanford University Press.

Stiegler, B. (2009). *Technics and Time, 2: Disorientation*. Stanford, CA: Stanford University Press.

Stiegler, B. (2011). Suffocated desire, or how the cultural industry destroys the individual: contribution to a theory of mass consumption. *Parrhesia* 13: 52-61.

Sudnow, D. (1983). *Pilgrim in the Microworld*. New York: Warner Books.

Sudnow, D. (2001). *Ways of the Hand: A Rewritten Account*. Cambridge, MA: MIT Press.

Taylor, N., & Elam, J. (2018). 'People are robots too': expert gaming as autoplay. *Journal of Gaming & Virtual Worlds* 10: 243-260.

Taylor, T. L. (2009). The assemblage of play. *Games and Culture* 4(4): 331-339.

Taylor, T. L. (2012). *Raising the Stakes: E-Sports and the Professionalization of Computer Gaming*. Cambridge, MA: MIT Press.

Thursten, C. (2013). Hero's journey: we visit valve to get an inside look at the development of Dota 2. PC Gamer. Available at: http://www.pcgamer.com/heros-journey-we-visit-valve-to-getan-inside-look-at-the-development-of-dota-2/ (accessed 10 July 2018).

Venn, C. (2010). Individuation, relationality, affect: rethinking the human in relation to the living. *Body & Society* 16(1): 129-161.

Witkowski, E. (2012). On the digital playing field: how we 'do sport' with networked computer games. *Games and Culture* 7(5): 349-374.

作者简介

本·埃格里斯顿（Ben Egliston）从事新媒体和数字文化的研究和教学工作。他目前在悉尼大学传媒系担任客座讲师，并于近期在此完成了他的博士学位。他目前的研究侧重点是电子游戏中的用户体验，曾在学术和普通出版物上发表过一系列与技术有关的文章，主题包括电子竞技、数据分析、人工智能和直播等。

《CS:GO》电子竞技中的 BM、放水、卡 BUG 等（违背）体育精神的行为[①]

西德尼·V. 埃尔文（澳大利亚中央昆士兰大学）、

安尤姆·纳韦德（澳大利亚阿普尔顿行为科学研究所） 文

蒋子祺 译

摘要

职业竞技游戏中会执行操作性规则和检测“外挂”[*]程序，以试图阻止作弊行为并鼓励公平竞争。然而，违反“不成文”规定和潜在的地方惯例却更难以被查证。本文通过边界工作理论（boundary-work theory）阐释了在《反恐精英：全球攻势》的电竞比赛中，观众是如何从不同视角对违背体育精神的行为展开批评和辩护的。本文使用了 50 小时的线上观察以及观众访谈作为多重核验的数据，针对《CS:GO》中貌似违背体

① 本文英文原文为：Irwin, S. V., & Naweed, A. (2020).. BM’ing, Throwing, Bug Exploiting, and Other Forms of (Un)Sportsmanlike Behavior in CS:GO Esports. *Games and Culture*, 15(4), 411-433.

* 译注：原文中为 hacking，意为篡改游戏程序来获得优势，在中文语境中将其俗称为“外挂”。

育精神的行为——“BM”* “放水”** 以及“卡 bug”*** 等——探究了对其（不）认可性边界的划定和 / 或重新划定。这广泛的一系列行为意味着在当地电竞比赛背景下的复杂性，与传统观念中的体育精神不同，其中产生了多变的边界，这值得对其展开进一步批判性学术研究。

关键词：电子竞技；观赏；体育精神；反恐精英；边界工作理论；玩家行为

在 20 世纪 90 年代，LAN 的出现标志着“电子竞技”的开端。作为一种竞技性电子游戏文化，电子竞技的定义此后随着研究文献的发展不断变化。哈马里与斯乔布罗姆（Hamari and Sjöblom，2017）最近的研究表示应将其定义为“由电子系统促成其主要运动的一种体育形式”，而其中“选手与战队的输入，以及电子竞技系统的输出都是以人机交互界面为媒介的”（p.213）①。时至今日，电子竞技的专业性已经有很大的提高，现在体育组织、管理机构和电脑游戏公司都会定期成立队伍并举办不同类型的电子竞技活动。就如传统体育竞技一样，电子竞技已经获得全世界数百万人的喜爱与尊重，粉丝们也形成了强大的文化，他们聚集到比赛现场或是在线上直播平台观看他们支持的队伍（Hamilton，Garretson，& Kerne，2014；Kaytoue，Silva，Cerf，Wagner，& Rassi，2012）。

可以说，电子竞技的流行已经成为一个持续增长的研究重点，主要目的是了解职业选手和观众消费的需求（如 Carter & Gibbs，2013；

---

* 译注：“BM”为“Bad Manner”的缩写，意为“没礼貌”。

** 译注：原文中为“throwing”，意为故意输掉比赛，在中文语境中，不拿出实力而故意让对手获胜的行为被俗称为“放水”。

*** 译注：游戏玩家社群将利用游戏 bug 获得优势的行为称为“卡 bug”。

① 关于电子竞技“esports”一词的拼写在文献中有不同的写法（如“e-sports”或“eSports”）。本文中遵循梅西与哈马里（Macey and Hamari，2018）的拼写方法，因这种写法在社群中更常见。

Hamilton et al., 2014; Lee & Schoenstedt, 2011)。这些研究文献也对电子竞技自身作为一项“体育”的合法性权利提出质疑(与辩护)(如Cheung & Huang, 2011; Taylor, 2012; Witkowski, 2012)[①]。对于电竞比赛来说，这也重点聚焦了电竞规则和条例，以及玩家认可或不认可什么样的行为(Jenny, Manning, Keiper, & Olrich, 2017)。如哈马里与斯乔布罗姆(Hamari and Sjöblom, 2017)的定义所示，技术和网络系统是电竞的核心基因，而这也意味着在电竞活动的游戏中很有可能受到“外挂”或作弊的影响(Moeller, Esplin, & Conway, 2009)。在休闲电子游戏，即个人出于休闲或逃避现实目的玩的游戏(Warmelink, Harteveld, & Mayer, 2009)中，黑客们可以作弊对游戏内部的物理原则进行修改，以创造相对其他玩家更有利的条件。为了将职业游戏规范化，电竞组织机构采用了一套标准的规则来禁止各类利用漏洞的手段，并要求强制安装作弊探测软件(Thiborg & Carlsson, 2010)。比如，反恐精英系列使用的是Valve反作弊系统(VAC)，如果探测到改动游戏软件的行为，它将自动禁止该用户进入服务器(Moeller et al., 2009)。

泰勒(Taylor, 2012)指出电子竞技中所使用的正式规则是具有**操作性的**(operational)，但这只代表了一个维度。基于萨伦和齐默尔曼(Salen & Zimmerman, 2004)的方法，她提出电竞比赛的规则也可以是具有构成性的(constitutive)，即正式规则“表面之下”的形式结构(如控制虚拟比赛世界的程序)；也可以是**潜在的**(implicit)，即“不成文的”，象征着为了获得游戏内外公平行为意向的准则(p.51)。所有这些形式的规则都和体育精神这个概念相关。

尽管体育精神在体育文化中普遍存在，但在文献中却少有对体育精神的一个单一的全面定义，而是有各种不同的表述。蒂伯格与卡尔森

① 具体来说，体育和电竞中有四种特质：竞技、使用规则、官方管理以及身体性(Jenny et al., 2017; Taylor, 2012; Witkowski, 2012)。

（Thiborg and Carlsson，2010）将体育精神定义为对体育规则、道德观和伦理观的理解，其目的是达成比赛的**规则**与比赛的**精神**之间的平衡。穆勒、埃斯普林与康威（Moeller，Esplin，& Conway，2009）将体育精神定义为一个以规则为基础的系统，它依照“运动员、官方人员和观众在体育运动的范畴内共同遵守的书面公约和约定俗成的地方惯例”（n.p.）。

这些文献通过探讨怎样才算一个好**运动员**的根本问题来进一步定义体育精神。比如，基廷（Keating，1964）将运动员定义为“能没有怨言地接受失败，也能不得意洋洋地炫耀胜利，并本着公平、大度和礼貌对待对手的人”（p.29）。阿诺德（Arnold，1983）进一步论述了体育精神的三种形式，他认为:（1）体育精神是一种社会性联盟，即运动员之间保持并延续着对规则的理解和约定;（2）体育精神是一种快乐，即参与的个人是宽容慷慨的，通过比赛来宣扬乐趣和快乐;（3）体育精神是一种无私，即运动员对他人的支持和关怀，即便他们处在对立的阵营中。然而阿巴德（Abad，2010）指出这些定义的问题在于，不同的意识形态之下对体育精神有不同的认识，他提出体育精神应该是四种美德，即公平、公正、良好的形式与对胜利的意志之间的平衡与关联。

然而一味追求胜利而忽视地方惯例则有可能导致被视为**违背**体育精神的行为（Abad，2010；Nlandu，2008）[①]。这种情况被视为一种**战略性欺骗**，选手违反的并非体育项目规则，而是比赛的精神（Nlandu，2008）。赫伊津哈（Huizinga，1995）将无视或违反游戏规则的玩家定义为“扫兴之人”（spoil-sport）[*]，对规则的违反则“揭示了这个游戏世界的相对性与脆弱性，而（玩家）曾一度与他人一同投入这个世界之

---

① 违背体育精神行为是一个广泛性的术语概念，其中包括不良 / 恶劣的体育精神、阴谋诡计（使用卑鄙手段）以及不正当行为（背叛或不公平交易；Abad，2010；Carter & Gibbs，2013）。

* 译注:［荷兰］约翰·赫伊津哈，《游戏的人》，多人译，中国美术学院出版社，1996年，该译本中将这个词译为“破坏游戏的人”，也有其他文献译为“搅局者”。

中”（p.11）。因此这种行为也会破坏观众的观赛体验，对电竞圈造成负面影响。

电子游戏的研究文献也进一步探讨了体育精神和违背体育精神的行为。史密斯（Smith，2004）与穆勒等人（Moeller et al.，2009）描述了游戏文化中的一些冲突类型，并将其称之为**外部机制**（extra mechanic），它反映了一种并非直接来源于游戏本身，而是玩家行为所致的张力[①]。史密斯（2004）将外部机制的冲突分为几类，其中包括**恶意行为**（grief play），即一个玩家恶意骚扰其他玩家；以及**违反地方惯例**（local norm violation），即做出一些约定俗成的惯例所不认可的行为［如“抢人头”（kill stealing）和“蹲点”（camping）；Smith，2004］。虽然这些行为从技术上来说并不违反游戏的机制或规则，但各个群体对这种行为的认可性都有激烈争议（Moeller et al.，2009；Smith，2004）。那么在电子游戏的范畴中，违反地方惯例则可能直接是一种“违背体育精神”的行为。

电子竞技的研究仍然处于起步阶段，但发展得很迅速。虽然电子竞技与传统体育之间的界限已经越来越明确，但了解电竞与体育精神之间的关联十分重要，尤其是它在不同电竞类型中的呈现与应用。电子竞技作为一种教学与学习环境也具有巨大的价值，观众们在这里寻求游戏和玩法的知识。因此，了解违反规则和违反体育精神的行为，也可以引导竞技选手以理想的体育精神为标准参与比赛。

本论文建立在先前的游戏研究中关于体育精神研究的基础之上，关注观众视角中的违背体育精神的行为，并通过一组具体的文献来进行阐述，这些文献从属于社会构建主义（social constructivism）与其他科学，此外也包括边界工作理论应用在电竞文献中的先例。边界工作理论强调知识领域的界限是如何产生、推广、巩固与附加的，这个理论使研究者

① 也有**内部**机制（intra-mechanic）矛盾，指游戏给玩家造成的麻烦。比如，特别困难的 boss 战。

可以更好地理解定义违背体育精神的那些地方惯例是如何产生的。这也能够使学者们接收不同的看待违背体育精神行为的视角，并确定这些边界在多大程度上是灵活的、且是社会构建的。为了探究这个问题，本论文将聚焦于第一人称射击游戏（FPS）类型，也是目前收视率最高的 FPS 电竞，以及在所有类型的电竞游戏里的受欢迎程度排名第三的游戏[①]——《CS:GO》。

边界工作理论

基恩（Gieryn，1983，1999）在研究科学与“非科学”的界限时提出了边界工作理论，这个理论研究的是不同意识形态的风格和内容，以及这些意识形态的特征是如何构建出社会边界的。基恩通过**对比案例**对这些特征进行分类，这些案例将科学的属性从“非科学”中分离出来，并且通过**排除**的方法对科学“内部”划分的新学科提出异议。边界工作用这种方式分析界限，并在科学社会学（sociology of sciences）语境下反驳了本质主义的观点，提出边界可以通过不明确的方式被划定、重新划定、扭曲和改变。因此，该理论的核心意义在于，虽然事物的某些特质可能会使它与其他文化实践有所区别，但它们之间分离的基础是不对称的社会惯例，因此需要进行批判性审视。作为一项普遍理论，边界工作提供了对构建边界的认识以及边界被划定和维护的程度，因此，其学术价值的广泛性也使它能够被成功地应用到其他富有争议的领域，比如放射学中成像仪器的使用（Burri，2008）、戴安娜王妃去世事件中媒体和狗仔队的分离（Bishop，1999）、新闻业中的社会和企业维度（Singer，2015）以及银行从业人员中的风险管理（Mikes，2011）。

---

① 资料来源于 E-Sports Earnings（2017）。

边界工作在游戏与文化研究中也有应用的先例。库珀（Copier，2003）借鉴了边界工作来探讨游戏研究如何构建出与其他学科区分开来的边界，但游戏研究内部也同样构建了游戏研究者、设计师、玩家等彼此之间的边界。在前者中，她探讨了不同视角所提供的不同类型的知识，在后者中，她强调了“杂糅”型的研究者，而这种杂糅性暗示了研究者都参与到了他们自己的文化产物之中。

在一项对电竞中的体育精神的研究中，卡尔特、吉布斯与阿诺德（Carter，Gibbs，& Arnold，2015）运用边界工作来探究在《星战前夜》（*Eve Online*，2003）中各种不被认可的玩法。《星战前夜》是一个大型多人在线游戏，甚至衍生出了一个自己的电竞品牌“eveSports”。在《星战前夜》中，玩家不受公平竞争的约束，比如，偷窃和贿赂都是其游戏文化中不可或缺的一部分。卡尔特等人（Carter et al.，2015）运用边界工作理论探讨了如何在社群中建立并形成有关社会规范的争议，玩家甚至形成了自己的元论点（meta-arguments），对游戏形式的合法性划定界限。基恩（Gieryn，1983）指出了一些反映科学资源的论点，如实验、怀疑态度与客观性，而卡尔特等人（Carter et al.，2015）则将其引申到行为的认可性中，反映了**道德**资源，如作弊与公平竞争，并以此证明边界理论可以作为一种建构主义理论，用于理解玩家如何建立并对规范游戏玩法的不成文社会规则展开争论。

观众对《CS:GO》中体育精神的看法

关于电竞的研究显示，要观看电竞，观众需要掌握其中的布局、技能以及规则（例如 Witkowski，2012）。徐裕里 * 和郑尚旭 **（Seo & Jung，

---

* 译注：音译，Yuri Seo。

** 译注：音译，Sang-Uk Jung。

2016）用这种观点来解释为何大部分电竞观众自己也都是同一款游戏的玩家。哈马里和斯乔布罗姆（Hamari & sjöblom，2017）也同样提出，知识的获取与观看电竞的频率成正比关系。观众们不仅仅在观察职业选手所使用的战术和行动，他们也希望能够应用这些技法来提升自己的游戏风格和操作。《CS:GO》是一款由 V 社在 2012 年开发的游戏，是《反恐精英》系列的第四款作品，它符合以上这些原则。

《CS:GO》中有数种游戏模式，而其电竞比赛主要采用“经典竞技模式”，游戏分为反恐精英与恐怖分子两个阵营，每队各由五名玩家组成（Olshefski，2015；Rambusch，Jakobsson，& Pargman，2007；Wagner，2006）。恐怖分子的目标是（在两个区域中的一个位置）安置炸弹，守到发生爆炸为止，以及 / 或消灭所有的反恐精英。而反恐精英的目标是要消灭所有的对手，以及 / 或拆除被安置的炸弹。《CS:GO》提供了不同的“地图”① 供战队进行游戏，每局由 30 个回合组成，中途两队对调角色（恐怖分子变成反恐精英，反之亦然）。首先赢下 16 回合的队伍获胜，若平局则进入加时赛。玩家在游戏开局时有 800 美元的“虚拟货币”，可用来购置护甲、手榴弹、提升武器等装备以提高可玩性，培养更多创新、复杂的战略。此外，金钱的数量会根据各个玩家在每回合中完成的行动类型而增加（如炸弹放置 / 拆除、“击杀”次数）。

张吉福 * 和黄杰夫 **（Cheung & Huang，2011）认为，电竞观众会根据地方惯例来“评判”选手，尽管很难得知他们评判的标准或者哪些形式属于违规。《CS:GO》电竞中的体育精神与游戏环境的特征紧密结合，其中包括恐怖主义叙事、阵营因素、奖励机制以及武器库的构建。这很有可能导致一系列无法预测的地方惯例以及与之相应的违规，因此也对观众看待（及其影响）如何界定违背体育精神的行为造成麻烦。而另一

① 地图是玩家对战的虚拟竞技场。

* 译注：音译，Gifford Cheung。

** 译注：音译，Jeff Huang。

值得关注的是，对违背体育精神行为看法的表达方式。电子竞技的观众不仅仅是在观看一场比赛，而且是在通过线上社交媒体网站和媒体平台参与到比赛的动态跟“观众互动”（interspectatory）的对话之中（Taylor，2012）。郭永明*和杨格（Kow & Young，2013）提出电竞消费者将这些平台作为**信息媒介**来探讨和分析电子竞技。因此，它们促进了对违反地方惯例以及对体育精神的更广泛探讨。观众是电子竞技中主要的利益相关者，他们的关注点包括对职业选手游戏战略的批判性分析，以及观察到的竞技比赛中出现的各种情况（Kow & Young，2013；Taylor，2012；Whiting & Williams，2013）。本文使用边界工作理论的视角来探究和批判《CS:GO》电子竞技中违背体育精神行为的边界是何时、如何以及出于什么目的来被界定和捍卫的。

研究方法

为了更好地把握观众对《CS:GO》电竞中体育精神的看法，本研究主要采用了对职业选手在比赛中的观察，以及对一组《CS:GO》观众的半结构化访谈的方法。要完整地探讨违背体育精神的行为，有必要采用结合多重方法的质性研究。

如迈尔斯（Myers，2017）所示，多人在线游戏环境中的交流方式让使用传统观察方法更为困难，这促进了使用传统问卷调查来了解社会心理层面的信息（如 Bowditch，Chapman，& Naweed，2018）。然而，考虑到《CS:GO》中潜在的违背体育精神行为的广泛（至今未知的）的范畴，使用观察法来记录现场观众对这些现象的反应可能是极有价值的。因此，本研究在 Twitch 上的众多《CS:GO》电竞频道上进行了共计 50 小

* 译注：音译，Yong Ming Kow。

时的观察①。对《CS:GO》比赛转播的选择是随机的，且涉猎了不同的赛事类型，如局域网赛事（在大型竞技场中的现场观众面前直播）、在线赛事（仅限线上的联盟）、公开资格赛（局域网赛事的预赛）以及一场大型赛事（一场奖金高达数百万美元的旗舰级局域网比赛）。在观察游戏的同时，采用了解说员的口头表述、带表情包的观众反应（出现在直播聊天室中）来衡量观众的感受，以便有效地发现、阐明和记录违背体育精神的行为。与表情符号（emoji）类似，Twitch 的表情（emote）可以使消费者们在更恰当的语境中表达、强调他们的信息（Tauch & Kanjo，2016）。另外，使用规范的"网络礼仪"（netiquette）② 为理解线上交流提供了有效的手段，并在一定程度上提供了衡量观众感受的方法。其他典型的反应中还有惊讶（如"我不敢相信他们竟然做到了这个"）和发泄情绪（如使用全文大写，针对某个玩家或战队咒骂脏话）。表 1 展示了 Twitch 频道上的六个表情，它们被列为表达观众感受和情绪的情感标记。

表 1：将 Twitch 中的表情作为对不良体育精神形式的标记

表情（文字格式）	表情在聊天室中显示的图像	表情的主要语境
DansGame		厌恶
FailFish		做出的行动导致了失败的结果 / 失望 / 困惑
NotLikeThis		与 Failfish 类似

① Twitch 是当前最受欢迎的主要推广和观看游戏内容的线上直播网站（Hamilton et al.，2014）。

② 结合了"网络"（net）和"礼仪"（etiquette）的合并词，参考自萨布拉（Sabra，2017）。

续表

表情（文字格式）	表情在聊天室中显示的图像	表情的主要语境
BabyRage		不满意
SwiftRage		愤怒 / 无法控制住的激动
WutFace		难以置信

来源：Twitchemotes.com，2017。注：其主要语境出自 Magdaleno，2014

继观察之后，研究完成了 15 份与《CS:GO》的电竞观众进行的半结构化访谈。作为对观察的后续跟进，这些访谈为现有数据提供了补充，对已观察到的情况提供了丰富的见解并收集了针对体育精神的第一手观点。观察结果为设计访谈提供了框架，也为访谈设计提供了搜集问题的机会：对电竞中体育精神重要性的个人观点；对违背体育精神行为的普遍认识，包括作为观众时所经历的具体案例；以及对观察过程中所记录的潜在违背体育精神行为的看法。15 位参与者全部为年龄在 18 到 35 岁的男性，他们来自不同的国家，有德国人、加拿大人、冰岛人、英国人、法国人、美国人、印度人、荷兰人以及美籍菲律宾裔。本研究通过 Reddit 和 Twitch 上《CS:GO》的子论坛进行推广，参与者通过在线聊天室与研究人员联系，并同意接受采访。所有参与者都经常观看《CS:GO》电竞比赛，大多数观看局域网赛事，同时他们也是《CS:GO》的活跃玩家，大多数人每天都玩。

所有数据均使用了 NVivo（第 11 版）进行分析。NVivo 是一款质性数据分析软件，根据数据中出现的主题进行开源的、轴心的、选择性的编码（Cheung & Huang，2011；Corbin & Strauss，1990），并在边界工作的背景下针对违背体育精神的行为进行分析[①]。

关于体育精神、违背体育精神的行为以及其对电竞社群影响的看法

参与者针对“伟大的”体育精神的看法与阿巴德（Abad，2010）一致，其中包括公平和坚定的获胜意志。也与兰杜（Nlandu，2008）关于诚实、可靠、荣誉、慷慨的立场一致。然而其中最被看重的体育精神是选手对队友、粉丝、对手和比赛举办方的尊重。多蒂（Doty，2006）认为，尊重他人（以及正直）是一个人最重要的“品质”，这也反映在体育精神的方方面面。

违背体育精神的行为在两个方面对电竞领域造成了负面影响，并引起人们的担忧，而二者都与在电竞和非电竞之间以及在电竞社群之内构建边界有关。前者关乎电竞是如何与其他“主流”体育和文化区分开来的。泰勒（Taylor，2012）说：

> 虽然主流文化已经接受了那些狂热的足球迷或篮球迷，他们热情地追着自己的球队……看很多场比赛，但鉴于电子游戏在文化中的地位，电子竞技粉丝往往受到诧异或怀疑的目光。(p.193)

因此，参与者们对任何违背体育精神的行为都有一定的群体意识，主要是担心会引来主流媒体的关注，并破坏公众对电竞合法性的认

① 本研究获得了中央昆士兰大学人类研究伦理委员会的许可（许可编号：H17/05-092）。

知。此外，他们还担忧在社群内部引起“drama”*。桑德森（Sanderson，2013）和潘乔**（Phua，2010）谈到了粉丝与他们喜欢的体育项目的不同组成部分，包括队伍、赛事和运动员之间的关系和紧密联系，也就是所谓“体育粉丝认同”（sports fans identification）。对这些群体的认同可能也会塑造观众自己的社会与个人身份，并对他们的自尊产生积极影响（Phua，2010）。然而桑德森（2013）指出，**社交威胁**可能会危及粉丝所认知的社会地位，反过来也会导致那些贬低、恐吓和充斥着脏话的粉丝反应。参与者指出，粉丝们可能会针对这些威胁聚集起来，在社交媒体上发动“**猎巫**”（witch-hunts）***，招致“**忿恨**”（bitter taste），并造成社群内部的分裂。通过将这些观点置于背景之下，接下来的论述探究了研究中收集和观察到的几种违背体育精神的形式，代表了研究结果中的三个主要主题。虽然所搜集的数据里所有的特征，以及所有讨论中所涉及的违背体育精神的行为，都值得从电竞观赏的视角来进行严肃的分析，但本文将侧重点收窄至几种违反规则的行为，它们与泰勒（Taylor，2012）、萨伦和齐默尔曼（Salen & Zimmerman，2004）视为具有**操作性**、**构成性**和**潜在性**的规则相符，因为它们在边界工作理论的范畴内提供了丰富的探讨空间。

“没礼貌”

体育精神要求运动员在赛场上做出合理的决定（Abad，2010；Nlandu，2008；Rutten et al.，2007）。参与者认为其中有些决定“没有

---

* 译注：“drama”意为意料之外的、戏剧性的事件或状况。

** 译注：音译，Joe J. Phua。

*** 译注：“猎巫”原指欧洲中世纪迫害女巫的行动，在现今社交媒体上也指对某人进行网络暴力或人身攻击。

必要”，因为其相应的行为既不能够体现技能又不能反映战队的战略因素。虽然没有违反任何操作性或构成性的规则，但这些行为可能违反了地方惯例，也就是社群内的潜规则。在《CS:GO》中，这些行为被俗称为“没礼貌”（bad manners）或是“BM”，甚至在日常对话中被当作动词使用（如“BM’ing”，被“BM’ed”）。

本研究观察到了两种BM形式。第一种与击毙一名玩家之后的行为有关。当一名玩家被杀后，其角色身体会以尸体状态留在原地，直到下一回合开始，通常获胜玩家会捡起敌人尸体上的武器并/或继续进行游戏。然而有的时候，获胜玩家会利用这个机会来鞭打尸体。用刀（如劈/刺）或射击已经被消灭的角色尸体被视为一种BM。BM的第二种形式与如何消灭一名玩家有关。FPS游戏以其巨大的军械库闻名，在《CS:GO》中，可用的武器分为手雷、手枪、步枪、冲锋枪和霰弹枪等类别。虽然每轮游戏开始前都需要在这一系列的武器类型中购买装备，但每位玩家都默认会携带一把刀，而在挥刀时角色能够以更快的速度奔跑（Witkowski，2012），使用刀来消灭对手被视为BM。

就技能和战略而言，这两种BM形式都具有不切实际的特点。为何要浪费宝贵的比赛时间来攻击已经被消灭的对手呢？为何明明可以从远距离射击，还要冒着风险去接近对手呢？在观察中，一名来自A队的选手在第15回合时用刀消灭了对手。在这场局势中，A队已经消灭了B队的四名队员，且本队仅有一名队员阵亡。B队唯一的幸存者发现了一名A队成员，并开火。A队的这名队员并没有使用携带的枪支，而是走到幸存者跟前，把枪换成了刀，并将其消灭，赢得了本轮比赛的胜利。对此，比赛的解说员表示：

> 解说员一号：那一轮A队是稳赢的，所以我猜他们就是想让大家高兴一把。
>
> 解说员二号：这就像是在足球比赛中场休息前进了一球。你在

CS 中用刀，这很有可能会惹恼（B 队）。

解说员一号：我觉得更像是在冰球比赛中打入了空门，还要在所有人面前炫耀。

这段对话提供了两个重要观点。第一点与史密斯（Smith，2004）和穆勒等人（Moeller et al.，2009）关于**恶意行为**，即当一位玩家刻意要对其他玩家造成不适而导致的**外部机制冲突**的观察有关，在这种情况下，违背体育精神的行为受独立行为主导，并意欲嘲讽或骚扰其他在场的人（Moeller et al.，2009；Smith，2004）。这也有可能是一种战略性的手段，为了破坏输的一方的心态。当参与者被问及他们怎么看待职业选手的这种行为时，他们认为这种行为看起来“没意思”（tame）、“嚣张”（cheeky）以及“滑稽”（funny）。然而在某些情况下，比如，如果该行为针对的是他们支持的队伍里的选手，或者如果这种行为造成了决胜局，观众可能会有不同的感受。

根据卡尔特等人（Carter et al.，2015）对《星战前夜》社群内非正式规则的讨论，构建 BM 形式的边界（以及违反惯例的潜在威胁）可以通过不同的视角来解释。其中一种观点明显强调了观众的**自身经验**中与 BM 行为相关的情绪，这使他们能够看到该行为背后的动机，同时也能与选手共情。正如一位研究参与者所说：

看到有人（拿刀砍敌人尸体）总是很有趣的，因为通常……这种行为是出于沮丧或胜利感。这也显示了选手人性的一面，就好像是说，虽然我们是职业级的，但我们跟你有同样的感受。

与鞭尸和用刀杀人等行为有关的另一种观点，来自与北美的国家冰球联盟（National Hockey League）的文化惯例的比较。伯恩斯坦（Bernstein，2006）对这项运动中的“守则”（the code）进行了详细的解读，认为它实际上是一种荣誉制度，与其他运动项目不同，它允许运动员在比赛中打斗。伯恩斯坦（Bernstein，2006）指出，虽然粉丝们是来看比赛的，但很多人都被那种斗殴吸引了，感到兴奋，因此这也使它成了比赛乃至整个运动的一部分。重要的是，这些行为也是职业运动员联结粉丝的一种形式，使职业选手看起来更有“人情味”，对观众更具亲和力。因此《CS:GO》中这些 BM 形式虽然在常规上来说没有必要，且在道德上站不住脚，但是也会为比赛创造出一种享受，脱离了对体育精神的违背，并增进了比赛的亲近感。而那些没有以同样的方式投入电竞或者不需要这种亲近感的人，可能会无法理解这种观点。

并非所有的 BM 形式都一样。比如，“吊茶包”（teabagging）是一种玩家消灭对手后进行的行为。从操作上来说，它是指踩在尸体上重复蹲下和站起的动作；屏幕上的电脑成像（CGI）的环境视角上下起伏（第一人称视角），角色看起来在做深蹲（第三人称视角），其意图暗示了模拟的性行为，即用下身（或臀部，如果尸体面朝下）滑过身下之人的头部。至于这个行为是否属于一种羞辱他人的行为，有各种不同的看法。在观察中有记录到出现吊茶包的行为，这触发了整个聊天室汹涌的“BM”，多数反应是惊讶和厌恶，但其中也有觉得有趣的。这也支持了迈尔斯（Myers，2017）针对这个主题的研究，研究发现玩家针对电子游戏中吊茶包行为有各种情绪反应，从感到厌恶到觉得有趣。虽然迈尔斯构建了一套令人信服的论述指出这象征着玩家之间表达亲密感，但他同样也指出，这种行为会威胁到职业选手的“严肃性”（p.10）。在本研究中，所有参与者都对吊茶包行为表达了不屑，并认为这种行为非常不专业，在职业选手中看到这种行为“令人失望”，而这也支持了迈尔斯的观点。围绕吊茶包行为认可性边界的划定与重新划定，似乎取决于观众观看的是职业比赛还是休闲比赛。

放水和比赛造假

根据阿巴德（Abad，2010）的观点，选手发挥自己最大的潜能，在任何情况下都是体育精神的基石。如果一位选手或一支队伍决定在比赛中“放水”（throwing），是有悖于这种美德的。卡尔特等人（Carter et al.，2015）在他们的研究中探究了这个概念，认为在边界工作的语境中，这是一种“观众试图确立如何玩**应当**是什么。通过将玩置于比赛的背景中……批判观点也开始调用其他观赏性运动中的意识形态”（n.p.）。他们指出在《星战前夜》这个通常允许偷窃行为的游戏中，在比赛中放水对其电竞圈有负面影响。如果说前者符合游戏世界中的构成性规则，那么后者则必然是对不成文规定的违背。

然而观众们却可能会难以辨别比赛的放水行为。本研究过程中观察到了一些职业选手表现出不寻常的游戏行为，包括恐怖分子战队扔掉炸弹但却没有试图将其捡回（将胜利让给了反恐精英），以及一名玩家冲到对手面前却没有开枪（在游戏中自杀）。出现这些情况时，解说员的反应发生了变化，不再是平常快语速讲解，变得停滞且困惑。在聊天室中，一些观众指责战队对比赛放水，表现出愤怒和厌恶，而解说员的反应有：“怎么这么胡闹？”“这太惊人了，完全是业余行为”以及“这太恶劣了”。很难确定这些战队是在对比赛“放水”，但是观众的反应让人觉得确实如此，且很难得出别的结论。观众一致认为，这种放水行为可能是由于“发挥失常”（choking）（当玩家 / 队伍正在领先，或预计可能会赢得比赛时，表现得出乎意料地糟糕）和 / 或“情绪失控”（tilting）（当挫败感和困惑蒙蔽了玩家的判断力，导致其做出一些欠考虑的行为）。维特科夫斯基（Witkowski，2012）在她的论文中指出职业选手具备驾驭虚拟世界所需的技能和精确性，然而：

> 如果一位选手 / 队伍从 A 点移动到 B 点的能力很差或者无法迅

速精准地瞄准他们视野中的敌人、甚至不善于在赛场上移动时与队友进行空间上的协调……那么“失败”的概率就随着每一次发挥欠佳的行动而增加。(p.357)

出于这个原因，不同的观众对游戏中的行为可能会有各种不同和动态的理解。张吉福和黄杰夫(Cheung & Huang，2011)探讨了**信息不对称**(information asymmetry)的概念，即观众和选手掌握的是比赛信息的不同面向。对于观众来说，不可能总是能够理解选手做出特定行为的动机。在本研究中，参与者也证明了这一观点。“我们作为观众永远不了解完整的背景……(所以)很难判断”。然而，当放水明确与违反**操作性**规则的新闻或“drama”联系在一起时，参与者很快就都表示出愤慨。一个相关的例子是当放水的动机是出于经济利益时，这也就是所谓“比赛造假”(match fixing)[①]。

在访谈中，许多参与者都谈到一个如今臭名昭著的案例：一支名为 iBuyPower 的《CS:GO》职业战队在 2014 年 8 月的 CEVO 职业联赛第五赛季中，在与对手 NetcodeGuides.com 的比赛中押注自己输掉比赛(Chalk，2015；Lewis，2015)。这场比赛导致了七人的永久禁赛，其中包括四名 iBuyPower 的队员(Chalk，2015)。在 2017 年，一个电竞赛事组织方电子竞技联盟(ESL)与电竞诚信同盟(ESIC)[②]共同发起了一份问卷调查，意在收集关于作弊、比赛造假和“doping”(在电竞中使用表现增强药物；Oelschlägel，2017)等行为的制裁意见。这项调查的结果引

① 在《CS:GO》的大赛中，粉丝可以通过在 CSGO Lotto、CSGO Lounge 等网站上购买“皮肤”(游戏内武器的装饰)来对比赛进行押注赌博(Sarkar，2017)。这相当于传统体育博彩，观众在比赛用皮肤下注，赢得的皮肤可以被卖出获利(Sarkar，2017)。

② 由电竞利益相关者成立，旨在处理对电竞构成威胁的情况，其使命是“成为公认的电竞体育诚信的守护者，并对一切形式的作弊行为承担起监管的责任”(Esports Integrity Coalition，n.d.)。

起非V社合作或赞助的比赛改变了比赛规则，违规玩家只会受到所有联赛五年的禁赛处罚。同时也宣布，2015年2月之前颁布的所有无限期禁赛令将被取消——其中包括对iBuyPower玩家的禁赛处罚（Oelschlägel，2017）[①]。

作为引发了社群内前所未有的变化的一个案例（此前，《CS:GO》中没有已知的比赛造假行为），iBuyPower的禁赛令为观众如何理解和处理违背体育精神的后果引入了一个新的层面。参与者们针对取消禁赛令是否合理以及是否应在所有《CS:GO》的联赛中应用这项规则提出了他们的看法。引用布洛克（Brock，2017）对电竞选手工作环境的分析可以对这一点进行有效的展开。伍德考克和强森（Woodcock & Johnson，2016，引自Brock，2017）提出，在电竞职业选手生活的世界中，竞技比赛的需求必须被视为一种不稳定工作，且处于一个同样不稳定的工作环境中。在这里，选手的青春是一个重要的商品。布洛克（Brock，2017）拓展了这个观点，并探讨了选手"短暂"的职业生涯，他们逐渐"失去"能力、变得衰弱或是开始关注其他的目标。带着与此一致的看法，有些参与者采取了同情的视角，质疑永久禁赛的必要性。如一位参与者所说：

> （iBuyPower）在游戏发展的高峰时期遭到全面禁赛。他们已经受到了应得的惩罚，再犯的风险非常非常低（原文如此），而且无疑也已经树立了一个反面教材，说明（比赛造假）是不值得的。我不觉得让他们继续禁赛有任何好处。

相反，另外一些参与者表示不同意解除禁赛令，他们认为永久禁赛是有必要的，理由是iBuyPower有意识地做出了欺诈与非法行为。基于

① 2017年9月，DreamHack也采纳了ESIC的建议，修改了有关比赛造假的规则，并解除了前iBuyPower队员的禁赛令（Liao，2017）。

上述关于电竞工作环境不稳定性的论点，布洛克（Brock，2017）指出，比赛造假也可以被理解为职业选手在电竞职业中解决财务问题的一种潜在的方案。阿切尔（Archer，2012，引自 Brock，2017）关于**自主反身性**（autonomous reflexivity）的概念被用来解释这种行为，即通过战略、实际的手段来解决困难，而如比赛造假这类行为也使他们得以重申自己的独立性并把握一定的掌控权。鉴于 ESL 决定对所有比赛造假事件解除禁赛令，认为对于电竞职业选手有必要采取永久禁赛令的这种观点，参考了传统职业体育中的裁决，并将电竞领域之外的逻辑划入了电竞的边界之内。如一位参与者所言：

在别的体育项目里，那些比赛造假的队伍会被永久禁赛，甚至还可能会去坐牢。就这样完蛋了。所以为什么他们要被允许回到（电竞中）？他们明明知道自己在做什么，但还是被抓到了。

同情的观点认为，在出现 iBuyPower 事件时，关于比赛造假的规则还“不明确”。在这些情况中，参与者并没有简单地看待边界（如正确或错误），反而是出于同情，将真正有技能与追求经济利益的动机加以区分：

……作弊者是说那些不够格跟职业选手一起比赛的人，也不应该再被允许进入职业赛场，但是比赛造假的人只是为了钱而已，如果 IBuyPower 赢下比赛拿的奖金比在自己身上下注还要多，那他们肯定不会（搞比赛造假）。

文献显示，职业选手用更高超的技能“掌握”游戏与求胜的需求以及他们的心理消费需求呈正相关（Seo，2016；Weiss，2011），但是他们也同样有经济需求，而这在电竞中却难以被满足（Brock，2017）。选手不堪重负、经济上缺乏安全感，因而在心理上逐渐“偏离”了游戏的惯例，这使那些令人生疑的选择更具吸引力（Carpenter，2012）。对违背体育精神行为的这种看法符合布洛克（Brock，2017）的观点，即电子竞技是一项“集合了社会心理、文化以及经济因素的复杂构造”（p.323）。

卡 BUG

电子游戏中的“bug”（程序错误）和“glitch”（小故障）是游戏中不可避免的“瑕疵”，反映了设计与测试中固有的困难（Lewis，Whitehead，& Wardrip-Fruin，2010）。在某些情况下，非人对象也可以介入游戏，给玩家造成麻烦（Conway & Trevillian，2015）。然而，玩家也可以利用 bug 或 glitch 来获得优势，给其他玩家造成不公平（Aarseth，2003）。《CS:GO》电竞中曾出现过这样的案例，在 2017 年 8 月的“PGL 克拉科夫锦标赛”（PGL Major：Krakow）中，BIG 战队在与对手的比赛中利用了游戏 bug。在大多数地图中，玩家可以通过跳跃来窥视墙或箱子的另一面，这可以使他们侦查到周围的环境，但如果被发现，就会泄露自己的位置，且暴露角色头部，容易受到攻击。在“PGL 克拉科夫锦标赛”中出现了一个 bug，如果玩家在偷看时跳起并在半空中蹲下，则可以在不暴露头的状态下视察周围的环境（Villanueva，2017）。BIG 战队的队员利用这个 bug［如今被称为“BIG 蹲跳 bug”（BIG jump bug）］赢得了比赛。

参与者对“BIG 蹲跳 bug”进行了评论，对于利用游戏 bug 是否属于违背体育精神有不同的观点。多数人认为这种做法获得不公平的优势，理由是这些 bug 破坏了游戏世界的物理和现实属性。例如：

> 游戏中的每一个部分、物件或功能都只应该用在它原本的用途

上。所以……在游戏里跳跃是为了跳到一个东西上面，或者用来看看高物件背后的情况。它的本意不是要给跳起的人带来不被看见的优势。

反方观点则承认卡 bug 是一种战术行为，因为并没有明确的规则禁止这种行为：**卡 BIG 遵守了规则，并且抓住了一切合法的机会**。在违背体育精神行为的语境中，针对卡 bug 的行为，观众的边界似乎在构成性和潜在性规则的范畴内被划定和重新划定，由于没有违反规则，该行为及其合法性受到辩护。这也可以与传统体育中阿巴德（Abad，2010）的足球比赛案例进行比较——当一位球员受伤倒地时，对方球队继续进行比赛。舍尔默（Schermer，2008）与厄普顿（Upton，2011）认为，任何促成不公平优势的情形都是作弊，不论是否违反游戏中成文或不成文的规则。卡尔特等人（Carter et al.，2015）表示，作弊是边界工作的一个例子，因为它显示了“类似的争议，即对某个标签的适用性进行定义与重新定义，以涵盖或排除某些特定行为”（n.p.）。史密斯（Smith，2004）和穆勒等人（Moeller et al.，2009）将作弊定义为一种对游戏系统的篡改，然而扬与蓝道尔（Yan and Randell，2005）则提出，利用 bug 或漏洞进行作弊有别于其他形式的不公平，因为玩家并未篡改游戏，而是利用了现存的设计缺陷来应对对手。

本研究中几乎所有参与者都提到了“Fnatic 人梯”（Fnatic boost）——这个卡 bug 的案例出现在 2014 年的“DreamHack 冬季大师赛”中。在比赛的后半场，Fnatic 战队的队员反复聚集在地图中的同一个位置来消灭对手。Fnatic 最终获胜，并取得了半决赛的资格（Ouyang，2014）。然而，这个特定的地点存在一系列 bug，其中包括“pixel walking”（也被称为“pixel boost”——角色可以架空站在隐形的沿上，见图 1）、“透明材质”（可以透视固体物，如墙）以及“永生”（玩家在某个特定角度不受伤害；Švejda，2014）。与“BIG 蹲跳 bug”不同，这种利用透明材质和永生 bug 的作弊行为违反了本次大赛的规则，因此被视为非法行为（Ouyang，2014；Švejda，2014）[①]。

图 1：被称为“人梯王”（Boostmeister）的 bug，来自在 2014 年 DreamHack 冬季大师赛 Fnatic 战队。由于这个姿势利用了三种形式的 bug，在大赛中被认定为非法（来源：Ouyang，2014）

虽然 Fnatic 人梯被视为违规行为，DreamHack 的组委会决定对整场比赛进行重赛，但 Fnatic 决定弃权（Ouyang，2014）。对其背后的原因有种种猜测，但可以大致归属到几个原因上。一位参与者表示，“（Fnatic 的对手）也利用了（一个游戏中的 bug），这是违反比赛规则的”，这一点得到了其他人的证实（Shields，2014，2017a，2017b）。在比赛结束后，组委会审理并做出决定的 6 小时内，Fnatic 也遭到了社群内的大量网络暴力。另一位参与者表示：“（Fnatic）也太天真了，这显然会激怒别人，但也许他们被好胜心冲昏了头，这能怪他们吗？我真的不知道。”在《CS:GO》社群中，Fnatic 也被指在其他无关的比赛中作弊（随后被冠上作弊的名声），这也许招致了粉丝的反感（Rosen，2017）。

因此，就被认可的行为和体育精神而言，卡 bug 貌似跨越了各种边界，而不同的背景被用来为他们辩护或对他们进行指责。对违背体育精

① Pixel walking 在本场大赛中并不违反规则，电竞记者邓肯·索林·希尔兹（Duncan “Thorin” Shields）在视频网站上有一个很棒的三集系列，其中包括了对本案的详细分析（Shields，2014，2017a，2017b）。

神行为的负面 / 不容忍程度也许会根据违规程度的增加而上升（两者都不合法，只是比起对手的人梯，Fnatic 的人梯更大地提升了他们的优势），而对战队 / 选手遵守体育精神的固有印象则会影响划定边界的程度。在“BIG 蹲跳 bug”的案例中，PGL 锦标赛中的其他队伍达成了“君子协议”，决定不在之后比赛中利用这个 bug（Kent，2017）。对于选手来说，在发生触发违背体育精神行为的事件后，会在各个方面表现出体育精神，然而这些体育精神的表现并不一定与观众的看法一致。比如，一位参与者说：

> 我希望组委会在管理卡 bug 的问题上态度要坚决。（君子协议）要怎么执行？如果一个队伍违反了（君子协议），那组委会也无能为力，因为违反（君子协议）并非不合法。

如卡尔特等人（Carter et al.，2015）所述，这里的关键点在于，在不同的非正式规则之间的边界工作会根据权威人物以及他们“重新定义游戏界限”（n.p.）的能力而改变。如果行为违反了比赛的操作性规则（如 Fnatic 的人梯）或不成文规则（如 BIG 蹲跳 bug），那么比赛的主办方可以进行评估，并对这些行为做出裁决。

结论

与传统体育类似，电子竞技也容易受违反游戏规则和违背体育精神的行为的影响。然而电竞所处的环境，其系统本身就具有篡改和 / 或促成不公平优势的倾向。我们认为，在《CS:GO》中有些违背体育精神行为的边界是**多变**的，它们在不同的背景下被自由地划定和重新划定，以各种方式被批评和辩护。对于玩家来说，某些游戏中的 BM 行为是一种在对手面前炫耀胜利的方式，虽然没有必要，但观众可能也乐于观看，感到有趣，并且认为这使职业选手更具亲和力。而另外一些 BM 的形式，如“吊茶包”，其认可性的边界就没有那么灵活了。发挥选手最大的潜力在任何一项体育运动中都是最大的美德，若出现比赛放水的情况则会破坏这种美德的价值。从观众的视角来看，这可能难以辨别，而线上聊天中的讨论会引导观众的理解方式，某种程度上来说会影响个人的反应。放水可以被视为一种比赛造假的行为，本研究发现，这种行为招致了同情和不同情的观众看法，观众以不同的方式对其展开批评或辩护。因此，虽然电竞的独特身份对于其社群来说非常重要，然而树立与传统体育一致的原则也满足了获得外界认可的需求。某些违背体育精神的行为是电竞特有的，可以说这些行为与产生它们的电子游戏一样复杂且新兴，针对“卡 bug”的行为是战术性的还是造成了不公平优势，引发了激烈的争论。在这里，观众对于体育精神的看法似乎将具体的事件背景置于游戏规则之上。本研究的结果可能对于对电竞中体育精神的多变性感兴趣的批判性游戏研究学者有所帮助，并为进一步探究不同的游戏和电竞类型归纳了对观众观点的分类。

参考文献

Aarseth, E. (2003). *Playing research: Methodological approaches to game analysis.* Paper presented at the Proceedings of the Digital Arts and Culture Conference. Melbourne, Australia.

Abad, D. (2010). Sportsmanship. *Sport, Ethics and Philosophy*, 4, 27-41. doi:10.1080/17511320903365227

Arnold, P. J. (1983). Three approaches toward an understanding of sportsmanship. *Journal of the Philosophy of Sport*, 10, 61-70.

Bernstein, R. (2006). *The code: The unwritten rules of fighting and retaliation in the NHL*.Chicago, IL: Triumph Books.

Bishop, R. (1999). From behind the walls: Boundary work by news organizations in their coverage of Princess Diana's death. *Journal of Communication Inquiry*, 23, 90-112.

Bowditch, L., Chapman, J., & Naweed, A. (2018). Do coping strategies moderate the relationship between escapism and negative gaming outcomes in World of Warcraft (MMORPG) players? *Computers in Human Behavior*, 86, 69-76. doi:10.1016/j.chb.2018.04.030.

Brock, T. (2017). Roger Caillois and E-sports: On the problems of treating play as work. *Games and Culture*, 12, 321-339.doi10.1177/1555412016686878

Burri, R. V. (2008). Doing distinctions: Boundary work and symbolic capital in radiology. *Social Studies of Science*, 38, 35-62.

Carpenter, K. (2012). Match-fixing — The biggest threat to sport in the 21st century? *International Sports Law Review*, 2, 13-23.

Carter, M., Gibbs, M., & Arnold, M. (2015). The demarcation problem in multiplayer games: Boundary-work in EVE online's esport. *Game Studies*, 15, 1. Retrieved from http://gamestudies.org/1501/articles/carter

Carter, M., & Gibbs, M. R. (2013). *eSports in EVE Online: Skullduggery, fair play and acceptability in an unbounded competition*. Paper presented at the FDG. Crete, Greece.

Chalk, A. (2015). Valve bans seven CS:GO pro players from tournament play for match fixing. *Pc Gamer*. Retrieved from https://www.pcgamer.com/valve-suspends-sevencsgo-pro-players-for-match-fixing/

Cheung, G., & Huang, J. (2011). *Starcraft from the stands: understanding the game spectator*. Paper presented at the Proceedings of the SIGCHI Conference on Human Factors in Computing Systems, Vancouver, British Columbia, Canada.

Conway, S., & Trevillian, A. (2015). Blackout! Unpacking the black box of the game event. *Transactions of the Digital Games Research Association*, 2, 67-100.

Copier, M. (2003). The other game researcher: Participating in and watching the construction of boundaries in game studies. Proceedings of the 1st International Digital Games Research Association Conference. Utrecht, the Netherlands: Utrecht University Press.

Corbin, J. M., & Strauss, A. (1990). Grounded theory research: Procedures, canons, and evaluative criteria. *Qualitative Sociology*, 13, 3-21. doi:10.1007/bf00988593

Doty, J. (2006). Sports build character? *Journal of College and Character*, 7, 1-9.

E-Sports Earnings. (2017). *Top games awarding prize money*. Retrieved from http://www.eSportsearnings.com/games

Esports Integrity Coalition. (n. d.). *Privacy policy*. Retrieved from http://esportsintegrity.com/about-us/privacy-policy/

Gieryn, T. F. (1983). Boundary-work and the demarcation of science from non-science: Strains and interests in professional ideologies of scientists. *American Sociological Review*, 48, 781-795. doi:10.2307/2095325

Gieryn, T. F. (1999). Cultural boundaries of science: Credibility on the line. Chicago, IL: University of Chicago Press.

Hamari, J., & Sjöblom, M. (2017). What is eSports and why do people watch it? *Internet Research*, 27, 211-232.

Hamilton, W. A., Garretson, O., & Kerne, A. (2014). *Streaming on twitch: Fostering participatory communities of play within live mixed media*. Paper presented at the Proceedings of the 32nd annual ACM conference on Human Factors in Computing Systems, Toronto, Ontario, Canada.

Hidden Path Entertainment. (2012). *Counter Strike: Global offensive* [Video game]. Bellevue, WA: Valve Cooperation.

Huizinga, J. (1995). *Homo Ludens: A study of the play-element in culture*. Boston, MA: Beacon.

Jenny, S. E., Manning, R. D., Keiper, M. C., & Olrich, T. W. (2017). Virtual(ly) athletes:

Where esports fit within the definition of "sport". *Quest, 69*, 1-18. doi:10.1080/00336297.2016.1144517

Kaytoue, M., Silva, A., Cerf, C., Wagner, M., & Rassi, C. (2012). *Watch me playing, I am a professional: A first study on video game live streaming*. Paper presented at the Proceedings of the 21st International Conference on World Wide Web, Lyon, France.

Keating, J. W. (1964). Sportsmanship as a moral category. *Ethics*, 75, 25-35.

Kent, M. (2017). CS:GO players agree jumping crouch glitch gentleman's agreement at PGL major. *Dextro.com*. Retrieved from https://www.dexerto.com/news/csgo-players-agreegentlemans-agreement-jumping-glitch/32720

Kow, Y. M., & Young, T. (2013). *Media technologies and learning in the StarCraft esport community*. Paper presented at the Proceedings of the 2013 conference on Computer supported cooperative work, San Antonio, TX.

Lee, D., & Schoenstedt, L. J. (2011). Comparison of eSports and traditional sports consumption motives. *The ICHPER-SD Journal of Research in Health, Physical Education, Recreation, Sport & Dance*, 6, 39.

Lewis, R. (2015, January 17). New evidence points to match-fixing at highest level of American counter-strike. *Dot Esports*. Retrieved from https://dotesports.com/counterstrike/match-fixing-counter-strike-ibuypower-netcode-guides-1256

Lewis, C.,Whitehead, J., & Wardrip-Fruin, N. (2010). *What went wrong: A taxonomy of video game bugs*. Paper presented at the Proceedings of the Fifth International Conference on the Foundations of Digital Games, Monterey, CA.

Liao, H. (2017). Ex-IBP unbanned by DreamHack. *Cybersport.com*. Retrieved from https://cybersport.com/post/ex-ibp-unbanned-by-dreamhack

Macey, J., & Hamari, J. (2018). Investigating relationships between video gaming, spectating esports, and gambling. *Computers in Human Behavior*, 80, 344-353. doi:10.1016/j.chb.2017.11.027

Magdaleno, A. (2014). "Twitch-speak": A guide to the secret emoji language of gamers. Retrieved October 4, 2017 from http://mashable.com/2014/08/08/twitch-emoticons/#GntdrrOx4Gqj

Mikes, A. (2011). From counting risk to making risk count: Boundary-work in risk management. *Accounting, Organizations and Society*, 36, 226-245.

Moeller, R., Esplin, B., & Conway, S. (2009). Cheesers, pullers, and glitchers: The rhetoric of sportsmanship and the discourse of online sports gamers. *Game Studies, 9*, 2. Retrieved from http://gamestudies.org/0902/articles/moeller_esplin_conway

Myers, B. (2017). Friends with benefits: Plausible optimism and the practice of teabagging in video games. *Games and Culture*. DOI: 10.1177/1555412017732855

Nlandu, T. (2008). Play until the whistle blows: Sportsmanship as the outcome of thirdness. *Journal of the Philosophy of Sport, 35*, 73-89. doi:10.1080/00948705.2008.9714728

Oelschlägel, H. (2017). ESL aligns with ESIC's recommendation on sanctions for cheating in esports. *Electronic Sports League*. Retrieved from https://www.eslgaming.com/article/eslaligns-esic-s-recommendation-sanctions-cheating-esports-3641

Olshefski, E. (2015). *Game-changing event definition and detection in an esports corpus*. Paper presented at the Proceedings of the 3rd Workshop on EVENTS at the NAACL-HLT 2015, Association for Computational Linguistics. Denver, Colorado.

Ouyang, K. (2014). DreamHack winter 2014: Controversial boost spot helps Fnatic advance to semi-finals over LDLC. *GosuGamers*. Retrieved from https://www.gosugamers.net/counterstrike/news/29189-dreamhack-winter-2014-controversial-boost-spot-helps-fnaticadvance-to-semi-finals-over-ldlc

Phua, J. J. (2010). Sports fans and media use: Influence on sports fan identification and collective self-esteem. *International Journal of Sport Communication, 3*, 190-206. doi:10.1123/ijsc.3.2.190

Rambusch, J., Jakobsson, P., & Pargman, D. (2007). *Exploring E-sports: A case study of game play in Counter-strike*. Paper presented at the 3rd Digital Games Research Association International Conference: "Situated Play," DiGRA 2007, 24 September

2007 to 28 September 2007, Tokyo, Japan. Retrieved from http://urn.kb.se/resolve?urn.urn:nbn:se:his:diva-1463

Rosen, D. (2017, August 2). How did this happen: Fnatic's infamous Olofboost. *theScore esports*. Retrieved from https://www.thescoreesports.com/csgo/news/14857-how-did-thishappen-fnatic-s-infamous-olofboost

Rutten, E. A., Stams, G. J. J. M., Biesta, G. J. J., Schuengel, C., Dirks, E., & Hoeksma, J. B. (2007). The contribution of organized youth sport to antisocial and prosocial behavior in adolescent athletes. *Journal of Youth and Adolescence*, 36, 255-264. doi:10.1007/s10964-006-9085-y

Sabra, J. B. (2017). "I hate when they do that!" Netiquette in mourning and memorialization among Danish facebook users. *Journal of Broadcasting & Electronic Media*, 61, 24-40.

Salen, K., & Zimmerman, E. (2004). *Rules of play: Game design fundamentals*. Cambridge, MA: MIT press.

Sanderson, J. (2013). From loving the hero to despising the villain: Sports fans, Facebook, and social identity threats. *Mass Communication and Society*, 16, 487-509. doi:10.1080/15205436.2012.730650

Sarkar, S. (2017). How do counter-strike: Global offensive skins work? *Polygon*. Retrieved from https://www.polygon.com/2016/7/11/12129136/counter-strike-global-offensive-csgo-skins-explainer

Schermer, M. (2008). On the argument that enhancement is "cheating". *Journal of Medical Ethics*, 34, 85-88. doi:10.1136/jme.2006.019646

Seo, Y. (2016). Professionalized consumption and identity transformations in the field of eSports. *Journal of Business Research*, *69*, 264-272. doi:10.1016/j.jbusres.2015.07.039

Seo, Y., & Jung, S. U. (2016). Beyond solitary play in computer games: The social practices of eSports. *Journal of Consumer Culture, 16*, 635-655. doi:10.1177/1469540514553711

Singer, J. B. (2015). Out of bounds: Professional norms as boundary markers. In M.

Carlson && S. C. Lewis (Eds.), *Boundaries of journalism: Professionalism, practices and participation* (pp. 33-48). London, England: Routledge.

Shields, D. [Thooorin]. (2014, December 11). Thorin's thoughts — FNATIC's overpass boost (CS:GO). Retrieved from https://www.youtube.com/watch?v.Ltomn_amMy0

Shields, D. [Thooorin]. (2017a, January 26). Thorin's thoughts — revisiting the FNATIC — LDLC boost (CS:GO). Retrieved from https://www.youtube.com/watch?v.VKQyMt_swY0

Shields, D. [Thooorin]. (2017b, November 28). Thorin's thoughts — the tragedy of FNATIC's boost (CS:GO). Retrieved from https://www.youtube.com/watch?v.vIzpF-Tk9K0

Smith, J. H. (2004). *Playing dirty-understanding conflicts in multiplayer games*. Paper presented at the 5th annual conference of the Association of Internet Researchers, University of Sussex. Sussex, England.

Švejda, M. (2014). DH: "Overpass will be replayed". *HLTV*. Retrieved from https://www.hltv.org/news/13726/dh-overpass-will-be-replayed

Tauch, C., & Kanjo, E. (2016). *The roles of emojis in mobile phone notifications*. Paper presented at the Proceedings of the 2016 ACM International Joint Conference on Pervasive and Ubiquitous Computing: Adjunct, Heidelberg, Germany.

Taylor, T. (2012). *Raising the stakes: E-sports and the professionalization of computer gaming*. Cambridge, MA: MIT Press.

Thiborg, J., & Carlsson, B. (2010). Law and morality in counterstrike. *Entertainment and Sports Law Journal, 8*, 1-13.

Upton, H. (2011). Can there be a moral duty to cheat in sport? *Sport, Ethics and Philosophy, 5*, 161-174. doi:10.1080/17511321.2011.561257

Villanueva, J. (2017). BIG found exploiting jump-spotting bug in match vs. FaZe. *Dot Esports.com*. Retrieved from https://dotesports.com/counter-strike/big-exploit-jumpspot-bug-pgl-major-15930

Wagner, M. G. (2006). *On the scientific relevance of eSports*. Paper presented at the

International Conference on Internet Computing. Nevada, USA.

Warmelink, H., Harteveld, C., & Mayer, I. (2009. *Press enter or escape to playdeconstructing escapism in multiplayer gaming*. Paper presented at the In B. Atkins, H. Kennedy, & T. Krzywinska (Eds.), Breaking new ground: Innovation in games, play, practice and theory: Proceedings of DiGRA 2009, September 1-4 2009, London, England.

Weiss, T. (2011). *Fulfilling the needs of esports consumers: A uses and gratifications perspective*. Paper presented at the Bled eConference. Bled, Solvenia.

Whiting, A., & Williams, D. (2013). Why people use social media: a uses and gratifications approach. *Qualitative Market Research: An International Journal, 16*, 362-369.

Witkowski, E. (2012). On the digital playing field. *Games and Culture*, 7, 349-374. doi:10.1177/1555412012454222

Yan, J., & Randell, B. (2005). *A systematic classification of cheating in online games*. Paper presented at the Proceedings of 4th ACM SIGCOMM Workshop on Network and System Support For Games. New York, USA.

作者简介

西德尼・V. 埃尔文（Sidney V. Irwin）是中央昆士兰大学卫生、医学和应用科学学院的博士生。她在同所大学获得了心理科学（荣誉）学士学位。她目前正在撰写一篇研究更多关于电子竞技心理层面问题的论文。

安尤姆・纳韦德（Anjum Naweed）是南澳大利亚州阿普尔顿行为科学研究所（Appleton Institute for Behavioural Science）应用认知科学的副教授，他在英国谢菲尔德大学获得心理学博士学位。他关注决策和知识表现，从用户体验出发，关注人与技术、工具、环境和系统之间的关系。

第三部分
电竞观众：粉丝文化与身份建构

卡牌游戏的媒介化：《万智牌》、电子竞技与直播①

扬·什韦尔赫（芬兰坦佩雷大学） 文

蒋子祺 译

摘要

《万智牌》（*Magic: The Gathering*，1993）在模拟类游戏*（analog game）中家喻户晓。它的发行商威世智（Wizards of the Coast）从九十年代末就开始尝试对万智牌进行数字化改编，然而直到2018、2019年，发行公司才宣布了在电子游戏市场上更为激进的战略，包括直播与电竞化的尝试。通过分析直播内容、副文本（paratext）元素，以及第一次大型数字赛事赛前的线上讨论，我将研究《万智牌》如何尝试并大力推广其从模拟类游戏向跨媒介电竞性质的转型。这个转型除了引起玩家和粉丝对其中某些面向的激烈反应之外，也带来了该游戏的深度媒介化（mediatization）——为了改善观赏性体验而遵循直播与电竞的媒介逻辑。新成立的电竞联盟中的职业玩家与其他获得赞助的内容创作者，被招募为此次转型的倡导者。

关键词：卡牌游戏；电子竞技；媒介化；变现；职业玩家；体育化；

---

① 本文英文原文为：Švelch, J. (2020). Mediatization of a card game: Magic: The Gathering, esports, and streaming. *Media, Culture & Society*, 42(6), 838-856.

* 译注：此文意指棋牌等非电子类游戏。

直播；电子游戏

前言

《万智牌》开创了集换式卡牌游戏（Brougère，2004；Martin，2004）这个类型，并启发了诸如“开箱”这类通过游戏内购来获得变现的当代做法（Nielsen & Grabarczyk，2018）。尽管它在超过二十五年的时间里持续地取得了经济效益上的成功，但这个游戏获得的主流曝光率却不及《龙与地下城》（*Dungeons & Dragons*，1997）（Gygax and Arneson，1974）。后者因近来在热门的影视剧集、直播平台如《关键角色》（*Critical Role*）（Trammell，2019）的出现而受到了广泛的关注。《万智牌》和《龙与地下城》的发行公司威世智如今为了提高卡牌游戏的主流热度而试图将其转化为电子竞技。这一新战略在2018年的年度游戏大奖（TGA）中首次公布。TGA是一个主要关注电子游戏的颁奖典礼，这意味着威世智在试图进一步开拓新的市场和受众。为了更好地适应越来越受欢迎且具有影响力的直播（Taylor，2018）与电竞文化（Scholz，2019），并提供更流畅的观赏体验，威世智现在正在部分地将游戏从最初的桌游版《万智牌》转型为新的数字改编版《万智牌：竞技场》（*Magic: The Gathering Arena*，Wizards Digital Games Studio，2019，后文简称为《竞技场》）。

本文探讨了在媒介化的语境下，卡牌游戏向更具有观赏性的娱乐产品的转型（参见Hepp，2013；Hjarvard，2013；Schulz，2004）。施蒂格·夏瓦（Stig Hjarvard，2013：20）先前提出，象棋经历了“从实体棋盘到计算机游戏”的转型。他认为，由于游戏获得了新的媒介化形式，比如在线对战或与电脑控制的对手对战，这个直接媒介化的过程让游戏解锁了新的可能性。安德烈亚斯·赫普（Andreas Hepp，2013：43）提出，在另一种原本是模拟类的游戏，即扑克中，直接媒介化有两种主要形式，也就是“电视与线上扑克”。同样，威世智逐步深化了万智牌的媒介化，先是发布了《万智牌 Online》（*Magic: The Gathering Online*，Leaping Lizard Software and Wizards of the Coast，2002；后文简称为《MTGO》），最近又发布了《竞技场》[①]。因此，受众既可以作为玩家也可以作为观众来参与在线游戏。在这个过程中，卡牌游戏演变为了一种复杂的跨媒介文化产物，至少它超越了模拟类游戏与数字游戏的二元对立。

尽管近来有针对这种二元对立的设定提出的批评（Aarseth，2017；Torner，2018），但它在竞技类游戏的研究中仍然非常重要。除了少数的例外（Karhulahti，2017），这类研究中的大多数仍倾向于电子游戏。学者们经常强调电子竞技与传统体育之间的相似性，暗示这是一种体育化（sportification）（参见 Borowy & Jin，2013；Turtiainen et al.，2018）而非媒介化（参考 Wimmer，2012）的进程。然而我认为，体育化作为一个概念，至少在应用于游戏时，需将现代媒体环境作为前提条件，能够首先使体育项目成为广泛流传的观赏性娱乐。因此，体育化与媒介化分别呈现了一个综合性进程中的不同主题，在这个进程中，游戏的消遣既成为一种类似竞技体育的活动，也成为一种为观众消费而设计的媒介产品。

如上所述，象棋（Fine，2012；Hjarvard，2013）与扑克（Albarrán-Torres & Apperley，2019；Hepp，2013）都曾被类似的进程所影响。而这些游戏与《万智牌》之间的重要区别在于，后者完全属于一个公司，即威世智，它也是玩具巨头孩之宝（Hasbro）的子公司。这种企业的把控影响了游戏的媒介化，并将其引向电子竞技的方向，而电竞本身也具有这种特殊的所有权结构（Burk，2013；Hollist，2015；Karhulahti，2017），这也有点类似玩具的媒介化，比如乐高广泛的跨媒介授权策略（Hjarvard，2013）。除了明显的技术性调整，《万智牌》的媒介化也包含

---

① 其他以《万智牌》为原型的电子游戏在改变原版卡牌游戏时通常会做一些自由发挥，因此也可以被视作派生作品，而非同一个游戏的数字版。

了对游戏规则、竞技性玩法和变现模式的改变。这个案例凸显了媒介化和体育化对游戏发行商的吸引力，作为一种替代性路径来将他们拥有的知识产权（IP）商品化并进行推广。即便原本是模拟类的卡牌游戏，当转变为一种广泛流传的观赏性娱乐时，无需实体地玩就可以体验它。

如何玩?

在《万智牌》中，两个（或多个）玩家在奇幻设定中相互对战，从他们手里的套牌中施展法术、召唤生物以击败对手。比赛通常以三局两胜的方式进行。在第一局游戏后，在多数情况下玩家可以用备牌（sideboard）来调整他们的套牌。这一特点有助于提高游戏平衡，因为有些卡牌被设计为拥有单一但更强大的效果，因而只针对特定的战局起作用（Garfield，2014）。

《万智牌》的一个重要特点是它提供了大量多变的玩法，用游戏术语来说叫作“赛制”（formats）。虽然游戏的基本前提通常都保持一致，然而特殊的规则和不同的套牌构组方式会改变游戏体验。比如说，玩家既可以选择在家准备好他们的套牌，即“构组赛”（constructed）；也可以选择临场组牌，即“限制赛”（limited）（Elias et al.，2012）。在构组赛中，通过将牌库限定为不同的卡牌系列，进一步发展出赛制的多样性。虽然赛制最初是由威世智推出的，但很快草根组织也迅速地跟上并发展出更多《万智牌》的玩法（Boon et al.，2016；Švelch，2019）。比如由玩家社群创造的《Elder Dragon Highlander》（EDH），它最初的版本可追溯到21世纪初，由于变得极受欢迎而获得了威世智的官方合作，被重新命名为“指挥官赛”（Commander），并在2011年成为官方的一个产品系列。但是，因为该赛制的特殊规则，至今也仍需也由一个独立的委员会来监督。

在2019年，已经有了很多官方和非官方的赛制形式（见表1）。而叠加在赛制多样性之上的三个主要游戏版本：《万智牌》《MTGO》和《竞技场》，使其更加复杂。比如，《竞技场》就推出了一个标准赛的独占改版赛制。与其他双人对战的三局两胜机制不同，竞技场标准赛遵循一局定胜负的规则。这种方式可以说是模仿了像《炉石传说》（*Hearthstone*，Blizzard Entertainment，2014）等其他电子卡牌游戏的快节奏风格。

表1:《万智牌》赛制汇总

赛制	类型	官方支持	卡牌限制与特殊规则
标准赛（Standard）	构组赛	由威世智批准，并支持至最高级别的比赛。	包含近两年来的卡牌系列，禁牌除外。使用基本规则并可换备牌。
竞技场标准赛（Arena Standard）	构组赛	由威世智批准，并支持竞技场中的比赛。	与标准赛相同，但采用一局定胜负的模式，包括额外的禁牌。备牌用作特殊牌效果，实际上不换备牌。
近代赛（Modern）	构组赛	由威世智批准，并支持至最高级别的比赛。	包含从第8版（2003年）至今的所有卡牌，禁牌除外。使用基本规则并可换备牌。
薪传赛（Legacy）	构组赛	由威世智批准，并支持至大奖赛级别的比赛。	包含万智牌历史上所有卡牌，禁牌除外。使用基本规则并可换备牌。
特选赛（Vintage）	构组赛	由威世智批准，但不再支持官方比赛。	包含万智牌历史上所有卡牌，禁牌与限制牌除外。比薪传赛的牌库更大。使用基本规则并可换备牌。

续表

赛制	类型	官方支持	卡牌限制与特殊规则
全铁赛（Pauper）	构组赛	由威世智批准，主要在《MTGO》上推行。	包含万智牌历史上所有稀缺度低（最常见）的卡牌，禁牌除外。使用基本规则并可换备牌。
指挥官赛（Commander）	多人构组赛	由威世智批准，在《MTGO》上推行，在其他情况下为休闲赛制。	包含万智牌历史上所有卡牌，禁牌除外。使用特殊规则（如指挥官生物、起始生命值更高、单张构组规则等），没有备牌。
补充包轮抽（Booster Draft）	限制赛（轮抽）	由威世智批准，并支持至最高级别的比赛。	只包含最近发售的卡牌系列。使用基本规则，从八位玩家中轮抽。套牌量更少；所有未被抽中的牌作为备牌使用。
立方轮抽（Cube Draft）	限制赛（轮抽）	由威世智批准，在《MTGO》上推行，在其他情况下为休闲赛制。	通常从提前构组的包含至少 360 张不同卡牌的牌库中抽牌。使用基本规则，一般从八位玩家中轮抽。套牌量更少；所有未抽中的牌作为备牌使用。
现开赛（Sealed Deck）	限制赛（现开）	由威世智批准，并通常支持至大奖赛级别的比赛。	通常只包含最近发售的卡牌系列。套牌从现开的补充包构组。套牌量更少；所有开出但未选中的牌作为备牌使用。

变现模式

赛制是为了保证万智牌的长期经济效益，因为该游戏的设计师，包括其创始人理查德·加菲尔德（Richard Garfield），都担心新的扩展系列可能会被认为不够重要，因此会不如先前的卡受欢迎。

> 我们找到的解决方案是要推广不同的赛制玩法，有很多赛制只囊括最近新出的卡牌系列。如今（2003 年）有些流行的赛制只涉及最新上市的卡牌，在过去两年里发行的卡牌（标准赛制），以及在过去五年中发行的卡牌，但此外还有很多别的赛制。（Garfield，2014：223）

《万智牌》中最受支持的赛制“标准赛”可以追溯到 1995 年，它作为官方竞技圈的支柱（Maisenhölder，2018）体现了上述逻辑。尽管属于游戏里较为便宜的种类之一，但根据行业评论员的说法（SaffronOlive，2017），它需要对新卡牌持续地投入资金，因为旧的卡牌系列大约在两年后就会被排除出标准赛。每隔几个月就发售的扩展系列刺激了玩家升级现有套牌或构组新套牌的需求。实质上，《万智牌》《MTGO》和《竞技场》都利用了这种广为诟病的花钱就能赢的付费模式（pay-to-win）（Paul，2018）。然而这种变现模式却矛盾地被很多玩家所接受，甚至这种明显使有钱的消费者占优势的结构性歧视在很大程度上被忽视了，取而代之的是一种唯才主义的精神（meritocratic ethos）。据报道，威世智在过去也曾对诸如《怪蛇》等这类完全免费玩的电子版本采取过法律行动（Boon et al.，2016），因其破坏了官方的付费模式。

补充包是卡牌的主要发售方式（见表 2），其中包含随机抽选的不同限定稀有程度的牌。如前文提到过的，这种变现模式启发了电子游戏里的微交易（microtransaction），即备受争议的战利品箱（lootbox），由于其内容具有随机性被视为一种赌博（Griffiths，2018；Nielsen & Grabarczyk，2018）。《万智牌》《MTGO》这类集换式卡牌游戏，与大多电子游戏中的战利品箱不同的是，除了从发行商直接购买随机牌包之外，玩家还有其他获得卡牌的选项。

表 2:《万智牌》的三种官方游戏类型及其收益模式

游戏	赛制	变现模式
《万智牌》（1993 年）	通常所有赛制都可用，但个别《MTGO》独占的赛制没有获得官方的支持和批准。	随机补充包、预先构组的套牌、二手市场上的单张卡牌。玩家之间可用卡或钱交易卡牌；联赛规则和禁牌会影响牌的价值。
《万智牌 Online》（2002 年）	所有官方的纸牌赛制以及一些《MTGO》独占赛制，包括 Pauper、Cube Draft。	付费购买加游戏内购：随机补充包、活动和赛事门票。玩家之间可私下交易卡牌，但是通常用钱交易。
《万智牌：竞技场》（2019 年）	竞技场标准赛、标准赛、补充包轮抽、现开赛以及自定义休闲赛制。	免费加内购增值：随机补充包、活动和赛事门票和游戏皮肤。玩家之间不可用钱交易卡牌。

然而《竞技场》却不允许玩家之间的直接交易或交换。尽管从技术上来说有可能出售（或购买）整个《竞技场》账户，其中包括卡牌和虚拟货币，然而任何此类销售都将违反最终用户许可协议。这意味着只有威世智可以合法地从玩家在《竞技场》的消费中获益。这种免费增值的变现模式可能会带来丰厚的利润（Nieborg，2016），但它的运营模式与《万智牌》和《MTGO》都不同，这使得它可能玩起来比其他官方版本都要便宜（甚至可能免费，如果玩家投入足够的时间）。比起《MTGO》，这明显是一种完全不同的方式，《MTGO》的经济效益被有意设计为不

威胁到桌游版的模式（Garfield，2014），尽管长期看来它还是会更便宜（SaffronOlive，2017）。《竞技场》的定价可以说是为了要与《炉石传说》这类电子卡牌游戏竞争。

《万智牌》的商业发展不仅涉及卡牌，还涉及其他各种副产品与周边。与电子游戏类似（Taylor，2012），模拟类游戏也催生了专注于开发配件的辅助产业。就《万智牌》来说，主要是发售卡牌的防护用品，如套子、卡牌盒与游戏桌垫等。而《竞技场》和从某种层面来说的《MTGO》，由于是电子游戏（因此没有任何实物需要保护或修改），也由于其封闭的专营服务性质（Zittrain，2008），因而限制了许多此类第三方商业活动的存在和可行性。专营服务的性质也给了威世智更多针对变现模式和赛制偏好在开发和经济上的控制权。尽管这进一步走向了集中把控，但即使在这种高度管控的环境里，一些第三方行为也依然是可行的，比如独立联赛或各种形式的内容创作，包括直播、攻略和教学。

竞技性对战

要了解《万智牌》的竞技性对战和它与变现模式之间的关系，一个关键词是"元游戏"，这个词由游戏的创始人提出（Garfield，1995），并很快被玩家们所采用。在其原始含义中（参考 Boluk & LeMieux，2017），元游戏的意义在于，任何比赛都可以被视为一个系列的一部分，因此在面对任意一场比赛时，应当考虑到此前相关比赛的信息。在大赛的场景中，这意味着玩家并不是在构组绝对意义上的最佳套牌（如果游戏是真正均衡的话这应当是不可能的），而是要构组比其他流行的套牌更占优势的套牌，这样就构成了当下的元游戏。这种在竞技性对战中视情况而定的性质导致了持续变换的元游戏（参见 Karhulahti，2017）。如果一个特定的元游戏变得过于僵化，那么威世智可以发售更强大的卡牌，禁用某些现有卡牌或推出有自己元游戏的新版本。标准赛尤其是一种快速迭代的赛制，因为它的牌库相对较小，且定期将旧的系列轮换出去。因此，比起近代赛和薪传赛这些比较稳定的赛制，任何新的扩展包通常对标准赛的元游戏都会产生较大的影响。这种赛制结构有明确的经济上的意味，因为卡牌在不同赛制中的可用性会影响它们在二手市场上的价值①。

在2019年，主要的大赛通常会以标准赛作为主要赛制，也包括近代赛和补充包轮抽赛，这些赛制推广了整个游戏，但更重要的是他们展示了新发布的系列（Maisenhölder，2018）。可以说官方组织的对战主推如标准赛这类受扩展系列影响较大的赛制，意在推动新产品销量。因此联赛作为媒体活动也起到宣传的作用（Borowy & Jin，2013）。这也是威世智最初赞助赛事背后的思路。受到传统体育赛事的启发，加菲尔德（Garfield，2014）认为职业比赛可以让《万智牌》更流行。这种方法也被应用到了电子游戏产业中（Borowy & Jin，2013），并可以被视为体育化的一种形式。

自1996年在纽约举办的第一场大型公开赛"《万智牌》专业赛"（Pro Tour）以来，这些有组织的赛事在支持的赛制、赛事结构和给职业选手的奖励等方面都发生了巨大的变化。作为其电竞战略的一部分，这些从"专业赛"被重新改名为"传奇冠军赛"（Mythic Championship）的主要赛事，如今已不仅限于桌上游戏比赛，也使用《竞技场》举办（Chase，2018，2019）。

《万智牌》宣布电竞化对职业选手有直接的影响。先前，所谓"职业玩家俱乐部"（Pro Player Club）成立于2005年，终止于2019年。俱乐

---

① 卡牌的强大程度和人为的稀缺性也会使一些特定卡牌成为收藏品（Altice，2016；Ham，2010）。虽然最常见和最弱的卡牌在二手市场上的价格只有几美分，但最抢手的卡牌价格高达数千美元（Trammell，2013）。威世智主要通过三种方式来影响价格：（1）在竞技赛制中禁用某些卡牌；（2）发售现存卡牌的新印版；（3）发售更强大的新卡牌，使老卡牌过时（Ham，2010）。

部给排名最高的玩家们提供重大赛事的差旅、住宿及出场费。不过，职业选手还是经常要依靠奖金和其他与威世智无关的收入来支付生活开销，导致他们的职业生涯往往无法持续。从2019年1月起，新成立的“万智牌职业联盟”（Magic Pro League，简称MPL）开始根据电竞行业的标准（Taylor，2012，2018）对其32位选手发放年薪（Chase，2018）。这个新系统不再重视以往每周的中级桌游比赛（“大奖赛”），这在过去是“职业玩家俱乐部”的积分形式，而如今用《竞技场》和它新的资格赛取代了桌游比赛。这个变化使得MPL的成员和其他有志向参赛的选手减少了一定的旅行需要，因为参加“大奖赛”不再为年度排名系统提供积分。同时，从相对开放的季节性排名转向年度联盟的形式也限制了跻身于竞技圈顶尖的机会。

除了威世智官方竞赛活动，其他各方也可以组织合法的《万智牌》《MTGO》和《竞技场》赛事（参见Boon et al.，2016；Trammell，2010，2013）。然而这些非官方的比赛极少对官方组织的赛事有任何直接影响，因此可被视为具有各自排名、奖金和赞助商的独立赛事。比如SCG巡回赛是一个位于美国东部的知名赛事，由卡牌转销商Star City Games举办。在销售威世智产品的本地游戏商店里，每天都会举办小规模的正规赛事（Kinkade & Katovich，2009；Trammell，2013）。

方法论

本文的实证部分结合使用了不同的质性研究方法，包括网络民族志（Eisewicht & Kirschner，2015；Markham，2013）、副文本分析（Švelch，2016）以及论述分析（Fairclough，2003），以探究《万智牌》向电竞和直播转型的意义。本文所选用的民族志方法基于反思性参与式观察，并结合了描述性与批判性的立场（参见Eisewicht & Kirschner，2015），关注《万智牌》主播和评论员的具身表现（Taylor，2016），以及关于《万智牌》《竞技场》和电竞的讨论，其中包括在 Twitch 上的互动和聊天内容。作为一位多年的休闲玩家，我从约 1997 年开始就断断续续在玩这款游戏，有了足够程度的实战经验。我还通过研究比赛结果、攻略文章来跟进持续变化的竞技性元游戏，并通过玩《万智牌》与《竞技场》来进一步积累经验。实地调研包括从 2018 年 9 月到 2019 年 3 月在 Twitch 上对 52 个个人频道与四场赛事转播（Magic，Channel Fireball，SCGTour，and Twitch Rivals）所进行的总计约 300 小时的参与式观察。我对每个个人频道做了至少一个小时的观察（这部分的实地调查共计约 150 个小时），并优先选择直播。由于时差和不太频繁的直播日程，在三个案例中我不得不依赖于录播视频。出于对当时的语境，以及对主播和参与聊天成员隐私的尊重，这些观察结果以匿名的方式呈现。

选择 Twitch 的原因既是由于它在威世智的电竞战略中的角色，也是由于它在直播文化中占据的主导地位（Taylor，2018）。我选择的个人频道必须同时满足以下三项标准:（1）视频直播中要包含《万智牌》《MTGO》或《竞技场》;（2）至少一部分的直播使用的是英语;（3）此频道要么属于威世智邀请参与“传奇邀请赛”（Mythic Invitational）——在该游戏历史上奖金最高的一场比赛，于 2019 年 3 月 28 至 31 号在波士顿的 PAX East 举办——的 56 位选手之一，要么在 Twitch 上是观看量排名前 20 的《万智牌》频道（根据 2019 年 2 月 12 日的 Twitch Metrics 统计）。

在这 52 个个人频道中，有 41 位（79%）主播在他们的社交媒体的资料中自认为顺性别男性，9 位（17%）认同为顺性别女性，1 位（2%）为跨性别者，还有 1 位（2%）为非二元性别者。这个人口统计分析与先前对直播的研究（Uszkoreit，2018）以及万智牌社群中所见的性别构成（Orsini，2016；Wolff，2015）大致相符。相比之下，威世智的市场调研数据显示约有 38% 的玩家自认为女性（Rosewater，2015）。然而她们在赛事参与者中的代表约占 1%—5%（Wolff，2015）。这种分布情况部分可归咎于结构性原因，比如在游戏和极客文化中占支配地位的有毒的男子气概（Paul，2018；Salter & Blodgett，2017）。我选择观察的主播中大多数（87%）为白人（这里包括居住在欧洲和南美的拉美人，在美国语境中可被归为拉丁裔），这也与先前的研究结果相符（Gray，2017）。

我还进一步收集了威世智及其下属员工所发布的有关电竞消息、组织赛事最新变化、《竞技场》更新和“传奇邀请赛”的官方文章、宣传视频、播客、社交媒体以及论坛的帖子。作为数据多重核验的最后一环，我还调查了与上述话题有关的各种线上讨论、新闻资讯以及博客文章。

观赏与直播

《万智牌》媒介化的观赏方式一直以来都与其职业圈有紧密的联系。威世智从 1996 年的第一场“专业赛”（Rosewater，2013）起，就开始录制、播放各大赛事的录像。在 1997 年到 2000 年间，这些赛事曾短暂地在美国大众体育有线和卫星电视频道 ESPN2 上进行转播——这是早期为了提高《万智牌》的主流热度而对其进行体育化的尝试。这些花在电视转播上的投入后来转向了网络直播。2016 年，威世智与 Twitch 签约，让 Twitch 成为官方转播赛事的独家平台，这在当时主要还是桌游赛事。2016 年至 2018 年，威世智开始直播大多数欧洲和美国的“大奖赛”，以及其他如“专业赛”等备受关注的赛事。然而，2019 年向电竞的转型导致“大奖赛”的官方播出量被削减（Chase，2019）。随即，威世智受到广大玩家群体的指责，其中也有许多是观察对象的主播，他们认为威世智的做法似乎抛弃了《万智牌》的桌游领域。粉丝和主播都对威世智临时决定停播和缺乏沟通的做法有诸多抱怨。由于需求量大，威世智的商业合作伙伴，也是组织线下“大奖赛”活动的主办方 Channel Fireball

Events 接手了对 2019 年“大奖赛”的全部文字播报（Chase，2019）。此外，这间公司也将在它的 Twitch 频道上选择性地进行一些“大奖赛”的视频直播，第一场是“洛杉矶万智节”（*Magic Fest Los Angeles*）（2019 年 3 月 1 至 3 日）。

要分析威世智中止桌游比赛视频转播的决定，需将其置于直播合同的背景之下（参见 Taylor，2018）。据报道，威世智给最初的 32 位 MPL 成员提供了直播合同。在成立 MPL 之前，32 位玩家中只有 4 位（13%）会定期在 Twitch 上直播，有 2 位（6%）偶尔直播。因此，威世智的电竞化战略带来了 Twitch 上约 25 个新的活跃账户且都是直播玩《竞技场》的。随着 2019 年赛事奖金的提高，之前用于转播的资金很有可能流向了电竞合约和《竞技场》的开发和宣传。据威世智说，削减“大奖赛”的转播也是由于收视率太低（Chase，2019）。单纯从数量上看，尽管官方对桌游比赛的视频转播减少了，但现在在 Twitch 上有了更多受赞助的万智牌内容。然而，官方竞技性对战的内容减少了，《竞技场》的游戏内容增多，其中包括非正式对战以及每周 MPL 比赛中的亮点集锦。

从形式上来看，相较于最初的桌游版本，《竞技场》更适合观赏，因为在它开发的时候就考虑到了直播平台。比如说，《万智牌》并不能通过游戏中使用的卡牌、代币、骰子等道具来完整地表现出游戏的机制和状态。因此，它需要依靠玩家彼此对话来沟通游戏中的行动。此外，玩家还可以跳过游戏过程中没有发生相关行动的阶段，来大大加快游戏的节奏。尽管游戏规则复杂，这种“灵活简单”（flexible simplicity）（Murnane & Howard，2018：85）的性质也能使游戏节奏相对较快。同时，《万智牌》的这个特点也使观众更难跟上比赛的流程（见图 1）。以上列举的这些方面，再加上尺寸较小的卡牌，使得《万智牌》的观赏体验不佳，尤其是对于那些对规则和特定的元游戏不具备专业知识的观众而言。这些形式上的观赏障碍可以通过预先录制的录像来解决，剪辑和后期制作可以让观赏体验更顺畅，比如显示额外的信息或跳过洗牌等在游戏流程中不重要的部分。早期有一个视频系列（“Spellslingers”）就成功地将《万智牌》变为了娱乐媒体，其中最受欢迎的视频播放量超过了一百万。然而这样的节目需要较高的预算和较长的制作周期，因此它们并不能解决如何现场直播游戏的问题。

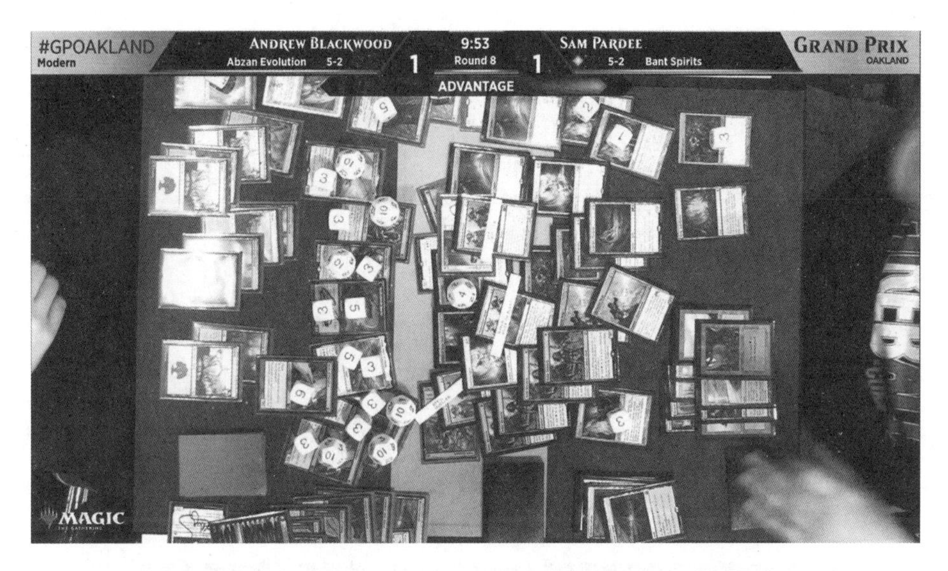

图 1：“大奖赛”奥克兰站（2019 年 1 月）现代桌游比赛中的复杂牌局，来自 Twitch 官方《万智牌》频道。虽然这是一个极端例子，说明了有多少游戏元素可以同时发挥作用，但即便是常规的游戏局势也很难跟上

由本文作者截图；评论目的可用

《竞技场》和《MTGO》将一些游戏机制和局势中的隐含信息显示在了屏幕上（见图 2），如回合阶段和所谓“堆叠”（stack）（参见 Murnane & Howard，2018）。在这些数字版本中，新版《竞技场》的用户界面看起来更现代，尽管它进行了简化，至少在视觉表现上。然而此前针对《MTGO》也曾有过类似抱怨（Trammell，2010）。威世智近来的举动都显示了它对观赏体验的重视，这也利于它发展具有娱乐媒体性的电竞。除了 MPL 的直播合同，威世智还提供了一个所谓“创作者项目”（Creator’s Program），作为给某些视频网站上的内容创作者的技术和推广支持。此外，在2019年第一季度发布的两个禁用卡牌说明中，观赏性是将特定卡牌从竞技比赛中移除的原因之一。在这两个案例中，被禁的卡牌被认为会导致“不愉快的游戏与……观赏体验”（Duke，2019；Wizards of the Coast，2019a）。

图2：官方对“传奇邀请赛”（2019年3月）的播报，比起桌游录像，此处使用了《竞技场》的视觉标识（如回合阶段）和Twitch的扩展程序CardBoard Live（玩家简介和套牌表），能够传达额外信息

最后一场比赛的截图，来自本文作者；评论目的可用

威世智的桌游比赛转播为了弥补上述提到的这些问题，提供了评论和各种额外的视觉标识（如生命值、剩余时间和优势）。最近，Star City Games和Channel Fireball开始使用CardBoard Live这个Twitch上的扩展程序来给观众提供获取额外细节的渠道，比如套牌表、玩家个人介绍以及持续更新的比赛排名。这种对直播的增强受到了社群的欢迎。《竞技场》中也有类似的扩展程序（比如Deckmaster）可以放大任何牌局上或玩家手中的卡牌，观察对象的主播里有大约90%都使用它。

《竞技场》的首届大型赛事：“传奇邀请赛”

2019 年 1 月，《竞技场》首届官方赛事“传奇邀请赛”，在公布参赛选手时就引起了争议。在受邀选手中，有 30 个席位被预留给了 MPL 成员（比全员少了 2 人，这 2 人在先前因作弊和被指控性行为不端而被取消资格），有 8 个席位被预留给在 2019 年 2 月底竞技场里天梯排名前八的选手。其余 26 位参赛者是由威世智精心挑选的。在“《万智牌》游戏与直播领域里的大牌玩家”（Wizards of the Coast，2019b）。这个相当模糊的选择标准被指责的部分原因是有主观偏爱的嫌疑，一些至少在 Twitch 上粉丝数排名里最受欢迎的内容创作者并没有入选最终参赛名单。这场纷争引发了《万智牌》网络社群里有毒的唯才主义（toxic meritocracy）（Paul，2018），他们主要针对女性玩家并质疑她们的技术。一些有影响力的社群成员，包括一些观察对象主播反对这些批评声，并支持威世智选择邀请顺性别女性、跨性别者和非二元性别者的玩家以促进包容性。如前所述，《万智牌》的赛事多由白人男性所主导，这通常也是电竞圈的情况（Taylor，2012；Witkowski，2018）。MPL2019 年的最初名单中只有男性，这是根据 2017 至 2018 赛季末“职业玩家俱乐部”的排名决定的，其中 22 位（69%）来自北美或欧洲。① 在“传奇邀请赛”中，顺性别女性、跨性别者与非二元性别者共占参赛选手的约 19%，这主要是威世智努力策划的结果。但这样的性别分布仍然低于所有玩家中女性的占比（约 38%；Rosewater，2015）。

在“传奇邀请赛”开赛前的几个月里，一些观察对象主播公开表示，尽管他们已经获得了参赛资格，但他们觉得还是应该在《竞技场》中达到更高的排名以证明自己的技术能力。比赛赛制“双重标准赛”（Duo

① 有三位 MPL 的成员在 2019 年 4 月和 5 月被替换了，每个人各出于不同的原因（被指控性行为不端、作弊，还有的因为抗议电竞战略的做法）。更新后的选手名单里现有一位顺性别女性和一位非二元性别者。

Standard）的公布也对所观察的直播中的内容有明显影响，因为许多参赛选手优先选择用一局定胜负（竞技场标准赛）的模式来准备比赛的训练。不过也有一些选手坚持继续自己喜欢的游戏模式，无论是三局两胜的标准赛、各种限制赛，还是《MTGO》。总体看来，MPL 成员和其他参赛选手在直播中测试套牌是为了防止意外的套牌对比赛对战产生重大的影响，这在 2019 年 2 月的“第一届传奇冠军赛”的元游戏分布中也得到了证明。玩家们认为，先前在职业战队内部悄悄测试还比较容易，但由于顶级选手的电竞合约要求他们必须直播为比赛所做的训练准备，这限制了内部测试的可能性。虽然在观察的这段时间里，元游戏在不断地演变，而套牌的相对实力每周都在发生变化，但现在这种高水平对战都是公开进行的，因而有效地劝退了其他替代性的、未经考验的战略。然而，“传奇邀请赛”在这股趋势里却是一个例外，由于采用了新的“双重标准赛”赛制，且参赛人数不多，因此也鼓励了受邀选手间的保密和侦察工作。

这场比赛在 Twitch 的《万智牌》赛事吸引了破纪录的观众数量，根据 Twitch 官方数据，最后一天的比赛中主频道同时在线的观众数量达到 125000 人，根据威世智的数据高达 157000 人（Schmiedicker，2019）。“传奇邀请赛”的播报团队也与先前的大型赛事不同，主持人中也包括一些热门的 Twitch 主播，他们并不专门玩《万智牌》，但也有《万智牌》的游戏经验。这些网络红人和部分受邀玩家也会直播玩《万智牌》的竞争对手比如《炉石传说》。这一决定可以说是将该赛事与常规的桌游比赛拉开了距离，瞄准了主流的电竞观众，也受到了观众的普遍好评。较高的制作水准在 Twitch 聊天室、网络评论和 Twitter 上都获得了赞赏。然而，在 Twitch 发生一波针对顺性别女性、跨性别者和非二元性别者的参赛者的骚扰事件后，Twitch 的聊天功能不得不迅速切换为仅订阅用户可评论的模式。威世智首次采用了一个 Twitch 的扩展程序来增强观赏体验——观众可以使用 CardBoard Live 来查看卡牌和选手的简介。

观众和组织者都认为比赛的播报大获成功（Schmiedicker，2019），然而，由于在三局对战的前两局中随机抽选套牌的规则，此次“双重标准赛”的赛制被诟病为降低了比赛水平，而增加了运气的作用（以牺牲技术作为代价）。“双重标准赛”实际上混杂了一局定胜负和三局两胜的两种模式：像在“竞技场标准赛”中一样，它不允许换备牌，但是它需要玩家准备两套不一样的套牌来进行三局两胜的比赛。这种新赛制也许是为了限制直播中的停机时间，因为这通常发生在换备牌的阶段，这也类似于其他电子卡牌游戏的比赛结构，像《炉石传说》和《巫师之昆特牌》（*Gwent: The Witcher Card Game*，CD Projekt RED，2018）。比起游戏其他的传统侧重点（如平衡、复杂性和偶然性），“双重标准赛”更优先考虑观赏的娱乐性。

对于赛制的抱怨也突出体现了在《万智牌》社群中的某些唯才主义精神上。那些唯才主义的信奉者们贬低某些选手的成就，尤其是那些非 MPL 的选手，认为他们通过击败 MPL 成员一路晋级到了比赛的最后阶段。可以说，这种说法是由于威世智刻意对两类参赛选手进行区分所导致的：（1）MPL 成员，他们通常被播报团队称为职业选手，以及所谓（2）挑战者，他们中包括受邀的内容创作者和在《竞技场》中排名最高而获得参赛资格的八位选手。最终四位决赛选手虽然都是白人男性，但代表了不同的国家（意大利、波兰、芬兰和捷克；根据他们最终排名先后排列）以及不同的参赛群体：两位是 MPL 成员，一位是主播，一位是通过《竞技场》获得资格的玩家。总共有三位女性（均为受邀选手）晋级到了 16 强。

讨论：万智牌的媒介化之路

我所观察到的许多变化都凸显了《万智牌》过去和现在在微观层面复杂的媒介化进程。关于在技术层面的转变，《MTGO》和《竞技场》是

直接媒介化的代表（Hjarvard，2013），这导致未媒介化的形式——原始的桌游——被媒介化的形式所**替代**（Hepp，2013；Schulz，2004）。然而这种转变也绝非彻底的（或最终的），也需要在威世智的官方发布战略和与受众针对玩法偏好的协商中加以考量。例如，《MTGO》最初是针对那些很久没玩的玩家所设计的（Garfield，2014），且因此被当作《万智牌》的补充，而不是为了取代它。不过它后来成了活跃的职业玩家所青睐的练习场（Trammell，2010），实际上也在这种特定的玩法上取代了《万智牌》。《竞技场》的出现则代表了迈向直接媒介化的重要一步，因为它起初就是作为同时面向休闲和职业玩家的一个完整游戏。不过这三个主要版本都作为相对独立的实体同时存在，部分由于它们有不同的技术性基础设施，每个版本都各有特点。《万智牌》侧重面对面的社交，为玩家定期在线下实体场所见面玩游戏创造了机会（Kinkade & Katovich，2009）。《MTGO》和《竞技场》都实现了在线上玩牌，也可以说是提供了简化的玩法（Trammell，2010），但它们在游戏赛制和变现模式的层面上都有所不同，预计在未来也将以这样的形式并存。

《竞技场》作为玩《万智牌》的主要渠道越来越受到重视，这也导向了其他可以用媒介化的框架来理解的发展。这些变化不仅限于游戏的技术层面，还延伸到卡牌设计，以及以适应竞技场模式为基础的新赛制开发，这也与其他电子卡牌游戏相似。这种**间接媒介化**（Hjarvard，2013），或者说**适应**（Hepp，2013；Schulz，2004），也带来了对万智牌整体上的调整，这些调整由新的数字媒介形式驱动，并遵循特定的媒介逻辑，特别是面向直播和电竞。如我所述，桌游版的《万智牌》要成为观赏性娱乐面临诸多障碍，诸如卡牌尺寸较小、依赖与玩家间的口头交流。比赛的时长也是障碍之一，这在先前也是国际象棋比赛转播所面临的问题之一（Fine，2012）。而“双重标准赛”和“竞技场标准赛”这些赛制就试图通过取消换备牌来解决这些问题。然而，缺少备牌的情况不仅因为加快了节奏、催生了新的游戏战略影响了实际的对战环节，而且为了能够适应这些变化还影响了游戏的设计。威世智的设计师承认，“竞技场标准赛”尤其影响了最近发布的效忠拉尼卡（Ravnica Allegiance）扩展包（Rosewater，2019）。这些新的卡牌（见表 3）又可以在其他赛制中使用，反过来塑造了那些未经媒介化的游戏形式。

表 3：效忠拉尼卡系列中所谓连体牌（split cards），为不具备备牌的赛制提供了额外功能。玩家可以从两种卡牌效果中选择一种使用

卡牌	卡牌效果 1	卡牌效果 2
暴喜与暴虐（Carnival and Carnage）	暴喜对目标生物或鹏洛客造成 1 点伤害，且对该永久物的操控者造成 1 点伤害	暴虐向目标对手造成 3 点伤害。该牌手弃两张牌。
蛮掷与蛮力（Collision and Colossus）	蛮掷对具飞行异能的目标生物造成 6 点伤害。	直到回合结束目标生物得 +4/+2 且获得践踏异能。
宣敕与宣派（Depose and Deploy）	横置目标生物。 抓一张牌。	派出两个 1/1 无色，具飞行异能的振翼机衍生神器生物，然后每操控一个生物，便获得 1 点生命。
复除与复造（Repudiate and Replicate）	反击目标起动式或触发式异能。（其目标不能是法术力异能。）	派出一个衍生物，此衍生物为由你操控的目标生物之复制品。
再生与再战（Revival and Revenge）	将目标总法术力费用等于或小于 3 的生物牌从你的坟墓场移回战场。	将你的总生命加倍。目标对手失去一半生命，小数点后进位。

通过引入新赛制、规则和卡牌来加快游戏节奏的意图是被数字技术所支持的。《MTGO》和《竞技场》可自动洗牌，而这在桌游中十分费时费力，且可能被用来作弊。此外，《竞技场》还在一局定胜负（包括“竞技场标准赛”）的机制里使用了所谓“顺手算法”，这也提高了拿到可玩的开局手牌的概率（WOTC_ChrisClay，2018）。

《万智牌》证明了媒介化是一个复杂的进程，无法整齐地划分为直接与间接这两类（Hepp，2013；Hjarvard，2013）。考虑到《万智牌》的媒介化可以说是威世智的企业战略，其他的利益相关方，诸如职业玩家、普通消费者和二手市场的经营者都有可能出于自己的理由而反对这种自上而下的改变。由于威世智并没有强制用《竞技场》来彻底取代桌游版，因此来自外部的阻力相对较小，且主要针对竞技圈。比起其他休闲玩法，竞技业务也更直接地受到公司的把控。比如，对“双重标准赛”的大量负面反馈也导致这个赛制被取消，成熟的“标准赛制”被采用。将《竞技场》纳入高级别赛事则受到了玩家群体中保守派的批评，这也在意料之中。然而 MPL 的成立使得许多可能会站在保守派立场的职业选手们成为了这一转型的倡导者和开拓者（Hepp，2016），因为他们可以说是直接从中受益的。有一名玩家于 2019 年 5 月退出了 MPL，以此抗议威世智对电竞联盟的处理不当。就像《万智牌》早期（Garfield，2014）将体育化用作推广游戏的工具，这次则利用了电子竞技的潮流，而电竞本身也利用了电子游戏比赛播报与传统体育媒体化的相似性（Borowy & Jin，2013；Turtiainen et al.，2018）。

从政治经济的角度来看，《万智牌》的媒介化加强了威世智对游戏玩法和商品化的企业把控。由于其多样的赛制，《万智牌》本身已经显示出了某些平台化的特点，这些赛制是由共同的基本规则和卡牌所支撑起来的。而《竞技场》作为一款完全线上的软件也为威世智在多平台市场上确立了重要地位，它既是一款电子游戏产品，也是一条发行渠道，而且还是一套竞技对战的构架。对桌游《万智牌》和《MTGO》等旧平台的维护，部分也是为了尊重玩家早期的资金投入，并鼓励玩家继续消费。虽然《万智牌》的三个主要版本都使用补充包作为主要卡牌发售渠道，但《竞技场》的专营性质也使补充包成了唯一的选择，这有效避免了在《万智牌》和《MTGO》里出现的提供卡牌获取途径的二手市场。同时，从技术上来说威世智是在用三个互不兼容的形式来销售相同的内容。为数不多的例外之一是，付费参与《万智牌》线下售前赛可免费获得一次参加《竞技场》“限制赛”的机会。

结论

《万智牌》现阶段拒绝被归入模拟类游戏或电子游戏的类别，而是在两者之间占据了一个过渡性地位，以便能同时从双方变现，既抓住了近来的桌游复兴（Trammell，2019），也在电竞（Scholz，2019）和直播文化（Taylor，2018）的稳步增长中获利。尽管如此，《万智牌》的两项业务与其相应的面向，都接受了媒介化作为它们收获并扩大受众的方式，Twitch 的介入和其他在桌游和电子版中增强观赏性体验的做法都证明了这一点。如前文所示，即便这个媒介化进程是由游戏的独家发行商和版权所有方来推进的，其过程也并不是一帆风顺的。总体而言，这种自上而下的变化，诸如推出新的赛制玩法和卡牌，《竞技场》越来越受重视的地位，以及按电竞模式打造的新的竞技圈，都让《万智牌》变得更近似于《炉石传说》等这类快节奏的原生电子卡牌游戏。虽然它们现在必须与更简化的数字版游戏并存，与此同时，经典的游戏方式——比如在当地的游戏商店或厨房的桌子上玩——都依然可行，背后也有威世智产品线的支持。《万智牌》2019 年的电竞化战略也使它成功跻身 Twitch 上平均观看时长里排名前 25 的游戏，部分原因是 MPL 的直播、“传奇邀请赛”以及《竞技场》整体上的成功。然而，媒体曝光度的提高也暴露了万智牌长期存在的一些问题，例如在赛事中顺性别女性、跨性别者与非二元性别者的代表性不足，这也使其与其他电竞游戏竞争时可能会处于劣势。总的来说，对《万智牌》目前发展的分析强调了媒介化并非线性效应，而是一个复杂的进程，其中既有推力，也有阻力，还有各种断层（Ekström et al.，2016；Hepp et al.，2015）。

参考文献

Aarseth, E. J. (2017). Just games. *Game Studies* 17(1). Available at: http://gamestudies.org/1701/articles/justgames (accessed 25 January 2019).

Albarran-Torres, C., & Apperley, T. (2019). Poker avatars: affective investment and everyday gambling platforms. *Media International Australia*, 172(1), 103-113.

Altice, N. (2016). The playing card platform. In: Trammell A, Torner E and Waldron EL (eds) *Analog Game Studies*, vol. 1. Pittsburgh, PA: ETC Press, pp. 34-53.

Blizzard Entertainment. (2014). *Hearthstone*. Irvine, CA: Blizzard Entertainment.

Boluk, S., & LeMieux, P. (2017). *Metagaming: Playing, Competing, Spectating, Cheating, Trading, Making, and Breaking Videogames*. Minneaolis, MN: University of Minnesota Press.

Boon, E., Grant, P., & Kietzmann, J. (2016). Consumer generated brand extensions: definition and response strategies. *Journal of Product & Brand Management* 25(4): 337-344.

Borowy, M., & Jin, D. Y. (2013). Pioneering eSport: the experience economy and the marketing of early 1980s arcade gaming contests. *International Journal of Communication* 7: 2254-2274.

Brougère, G. (2004). How much is a Pokémon worth? Pokémon in France. In: Tobin J (ed.) *Pikachu's Global Adventure*. Durham, NC: Duke University Press, pp. 187-208.

Burk, D. (2013). Owning e-Sports: proprietary rights in professional computer gaming. *University of Pennsylvania Law Review* 161(6): 1535-1578.

CD Projekt RED. (2018). Gwent: The Witcher Card Game. *CD Projekt*, 22 October. Available at: https://www.cdprojekt.com/en/media/news/gwent-the-witcher-card-game-new-trailer-showsoff-launch-version-gameplay/

Chase, E. (2018) The next chapter for magic: esports, 6 December. Available at: https://magic.wizards.com/en/articles/archive/news/next-chapter-magic-esports-2018-12-06 (accessed 22 January 2019).

Chase, E. (2019). The year of more for competitive magic, 20 February. Available at: https://magic.wizards.com/en/articles/archive/competitive-gaming/year-more-competitivemagic-2019-02-20 (accessed 20 February 2019).

Duke, I. (2019). January 21, 2019 banned and restricted announcement, 21 January. Available at: https://magic.wizards.com/en/articles/archive/news/january-21-2019-banned-and-restrictedannouncement (accessed 2 February 2019).

Eisewicht, P., & Kirschner, H. (2015). Giving in on the field: localizing life-world analytic ethnography in mediatized fields. *Journal of Contemporary Ethnography* 44(5): 657-673.

Ekström, M., Fornäs, J., Jansson, A., et al. (2016). Three tasks for mediatization research: contributions to an open agenda. *Media, Culture & Society* 38(7): 1090-1108.

Elias, GS., Garfield, R., & Gutschera, K. R. (2012). *Characteristics of Games*. Cambridge, MA: MIT Press.

Fairclough, N. (2003). *Analysing Discourse: Textual Analysis for Social Research*. London; New York: Routledge.

Fine, G. A. (2012).Time to play: the temporal organization of chess competition. *Time & Society* 21(3): 395-416.

Garfield, R. (1993). *Magic: The Gathering*. Renton, WA: Wizards of the Coast.

Garfield, R. (1995). Lost in the shuffle: games within games. *The Duelist: The Official Deckmaster Magazine*, 5 June, pp. 86-88.

Garfield, R. (2014). The design evolution of Magic: The Gathering. In: Fullerton T (ed.) *Game Design Workshop: A Playcentric Approach to Creating Innovative Games*, 3rd edn. Boca Raton, FL: CRC Press, pp. 213-225.

Gray, K. L. (2017). 'They're just too urban': Black gamers streaming on twitch. In: Daniels J, Gregory K and Cottom TM (eds) *Digital Sociologies*. Bristol: Policy Press, pp. 355-368.

Griffiths, M. D. (2018) Is the buying of loot boxes in video games a form of gambling or gaming? *Gaming Law Review* 22(1): 52-54.

Gygax, G., & Arneson, D. (1974). *Dungeons & Dragons*. Lake Geneva, WI: Tactical Studies Rules.

Ham, E. (2010). Rarity and power: balance in collectible object games. *Game Studies* 10(1). Available at: http://gamestudies.org/1001/articles/ham (accessed 14 January 2019).

Hepp, A. (2013). *Cultures of Mediatization*. Hoboken, NJ: John Wiley & Sons.

Hepp, A. (2016). Pioneer communities: collective actors in deep mediatisation. *Media, Culture & Society* 38(6): 918-933.

Hepp, A., Hjarvard, S., & Lundby, K. (2015) Mediatization: theorizing the interplay between media, culture and society. *Media, Culture & Society* 37(2): 314-324.

Hjarvard, S. (2013). *The Mediatization of Culture and Society*. New York: Routledge.

Hollist, K. E. (2015). Time to be grown-ups about video gaming: the rising esports industry and the need for regulation. *Arizona Law Review* 57(3): 823-847.

Karhulahti, V-M. (2017) Reconsidering esport: economics and executive ownership. *Physical Culture and Sport. Studies and Research* 74(1): 43-53.

Kinkade, P. T., & Katovich, M. A. (2009) Beyond place: on being a regular in an ethereal culture. *Journal of Contemporary Ethnography* 38(1): 3-24.

Leaping Lizard Software and Wizards of the Coast. (2002). *Magic: The Gathering Online*. Renton, WA: Wizards of the Coast.

Maisenhölder, P. (2018). Why should I play to win if I can pay to win? Economic inequality and its influence on the experience of non-digital games. *Well Played* 7(1): 60-83.

Markham, A. N. (2013).Fieldwork in social media: what would Malinowski do? *Qualitative Communication Research* 2(4): 434-446.

Martin, B. (2004). Using the imagination: consumer evoking and thematizing of the fantastic imaginary. *Journal of Consumer Research* 31: 136-149.

Murnane, E., & Howard, K. (2018). Stacking magic: the flexible simplicity of analog rules. *Well Played* 7(1): 84-99.

Nieborg, D. B. (2016). From premium to freemium: the political economy of the app. In: Leaver T and Willson MA (eds) *Social, Casual and Mobile Games: The Changing Gaming Landscape*. New York: Bloomsbury Academic, pp. 225-240.

Nielsen, R. K. L., & Grabarczyk, P. (2018). Are loot boxes gambling? Random reward mechanisms in video games. In: *Proceedings of the 2018 DiGRA international conference: the game is the message*, Turin. Digital Games Research Association. Available at: http://www.digra.org/digital-library/publications/are-loot-boxes-gambling-random-reward-mechanisms-in-video-games/

Orsini, L. (2016).For 'Magic: The Gathering', diversity is the marketing strategy, 18 March. Available at: https://www.forbes.com/sites/laurenorsini/2016/03/18/for-magic-the-gathering-diversity-is-the-marketing-strategy/ (accessed 8 March 2019).

Paul, C. A. (2018). *The Toxic Meritocracy of Video Games: Why Gaming Culture is the Worst*. Minneapolis, MN: University of Minnesota Press.

Rosewater, M. (2013). *Drive to Work #116 — Pro Tour Coverage*. Available at: https://player.fm/series/magic-the-gathering-drive-to-work-podcast/drive-to-work-116-pro-tour-coverage

Rosewater, M. (2015). Do you guys have any data on the breakdown of the gender ratio of players [shortened title]. *Blogatog*, 12 February. Available at: http://markrosewater.tumblr.com/post/110840728088/do-you-guys-have-any-data-on-the-breakdown-of-the (accessed 8 March 2019).

Rosewater, M. (2019). More odds & ends: Ravnica Allegiance, 4 February. Available at: https://magic.wizards.com/en/articles/archive/making-magic/more-odds-ends-ravnica-allegiance-2019-02-04 (accessed 5 February 2019).

SaffronOlive. (2017). How expensive is magic online? 29 May Available at: https://www.

mtggoldfish.com/articles/how-expensive-is-magic-online (accessed 4 February 2019).

Salter, A., & Blodgett, B. (2017). *Toxic Geek Masculinity in Media*. Cham: Springer.

Schmiedicker, B. (2019). Mythic Invitational Debrief, 4 April. Available at: https://www.mtgesports.com/news/mythic-invitational-debrief (accessed 7 April 2019).

Scholz, T. (2019). *Esports is Business: Management in the World of Competitive Gaming*. Cham: Springer.

Schulz, W. (2004). Reconstructing mediatization as an analytical concept. *European Journal of Communication* 19(1): 87-101.

Švelch, J. (2016). "Footage not representative": redefining paratextuality for the analysis of official communication in the video game industry. In: Duret C and Pons C-M (eds) *Contemporary Research on Intertextuality in Video Games*. Hershey, PA: IGI Global, pp. 297-315.

Švelch, J. (2019). Platform studies, computational essentialism, and magic: the gathering. In: Waldron EL, Trammell A and Torner E (eds) *Analog Game Studies: Volume III*. Pittsburgh, PA: ETC Press, pp. 62-75.

Taylor, N. (2016). Play to the camera: video ethnography, spectatorship, and e-Sports. *Convergence* 22(2): 115-130.

Taylor, T. L. (2012). *Raising the Stakes: E-Sports and the Professionalization of Computer Gaming*. Cambridge, MA: MIT Press.

Taylor, T. L. (2018). *Watch Me Play: Twitch and the Rise of Game Live Streaming*. Princeton, NJ: Princeton University Press.

Torner, E. (2018). Just (the institution of computer) game studies. *Analog Game Studies* V(II). Available at: http://analoggamestudies.org/2018/06/just-the-institution-of-computer-gamestudies/ (accessed 25 January 2019).

Trammell, A. (2010). *Magic: The Gathering* in material and virtual space: an ethnographic approach toward understanding players who dislike online play. In: *Proceedings of the meaningful play 2010 conference*, East Lansing, MI, 21-23 October.

Trammell, A. (2013). Magic modders: alter art, ambiguity, and the ethics of prosumption. *Journal of Virtual Worlds Research* 6(3). Available at: https://journals.tdl.org/jvwr/index.php/jvwr/article/view/7040

Trammell, A. (2019). Analog games and the digital economy. *Analog Game Studies* VI(I). Available at: http://analoggamestudies.org/2019/03/analog-games-and-the-digital-economy/ (accessed 11 March 2019).

Turtiainen, R., Friman, U.,& Ruotsalainen, M. (2018). 'Not only for a celebration of competitive overwatch but also for national pride': sportificating the overwatch world cup 2016. *Games and Culture*. Epub ahead of print 27 August 2018. DOI: 10.1177/1555412018795791.

Uszkoreit, L. (2018).With great power comes great responsibility: video game live streaming and its potential risks and benefits for female gamers. In: Gray KL, Voorhees G and Vossen E (eds) *Feminism in Play* (Palgrave Games in Context). Cham: Springer, pp. 163-181.

Wimmer, J. (2012).Digital game culture(s) as prototype(s) of mediatization and commercialization of society: the world cyber games 2008 in Cologne as an example. In: Fromme J and Unger A (eds) *Computer Games and New Media Cultures: A Handbook of Digital Games Studies*. Dordrecht: Springer, pp. 525-540.

Witkowski, E. (2018). Doing/undoing gender with the girl gamer in esports and high performance play. In: Gray KL, Voorhees G and Vossen E (eds) *Feminism in Play* (Palgrave Games in Context). Cham: Springer, pp. 185-203.

Wizards of the Coast. (2019a). MTG Arena banned and restricted announcement, 14 February. Available at: https://magic.wizards.com/en/articles/archive/news/mtg-arena-banned-andrestricted-announcement-2019-02-14 (accessed 9 March 2019).

Wizards of the Coast. (2019b).The MTG Arena Mythic Invitational, 31 January. Available at: https://magic.wizards.com/en/articles/mythic-invitational (accessed 31 January 2019).

Wizards Digital Games Studio. (2019). *Magic: The Gathering Arena*. Renton, WA: Wizards of the Coast.

Wolff, M. (2015).Women in Magic: The Gathering, 15 June. Available at: http://www.starcitygames.com/article/31023_Women-In-Magic-the-Gathering.html (accessed 8 March 2019).

WOTC_ChrisClay. (2018). State of the Beta for May 25th, 2018. *Magic: The Gathering Arena*. Available at: https://mtgarena.community.gl/forums/threads/26319 (accessed 31 January 2019).

Zittrain, J. (2008). *The Future of the Internet and How to Stop It*. New Haven, CT: Yale University Press.

作者简介

扬·什韦尔赫（Jan Švelch）是一位研究游戏制作的学者，目前在捷克布拉格查理大学艺术系任教，研究兴趣包括电子游戏制作、变现模式、副文本性质以及《万智牌》。在2018年到2020年间，他在坦佩雷大学游戏卓越研究中心（Centre of Excellence in Game Culture Studies）任博士后研究员。他的博士论文探究了电子游戏文化产业的副文本性质及其受众。在研究之外，他有十余年作为独立记者的经验，为捷克多家杂志报道电子游戏和音乐，还曾在捷克知名电子游戏工作室“波希米亚互动”担任数据分析师。

交互媒体时代粉丝文化的交汇：以电子竞技粉丝文化作为对传统体育粉丝文化的预测[①]

肯农·A. 布朗、安德鲁·比林斯（美国阿拉巴马大学）、布里安·墨菲（杰克逊维尔州立大学）、路易斯·普桑（美国北佛罗里达大学） 文

蒋子祺 译

摘要

本研究的重点是，比较电子竞技与传统体育的媒介消费中的追求的使用与得到的满足（uses sought and gratifications obtained），并以此探究相关部分中的重叠与差异。我们总共调查了超过1300名美国电子竞技参与者，询问他们对电子竞技以及对传统体育的爱好/追随度（fan/followership）。结果显示，电子竞技参与者寻求电子竞技和传统体育的媒介的动机相似，具体来说是体育社交（social sport）、爱好（fanship）* 和施瓦布主义（Schwabism）。然而，真正使电子竞技的粉丝与众不同的是

① 本文英文原文为：Brown, K. A., Billings, A. C., Murphy, B., & Puesan, L. (2018). Intersections of Fandom in the Age of Interactive Media: eSports Fandom as a Predictor of Traditional Sport Fandom. *Communication & Sport*, 6(4), 418-435.

* 译注：fanship 与 fandom 在英文中是两个相关的概念，在针对粉丝群体的研究中，fanship 指一个人对某项兴趣的认同程度，强调对兴趣本身的爱好；fandom 则指对有共同兴趣的志同道合者的认同程度，强调爱好者的社群属性。故在本文中将 fanship 译为爱好，将 fandom 译为粉丝文化。

他们背后的消费动机的深度，他们对电子竞技内容的投入和渴望远远超过了任何其他传统体育领域。

关键词：电子竞技与传统体育的动机；使用与满足；问卷调查

作为传播学中最热门的两个子领域，体育和游戏的学术研究正共同走到许多媒介探讨的前沿，它们受到了一个理念的启发，该理念认为在塑造现代人的习惯中，游戏的科学（science of play）不容忽视（Billings，2017）。迅速扩张的移动端媒体平台继续将粉丝文化（fandom）纳入主流文化之中，从梦幻体育（fantasy sport）到网站上的视频制作，观赏者和参与者之间的界限越来越模糊。游戏与体育关系网络的核心就是迅速崛起的电子竞技的世界。早在20世纪70年代，电子竞技就根植于主流化的游戏圈中，互联网网速的加快和接入的普及使得这个新兴的产业发挥超常，超过2.05亿人参与其中（Casselman，2015）。大型电竞比赛在职业体育竞技场馆的门票销售一空（Carr，2016），如今电子竞技已经是全球数字游戏市场上的重要角色。电子竞技已经以各种形式存在了数十年［通过封闭的在线比赛或是ESPN上《麦登帝国》（*Madden Nation*）等节目］，然而，正如贝克汉姆（Peckham，2016）所指出的，电子竞技如今已经拥有了与传统体育类似的粉丝群体，而在为大众转播电竞比赛中，ESPN和特纳广播公司（Turner Broadcasting）是近期投入大量投资的典范。

许多流行媒体（参见Fischer，2017）都在积极阐释电子竞技在以何种方式融入（或不融入）传统体育的空间，比如在2017年的“西南偏南”（South by Southwest）* 中，有个研讨会专门探讨了这个主题。两者有

* 译注：“西南偏南”是每年在美国得克萨斯州奥斯汀举办的艺术节，其中包括电影节、音乐节、互动媒体节以及各种研讨会。

显著的相似性，在各种电竞游戏的平台上，有数百万人成为头号选手的粉丝，然而，大多数狂热的电竞玩家和电竞粉丝并不是各种体育媒体产品所面向的传统体育的粉丝（Aaron，2015）。构成体育和电子竞技的粉丝数以亿计——或许更多——因此明辨两者间的共性（或缺乏共性），对于理解庞大且不断扩张的数字游戏空间来说十分重要。本研究关注的是，两个群体中各自所追求的使用与得到的满足；通过这种方式来确定相关领域中的相同与区别之处。总计有超过 1300 名美国电竞参与者，在电子竞技和传统体育的爱好上接受了调查。如此一来本文提供了重要的划分，显示了两者都以类似的方式投入粉丝文化，然而他们选择消费媒介来进一步增加对粉丝文化的投入的原因是明显不同的。

文献综述

在探究电子竞技的粉丝文化这个错综复杂的世界之前，必须首先理解辨别粉丝动机中所采用的方法，以及这些动机与传统体育的认同和爱好的匹配程度。由于本研究的重点在于研究消费特定形式的媒介内容背后的原因，因此使用与满足理论（uses and gratifications approach；Katz，Blumler，& Gurevitch，1973）最适用于这项任务。这个理论在最初提出的时候被用来解释人们选择消费不同媒介的原因，将这种决定一分为二，在给定的媒介选择中分为寻求的使用和所得到的满足。卡茨和布鲁姆勒（Katz & Blumler，1974）提出，这种理论是基于三个主要假设，其中每一个都可能与电子竞技十分相关：（1）受众的行为是有目的性的；（2）受众是主动使用媒介的；（3）受众能够意识到他们的需求，并且使用特定的媒介来满足需求。这些原则被应用到各种与体育相关的语境（Clavio & Kian，2010）、移动 / 社交媒体（Billings，Qiao，Conlin，& Nie，2017）以及从这些比赛中衍生出的各种幻想游戏（Spinda，2016）。尽管如此，电子竞技的动机却还未在类似的视角下接受审视。

一旦考虑到那五种可以解释为何人们优先选择某种形式的媒介的原因（Windahl，1981），这些动机就可以被应用于相对较新的电竞世界中。这些决定根植于心理学（Rubin，1994；Ruggiero，2000），并且被用来解释人们如何驾驭社会生活。根据先前提到的五个决定，我们可以很快地推断出电子竞技与传统体育的粉丝文化之间的关系：这两个群体的动机都来自于逃避、放松以及转移注意力的机制，比如体现在更广泛的游戏概念中。然而，传统体育极其深厚的历史与电子竞技的历史形成了鲜明的对比；人们在成长的过程中就可能对体育的重要性与相关性有着根深蒂固的、潜在的理解。然而，除了那些最年轻的自称电竞粉丝的人，其他人对电子竞技的理解却并没有传统体育那么深厚。这也就是说，一个人可能有与家人和朋友共同观看数百场体育比赛的经历（在现场或是通过媒介转播的），然而年轻人同样有可能将电子竞技作为寻求传统体育爱好的载体，正如他们可能将传统体育爱好作为进入电竞世界的通道，因为这两者在一个人的一生中都有数十年的根基。因此，在将电子竞技置于与传统体育爱好的关系（或通常是缺乏关系）的背景下之前，很有必要了解电子竞技的历史。

兰尼（Raney，2006）认为传统媒介化的体育观赏“不仅不是不光彩之事，而且有可能是有益的人生追求”（p.327），假设了许多体育粉丝的动机，从良性压力（eustress）到情绪管理，再到建立社群的愿望。所有的这些动机都与电子竞技的粉丝文化有潜在的关系，尤其是在这个体育媒体的时代，实时同步的屏幕与体育定义的扩展（参见 Billings & Brown，2017）决定了现代演化之中体育的构成因素，以及粉丝们如何以各种形式消费体育。

电子竞技的历史

电子竞技的起点可以追溯至 1972 年 10 月 19 日在斯坦福大学举行的

第一场电子游戏比赛。电子竞技的市场空间稳步扩张，而这在过去十年间发生了指数级的增长。第一场电子游戏比赛的八年后，雅达利在纽约举办了“太空入侵者锦标赛”，这个第一届大型电子游戏比赛吸引了大约一万名参与者（Players Guide，1982）。

电子竞技的演变可分为两个不同的时期：街机时代和互联网时代（Lee & Schoenstedt，2011）。在街机时代（1980 至 1990 年间），电竞比赛经常在《吃豆人》、《吃豆人小姐》（*Ms. Pac-Man*，1981）、《小金刚》、《蜈蚣》和《汉堡时间》等游戏中产生破纪录的成绩（Ramsey，2015）。由于有中央的管理机构、正式的记录、制定规则以及促进和鼓励公平竞争，电子竞技成了一项正当的体育运动（Borowy & Jin，2013）。90 年代见证了互联网和局域网技术的兴起，这使得人们得以接入网络，并取代了街机（Griffiths，Davies，& Chappell，2003）。在局域网比赛中，玩家们将他们的电脑接入高速的局域网中一起玩游戏，使得电子竞技成为一种社交活动，一群人与另一群人之间的竞争（Jansz & Martens，2005）。随着电子游戏和比赛最终几乎完全迁移到了线上，它们也迅速地变得更容易被接触到。

最终，大型的电竞联赛[比如，1990 年的“任天堂世界锦标赛”（Nintendo World Championships）]开始在美国出现。1990 年的“任天堂世界锦标赛”使用任天堂的红白机（Nintendo Entertainment System）进行，跨越了 29 个国际大城市（Pitcher，2014）。比赛的形式是，在各种不同的地点进行个人资格赛，选手可以参加三个不同年龄段的组别（11 岁及以下，12 到 17 岁，18 岁及以上；Whiteman，2008）。选手们需要根据特定的累积得分公式，在 6 分 21 秒的时间里，在《超级马里奥》、《公路之星》（*Rad Racer*）和《俄罗斯方块》这几款游戏中取得高分（Nintendoplayer，n.d.）。1994 年，任天堂以超级任天堂（Super Nintendo Entertainment System）为比赛主机，举办了名为“任天堂 PowerFest‘94’”的第二届世界锦标赛，而百视达也举办了自己的“世界电子游戏锦标赛”（World Video Game Championships），由任天堂和《GamePro》杂志赞助（Ganos，2015）。其他国家也有资格参加百视达的世界游戏锦标赛，有来自美国、加拿大、英国、澳大利亚和智利的选手参赛（Lampbane，2006）。不过，这些大赛都没有使用今天盛行的电子竞技中最具代表性的互联网游戏平台。

我们也可以认为，第一场“真正”的电子竞技比赛是1997年《雷神之锤》(*Quake*）的“红色歼灭”（Red Annihilation）比赛，这款FPS游戏吸引了超过2000人参赛（Jansz & Martens，2005）。与任天堂的世锦赛需要当面进行预选资格赛不同，“红色歼灭赛”在线上进行资格预选。不久之后，其他独立机构也开始与各种类型的企业开展合作，开始创立电竞联赛与巡回赛事。主要比赛的游戏类型是《反恐精英》和《雷神之锤》等FPS游戏，以及MOBA游戏如《魔兽争霸》。另外，在20世纪90年代后期，每年都会为《雷神之锤》等电子游戏组织举办展会。比如“Quakecon”（n.d.）至今仍是产业中稳定的赛事，20多年来每年都在得克萨斯州的达拉斯举办。

21世纪之交，在全球性比赛的增长趋势下，电子竞技发展迅猛［比如，“世界电子竞技大赛”（World Cyber Games）、“英特尔极限大师赛”（Intel Extreme Masters）、“职业游戏大联盟”（Major League Gaming）］2000年，在49个职业联盟中，职业选手通过比赛奖金获得的平均年收入达到3061美元（eSports Earnings，2000）。韩国将电子竞技的概念提升到新的高度，将其纳入了流行文化的范畴。为了推广电竞文化，韩国政府在2000年创立了“韩国电子竞技职业协会”（Korean eSports Association，2013），这是一个隶属韩国文化体育观光部的机构，互联网带宽的大规模增长也大大促进了该协会的发展（Huhh，2007）。韩国人租借电脑玩游戏的网吧（PC bangs）在电子竞技的发展中至关重要，网吧成了社交空间，虚拟世界中的人们在这里对应上了真实的面孔，而这里也催生了交流和粉丝文化（Huhh，2007）。

21 世纪的第二个十年间，在线直播软件的出现和流行加快了电子竞技的发展。在 2011 年开始运营的 Twitch 是电竞比赛网络播放的主要提供方，它为所有人提供免费服务，也是大家观看电子竞技最普遍的方式（Twitch，2016）。在 2013 年，用户在 Twitch 上观看电竞的时间超过了 120 亿分钟（O'Neill，2014），观看量最高的是《英雄联盟》和《DOTA2》。由于 Twitch 的成功和盈利，各种竞争对手出现，包括 Beam.pro、Azubu.tv 和 Hitbox.tv。

《英雄联盟》是当前最受欢迎的电子竞技，它作为案例为电子竞技在全球的发展提供了背景。2011 年，《英雄联盟》有超过 1500 万玩家，每天有超过一百万场比赛（Riot，2011）。到了 2014 年，这个数字增长到了每月 6700 万，每日有超过 2700 万的用户（Riot，2014）。2016 年，《英雄联盟》实现了一亿月活跃用户的历史新高，而仅仅在五年前，他们才达到了这个一亿总数的 1%（Tassi，2016）。今天，《英雄联盟》在全世界有 12 个不同的职业巡回赛，都有很高的收视率。2016 年，"英雄联盟全球总决赛"（LoL World Championship）在为期 15 天的赛事中，提供了超过 3.7 亿小时的电竞直播的观看时长，通过 23 个平台和 18 种不同的语言转播（Riot，2016a）。此外，《英雄联盟》的粉丝在 Twitch 上观看了超过 600 亿分钟的游戏时长（Steiner，2017）。到了 2016 年底，美国职业棒球大联盟（MLB）、美国国家篮球协会（NBA）等传统体育组织纷纷进入电子竞技领域，由于电子竞技惊人的收视率、粉丝群体和消费时长，传统体育组织也不可避免地投进到电竞比赛的主流化过程。2016 年 9 月，NBA 的费城 76 人球队收购、合并且目前在经营两支电竞战队（NBA，2016）。此外，MLB 旗下为 MLB 制作视频流媒体和技术服务的 BAMTech 公司，根据合同规定，到 2023 年为止至少要向拳头游戏（Riot Games）支付三亿美元（Kwilinski，2016）作为《英雄联盟》播放版权的费用。

网络游戏产业持续地高速增长。2016 年，SuperData 确认了电子竞技市场价值达到8.92亿美元，预计第四年将达到12.3亿美元（Minotti，2016）。目前亚洲市场规模最大，价值3.28亿美元（Minotti，2016），紧随其后的是北美和欧洲，分别位居第二和第三。收视率方面，2016年，约有2.14亿人自认为是电子竞技粉丝，预计到2019年将提升到3.03亿以上（Minotti，2016）。在美国，电子竞技的观众主要是25岁以下的男性，这个数字大致代表了该国约有85%参与网络游戏的男性（其中61%的男性年龄在25岁或以下）关注电竞（Minotti，2016）。通过初步浏览这些统计结果，我们可以了解到电子竞技目前是如何正在从一个新兴市场过渡为一个成熟市场的（Minotti，2016）。

总的来说，电子竞技已经发生了很大的变化，从小型会展中心举办的奖金5000美元的比赛，到如今在奥林匹克体育场和大型场馆，如洛杉矶斯台普斯中心（Staples Center）和麦迪逊花园广场（Madison Square Garden），奖金高达数百万美元的赛事（Gilbert，2015；Guzman，2015）。而即便是这样的现场参与度和奖金，比起受众巨大的消费分钟时长也相形见绌，如今每年的内容观看时长高达上千亿分钟。

传统体育与电子竞技的交汇

传统体育的世界构建了一种文化体验，在这里忠实的粉丝们通过行动和话语来表达对他们队伍的支持。比如，球迷们可以穿上代表着他们最喜爱的球队的标志、他们最喜爱的球员的号码或形象的特定装备和衣服。虽然这些行为可以在体育场或体育赛事中进行，但观众可以在网络社群中或是在Facebook、Twitter和Instagram等社交媒体网站上发帖，进一步表达对球队的支持，将与体育团队的亲身互动和线上互动融合在一起。通过社交媒体，运动员也可以获得明星般的地位。例如，运动员在Twitter上拥有的粉丝越多，就越有可能获得更高的人气和金钱收益（Li & Huang，2014）。

在电子竞技中，职业战队对选手和观众的影响在很多方面都是相似的。例如，选手和观众在比赛和其他相关活动中都会佩戴职业电竞战队的队标（Thompson & Cake，2016）。此外，由于消费者对这个领域的兴趣日益增长，电子竞技经常像传统体育一样成为各大公司的输出口。例如魔爪和红牛等公司参与到了补给包中——为选手们在比赛中提供了各种形式的额外帮助——这也是公司将他们的品牌植入到游戏中的方式（Thompson & Cake，2016）。

电子竞技也是玩家们提升收益和知名度的方式。比如，2014 年，一场由《DOTA2》推广的国际赛事中，奖金总计达到一千万美元（Lahlou，2014）。此外，这场比赛在西雅图的体育馆举办，现场门票销售一空，并且由 ESPN 转播（Lahlou，2014）。ESPN 为电竞转播投入的时长也越来越多（Gaudiosi，2016）。虽然这种类型的收视需要付费订阅有线电视频道，然而类似的赛事大多在网络平台上举办，观众们可以免费观看这些比赛（Lahlou，2014），通过给选手和观众更多接触电子竞技的机会来提高电子竞技在受众间的传播度——这一点也与传统体育的粉丝文化类似。ESPN 也在其网站上增设了一个专门提供电竞相关新闻的平台，以增强在受众间的影响力（Gaudiosi，2016），而特纳体育则以更大的力度加强了传统体育和电子竞技在数字产品间的类似关系。

就连最近的 2016 年奥运会也举办了一场“eGames”展演（Riot，2016）。2016 年 8 月在拉赫公园（Parque Lage）的英国公馆举行了为期两天的活动。第一天，选手们在巴西各地参加表演赛；第二天，来自各国的顶尖玩家们参加了一场任天堂《超级大乱斗》（*Super Smash Bros*）的双败淘汰赛。模仿奥运会比赛的传统，第一名选手获得了金牌，第二名获得银牌，第三名获得铜牌。在比赛开始前，“eGames”的创始人和首席执行官切斯特·金（Chester King）明确表示，电子竞技比赛并不是要争夺国际奥委会（IOC）或传统体育项目的风头，而是为了认可全世界参加电子竞技的 1.15 亿人（Bevins & Dave，2016）。金还补充说，国际奥委会允许他使用“eGames”这个名字（Bevins & Dave，2016）。

电子竞技的竞技性也与消费和实际的使用交织在一起。电竞比赛的观赏性不仅增加了比赛的观看量，还强调了对电子竞技管理的需要，以加强电竞实践的制度化（Seo & Jung，2014）。像传统体育一样，电竞战队之间也会形成对头关系，这增强了这些比赛中的竞争意识。随着竞争的增强，玩家和选手都有更大的需求，或者说是同行压力（Lee & Schoenstedt，2011），去锻炼更强的电子游戏技能。针对这种现象，红牛等品牌也进一步为电竞选手研发了技术训练实验室来让他们提高水平（Thompson & Cake，2016）。

电子竞技吸引了许多年轻的受众，因此，了解使用电竞媒介的缘由以及其与消费传统体育的原因的相似性是很有利的。明确这些缘由将有助于电竞组织去吸引更多不同类型的受众，此外，传统体育组织也可以了解到如何去吸引一群更狂热的小众群体。所以，本研究探究电子竞技参与者在消费电子竞技和传统体育媒介背后动机的异同。因此，提出以下研究问题：

研究问题一：电子竞技参与者消费电子竞技相关媒介的动机是什么？

研究问题二：电子竞技参与者消费传统体育相关媒介的动机是什么？

研究问题三：粉丝们在消费电子竞技相关媒介和传统体育相关媒介中的使用与满足有多大程度的差异？

研究问题四：通过（1）对某一类型电子竞技的参与和（2）对某一类型电子竞技的媒介消费是否能够预测对整体电子竞技相关媒介的消费？

研究问题五：通过（1）对某一类型电子竞技的参与和（2）对某一类型电子竞技的媒介消费是否能够预测对整体传统体育相关媒介的消费？

研究方法

为了更好地了解电子竞技与传统体育在媒介消费上的交叉，我们通过在线问卷和数据管理软件 Qualtrics，对美国活跃的电子竞技参与者（被定义为任何在过去六个月内玩过电子竞技游戏的人）进行了问卷调查。参与者是通过对数个电竞相关的论坛上的成员进行便利抽样被招募的。这份问卷调查了使用和满足、电子竞技相关和传统体育相关的媒介消费以及参与者的背景信息等内容。

参与者

本研究共招募了 1319 名电竞参与者。样本中有 1291 名男性（97.9%）和 28 名女性（2.1%）。这份样本中主要是白人（860 名参与者，65.2%），其中亚裔（201 名参与者，15.2%）和西班牙裔（139 名参与者，10.5%）是代表性最高的少数群体。受访者的平均年龄为 21.67 岁（*SD* = 4.04）。大多数受访者居住在郊区（738 名受访者，56%），447 名受访者（33.9%）居住在城市地区，134 名受访者（10.2%）居住在农村地区。

变量与测量

为了测量对电子竞技和传统体育的媒介消费情况，参与者被问及他们每周（1）消费电子竞技相关媒介的时长和（2）消费传统体育相关媒介的时长，其中采用了一系列开放式问题。参与者被问及在这两类媒介消费中对（1）纸媒、（2）播客与网络视频、（3）广播、（4）社交媒体、（5）电视以及（6）网站和非流媒体视频博客的使用情况。针对不同类型的电子竞技中的消费也使用类似的项目进行调查。参与者被问及他们对五种特定游戏类型的消费：（1）第一人称射击（FPS，如《使命召唤》）、（2）大型多人在线角色扮演游戏（MMORPG；如《魔兽世界》）、（3）格斗游戏（如《街头霸王 V》）、（4）体育游戏（如《麦登橄榄球 17》）以及（5）多人在线战斗竞技场游戏（MOBA，如《英雄联盟》）。根据比赛奖金排名前一百的电子竞技游戏中都有这些类型的游戏（eSports Earnings，2017）。尽管样本中主要为男性，但性别对电子竞技相关的媒介消费时长（包括在所有可用的平台上观看比赛和附加的媒体报道；$M_{total} = 16.25$，$SD_{total} = 18.44$，$t = 0.399$，$p = .69$），以及对传统体育相关的媒介消费时长（$M_{total} = 6.92$，$SD_{total} = 13.29$，$t = 1.217$，$p = .224$）并无显著影响。

为了测量参与者的使用与满足情况，参与者被要求使用七点李克特式量表（Likert-type scale，1 为非常不同意，7 为非常同意）来表明他们对这些陈述的认同程度。这些选项主要改编自比林斯和鲁伊利（Billings & Ruihley，2013）对参与传统体育和梦幻体育的动机的分析，因为这些选项也非常适用于电子竞技玩家的体验。测量了下列动机（包含所引用的基础研究）：

- 激发兴奋感（Wann，1995）——使用三等选项测量（α = .83）
- 同伴情谊（Seo & Green，2008；Ruihley & Hardin，2011）——使用三等选项测量（α = .76）
- 竞争（Ruihley & Hardin，2011）——使用四等选项测量（α = .7）
- 逃避（Seo & Green，2008）——使用三等选项测量（α = .77）
- 消遣（Seo & Green，2008）——使用三等选项测量（α = .81）
- 自尊心（Spinda & Haridakis，2008）——使用三等选项测量（α = .7）
- 体育社交（Hur，Ko，& Valacich，2007）——使用三等选项测量（α = .8）

此外，本研究还测量了其他两个使用与满足的变量：

●爱好（Seo & Green，2008）——使用三等选项测量（α = .85）

●施瓦布主义（一种专门为了提高自己在体育知识方面的专业度而收集信息的形式；Ruihley & Hardin，2011）——使用三等选项测量（α = .75）

招募与步骤

经机构审查委员会（Institutional Review Board）的批准后，我们通过数个与电子竞技直接相关的在线留言板和移动设备应用程序招募了参与者。一旦电竞玩家同意参与调查，他们就会通过一个超链接（包含在所有的招募告示里）进入在线问卷调查平台。在阅读并同意知情同意书后，参与者首先被问及电子竞技的媒介消费、使用和满足感的量表项目。然后，参与者被问及传统体育的媒介消费、使用和满足感的量表项目。最后，在收到致谢信息后，参与者被要求填写背景信息问题。为了测试问卷中量表的信度和效度，以及表面效度和项目的编辑，先对 47 名电子竞技参与者进行了问卷预测试。使用了 SPSS 统计软件（23.0 版）对数据进行分析。

研究结果

第一个研究问题探究的是电竞爱好者消费电子竞技相关的媒介的动机中有哪些使用与满足的因素。为了回答这个问题，研究使用了多元回归法，根据回归模型，**体育社交**（β = .076，t = 1.987，p = .047）、**爱好**（β = .122，t = 2.769，p = .006）和**施瓦布主义**（β = .105，t = 2.754，p = .006）是电子竞技相关的媒介消费中显著的直接预测变量，R^2 = .103，$F(9, 1309)$ = 16.75，p < .001。表 1 提供了研究问题一的回归表。

表 1. 研究问题一的回归表：电子竞技相关的媒介消费的动机

变量	*B*	*SE*	*β*	*t*	*p*
竞争	0.649	.626	.036	1.037	.3
自尊心	−0.403	.581	−.026	−0.692	.489
同伴情谊	0.006	.545	0	0.111	.992
体育社交	1.096	.552	.076	1.987	.047
逃避	−0.508	.388	−.039	−1.309	.191
消遣	0.135	.516	.008	0.262	.793
激发兴奋感	1.186	.729	.071	1.627	.104
爱好	1.813	.655	.122	2.769	.006
施瓦布主义	1.415	.514	.105	2.754	.006

注释： $R^2 = .103$, $F(9, 1309) = 16.75$, $p < .001$. *SE* = standard error（**标准误差**）

第二个研究问题探究的是电竞爱好者消费传统体育相关的媒介的动机中有哪些使用与满足的因素。为了回答这个问题，研究使用了多元回归法，根据回归模型，**竞争**（$\beta = .213$，$t = 3.711$，$p < .001$）、**体育社交**（$\beta = .195$，$t = 3.634$，$p < .001$）、**爱好**（$\beta = .239$，$t = 3.761$，$p < .001$）和**施瓦布主义**（$\beta = .185$，$t = 3.885$，$p < .001$）是传统体育相关的媒介消费中显著的直接预测变量。另外，**自尊心**（$\beta = -.089$，$t = -2.366$，$p = .018$）和**消遣**（$\beta = .111$，$t = -2.392$，$p = .017$）是传统体育相关的媒介消费中显著的逆预测变量，$R^2 = .303$，$F(9, 1309) = 63.231$，$p < .001$。表 2 提供了研究问题二的回归表。

第三个研究问题探究的是电子竞技媒介消费与传统体育媒介消费相比，两者在使用和满足上是否有差异。研究对九种使用和满足进行了多变量重复测量方差分析，并进行了邦费罗尼（Bonferroni）事后分析。分析结果显示，这两类媒介消费在九种使用与满足中有显著差异，Wilks' $\lambda = .436$，$F(1, 1317) = 188.26$，$p < .001$，$\eta^2_p = 0.56$。进一步分析显示，两

类媒介消费在九种使用和满足上均存在显著差异，在每种使用和满足上，电子竞技媒介消费动机均显著大于传统体育媒介消费动机。表 3 提供了两类媒介消费之间的平均分、F 值和 p 值以及各使用和满足的效果大小。

表 2. 研究问题二的回归表：传统体育相关的媒介消费的动机

变量	*B*	*SE*	*β*	*t*	*p*
竞争	1.723	.464	.213	3.711	<.001
自尊心	−0.757	.32	−.089	−2.366	.018
同伴情谊	−0.693	.386	−.084	−1.797	.073
体育社交	1.419	.391	.195	3.634	<.001
逃避	0.15	.344	.018	0.437	.662
消遣	−0.878	.367	−.111	−2.392	.017
激发兴奋感	−0.192	.415	−.026	−0.462	.644
爱好	1.626	.432	.239	3.761	<.001
施瓦布主义	1.382	.356	.185	3.885	<.001

注释：$R^2 = .303$, $F(9, 1309) = 62.23$, $p < .001$. *SE* = standard error（标准误差）

表 3. 电子竞技媒介消费与传统体育媒介消费的平均使用及满足值

动机	电子竞技媒介消费 M(*SD*)	传统体育媒介消费 M(*SD*)	F	p	η^2_p
竞争	5.4（1.03）	4.37（1.64）	.213	<.001	.228
自尊心	5.11（1.2）	3.38（1.56）	−.089	<.001	.465
同伴情谊	5.44（1.14）	4.23（1.61）	−.084	<.001	.281
体育社交	5.32（1.28）	4.08（1.82）	.195	<.001	.225
逃避	4.82（1.42）	3.62（1.58）	.018	<.001	.319
消遣	5.68（1.07）	4.19（1.68）	−.111	<.001	.392

续表

动机	电子竞技媒介消费 M(*SD*)	传统体育媒介消费 M(*SD*)	F	p	η^2_p
激发兴奋感	5.66（1.1）	4.06（1.81）	−.026	<.001	.353
爱好	5.56（1.24）	3.93（1.95）	.239	<.001	.313
施瓦布主义	4.3（1.36）	3.08（1.78）	.185	<.001	.227

注释：平均值越高，参与者越同意反映该特定使用或满足的陈述。SD = standard deviation（**标准偏差**）

第四个研究问题探究的是针对电子竞技中特定类型的参与是否能够预测电子竞技相关的媒介消费。研究采用了多元回归法，根据回归模型，在第一人称射击游戏（$\beta = .166$，t . 7.565，$p < .001$）、大型多人在线角色扮演游戏（$\beta = .097$，t . 4.408，$p < .001$）、格斗游戏（$\beta = .428$，$t = 19.463$，$p < .001$）、体育游戏（$\beta = .084$，$t = 3.853$，$p < .001$）和多人在线战斗竞技场游戏（$\beta = .32$，$t = 14.557$，$p < .001$）的电竞比赛中，参与是电子竞技相关的媒介消费中显著的直接预测变量，$R^2 = .376$，$F(5, 1313) = 158.57$，$p < .001$。所有输入模型的预测变量都是显著的。

最后一个研究问题探究的是针对电子竞技中特定类型的参与是否能够预测传统体育相关的媒介消费。研究采用了多元回归法，根据回归模型，在电竞比赛中，仅有与体育游戏相关的参与是传统体育相关的媒介消费中显著的直接预测变量，$\beta = .366$，$t = 14.094$，$p < .001$；$R^2 = .144$，$F(5, 1313) = 44.289$，$p < .001$。

讨论

研究结果很容易分为三个方向，因为目的是分析电子竞技的消费动机、传统体育的消费动机，以及这两者之间的对比。如果仅仅关注前两个研究问题的结果，我们可以认为这两种消费形式的动机相当相似，因为体育社交、爱好和施瓦布主义的动机在两种条件下都以正β出现。传统体育消费中的逆预测变量，即自尊心和消遣，至少在后者的情况中，或许是整体粉丝文化中零和博弈的一部分：电子竞技的粉丝根本没有需求或欲望来使用传统体育的内容作为消遣，这大概是因为他们对电竞领域的狂热。需要注意的是，这个样本完全不是为了代表传统体育粉丝的动机，反而关注的是自认为是电子竞技的粉丝，来研究他们与传统体育粉丝文化的关系。诚然，通过红迪网（reddit）平台上的子论坛来进行抽样，更有可能获得比整体电子竞技受众更加忠实的参与者。尽管如此，我们发现在这两种形式的粉丝文化中，体育社交、爱好和施瓦布主义都是驱动着他们在爱好的核心中所追求的使用。此外，我们甚至可以得出结论，那些重视这三种功能的人也是那些一开始就会投入电子竞技的人，因为这些同样的欲望也迁移到了他们生活中的其他领域。因此，电子竞技的粉丝们渴望的是社交与爱好的部分，以及体现在施瓦布主义因素中的分享知识 / 证明自己是正确的欲望。

然而，第三个研究问题中的发现使这种线性关系变得更复杂了，其中显示虽然这两种形式的粉丝文化中的消费都有类似的预测变量，然而对两者动机的整体对比表明，电子竞技的粉丝明显在这一领域中每一种消费动机里都有更高层次的投入。事实上，对比电子竞技与传统体育的消费方式，除了施瓦布主义是唯一的例外，我们可以确信地断言，在这个群体中，对电子竞技的消费动机总是高于对传统体育的消费动机。由于接受调查的群体是电子竞技的粉丝，我们可以推断出其中简单的逻辑，然而这也确实说明了，虽然电子竞技粉丝通常表现出类似传统体育粉丝的行为，但他们对于电子竞技的爱好明显不同于观看传统体育中所追求的使用与得到的满足。电子竞技并不是传统体育粉丝作为附加爱好去涉猎的，而是代表了另一种主要的粉丝身份认同、媒介消费和整体身份。

万恩（Wann，2006）认为，对传统体育的爱好是属于一个人对一支队伍、一位运动员或一项体育项目的认同中的一部分。本研究表明，一个人可以在体育中形成这样的认同，而不需要成为一名传统体育的粉丝。这样的情况在其他与数字媒体相关的新的数字活动中一般不会出现。比如，杨、比林斯和鲁伊利（Yang，Billings，& Ruihley，2017）发现，传统体育的爱好使人们对自己最喜爱的队伍产生了认同的欲望，而并没有减少对传统体育中媒介消费的核心动机。在这里，我们发现电子竞技的粉丝文化与传统体育的粉丝文化不同，在消费中一些首要的预测变量有一些重叠的因素，然而电子竞技明显吸收了主要传统体育的收视及附属消费的概念或欲望。与体育游戏相关的电子竞技媒介消费，是对传统体育媒介消费的唯一直接预测变量，这一事实也更强调了本研究中所发现的两极分化。

本研究通过使用与满足理论的方法（Katz et al.，1973）凸显出了电子竞技的互动性（通常以笔记本电脑作为主要的屏幕）不同于传统体育粉丝文化中的被动性（通常以电视作为主要的屏幕）。研究表明，体育粉丝们使用社交媒体来进一步增强他们活跃的观看程度，使用 Twitter（Clavio & Kian，2010）和 Snapchat（Billings et al.，2017）作为案例。对于电子竞技的粉丝来说，能够更流畅地迁移到第二个提供了增强的使用与满足的屏幕上。第二个屏幕的概念（Ainasoja，Linna，Heikkilä，Lammi，& Oksman，2014；Giglietto & Selva，2014）主要涉及到将社交（互动）元素与被动（消费）元素相结合的欲望。人们不再需要使用两个独立的设备来满足欲望——正如大部分体育粉丝现在所做的那样，将电视作为主要的屏幕，移动设备作为次要的屏幕。相反，电子竞技使这些不同的动机得以完全沉浸在像 Twitch 这样一站式的平台上，或是干脆只要使用电脑上多个同时活跃的窗口。其结果是形成了一种专注的消费体验，电子竞技的参与者形成了一种融合的粉丝消费模式，其中两种欲望的分离程度被极大地降低了。

本研究仍然存在一定的局限性，未来的研究应该试图将不同类型的电子竞技参与者切分开来，比如可以探究多人在线战斗竞技场游戏与第一人称游戏的消费之间的核心差异。此外，本研究所采用的核心指标，是基于传统体育的使用与满足之上的，某种程度上使这些核心指标成了比较电子竞技的基础要素。未来的研究应该试图发掘是否存在完全不同的电子竞技的消费动机，且这些动机并不基于传统体育的媒介消费——甚至一般意义上整体的媒介使用（Rubin，1994；Ruggiero，2000）。

结论

本研究的特点是以一种新的方式来理解一个迅速增长的的群体：狂热的电子竞技爱好者。通过探索那些驱动他们消费大量内容的关键因素——还有在其过程中更多参与互动 / 社交的时间，电子竞技的粉丝消费电竞内容的方式并非与传统体育的粉丝文化一致，而是建立在它之上的。电子竞技的粉丝也经常是传统体育项目的粉丝，然而这些并不以电子竞技消费为前提，而是从属于作为一个人的消费动机的一部分——这些动机是兰尼（Raney，2006）在十多年前就曾提出的。真正使电子竞技的粉丝与众不同的是他们背后的消费动机的深度，他们对电子竞技内容的投入和渴望远远超过了任何其他的体育领域。因此，电子竞技的消费者应该被视为体育领域中的重要角色——同时也需要认识到，他们在寻求其他体育媒介产品时，并没有投入像对电子竞技——这个特定的、不断增长的领域——同样的热忱。

参考文献

Aaron, J. (2015, February 18). *The controversial dichotomy between sports and eSports*. Retrieved from http://www.huffingtonpost.com/jesse-aaron/the-controversial-dichoto_

b_6692052.html

Ainasoja, M., Linna, J., Heikkila ¨ , P., Lammi, H., & Oksman, V. (2014). A case study on understanding 2nd screen usage during a live broadcast: A qualitative multi-method approach. In *UBICOMM 2014: The Eighth International Conference on Mobile Ubiqui- tous Computing, Systems, Services and Technologies* (pp. 196-203). 24-28 August. Rome, Italy.

Baker, S. (2016). *Stewart brand recalls first 'SpaceWar' video game tournament*. Retrieved from http://www.rollingstone.com/culture/news/stewart-brand-recalls-first-spacewar-video-game-tournament-20160525

Bevins, V, & Dave, P. (2016). Super Smash Bros. video game contest takes a spot alongside the Olympics in Rio. *Los Angeles Times*. Retrieved from http://www.latimes.com/

Billings, A. C. (Eds.). (2017). *Defining sport communication*. New York, NY: Routledge.

Billings, A. C., & Brown, K. A. (Eds.). (2017). *Evolution of the modern sports fan*. Lanham, MD: Lexington.

Billings, A. C., Qiao, F., Conlin, L. T., & Nie, T. (2017). Permanently desiring the temporary?: Snapchat, social media, and the shifting motivations of sports fans. *Commu- nication & Sport*, *5*, 10-26.

Billings, A. C., & Ruihley, B. J. (2013). Why we watch, why we play: The relationship between fantasy sport and fandom motivations. *Mass Communication & Society*, *16*(1), 5-25.

Billings, A. C., & Ruihley, B. J. (2014). *The fantasy sport industry: Games within games*. London: Routledge.

Borowy, M., & Jin, Y. D. (2013). Pioneering E-Sport: The experience economy and the marketing of early 1980s Arcade Gaming contests. *International Journal of Communica- tion*, *7*, 2254.

Bowman, N. D., & Cranmer, G. (2014). SocialMediaSport: Theoretical implications for the reified relationship between spectator and performer. In A. C. Billings & M. Hardin

(Eds.), *Handbook of sport and new media* (pp. 213-234). London, England: Routledge.

Carr, W. (2016). *eSports booms, becomes global industry*. Retrieved from http://www.foxnews.com/tech/2016/04/08/esports-booms-becomes-global-industry.html

Casselman, B. (2015). *Resistance is futile: eSports is massive ... and growing*. Retrieved from http://espn.go.com/espn/story/_/id/13059210/esports-massive-industry-growing

Clavio, G., & Kian, T. M. (2010). Uses and gratifications of a retired female athlete's Twitter followers. *International Journal of Sport Communication*, *3*, 485-500.

eSports Earnings. (2000). *Overall eSports Stats for 2000*. Retrieved from http://www.esport searnings.com/history/2000/top_players

eSports Earnings. (2017). *Overall eSports Stats for 2017*. Retrieved from http://www.esport searnings.com/history/2016/top_players

Fischer, B. (2017, January 16). Heat, Bucks owner take different paths to eSports stakes. *Sports Business Daily*. Retrieved from https://www.sportsbusinessdaily.com/Journal/Issues/2017/01/16/Franchises/Heat-Bucks-esports.aspx

Ganos, J. (2015). *The history of Nintendo competitions: Part 3*. Retrieved from http://ninten dowire.com/blog/2015/07/07/the-history-of-nintendo-competitions-part-3/

Gaudiosi, J. (2016). Why ESPN is investing in eSports coverage. *Fortune*. Retrieved from http://fortune.com/

Giglietto, F., & Selva, D. (2014). Second screen and participation: A content analysis on a full season dataset of tweets. *Journal of Communication*, *64*, 260-277.

Gilbert, B. (2015). *This one image says everything about how huge eSports is*. Retrieved from http://www.businessinsider.com/league-of-legends-sold-out-madison-square-garden-2015-8

Griffiths, M. D., Davies, M. N., & Chappell, D. (2003). Breaking the stereotype: The case of online gaming. *CyberPsychology & Behavior*, *6*, 81-91.

Guzman, J. N. (2015). *The world's biggest and best eSports arenas*. Retrieved from http:// www.redbull.com/gb-en/the-biggest-and-best-esports-stadiums-in-the-world

Huhh, J. S. (2007). PC bang Inc.: The culture and business of PC bangs in Korea. *The Culture and Business of PC bangs in Korea SSRN*. Retrieved at https://papers.ssrn.com/sol3/ papers.cfm?abstract_id=975171.

Hur, Y., Ko, Y. J., & Valacich, J. (2007). Motivation and concerns for online sport consump- tion. *Journal of Sport Management*, *21*, 521-539.

Jansz, J., & Martens, L. (2005). Gaming at a LAN event: The social context of playing video games. *New Media & Society*, *7*, 333-355. doi:10.1177/1461444805052280

Katz, E., & Blumler, J. G. (1974). *The uses of mass communications: Current perspectives on gratifications research*. Thousand Oaks, CA: Sage.

Katz, E., Blumler, J. G., & Gurevitch, M. (1973). Uses and gratifications research. *The Public Opinion Quarterly*, *37*, 509-523.

Korean eSports Association. (2013). *History of Korea e-Sports Association 1999 * 2004*. Retrieved from http://www.esports.or.kr/board.php?b_no=9&_module=kespa&_page=view&b_no=9&b_pid=9999989400

Kwilinski, D. (2016). *MLB's BAMTech inks $300 M exclusive deal with Riot Games*. Retrieved from http://www.espn.com/esports/story/_/id/18292308/mlb-bamtech-streaming- platform-inks-300-million-exclusivity-deal-riot-games-league-legends

Lahlou, K. (2014). Will eSports overtake traditional sports? *GameCrate*. Retrieved from http://www.gamecrate.com/

Lampbane. (2006). *Blockbuster Video World Game championship guide* [Online image].
Retrieved from https://www.flickr.com/photos/lampbane/150765934/

Lee, D., & Schoenstedt, L. J. (2011). Comparison of eSports and traditional sports consumption motives. *Journal of Research*, *6*, 39-44.

Li, Z., & Huang, K. W. (2014). The monetary value of twitter followers: Evidences from NBA players.

Minotti, M. (2016, July 20). SuperData: ESports is now a $892 million market, but growth is slowing. *VentureBeat*. Retrieved from https://venturebeat.com/2016/07/20/

superdata- esports-is-now-a-892-million-market-but-growth-is-slowing/.

Nagpa, A. (2015). *The evolution of eSports*. Retrieved from https://gamurs.com/articles/the- evolution-of-esports

National Basketball Association. (2016). *Sixers acquire, merge, and manage eSports teams Dignitas, Apex*. Retrieved January 15, 2017, from http://www.nba.com/sixers/news/sixers- acquire-merge-and-manage-esports-teams-dignitas-apex/

Nintendoplayer. (n. d.). *Nintendo World Championships 1990*. Retrieved from http://www. nintendoplayer.com/feature/nintendo-world-championships/

O'Neill, P. H. (2014). *Twitch dominated streaming in 2013, and here are the numbers to prove it*. Retrieved from https://dotesports.com/league-of-legends/twitch-growth-esports-stream ing-mlg-youtube-2013-90

Peckham, M. (2016, March 1). Why ESPN is so serious about covering eSports. *Time*. Retrieved from http://time.com/4241977/espn-esports/

Players Guide to Electronic Science Fiction Games. (1982). *Electronic Games*, 35-45. Retrieved from https://archive.org/stream/electronic-games-magazine-1982-03/Electronic_Games_Issue_02_Vol_01_02_1982_Mar#page/n35/mode/1up

Pitcher, J. (2014). *Nintendo World Championships cartridge sells for $100 k on eBay*. Retrieved from http://www.polygon.com/2014/2/5/5380924/nintendo-world-championships-cartridge-sells-for-100k-on-ebay

Quakecon. (n. d.). *What is QuakeCon?* Retrieved from http://www.quakecon.org/about/

Ramsey, D. (2015). *The perfect man*. Retrieved from http://www.oxfordamerican.org/magazine/item/622-the-perfect-man

Raney, A. A. (2006). Why we watch and enjoy mediated sports. In A. A. Raney & J. Bryant (Eds.), *Handbook of sport and media* (pp. 313-329). Mahwah, NJ: LEA.

Riot. (2011). *League of Legends hits over 15 million registered players*. Retrieved January 15, 2017, from http://www.riotgames.com/articles/20110726/143/league-legends-hits-over- 15-million-registered-players

Riot. (2014). *League players reach new heights in 2014*. Retrieved from http://www.riotgames.com/articles/20140711/1322/league-players-reach-new-heights-2014

Riot. (2016a). *2016 World Championship by the numbers*. Retrieved from http://www.riotgames.com/articles/20161206/2349/2016-world-championship-numbers

Riot. (2016b). *Thank you*. Retrieved from http://na.leagueoflegends.com/en/news/riot-games/ announcements/thank-you

Rubin, A. M. (1994). Media uses and effects: A uses and gratifications perspective. In J. Bryant & D. Zillmann (Eds.), *Media effects: Advances in theory and research* (pp. 417-436). Hillsdale, NJ: Lawrence Erlbaum Associates.

Ruggiero, T. E. (2000). Uses and gratifications theory in the 21st Century. *Mass Communi- cation and Society*, *3*, 3-37.

Ruihley, B. J., & Hardin, R. L. (2011). Beyond touchdowns, home runs, and three-pointers: An examination of fantasy sport participation motivation. *International Journal of Sport Management and Marketing*, *10*, 232-256.

Seo, W. J., & Green, B. C. (2008). Development of the motivation scale for sport online consumption. *Journal of Sport Management*, *22*, 82-109.

Seo, Y., & Jung, S. U. (2014). Beyond solitary play in computer games: The social practices of eSports. *Journal of Consumer Culture*, *0*(0), 1-21.

Spinda, J. S. W. (2016). Simulations as fantasy sports. In N. D. Bowman, J. S. W. Spinda, & J. Sanderson (Eds.), *Fantasy sports: Perspectives from the fields* (pp. 19-37). Lanham, MA: Lexington.

Spinda, J. S. W., & Haridakis, P. M. (2008). Exploring the motives of fantasy sports: A uses and gratifications approach. In L. W. Hugenberg, P. M. Haridakis, & A. C. Earnheardt (Eds.), *Sports mania: Essays on fandom and the media in the 21st Century* (pp. 187-199). Jefferson, NC: McFarland.

Steiner, D. (2017). *League of Legends fans watched more than 1 billion hours on Twitch in 2016*. Retrieved from https://pvplive.net/c/league-of-legends-fans-watched-morethan-1-billion Tassi, P. (2016). *Riot Games reveals 'League of Legends' has 100 million monthly players*.

Retrieved from http://www.forbes.com/sites/insertcoin/2016/09/13/riot-games-reveals-league-of-legends-has-100-million-monthly-players/#4aa9f55c10b1

Thompson, L., & Cake, H. S. E. (2016). How eSports can learn from its traditional sports teams and broadcasters. *VentureBeat*. Retrieved from http://venturebeat.com/

Twitch. (2016). Retrieved from https://www.twitch.tv/p/about

Wann, D. L. (1995). Preliminary validation of the sport fan motivation scale. *Journal of Sport & Social Issues*, *19*, 377-396.

Wann, D. L. (2006). The causes and consequences of sport team identification. In A. A. Raney & J. Bryant (Eds.), *Handbook of sports and media* (pp. 331-352). New York, NY: Routledge.

Whiteman, B. (2008). *NWC contestant information* [Online image]. Retrieved from https://www.flickr.com/photos/96972011@N00/3042263008/

Windahl, S. (1981). Uses and gratifications at the crossroads. In G. Wilhoit & H. de Block (Eds.), *Mass communication review yearbook* (pp. 174-185). Beverly Hills, CA: Sage.

Yang, Y., Billings, A. C., & Ruihley, B. J. (2017). Team identification in traditional and fantasy football: Contradictory or complimentary concepts? In A. C. Billings & K. A. Brown (Eds.), *Evolution of the modern sports fan: Communicative approaches* (pp. 115-130). Lanham, MD: Lexington Press.

作者简介

肯农 · A. 布朗（Kenon A. Brown）是阿拉巴马大学广告和公共关系系的一名副教授。在获得学术任命之前，肯农曾在餐厅管理和市场营销行业工作了八年，同时还为一些小型非营利组织和当地企业开展独立的媒体培训。他的研究兴趣包括形象和声誉管理，特别是在体育领域以及大众传播中的对少数群体的聘用。

安德鲁·比林斯（Andrew Billings）是阿拉巴马体育传播项目的主任，也是新闻和创意媒体系里的罗纳德·里根广播主席。他的研究兴趣在体育、大众传媒、消费习惯和承载身份特征的内容之间的交汇之处。

布里安·墨菲（Breann Murphy）是杰克逊维尔州立大学的助理教授。

路易斯·普桑（Luis Puesan）是埃奇伍德学院电竞项目的主任 / 总教练，拥有北佛罗里达大学高等教育管理专业理科硕士学位。

在性别身份与玩家身份之间寻找平衡：王馨雨“白泽”在 2017 年《炉石传说》夏季世锦赛中面临的性别问题①

山姆·谢尔夫豪特、马修·T. 鲍尔斯、
Y. 安德鲁·郝（美国德克萨斯大学奥斯汀分校） 文
蒋子祺 译

摘要

本文所研究的是性别包容度仍然面临挑战的一个领域：电子竞技。在由男性支配的电竞圈中，女性和非二元性别（nonbinary）的人群获得的代表性不足，使得这些边缘群体很难被看到。在顶级的赛事中更是极少有女性和非二元性别者参赛。我们关注了王馨雨“白泽”的经历，她是一位来自中国的《炉石传说》选手。在《炉石传说》这款游戏前三年的历史中，她是首位参加“《炉石传说》世界锦标赛”（*Hearthstone* Championship Tour，HCT）的女性。关于白泽参赛的叙事大多关注她的性别，忽略了之前那些为她带来参赛资格的成就。我们认为白泽在世锦赛的亮相受到了参赛者和观众的负面评价，增加了女性和非二元性别者参与到这个男性支配

① 本文英文原文为：Schelfhout, S., Bowers, M. T., & Hao, Y. A. (2021). Balancing Gender Identity and Gamer Identity: Gender Issues Faced by Wang ‘BaiZe’ Xinyu at the 2017 Hearthstone Summer Championship. *Games and Culture*, 16(1), 22-41.

的空间中的障碍。这些电竞参赛者所面临的歧视不仅是在《炉石传说》中，也是在整体电竞领域中加深了固有的性别歧视（sexism）。

关键词：性别；竞技性游戏;《炉石传说》；游戏中的性别；电子竞技

王馨雨“白泽”是一位来自中国的《炉石传说》选手、评论员和主播，在这款游戏三年的历史中，她是第一位在“《炉石传说》世锦赛”中参赛的女性，参加的是于加州洛杉矶举办的2017年“HCT夏季世锦赛”。关于白泽参赛的叙事大多关注她的性别，忽略了是她所获得的成就给予了她16个众人渴望的参赛席位中的一席。许多参赛者和观众对白泽的参赛作出了负面的评价，这也进一步增加了女性和非二元性别者参与到这个男性支配的空间中的障碍。

电子竞技的形式是有组织的、多人电子游戏比赛，尤其是职业选手之间的竞赛。由于网络宽带和游戏的进步，这项活动在过去的十年间大受欢迎。金大勇（Jin，2010）指出，要理解电子竞技是十分复杂的，因为这个产业相对很新，而且它“结合了文化、技术、体育与商业”（p.61）。电子竞技在学术文献中也得到广泛的关注，从它作为一种主要娱乐形式的兴起，到它与“体育运动”的定义特征之间的契合（Jenny，Manning，Kelper，& Olrich，2017；Hamari & Sjöblom，2017；T. L. Taylor，2012）。但《炉石传说》很少获得学术界的关注，其中大多集中在统计学模型和人工智能上（García-Sánchez，Tonda，Mora，Squillero，& Merelo，2018；Goes et al.，2017；Stiegler，Dahal，Maucher，& Livingstone，2018），自它于2014年早期发行以来，很少有学术文章关注到这款游戏的社群和电竞的空间。这款游戏作为新兴电子竞技的独特性，以及它在全球的流行都需要进一步分析。本文试图预示，随着它的流行程度不断上升，这款游戏可能面临的成功、失败、问题与机遇。

关于性别歧视的问题在电竞圈中并不少见，因为在男性支配的空间中，女性和非二元性别人群往往是受评判的首要目标。性别、女权主义、性别歧视这些在游戏研究中也并非新的主题。在过去的十多年中，学术界也一直在撰写、呈现和探讨电子游戏产业中的男性气质（masculinity）问题（Chess & Shaw，2015；Jenson & de Castell，2008）。本文有一个很重要的问题：尽管《炉石传说》并不强调高度竞技化的对战，但性别歧视在《炉石传说》中是否也与在其他电竞游戏中一样普遍？还是说，由于也属于男性支配的空间，性别歧视也持续地存在？本文描述了白泽在2017年“HCT夏季世锦赛”上的经历，以及权力关系是如何随着次级群体的加入而发挥作用的。作为第一位参加HCT赛事的女性，白泽的经历是独特的，而比赛的评论员和参赛者一直都将她的性别作为核心关注点。

本文是严格根据美国语境中的媒体视角来构建的。这意味着对于比赛经历的反应和分析，来自选手、解说员（电竞评论员）以及炉石社群中对白泽和其他选手的解读，全部基于美国的文化视角。这种方法是以福柯（Foucault，2012）的观点为前提，即社会讨论是根据占支配地位的权力结构来被社会建构的。除了作者们与白泽之间的个人交流，其他二手资料也为话语分析（discourse analysis）提供了见解。霍尔（Hall，1997：4）提出，话语“决定了一个话题可以被有意义地谈论和理性分析的方式”，这意味着，讨论的话语也会限制其他描述情况的方式。本文探究了其他在2017年“HCT夏季世锦赛”中与白泽对战的选手的行动，以及赛事主办方和开发商暴雪娱乐关于她参赛的探讨。女性和非二元性别的电竞选手所遭受的歧视，不仅加剧了在《炉石传说》中，也加剧了在整体电子竞技中固有的性别歧视。

电子竞技作为一种“男性空间”

虽然过去和现在一直以来都很少能在玩家群体中看到女性，但这并不意味着她们没有在玩游戏。而白泽在 2017 年“HCT 夏季世锦赛”上的案例，也当然不是第一次对女性玩家和电子游戏之间的关系展开探讨（Bryce & Rutter，2003；Chess，2017；Jenson & de Castell，2005，2010，2011；Kafai，Heeter，Denner，& Sun，2008）。布莱斯和鲁特（Bryce & Rutter，2005）等学者也对玩游戏作为一种男性专属的活动提出了质疑，他们认为女性玩家确实存在，但在玩电子游戏时受到了阻碍。即使她们的确参与了，也经常在男性所支配的游戏社群中被视为“不存在”。如果这些女性在男性支配的游戏产业中被看见了，她们一向被视为“怪胎”“异常”或是“入侵者”，而非游戏文化中的常规居民（Hjorth，Na，& Huhh，2009：254—255）。

关于男孩和女孩对于休闲活动喜好的区别，在学术文献中也得到了全面的研究。布里顿（Britton，2000）的文章在关于性别分化组织的一个广泛概念中，提出了一个关键的论点：如果组织有着固然的性别分化，那么这意味着它们在男性气质和女性气质的层面上被区别化地定义、理解和构建，也因此会“不可避免地将这种性别差异持续再生产下去”（p.419）。女性对电脑和电子游戏的参与通常被记述为对这项活动兴趣很低。正如哈特曼和克林姆特（Hartmann & Klimmt，2006）在他们的文章中详细记录的许多社会科学的研究，比如心理学显示，比起男孩和年轻男性，女孩和年轻女性对电子游戏的兴趣比较低，关于游戏的知识了解较少，而且玩游戏的频率更低，游戏时长也更短。这也许能够解释为什么我们在电子竞技中更少见到女性和非二元性别者，但这并不能合理化她们在这个空间中的缺席。

沈粹华*、拉坦、蔡燕冬**和莱维特（Shen，Ratan，Cai，& Leavitt，2016）进一步指出：

---

* 译注：音译，Cuihua (Cindy) Shen。

** 译注：音译，Yandong Dora Cai。

性别行为模式也致使了一种自我实现的循环（self-fulfilling cycle）：对竞技性游戏感兴趣或投入的女性越少，那么比起男性，她们的经验就越少，表现就越差……不同性别在表现上的差异继而巩固了“男性更擅长玩游戏”的刻板印象，导致女性的表现、积极性、信心和能力的降低。

康萨瓦和哈珀（Consalvo & Harper，2009）发现，我们认为的基于性别的表现差异，实际上是来自于一系列与性别混淆了的因素，比如花在玩游戏上的时间而非玩家的性别本身。这些认为女性和非二元性别玩家玩得较差的刻板印象不仅是错误的，而且是一种导致在电子游戏中参与度不平等的潜在原因。随着游戏市场中女性的人数不断增长（Casti，2014），这种认为女性玩家低人一等的印象可能会转变为女性在游戏中面临的障碍问题被消解了。

有研究也关注了女性和非二元性别者在竞技环境中的参与，以及他们在参与竞技环境时需面对的心理与制度层面的障碍（Bryce & Rutter，2003）。虽然电子游戏可能被视为一种男性活动，然而它的复杂性经常为女性参与以及反抗社会主流性别身份和挑战男性气质与女性气质的观念提供了空间（Bryce & Rutter，2005）。正如叶（Yee，2008）所指出的，女性更有可能把游戏文化，而非游戏的本质当作参与游戏的障碍。认为女性先天就永远不可能成为和男性一样优秀的游戏玩家这种观念“实在太普遍了”，正如 T. L. 泰勒（T. L. Taylor，2012）所述，对于竞技环境的探讨“肯定掺杂着一些厌女的，或者，至少是倒退的对女性的观念”。对于游戏环境来说，这意味着需要采取额外的措施来确保游戏环境对女性和非二元性别更安全。通过坚持自我并寻求包容，女性可以在体育和电子游戏两个领域中，以多元的甚至是矛盾的方式来挑战性别刻板印象，并且有可能在一个高度男性化的空间中获得权力并作出改变（Kissane & Winslow，2016）。考虑到女性玩家经常在公共竞技空间中面临的结构性障碍和社会性孤立，从越来越高的参与度可以看出，女性其实反而是最忠实的玩家群体之一（T. L. Taylor，2008）。

有许多故事和研究（Fox & Tang，2014；Fullerton，Fron，Pearce，& Morie，2008；Gray，Buyukozturk，& Hill，2017；Ivory，Fox，Waddell，& Ivory，2014；Shen，Ratan，Cai，& Leavitt，2016）都表明：玩家社群和游戏产业对于女性和非二元性别者是很不友好的，其中充斥着性别刻板印象、性别歧视和骚扰。研究者警示了网络游戏空间中性别不平等的赛场，并且提出虽然在游戏空间里针对女性和非二元性别玩家的骚扰在玩家当中是众所周知的，但直到最近它才成为了更广泛的公共讨论的一部分。正如学者们所强调的，将这个问题引向更广的话语空间的一个重要的核心事件是"玩家门事件"（GamerGate）。这是一个2014年的线上运动，关注游戏新闻中的伦理问题和对"玩家"（Gamer）身份的保护（Gray et al.，2017；Mortensen，2018；Salter，2018）。这个事件尤其关注到了潜在的父权结构，其背后是"构建了整个行业和游戏文化的系统性的性别歧视"，以至于将女性主义元素纳入电子游戏当中的想法，都被解读为是"阴谋论的实际证据"（Chess & Shaw，2015：208—209）。

对于在公共游戏环境中努力寻求认可的女孩们来说，问题依旧存在。正如我们在接下来的段落中将探讨的，男性身份、支配性男性气质（hegemonic masculinity）和玩家身份之间的矛盾在近些年间减轻了，因为男性玩家们可以在几种新自由主义式的男性气质中选择接受一种，而不必担心被排斥在玩家社群之外。沃里斯和奥兰多（Voorhees & Orlando，2018）解释了新自由主义式的男性气质是如何在团队游戏的环境中表现出来的，他们用《反恐精英：全球攻势》Cloud9战队的案例说明了其中每位队员如何表现一种不同风格的男性气质。然而，女性在这个圈层中则只能选择接受一种玩家身份或是性别身份，这可能会导致对于她们所认可的身份的错位表现（Paaßen，Morgenroth，& Stratemeyer，2017）。对于男性来说，他们的性别身份和玩家身份则有着很大一部分的重叠，这支持了他们的社会认同和自我的刻板印象。而对于女性来说，情况可能正好相反，T. L. 泰勒（T.L.Taylor，2012）提出：因为她们的性别身份与她们的玩家身份是矛盾的，因此她们不太可能用对玩家的刻板印象来描述自己。

男性游戏空间中的支配性男性气质

电子游戏在刻板印象中被认为是一种男性空间。由于攻击倾向和行为上的性别差异，在电子竞技中注重统治力、极端的竞争性、攻击性、暴力或战争的赛事十分普遍。在传统体育项目中，男性和女性由于基本的生理差异而被分隔开来：更高的睾酮水平使得锻炼肌肉、力气和力量更为容易。在职业体育领域中，女性公认的装饰性和辅助性角色，比如《体育画报》（*Sports Illustrated*）中的拉拉队员和泳装模特等角色，被复制到了电竞产业中（N. Taylor，Jenson，& de Castell，2009：240）。体育运动中仍然存在着无法摆脱的性别分化的社会秩序，滋养着支配性男性气质。凯恩（Kane，1996）等学者质疑了这个概念，并指出媒体在改变对女性运动员的看法中的力量，“……我们已经开始看到了一些例子，媒体似乎对批判作出了回应，将女性描绘为运动员而非拙劣的模仿者（caricature）”（p.125）。这种在体育中加固性别分化的社会秩序，让女性的失权持续地存在着，“对女性能力的负面评价隐含在体育所蕴含的男性支配之中”（Farrell，Fink，& Fields，2011：191）。

康奈尔（Connell，1995）认为，支配性男性气质被定义为“体现了目前公认的父权制合法性的性别结构，它保证（或是被用来保证）男性的支配地位以及女性的从属地位”（p.77）。T. L. 泰勒（2012：113）指出，这种定义的强大之处在于支配性男性气质“不仅相对于女性气质存在，而且相对于不同形式的、处于历史和各种语境的背景之下、受到了阶层分化且经常受到争议的男性气质存在”。把这个放在语境之中，支配性男性气质来自一种对“理想的男性形态、身体的支配以及力量、技术的掌控”的观念（p.113）。

对男性化文化的构建也帮助加固了男性成员在他们所参与的社群中表现出男性气质的行为。在联网电子游戏中，与其他男性玩家的互动也为一种结盟体验（bonding experience）提供了机会。这种体验可能会“巩固电子游戏环境中的男性范式，而这种对圈内（男性）的宣扬可能会持续贬低或孤立圈外（女性）”（Fox & Tang，2014：315）。体育社会学家理查德·朱利亚诺蒂（Richard Giulianotti，1999）提出了“障碍”（stopper）这个术语，指像年龄、性别、种族等因素，妨碍社会行为者“充分或部分获得社会中的经济和社会资源”（p.171）。维特科夫斯基（Witkowski，2012）在研究线下比赛（Location-based Arena Tournament，即 LAT*）选手的经验中强调了在季节性的全国游戏巡回赛中存在“障碍”，限制了各种 LAT 选手参赛。此外，网络游戏环境的特点是提供了匿名参与的条件，比如通过一些直播平台，以及面向男性玩家的社交媒体网站。

福克斯和唐（Fox & Tang，2014：317）指出，“那些支持男性范式的参与者们更有可能针对女性参与电子游戏表现出性别歧视的态度”。这些空间不仅阻碍了女性和非二元性别者参与讨论和获得游戏相关经验，而且也是她们遭受骚扰和性别歧视态度的地方。“男性玩家刻板印象的机制导致了女性在电子游戏文化中被边缘化了”，这“可能导致女性的负面心理结果，比如感到不受欢迎、被孤立，或是在一个本来很有吸引力的爱好中感到格格不入”（Paaßen et al.，2017：429）。讽刺的是，在这种女性一贯受到排斥的不平等的赛场上，“当男性被女性击败时，他的男性气

* 译注：维特科夫斯基所提出的 LAT 一词专指所有参赛者都处于同一线下空间里的电竞比赛。

质会受到惩罚，而当女性出现在不属于她们的竞技场上时，也会受到惩罚”（Richard，2016：73）。这一概念直接与白泽的经历相关，她作为首位参加 HCT 赛事的女性，被推入了一个双败的局面之中，输了比赛就被认为是女性玩家的挫败，而赢了则将蒙受失败一方的骚扰。

《炉石传说》

《炉石传说》是一款由暴雪娱乐开发并发行的免费的、仅有数字形式的集换式卡牌游戏（collectible card game，简称 CCG），于 2014 年 3 月 11 日在全球同步发行。集换式卡牌游戏有一套基础的卡牌，随着时间的推移不断扩充加入新的卡牌和策略。这款游戏是两个玩家对战的回合制游戏，每位玩家使用一组由 30 张卡牌构成的套牌，加上一位有特殊技能的英雄，目的是将对手的生命值降为零。根据开发者之一埃里克·多德（Eric Dodds，引自 Wawro，2014：para. 5）的说法，这款游戏最初的构思来源于公司想要“不同于他们那些大项目，用一个更小的团队来开发一些更具实验性的作品，同时也由于整个公司上下对集换式卡牌游戏有共同的热爱”。

《炉石传说》的口号是“看似简单，超级好玩”（Deceptively Simple, Insanely Fun）。这款游戏既吸引了硬核玩家，也吸引了休闲玩家。游戏提供了一种有趣、容易且简单的玩法体验，在玩家收集到更多的卡牌后游戏也会变得更复杂。游戏的名字暗示的意思是“一群朋友们围聚在炉火边”，这也是游戏的开发者希望玩家能获得的感受（Stanton，2013）。这与暴雪娱乐旗下的一系列“硬核”游戏诸如《魔兽系列》、《暗黑破坏神》（*Diablo*）和《星际争霸》这些系列不同。由于像 Xbox Live 和苹果应用商店等数字下载平台的出现，《炉石传说》在开发时优先考虑采取放松的方式。这些数字平台上有数千款创业项目，可以吸引到更广泛的受众，其中包括那些对电子游戏并不熟悉的人。《炉石传说》是适用于移动设备上的游戏，并且可以在苹果应用商店和 Google Play 上免费下载，这使得大量的“休闲”玩家涌入游戏。这在游戏的各种特点上都十分明显，包括它对休闲游戏的强调：游戏里有风险较低的乱斗模式（Tavern Brawl），还有“炉边聚会”（Fireside Gatherings）模式，鼓励玩家们在现实世界中聚会，一起面对面在公共场合玩游戏。

许多《炉石传说》的玩家都被认为是“休闲”玩家，而下载一款可以免费玩的应用与在其他集换式卡牌游戏中投资，比如购买《万智牌》的卡包，这两者在投入的程度上有显著的区别。休闲游戏对应于公认的“硬核游戏”——“硬核”游戏通常价格昂贵、难以上手和掌握，而且很耗时间，而“休闲”游戏则便宜、容易上手，且每次玩的时间更加多样（Chess，2017：13）。正如安娜贝尔（Anable，2013：para. 1）所指出的，休闲游戏构成了一个很大的游戏类型，但其中有基本的相似性，比如“有简单的图像机制，通常基于浏览器或应用程序，一般是免费的或者花很少的钱就能玩”。在移动设备上流行的“休闲”游戏有《宝石迷阵》（*Bejeweled*，2001）和《糖果传奇》（*Candy Crush*，2012）。它们可以用两种不同的方式来玩，这给开发者带来了压力，因为他们要同时满足各种不同受众的需求，而这也是《炉石传说》所面临的问题，尤其是随着这款游戏持续的发展。

《炉石传说》不同于《英雄联盟》和《DOTA2》等主流高度竞技化的电竞游戏。《炉石传说》的开发者注意到，它的电竞部分吸引的人群相对较小，而它作为电竞游戏在 Twitch.tv 等这些直播平台上的受欢迎程度小于其他游戏，但其全球观众数量在迅速增长。在 2017 年 10 月，《炉石传说》是 Twitch.tv 上观看量排名第二的游戏，其播放量总计达到 3310 万个小时。在总时长中，有 640 万个小时属于“电竞时间”，占 19.3%，剩余的时间属于休闲和非竞技性游戏。比起其他当月观看量最高的游戏，这个占比非常小:《英雄联盟》总计 9430 万小时中有 39.6% 是电竞时间，

《反恐精英：全球攻势》的 2830 万个小时中有 54.8% 是电竞时间，而《DOTA2》的 3160 万个小时中有 46.2% 是电竞时间。尽管这种差异可以归结于诸多原因，但正如米诺蒂（Minotti，2017）所指出的，有 86% 的数字卡牌游戏玩家会在线上观看其他人玩数字卡牌游戏的视频，其中许多人是为了通过观看视频来学习新的策略。

正如本文在介绍中所示，由于《炉石传说》中有大量的休闲玩家，这使它成为一个有趣的案例，可以比较在它游戏内部的社群与其他更以电竞为中心的游戏之间的区别。如果根据《炉石传说》官方电竞赛事中的参与者来评判它的玩家群体，我们会认为这款游戏的玩家全部是来自北美、欧洲和亚洲的 18 到 35 岁的男性。由于缺少暴雪娱乐官方发布的人群统计数据，我们并不知道玩家群体和游戏的受众代表了怎样的人群分布。在接下来的段落中，我们会介绍电子竞技作为一种主要的观赏体育的兴起，这个被加固为“男性”竞技场的领域，经常被男性玩家和观众使用的男性气质的概念，以及《炉石传说》对女性和非二元性别参赛者的包容度问题。接下来的部分将回顾典型的竞技比赛环境，为白泽参加 2017 年 HCT 夏季赛的案例提供对比参考。

在性别和技能中寻找平衡：白泽在 2017 年 HCT 夏季赛中的亮相

王馨雨“白泽”是一位来自中国的前《炉石传说》职业选手。她晋升 2017 年“洛杉矶 HCT 夏季赛”之路，在 2017 年“上海夏季黄金赛”（Summer Gold Series）中达到了高峰，这也是获得参赛资格的最后一道坎。32 位选手争夺 4 个中国的“HCT 夏季赛”席位。这是一场十分艰苦的比赛，在长达两周的时间里有无数个小时的竞技游戏。白泽在瑞士轮中获得 4 比 3 的成绩，以微弱的优势进入了第二轮，成为八强选手之一。然而在第二轮中她的运气不佳，以微弱差距落在四强之外，获得了第5/6位的排名，这意味着她参加洛杉矶比赛的梦想终结了。在遭遇这个不幸的挫败后，她却作为候补选手意外地获得了参赛资格，由于另一位叫“假假”的中国选手被拒签了[①]。此次参赛意味着她将成为这款游戏短短三年历史上首位参加HCT世界级赛事的女性。

白泽从很小的时候就开始接触游戏了，早在她开始玩《炉石传说》之前，玩《DOTA》的经历对于她来说是“电竞的启蒙”。在与本文作者的访谈中她谈道，她人生中大部分的空闲时间都花在了游戏上。像假假一样，在2017年“HCT夏季赛”之前，白泽在中国的《炉石传说》圈子外并不出名。她仅仅在2017年7月获得“狂野大师赛”（Wild Open）的参赛资格，在这场比赛中她晋级到了半决赛。在获得资格时，她是“皇族俱乐部”（Star Horn Royal Club）的成员。这个战队是一个中国的游戏机构，其中最著名的是它旗下的《英雄联盟》战队分别在2013年和2014年两次晋级全球总决赛。白泽在“HCT夏季赛”中最显著的特点是她用的套牌不同寻常，她使用了其他15位参赛选手都未使用的卡牌。

在比赛开始的前几天里，《炉石传说》中臭名昭著的缺乏女性和非二元性别选手的情况被不断地放大，白泽作为第一位参加世锦赛的女玩家获得了媒体巨大的关注。一些诋毁她的人用女性在职业游戏历史上表现平平来表示女性是更低级的选手；根据李（Li，2017：133）的书，他们曾经“嘲讽着说，只有两位女性职业选手赢得了10万美元以上的奖金……而有300多位男性超过了那个标准”。[②]在一段事先录制的采访中，《炉石传说》2016年的世界冠军，也是白泽在2017年HCT夏季赛

---

① 白泽得以参赛的原因是她参加了《炉石传说》2017年“狂野公开赛”，比赛于2017年7月在加州伯班克举办，这意味着她的美国签证仍在有效期内。

② 根据一篇最近的文章（“100 Women 2016”，2016），电子竞技中最顶尖的男性选手的收入总计高达250万美金，而最顶尖的女选手的收入则低于20万美金。从根本上来说，女选手的战队可以赢取的奖金更少，因此获得的赞助和报道都更少。

中的首轮对手帕维尔·贝尔图科夫（Pavel Beltukov）对他的对手白泽作出了评论，他说，“我对她唯一的了解就是她是个女孩，仅此而已”（PlayHearthstone，2017a，4:33:20）。贝尔图科夫的这种理解并不是什么新鲜事：学者们表示，对选手技术的认知会受到对手的性别和其特质的竞争力的影响（Vermeulen，Núñez Castellar，& Van Looy，2014：307）。此外，他还抹黑了白泽的参赛动机，他说，“我认为她不过是想着可以在洛杉矶去哪儿观光”（PlayHearthstone，2017a，4:33:20）。尽管贝尔图科夫表示他不了解白泽的背景信息是由于他们二人各自不同的国家在平台上媒体的差异，他来自俄罗斯，白泽来自中国。然而有趣的是他却将白泽的性别作为她在重大赛事中的主要特质，这正是由于在数字比赛中针对女性玩家的偏见。

贝尔图科夫坚持认为竞技性比赛是一种“男性”空间，而女玩家则应该把她们的时间花在这个空间之外。这种对期望的选择显示性别角色理论（gender role theory）中的一个核心原则，也就是基德尔（Kidder，2002：630）所说的，“个体会内化附加在性别上的文化期望，因为个体外部的社会压力会青睐那些与他们被赋予的性别一致的行为”。女性“被鼓励成为爱好交际的、充满关爱的，要维系关系，但也要避免那些被建构为具有男性气质的活动”（Williams，Consalvo，Caplan，& Yee，2009：703—704）。就我们所知的那些大型多人在线游戏和电子游戏来说，正如威廉姆斯（Williams et al.，2009）所指出的，这些空间主要关注的依然是成就和竞争。白泽的个人经历也证实了这种看法，正如她回忆的情况所示，“我的对手们开玩笑说，他们输给我是因为我是女人他们让着我的。或者（他们会抱怨说）输给我（一个女人）实在是太丢脸了”（个人交流，2019 年 4 月 23 日）。她认为，她的那些男对手们这样做是为了给他们的失败找借口，公然地对白泽击败他们的技能水平表现出不认可和不尊重。

这种强调性别而非技能的行为在电竞环境里并不少见，在解说员对白泽比赛表现的评论中，性别也一直是被反复强调的重点。媒体转播中全程都在夸大她的性别的策略，立刻被粉丝们识别了出来，因此媒体也得否认这种将白泽的参赛当作新奇事的意图。周丹“Frodan”（Dan “Frodan” Chou）是一位炉石社群中著名的解说员，也是第一轮比赛的评论员，他在比赛开场时发表了以下这段否认的声明：

> ……我知道你们都在想什么：是不是觉得我们认为白泽与众不同是因为她是女人？不是这样的。你可以看看她的套牌表和阵容，她的确有一些很不一样的选择。（PlayHearthstone，2017a，4:33:20）

尽管这种表述试图摆脱将性别作为整场转播中的话题，白泽还是会从她的男对手们那里受到不一样的待遇。

在比赛中播放的两段提前录制的对白泽的采访主要关注了她作为女性来参加《炉石传说》比赛的体验。白泽表示这种角度并不新颖，她在参加国内比赛时受到的采访也主要关注的是她的性别，而非她的准备和策略。她解释说：“他们总是在问我作为一名女选手‘对这个情况’有什么看法……这样的问题他们已经问了有两年多了。每一次，我的回答都会有一些变化。”（个人交流，2019 年 4 月 23 日）当被问及作为女性参加 2017 年 HCT 夏季赛的个人体验时，她回答说：

> 我经常被问到这样的问题，而我并不认为参加《炉石传说》比赛与性别有任何关系。肯定有一些别的选手会低估我，但这不重要。当我们比赛的时候，结果是由比赛的输赢决定的。实际上在中国《炉石传说》有很多女玩家。如果你去线下的比赛看看，会看到很多女性。也许她们需要一个榜样。(PlayHearthstone，2017a，4:47:00)

白泽的参赛意图是为在这款游戏中提高女性玩家的参与机会，而这款游戏与其他电子竞技有两方面的区别。首先，《炉石传说》作为一款数字集换式卡牌游戏并不带有暴力和攻击性的烙印，而且如前所述，它所模仿的是一种“朋友们围聚在炉火边”的情境。其次，这款游戏广泛地吸引了休闲玩家，因此营造出一种更接纳女性和非二元性别者的竞技氛围，这使得这个游戏本身与那些高度竞技化的电竞赛事不同，那些赛事是被支配性或“极客”（geek）的男性气质所定义的。学者们（Ratan，Taylor，Hogan，Kennedy，& Williams，2015；Shen et al.，2016）发现，在玩“休闲”游戏的群体中女性的数量多于男性，然而这些休闲玩家却很少在电子竞技中占据自己的空间。

表 1：白泽和 Cocosasa 在淘汰赛转播的提前录制的采访中被问到的问题

Cocosasa	白泽
你觉得自己为什么能在《炉石传说》中表现得这么好？	你最喜欢《炉石传说》的哪一点？
你喜欢《炉石传说》的哪一点？	你有什么其他爱好吗？
你在比赛中整体的战略是怎样的？	你最喜欢的《炉石传说》选手是谁？
你在季后赛和 HCT 夏季赛中的战略有哪些不同之处？	如果拍一部关于你的电影，谁会来扮演主角？

在白泽对战金昌现“cocosasa”（Chang-Hyun“cocosasa”Kim）——一位来自韩国的男选手的淘汰赛中，播出了她第二段提前录制的采访，而暴雪娱乐给男性和女性选手的问题有明显的差异。表 1 展示了采访中分别对白泽和 cocosasa 问的问题（PlayHearthstone，2017b）。在分析两者被问到问题的差异时，首先，给 cocosasa 的问题是为了让观众更深入地了解他作为选手所具备的技能，而给白泽的问题则将重点从她的技能上移开，比如，她被问到在《炉石传说》之外还有什么其他爱好。此外，第三个问题，“你最喜欢的《炉石传说》选手是谁”关注的是除她自己以外的其他选手，这将关注的重点从她自己的技能转向了她那些男性同行

的身上。本场比赛的解说员 T. J. 桑德斯（T. J. Sanders）和内森·扎莫拉“Admirable”（Nathan “Admirable” Zamora）对这些给白泽的问题作出了讽刺性的回应，桑德斯嘲讽地评价这个采访说，“我觉得我们好像了解到了很多”，而 Admirable 则讽刺地表示同意道，“没错”（PlayHearthstone，2017b，6:29:10）。

在白泽和 cocosasa 的第二轮比赛中发生了一件事，引起了炉石社群的关注与争议。在五局三胜比赛的第一局中，白泽独特的萨满卡组和 cocosasa 的牧师卡组旗鼓相当，在前九个回合中双方都没能获得关键性优势。cocosasa 在获得卡牌“死亡先知萨尔”（Thrall, Deathseer）后，获得了“灵体转化”（Transmute Spirit）的英雄技能，可以用一点法力值将一个友好的随从转化为一个随机随从。在获得这个能力后，他在下一回合中转化了他的一个随从。他召唤的随从“先知维伦”（Prophet Velen）给游戏局势带来了关键性转变。他对这个结果很满意，随后抬起手挥了挥。桑德斯立刻做出了惊讶的反应，大喊道：“他刚刚难道是在挥手告别吗？他刚刚在这局里对白泽挥手告别了呢。”（PlayHearthstone，2017b，5:57:00）白泽最初没有任何反应，cocosasa 也没有再做任何欣喜的手势，选手们就像什么都没有发生一样继续比赛。然而，这在炉石社群中引发了各种反应，从对他的行为感到愤怒到捍卫他的挥手行为。有些粉丝认为他的行为是违背体育精神的，有些人认为他这是一种“BM”（指“没礼貌”的行为，这个词在韩国玩家中很流行）（Calixto，2017）。白泽自己表示她在比赛中甚至没有注意到这个手势，她将所有的注意力都集中在比赛上。但她还是谴责了这种行为，表示选手们不应该做出任何无关比赛的行为来影响对手。她说：“我不喜欢这种行为，但我也不认为（这个手势）有到不礼貌的程度。这只是我不欣赏的行为。”（个人交流，2019 年 4 月 23 日）

有些人则认为这可能会阻碍像白泽这样的女性在未来的《炉石传说》比赛中参赛。《炉石传说》解说员柯拉·乔治奥“Songbird”（Cora

“Songbird” Georgiou）指出了作为女性在男性支配的炉石竞技圈中所面临的困难，但也表示她受到的不尊重并不令人意外。乔治奥说：

> 她被放在了一个很困难的处境中，不仅仅是被当作 HCT 赛事中的一名选手，还是第一位获得世锦赛资格的女性。不论她是否愿意，她都得承担起对她的期望和社群对她的看法。（个人交流，2019 年 1 月 11 日）

主播“Mackenseize”对这种看法表示肯定，认为她的参赛并不重要。“我认为白泽在参赛时不应该将她是一位女性的想法置于首位。她参赛时应该想着她的套牌、对手的牌、禁牌等。除了性别以外的一切。”（个人交流，2018 年 11 月 18 日）参加高水平的比赛对于女性来说是一个尚未涉足的领域，但有越来越多的女性在这些比赛中崭露头角，也鼓励了更多的女性参加这种职业水平的竞赛。

然而这并不能够解释 cocosasa 在对战白泽时做出的行为，因为赛事将水平相近的参赛者放在一组里进行比赛，而在他做出挥手举动前的游戏僵局也许会给这种行为的情绪提供更有说服力的语境。cocosasa 为他的行为道歉，他试图解释说，他在玩炉石时的反应“是会自然流露出丰富情绪的，而他在对战白泽时先前的扑克脸是一种战术，以给出关于他手上的牌的错误信号”（引自 Calixto，2017）。像《炉石传说》这样的战略卡牌游戏，选手们通常会在体育精神的限制范围内寻找从心理上影响对手决策的方式，而 cocosasa 行为的意图在于让白泽在她下一轮中出现失误。关于挥手的这个举动，他解释说这个手势并不是在对白泽挥手“告别”，而是在对他召唤来的先知维伦挥手“问好”。

一些著名的美国《炉石传说》主播站在了 cocosasa 那一边。这款游戏最著名的解说员之一布莱恩·吉布勒（Brian Kibler）在这个事件发生的第二天发推特说，“社群里对 cocosasa 表达欲的反应太疯狂了，我们不应该给玩笑和个性泼冷水，不应该假定一种最糟糕的情况”（bmkibler，2017）。这个事件被解读为“不是个事”，被理解为幽默而非恶意，正如另一位解说员同行西蒙·韦尔奇（Simon Welch）发推特所说，“如果你们觉得 cocosasa 骨子里充满了恶意，那你们就是在扭曲事实了。算了吧各位，这只不过是无害的趣味”（coL_Sottle，2017）。在界定比赛中什么样的行为是合适的时候，解说员和粉丝之间反应的差异形成了有趣的对比。

从本文的视角看来，这种经验的重要性在于，粉丝对于挥手行为的反应推动了在炉石社群中建立针对选手和解说员行为规范的标准。虽然挥手这样的手势在高度竞技化的空间中可能是不值一提的，然而社群的反应引发了针对 cocosasa 的行为是否正确的争议，观众们非正式地评判在竞技环境中什么样的行为是可以被容忍的。随着《炉石传说》继续以电竞的定位发展下去，其社群的发展也将随着每一次引发对恰当行为讨论的事件，受到高度的关注和审视。

结论

白泽在 2017 年“HCT 夏季赛”中的亮相十分短暂。在对战帕维尔·贝尔图科夫五局三胜的比赛中获得 2 比 1 的领先后，她的盗贼卡组输掉了后两局比赛，落到了败者组（Consolation Ladder）的 D 组。在对战 cocosasa 的淘汰赛中，她先是输了前两局，之后击败了他的盗贼卡组，逼进第四局比赛后，cocosasa 迅速击败了她的萨满卡组，最终她带着最低等级的 7500 美元的奖金回家了。白泽对这次经历做出了积极的回顾，她表示：

> 我对 2017 年“HCT 夏季赛”的感觉很好。尽管我没有晋级到最终阶段，但我在打牌的时候感觉很好，几乎没有做出任何失误——

我可以说我尽力了……那些比赛是我人生中很难忘、很美好的经历。（个人交流，2019 年 4 月 23 日）

尽管她最终离开了比赛，白泽希望她能够给其他希望参与到炉石竞技圈中的女性带来积极的影响。白泽坚持认为，像玩《炉石传说》这样的爱好不应该被当作一种“男性”或“女性”的活动，白泽希望“所有的女性都可以选择她们真正喜爱的东西，并不需要犹豫那些东西是不是足够女性化”，她还补充说，“如果我可以鼓励别人能够鼓起勇气去做自己热爱的事，我会感到很荣幸”。（个人交流，2019 年 4 月 23 日）其他炉石女玩家，比如竞技选手和主播“Slysssa”意识到了一种双重性，既想要在性别之外获得作为选手的认可，也想要作为选手中的少数积极地代表女性。她表示：

我们作为女性可以跟男性在同一个水平上比赛，所以我们也希望能得到相应的对待。同时，这个领域中的女性太少了，所以作为一个积极的榜样，对于让更多的女性参与到电子竞技中很重要。（个人交流，2018 年 11 月 8 日）

Mackenseize 总结了这种情绪，说道：

我们都是热爱同一款游戏的玩家。而我也真的相信人们会以你所允许的方式来对待你……任何以性别来区分对待选手的人都是把注意力放错了地方，而长期下来最终是会失败的。那些把注意力集中在应当优先考虑的事情上的选手才能够发展得好。（个人交流，2018 年 11 月 18 日）

这种情绪也反映在更广泛的电子游戏和电子竞技的领域中。卡斯尔和詹金斯（Cassell & Jenkins，1998：34—35）在研究女孩和电子游戏时发现了一个问题，“最终，两边都认为电子游戏是男孩的游戏，因此两边的情况都会导致对女孩兴趣的打击”。通过打破这种陈旧的印象，并鼓励更多的女性参与到电子竞技中，电竞社群才能够得到进步。这不仅可以化解竞技比赛是一种“男性”空间的主流观念，还可以减少游戏中的骚扰和性别歧视。

这份研究存在其局限性，未来的研究分析《炉石传说》在电竞产业中的特点以及试图协调性别身份和玩家身份的时候，应当对此做出纠正或补充。公开《炉石传说》中玩家人群分布的数据可以展现出，哪些群体活跃在游戏的休闲和竞技领域中，并可能提供证据来支持本文中的假设。此外，可以开展话语分析来评估《炉石传说》的粉丝在社交媒体，尤其是在 Reddit、Twitter 和 Twitch.tv 等平台上的看法。本文由于篇幅的限制未能采用这个方法，但是这能够提供代表整体社群意见的看法。最后，将白泽的经历置于种族的视角来看可以丰富这个领域的研究，在电子竞技中针对种族问题的学术研究还相对较少。本研究选择不去仔细解读这个角度不仅仅因为篇幅的限制，也因为我们能够确立的证据还不足以用来构建论点。

电子游戏文化是多变的，游戏和玩家都在迅速地变化，而电子游戏文化也在相应地发生变化。在《炉石传说》的案例中，玩家社群的发展仍被视为处在萌芽阶段，乔治奥观察到：

> 你可以去看看任何有女性出现的 Dreamhack 或是 HCT 比赛的 Twitch 聊天室，你会看到类似的情况。我不认为在性别歧视的问题上，《炉石传说》的社群与其他的电竞社群有任何区别，总体上来说，在《炉石传说》里女性得花更多的努力才能获得一定的认可。（个人交流，2019 年 1 月 11 日）

如今，在游戏文化中有更多的女性被看到，而女性玩家的数量也在增长，但这并不意味着我们就不用再探讨性别与游戏了。大量的数据显示电子游戏对于许多玩家来说是有回报的，不仅作为一种愉快的社交休闲活动，也是一种通往积极的人际、职业、教育成果的途径。而为男性、女性和非二元性别者提供一个更具包容性的空间是有潜在的意义的，也是一个值得追求的目标。

然而有一些倡议者认为，我们应当更加谨慎地对待女性和非二元性别玩家加入这些超级男性化的、由男性支配的竞技场中的方式。一些游戏组织采取了措施去解决辱骂的问题，并致力于为女性和非二元性别人群创造更具有包容性的空间，比如 Twitch.tv 在它每年的展会 TwitchCon 上为多元化的机构设立了一个区域，名为包容城市（Inclusivity City）。这家公司也与名为 Misscliks 的机构展开合作。这家机构在游戏界推广女性榜样。Misscliks 的创办人安娜·普罗瑟·罗宾逊（Anna Prosser Robinson）说，Misscliks 的目标是“提供支持和资源来鼓励女性在 Twitch 上建立关系网并留在电子竞技中”（“100 Women 2016”，2016）。此外，AnyKey 等组织也通过与主播和竞技选手的合作来设立规范，促进游戏社群中的包容性。

乔治奥总结了女性在《炉石传说》中的参与：

> 当一位女性……表现出色的时候，注意到她的女性身份这一点是很重要的，但是也不要让它成为焦点。点明这一点，然后将焦点关注到她们作为选手、主持人或是解说员的表现上。也许最终我们都不需要去点明这一点了。（个人交流，2019 年 1 月 11 日）

白泽回忆起她在洛杉矶 2017 年 HCT 夏季赛中参赛是一段积极的经历，她表达了自己对未来的期望：

> 在理想的世界里，所有人都是为了荣誉和技能来比赛的，而且享受游戏带来的乐趣。我希望我能够为未来的女性选手开辟道路，并且希望她们不会再遭遇令人不愉快的事件。（我希望）我种下的树能够为新来的人们遮阴。（个人交流，2019 年 4 月 23 日）

在 2019 年赛季中推出的《炉石传说》特级大师赛邀请了 48 位选手以联赛的形式来参赛，“参赛资格的标准包括终身积分成就、2018 年 HCT 中的积分、赛季中积分领先者、对炉石社群作出贡献者等等”（Blizzard Entertainment，2019）。值得注意的是，在 48 位受邀者中仅有一位是女性（Pathra Cadness）。尽管路途中有各种坎坷，但《炉石传说》还是在构建一个鼓励女性和非二元性别者体验的社群，而像白泽这样的选手也展现了乐观态度，认为这款游戏有可能远离那些其他电子竞技中弥漫着的刻板的、过分男性化的环境。

参考文献

100 Women 2016: The Women Challenging Sexism in E-Sports. (2016, November 22). Retrieved from http://www.bbc.com/news/technology-37992322

Anable, A. (2013). Casual games, time management, and the work of affect. *Ada: A Journal of Gender, New Media, and Technology*. Advance online publication. doi:10.7264/ N3ZW1HVD

Blizzard Entertainment. (2019, March 27). Hearthstone grandmasters is almost here! [Blog post]. Retrieved from https://playhearthstone.com/en-us/blog/22934880/

bmkibler. (2017, October 15). The community response to cocosasa’s expressiveness is crazy. We should not discourage playfulness and personality and assume the worst [Tweet]. Retrieved from https://twitter.com/bmkibler/status/919554818221383681

Britton, D. (2000). The epistemology of the gendered organization. *Gender & Society*, *14*, 418-434. doi:10.1177/089124300014003004

Bryce, J., & Rutter, J. (2003). The gendering of computer gaming: Experience and space. In S. Fleming & I. Jones (Eds.), *Leisure cultures: Investigations in sport, media and technology*. Bolton, England: Leisure Studies Association.

Bryce, J., & Rutter, J. (2005). Killing like a girl: Gendered gaming and girl gamers' visibility. In J. Raessens & J. Goldstein (Eds.), *Handbook of computer game studies*. Cambridge, MA: MIT Press.

Calixto, J. (2017). Hearthstone player waves his hand, sets off controversy. *Kotaku*. Retrieved from https://kotaku.com/hearthstone-player-waves-his-hand-sets-off-controversy-1819676695

Cassell, J., & Jenkins, H. (1998). Chess for girls? Feminism and computer games. In J. Cassell & H. Jenkins (Eds.), *From barbie to mortal kombat: Gender and computer games* (pp. 2-45). Cambridge, MA: MIT Press.

Casti, T. (2014, April 24). Women play video games. Can we cut the sexist crap now? *Huffington Post*. Retrieved from http://www.huffingtonpost.com/2014/04/24/female-gamers_n_5207137.html

Chess, S. (2017). *Ready player two: Women gamers and designed identity*. Minneapolis: University of Minnesota Press.

Chess, S., & Shaw, A. (2015). A conspiracy of fishes, or, how we learned to stop worrying about #GamerGate and embrace hegemonic masculinity. *Journal of Broadcasting & Electronic Media*, *59*, 208-220.

coL_Sottle. (2017, October 14). 8:23 p. m. (PST). If you guys think cocosasa has a malicious bone in his body you've got it twisted. Come on guys it was harmless fun [Tweet]. Retrieved from https://twitter.com/coL_Sottle/status/919418306733338624

Connell, R. W. (1995). *Masculinities*. Berkeley: University of California Press.

Consalvo, M., & Harper, T. (2009). The Sexi(e)st of all: Avatars, gender, and online games. In N. Panteli (Ed.), *Virtual social networks: Mediated, massive and multiplayer sites* (pp. 98-113). New York, NY: Palgrave Macmillan.

Farrell, A., Fink, J. S., & Fields, S. (2011). Women's sport spectatorship: An exploration of men's influence. *Journal of Sport Management*, *25*, 190-201. doi:10.1123/jsm.25.3.190

Foucault, M. (2012). *Discipline and punish: The birth of the prison*. New York, NY: Vintage.

Fox, J., & Tang, W. Y. (2014). Sexism in online video games: The role of conformity to masculine norms and social dominance orientation. *Computers in Human Behavior*, *33*, 314-320. doi:10.1016/j.chb.2013.07.014

Fullerton, T., Fron, J., Pearce, C., & Morie, J. (2008). Getting girls into the game: Towards a 'virtuous cycle.' In Y. B. Kafai, C. Heeter, J. Denner, & J. Y. Sun (Eds.), *Beyond barbie and mortal kombat: New perspectives on gender and gaming* (161-176). Cambridge, MA: MIT Press.

García-Sánchez, P., Tonda, A., Mora, A. M., Squillero, G., & Merelo, J. J. (2018). Automated playtesting in collectible card games using evolutionary algorithms: A case study in hearthstone. *Knowledge-Based Systems*, *153*, 133-146. doi:10.1016/j.knosys.2018.04.030

Giulianotti, R. (1999). *Football: A sociology of the global game*. Cambridge, England: Polity Press.

Goes, L. F. W., Da Silva, A. R., Saffran, J., Amorim, A., Franc¸a, C., Zaidan, T., ... Martins, C. (2017). Honingstone: Building creative combos with honing theory for a digital card game. *IEEE Transactions on Computational Intelligence and AI in Games*, *9*, 204-209.

Gray, K. L., Buyukozturk, B., & Hill, Z. G. (2017). Blurring the boundaries: Using GamerGate to examine 'real' and symbolic violence against women in contemporary gaming culture. *Sociology Compass*, *11*, 1-8. doi:10.1111/soc4.12458

Hall, S. (1997). The work of representation. In S. Hall (Ed.), *Representation: Cultural representations and signifying practices* (13-74). London, England: Sage.

Hamari, J., & Sjo ¨ blom, M. (2017). What is esports and why do people watch it? *Internet Research*, *27*, 211-232. doi:10.1108/IntR-04-2016-0085

Hartmann, T., & Klimmt, C. (2006). Gender and computer games: Exploring females' dis- likes. *Journal of Computer-Mediated Communication*, *11*, 910-931. doi:10.1111/j.1083- 6101.2006.00301.x

Hjorth, L., Na, B., & Huhh, J. (2009). Games of gender: A case study on females who play games in Seoul, South Korea. In L. Hjorth & D. Chan (Eds.), *Gaming cultures and place in Asia-Pacific* (273-288). New York: Routledge.

Ivory, A. H., Fox, J., Waddell, T. F., & Ivory, J. D. (2014). Sex role stereotyping is hard to kill: A field experiment measuring social responses to user characteristics and behavior in an online multiplayer first-person shooter game. *Computers in Human Behavior*, *35*, 148-156. doi:10.1016/j.chb.2014.02.026

Jenny, S. E., Manning, R. D., Kelper, M. C., & Olrich, T. W. (2017). Virtual(ly) athletes: Where esports fit within the definition of 'Sport.' *Quest*, *69*, 1-18. doi:10.1080/00336297. 2016.1144517

Jenson, J., & de Castell, S. (2005). *Her own boss: Gender and the pursuit of incompetent play*. Presented at Proceedings of DiGRA 2005 Conference: Changing Views — Worlds in Play, Vancouver, Canada.

Jenson, J., & de Castell, S. (2008). Theorizing gender and digital gameplay: Oversights, accidents and surprises. Eludamos. *Journal for Computer Game Culture*, *2*, 15-25.

Jenson, J., & de Castell, S. (2010). Gender, simulation, and gaming: Research review and redir- ections. *Simulation & Gaming*, *41*, 51-71. https://doi.org/10.1177/1046878109353473

Jenson, J., & de Castell, S. (2011). Girls@Play. *Feminist Media Studies*, *11*, 167-179. doi:10.1080/14680777.2010.521625

Jin, D. Y. (2010). *Korea's online gaming empire*. Cambridge, MA: MIT Press.

Kafai, Y. B., Heeter, C., Denner, J., & Sun, J. Y. (2008). *Beyond barbie and mortal kombat: New perspectives on gender and gaming*. Cambridge, MA: MIT Press.

Kane, M. J. (1996). Media coverage of the post title IX female athlete: A feminist analysis of sport, gender, and power. *Duke Journal of Gender Law & Policy*, *3*, 95-130.

Kidder, D. L. (2002). The influence of gender on the performance of organizational citizenship behaviors. *Journal of Management*, *28*, 629-648. doi:10.1016/S0149-2063(02)00159-9

Kissane, R. J., & Winslow, S. (2016). 'You're underestimating me and you shouldn't':Women's agency in fantasy sports. *Gender & Society*, *30*, 819-841. doi:10.1177/ 0891243216632205

Li, R. (2017). *Good luck have fun: The rise of esports*. New York: Skyhorse Publishing.

Minotti, M. (2017). SuperData: Hearthstone trumps all comers in card market that will hit $1.4 Billion in 2017. *VentureBeat*. Retrieved from https://venturebeat.com/2017/01/28/superdata-hearthstone-trumps-all-comers-in-card-market-that-will-hit-1-4-billion-in-2017

Mortensen, T. E. (2018). Anger, fear, and games: The long event of #GamerGate. *Games and Culture*, *13*, 787-806.

Paaßen, B., Morgenroth, T., & Stratemeyer, M. (2017). What is a true gamer? The male gamer stereotype and marginalization of women in video game culture. *Sex Roles*, *76*, 421-435. doi:10.1007/s11199-016-0678-y

[PlayHearthstone]. (2017a, October 14). *HCT Summer Championship — Day 1* [Video File]. Retrieved from https://www.twitch.tv/videos/181906777

[PlayHearthstone]. (2017b, October 14). *HCT Summer Championship — Day 2.* [Video File]. Retrieved from https://www.twitch.tv/videos/182175083

Ratan, R. A., Taylor, N., Hogan, J., Kennedy, T., & Williams, D. (2015). Stand by your man: An examination of gender disparity in league of legends. *Games and Culture*, *10*, 438-462. doi:10.1177/1555412014567228

Richard, G. T. (2016). At the intersections of play: Intersecting and diverging experiences across gender, identity, race, and sexuality in game culture. In Y. B. Kafai, G. T. Richard, & B. M. Tynes (Eds.), *Diversifying barbie & mortal kombat: Intersectional perspectives and inclusive designs in gaming* (pp. 71-91). Pittsburgh: ETC Press.

Salter, M. (2018). From geek masculinity to GamerGate: The technological rationality of online abuse. *Crime, Media, Culture*, *14*, 247-264.

Shen, C., Ratan, R. A., Cai, Y. D., & Leavitt, A. (2016). Do men advance faster than women? Debunking the gender performance gap in two massively multiplayer online games. *Journal of Computer-Mediated Communication*, *21*, 312-329. doi:10.1111/jcc4.12159

Stanton, R. (2013). World of Warcraft: 'Hearthstone began as the best card game we could make.' *The Guardian*. Retrieved from https://www.theguardian.com/technology/2013/oct/17/world-of-warcraft-hearthstone-blizzard-ccg

Stiegler, A., Dahal, K. P., Maucher, J., & Livingstone, D. (2018). Symbolic reasoning for hearthstone. *IEEE Transactions on Games*, *10*, 113-127.

Taylor, N., Jenson, J., & De Castell, S. (2009). Cheerleaders/booth babes/halo hoes: Pro-gaming, gender and jobs for the boys. *Digital Creativity*, *20*, 239-252.

Taylor, T. L. (2008). Becoming a player: Networks, structure, and imagined figures. In Y. B. Kafai, C. Heeter, J. Denner, & J. Y. Sun (Eds.), *Beyond barbie and mortal kombat: New perspectives on gender and gaming* (51-66). Cambridge, MA: MIT Press.

Taylor, T. L. (2012). *Raising the stakes: E-sports and the professionalization of computer gaming*. Cambridge, MA: MIT Press.

Vermeulen, L., Núñez Castellar, E., & Van Looy, J. (2014). Challenging the other: Exploring the role of opponent gender in digital game competition for female players. *Cyberpsychology, Behavior, and Social Networking*, *17*, 303-309. doi:10.1089/cyber.

2013.0331

Voorhees, G., & Orlando, A. (2018). Performing neoliberal masculinity: Reconfiguring hegemonic masculinity in professional gaming. In N. Taylor & G. Voorhees (Eds.), *Masculinities in play* (pp. 211-227). Basingstoke, England: Palgrave Macmillan.

Wawro, A. (2014). Q&A: *Hearthstone*'s small-team success at big-time blizzard. *Gamasutra*. Retrieved from https://www.gamasutra.com/view/news/212630/QA_Hearthstones_smallteam_success_at_bigtime_Blizzard.php

Williams, D., Consalvo, M., Caplan, S., & Yee, N. (2009). Looking for gender: Gender roles and behaviors among online gamers. *Journal of Communication*, *59*, 700-725. doi:10. 1111/j.1460-2466.2009.01453.x

Witkowski, E. (2012). *Inside the huddle: The phenomenology and sociology of team play in networked computer games* (Doctoral dissertation). IT-Universitetet i København, Copenhagen, Denmark.

Yee, N. (2008). Maps of digital desires: Exploring the topography of gender and play in online games. In Y. B. Kafai, C. Heeter, J. Denner, & J. Y. Sun (Eds.), *Beyond barbie and mortal kombat: New perspectives on gender and gaming* (83-96). Cambridge, MA: MIT Press.

作者简介

山姆·谢尔夫豪特（Sam Schelfhout）是德克萨斯大学奥斯汀分校体育运动文化与研究系的博士生。他的研究兴趣是电子游戏和电子竞技的问题、体育和其在美国外交和国际关系中的角色以及体育运动中公共和文化外交的角色。

马修·T. 鲍尔斯（Matthew T. Bowers）是德克萨斯大学奥斯汀分校运动学和健康教育系体育管理专业的一名临床助理教授。他的研究关注体育的发展，探究体制和政策的设计与实施以及在精英和非精英群体中优化运动员发展和体育表现。他的研究特别关注的是那些非传统的设定中，比如休闲体育和电子游戏在这种发展进程中发挥的作用。

Y. 安德鲁 · 郝（Y. Andrew Hao）是德克萨斯大学奥斯汀分校体育运动文化与研究系的博士生。他的研究兴趣包括奥林匹克运动与体育的国际政治史、国际体育组织与国际关系、当代东亚体育史等。

第四部分

电竞沙龙：全球电竞文化的异质性

通过文化回路模式理解波兰电竞

嘉宾简介

主题演讲人

马特斯·费尔恰克，现任职于波兰华沙社科人文大学人文研究院（Institute of Humanities），从波兰雅盖隆大学获得艺术科学博士学位，是雅盖隆大学游戏研究中心（Games Research Centre）的成员。他的研究兴趣包括电子竞技、直播媒介、无限引擎修改、后殖民理论及认知资本主义。近期的学术文章聚焦《永恒之柱 2：亡焰》（*Pillars of Eternity 2: Deadfire*）、《猎人》系列等游戏，已发表于《游戏研究》（*Game Studies*）、《游戏与虚拟世界》（*Journal of Gaming & Virtual Worlds*）等期刊。他目前的主要科研项目由波兰国家科学中心（Polish National Science Centre）资助，讨论波兰及中国香港的大型电竞赛事。

主题演讲

我是马特斯·费尔恰克，任职于华沙社会科学及人文学院。我演讲的重点是本土电竞市场的一种分析方法，其中包括英国文化研究中发展出来的“文化回路”（Circuit of Culture）框架。我的关注点主要在东欧，尤其是波兰，分析这部分地区的电竞市场现今的发展态势。我研究的基本问题是影响本土电竞的因素有哪些，以及哪些因素在持续发挥影响。首先，我会简单介绍一下电竞的历史背景，并解释波兰本土市场的几个要点。之后，我会运用文化回路的理论框架来分析本土电竞，包括以下几个阶段或者元素：表征（representation）、身份（identity）、生产（production）、消费（consumption）和监管（regulation）。需要说明的是，在这项研究中，我关注的都是大型赛事，例如2020年2月在波兰卡托维茨举办的“英特尔极限大师赛”（Intel Extreme Masters）。之所以如此，是因为这种大型赛事不仅盈利能力最强、热度最高，而且我也有机会联系到主办方的媒体代表，直接了解他们媒体渠道的运营模式。不用说，由于全球疫情的影响，这部分工作比我计划的要困难一些。但无论如何，大型赛事总是能够把更多次级或三级资源聚合起来，方便用于学术研究。

波兰电竞简介

首先，我们来了解一下波兰和东欧的电竞发展背景。在此，我不会描述电竞的完整历史，只会提及影响电竞历史进程的关键节点以及在当今数字媒体环境下影响电竞的关键因素。通常，我们把电竞的起源追溯到《星际大战》游戏巡回赛，这项比赛自1972年10月起就在斯坦福大学举办。顺带提一下，我们对这项赛事的了解主要来自当时《滚石》杂志的一名记者。他不仅写了报道文章，而且还是其中一名非官方赞助者，为当时比赛的获胜者象征性地颁了奖。而这点主要说明，即使在那个年代，电竞比赛也需要观众以及媒体出席。如果一场活动既没有媒体报道播出，也没有评论，那么就很难被称为真正的电竞赛事。另一个重要的历史时期是，电视巡回赛出现并在主流媒体上开始获得大量报道，比如著名的“任天堂世界锦标赛”（Nintendo World Championships），地点在美国。这里我主要强调一点，即当时的参赛者被分入了不同的年龄组。

在东欧市场，电竞的经济逻辑主要依赖于一群特殊的消费者，即青少年男生群体，也包括女孩儿。另外，忽视游戏的重要性、把游戏看作仅供小孩子娱乐的观点，已经迅速被大众抛弃了。这也是为什么电竞在近几年能够顺利兴起的原因。这个问题也涉及对电竞的另一种看法，即电竞必须要成长，逐渐变成比单纯娱乐游戏更高级或更严肃的活动。曾在波兰播出的一个《星际争霸》广告就正好利用了这种观点。在这个广告中，爸爸送给正在成长的儿子一款《星际争霸》游戏，把它当作儿子长大后能玩的游戏。当然，我们现在也有大型巡回赛和大型活动，随着像“世界电子竞技大赛”（World Cyber Games）等赛事的出现，本土电竞圈也得到了显著成长。目前他们与世界其他电竞发达的地方大致相似，主要关注少数几款游戏。

尽管如此，如果仔细分析还是会发现：波兰本土电竞有其自身的独特性。比如，游戏《魔法门之英雄无敌Ⅲ》（*Heroes of Might and Magic III*）也是一个电竞项目。即使并非全球通行的电竞游戏，但它在波兰本土电竞圈依然广受欢迎，还有波兰全国官方冠军赛。这个官方冠军赛甚至获得了几大赞助商的赞助，属于具有相当规模的年度赛事，有很多波兰本地的著名选手参加。这也进一步说明，本土市场是有其地域特点的。因此，在波兰流行的并非仅仅《魔兽争霸》《反恐精英》和《英雄联盟》等全球流行的游戏，而且同时也存在其他并非通常意义上的电竞游戏，这些游戏也以某种形式流行于本土市场。

文化回路

在进入文化回路的概念之前，我还要再说说我对电竞的定义。首先，对电竞最流行的定义，也许来自哈马里与斯乔布罗姆。他们认为，电子竞技是“一种主要由电子系统支持的体育运动形式，玩家和团队的输入以及电子竞技系统的输出都是由人机互动界面来协调的”（Hamari and Sjöblom，2017：213）。也就是说，电子竞技存在一个门槛（threshold），即计算机发挥媒介的作用。另外，在电竞观众方面，电竞产业存在一种过滤手段，决定了观众可以看到哪些电竞直播内容。第二种电竞的定义来自尼克拉斯·泰勒（Nicholas Taylor）。他认为，“电子竞技涉及以下内容：将电子游戏转变为一种通过宣传活动达成的、由观众驱动的体育运动；广播基础设施；团队、竞赛和战队的社会经济组织；以及玩家本人的具身性表现”。（Taylor，2016）

有关文化回路理论，它源于英国文化研究的伯明翰学派，后者是一个影响广泛的欧洲学派，开启了对流行文化的严肃学术思考。20 世纪六七十年代，大部分批判性思考模式都不太重视对流行文化消费者的研究，只是把他们当作商业潮流的无脑追捧者，而非具有自我反思能力的个体。而英国文化研究学者，比如提出“文化回路模型”的约翰·费斯克（John Fiske）、理查德·霍加特（Richard Hoggart）以及保罗·杜盖伊（Paul du Gay）等人，提出应该把大众看作有意识的消费者，认为他们有能力选择、解读并改变流行电影、书籍、和电子游戏的意义。后来文化回路模型在 20 世纪末得到了进一步发展和完善，进而被看作解读文化产品的准备、生产、推广、解读及观众流通的框架。

我把这个理论应用到了本地电竞市场上，具体分析文化回路中的各个要素。在我之前，学者奥利·塔皮奥·莱诺（Olli Tapio Leino）也曾使用英国文化研究的理论框架来研究电竞，但他更关注游戏厅场景下的游戏，而我更关注电竞商业方面的内容。我的灵感来自于阿芙拉·科尔（Aphra Kerr）的《电子游戏的商业与文化》（*The Business and Culture of Digital Games*，2006）一书，里面提到媒体的生产和消费本身从来都是一个循环的过程（circular process）。因此，为了理解当前电竞媒体格局为什么呈现出这样或那样的形态，我们需要先把构成媒体回路的多种要素联系起来。

表征

首先，第一个要素是表征。表征，是指向观众传达意义的某种体系，例如主播和评论员的衣着外貌、介绍选手的短视频资料等。“表征”与“身份”一样，都是文化回路框架中最直观的要素，属于观众可以直接接触到的内容。谈及表征，它包括两层内容，即形式和背景 / 语境，也就是电竞呈现人物及事件的方式和呈现的背景 / 语境。在波兰，电竞的演化路径和全世界各地一样，也是从最初的草根兴趣玩家的自娱自乐演变为更加商业化的电竞。其中最明显的体现，就是表征这个元素。同样重要的是，当今大型电竞赛事通常都会涉及所谓“白标产品”（white label products），就是把很大一部分工作外包给第三方，让他们放弃自身的品牌身份，统一用一个大品牌（umbrella label）来运作，由这个大品牌赞助该活动并主要推广自己。比如，暴雪的“暴雪嘉年华”（BlizzCon）就雇用过第三方摄像团队，由不同的人负责视频编辑和现场直播。虽然他们可能隶属于不同的商业机构，但是通过白标这种模式，他们就相当于都在为暴雪嘉年华这个大品牌工作。同样的模式也存在于“英特尔极限大师赛”中，他们会聘请国外摄制团队来波兰卡托维茨的比赛现场完成整场摄制。

有一个例子能够很好地解释表征这个元素。波兰最成功的电竞战队之一“Kiedys Mialem Team”早在 2014 年就已成名。最开始，战队的名字很特别，叫“Kiedys Mialem”，在波兰语里的意思是“我曾经组过队”。这个名字是对他们当时处境的一种幽默调侃，因为他们当时没有稳定的赞助方。尽管他们参与过各种商业谈判，但最后都没成功，所以他们取了这个名字。不过在他们取得巨大成功之后，德国冰豹公司（ROCCAT）* 几乎接洽了每个队员，导致其媒体策略立刻发生了变化，队员们都穿上了带有品牌标志的队服。之后，他们签了各种合约，从外观上已经被打造成了一支像样的《英雄联盟》职业战队。他们的故事和这种快速崛起印证了波兰电竞的发展，也从侧面体现出电竞战队商业合作的难度。许多早期电竞战队都面临过这样的挑战，甚至至今仍然如此。在东欧，电竞毕竟还不具备稳定的商业环境。

在表征这个要素中，赛事的表征和播出也是重头戏。回到我前面提到的在卡托维兹举办的“英特尔极限大师赛”，虽然这项赛事受到了疫情的冲击，并没有现场观众参与，但是整体制作水平依然维持了同等规格，所有直播都得以如期开展。在这种大规模电竞赛事的区域赛事中，对参赛选手的呈现也是一项重要任务，包括如何让选手契合媒体要求，如何打造他们的形象。在这方面，一个最新的做法是运用全息技术。例如，在《星际争霸》的赛前技术分析直播中，选手就以全息影像的方式呈现。

此外，在直播过程中，另一个重要的表征事宜是在什么时间点呈现什么内容。制作人需要做这方面的决策，有时是现场实时决策，比如是把镜头给摇旗呐喊的观众，还是定格在选手的面部表情上。从全球趋势来看，各种数字文化特征都会渗透到赛事现场的方方面面，涉及物理维度和数字维度。波兰电竞的特点是，有很多元素都带有国旗等国家符号，而这些符号正好和文化回路下的“身份”要素相关。

身份

身份的基本概念背后是电竞的社区性，同时也指向某个电竞产品或

* 编者注：冰豹是一家来自德国的著名电脑配件公司。

赛事是否能引发某种价值共鸣，是否能让不同背景的人聚集起来产生共同体验。身份当然可以通过多种方式被构建而成。目前也有一些公司和产品正利用这个概念去创造和赋予产品某种价值观，借此对消费者造成想要的影响。

波兰本地的电竞文化已经和传统体育竞技深度交织在一起，我们看到更多来自草根阶层的动力去推动电竞身份建构。从实践上说，身份和意义的生产是相互关联的，因此身份感的培养也会影响到观众对电竞直播中诸多元素的解读。我认为，团队合作的概念在东欧市场其实并不那么根深蒂固。虽然东欧当然也存在集体性传统，但却并不是出于团队的角度，而是出于玩家对国家民族的理解，波兰的玩家尤其如此。因此，我们会在大型直播看到各种表达波兰国家身份的元素，这些都是草根自发的行为。另外，传统体育商业跟电竞商业也有直接重叠的时候，特别是足球和电竞游戏（如《反恐精英》）之间的破圈。波兰职业足球运动员曾经直播《反恐精英》，以此筹集善款帮助防控疫情。

在我看来，这种跨界合作还有很多新的可能。比如，在 2014 年首届“英特尔极限大师赛”决赛现场，就有人在波兰国旗上写“祝你好运，对战愉快”（good luck, have fun），还有人在横幅上写“波兰英特尔极限大师赛是最好的极限大师赛”，告诉大家波兰欢迎电竞，也欢迎这种大型赛事。这些既是一种表达身份的手段，也是告诉大家在波兰举办大型赛事是值得的。这种属于民族身份和象征的元素会在直播和非公开直播上出现。再以《星际争霸》圈子里最受欢迎的主持人及明星伊戈·凯兹梅利克（Igor “Indy” Kaczmarek）为例，他用波兰语为很多赛事做过评论和讲解，曾在直播时为一个人族机枪兵披上了足球围巾，并增加了国旗之类的元素。这绝不是巧合，这可以说是他身份包装的一部分。有意思的是，在没有波兰选手参加的时候，这更像是一种展现他们身份的方式，不光是面向观众，也是为了支持参赛玩家。

另外，很多媒体内容里也会出现类似的爱国情怀表达。比如，“疯狂电竞”（Esportmania）是波兰本土媒体集团（Onet）赞助的众多传媒渠道之一，已经开通了节目，同时也有多个网站，包括一个新闻网站，当然也有脸书的粉丝页。“疯狂电竞”曾发布过一条脸书状态，其标题为“为同胞复仇”（pomścić rodaków）。这个表达体现出一种看法，即认为电竞超越了游戏本身。在波兰新冠疫情最艰难的时候，波兰现任总统安杰伊·杜达（Andrzej Duda）曾在短视频社交平台频道上邀请年轻玩家加入波兰政府赞助的电竞巡回赛。目的是鼓励年轻人待在家里，再给他们点事情做，而这也间接培养了一种民族国家身份。

生产

下面要谈到的要素是生产，包括意义的生产和数字生产，主要涉及如何管理电竞相关的数字环境。从这个意义上来说，生产和表征是不同的。因为表征可以被看作最终效果或赛事转播的最终结果，即观众可以直接看到的东西，而生产则指向了大型电竞赛事幕后那些并不直接可见的因素。

在波兰本土电竞发展历史中，有个很重要的生产环节，那就是“游戏屋”（gaming house）。如今，这种模式已经不复存在。历史上曾经有过经典的游戏屋模式案例，比如美国的邪恶天才屋（Evil Geniuses House）。游戏屋模式最初旨在让选手通过集体生活来培养队友之间相互的责任感。后来，人们发现这个模式并不适用于欧美地区，因为这种游戏屋较难维系自身所需的经济投入，在长期看来收益并不大。有时，这个模式并不是一种理想的训练环境，更像是一场真人秀，因此这种源于亚洲的模式在东欧环境下并不适用。然而，尽管游戏屋在东欧本土市场失败了，但经过这个阶段，电竞的制作水平有了提升，而且还衍生出了一些幕后的新岗位，如对战教练、营养师、体育心理医生等。在此之前，战队里只有经纪人或者队长，但现在有了一系列专职人员用自己的专业技能帮助选手取得佳绩。

同时，电竞也开始在教育这个标签下进行专门的活动推广，为的是吸引投资人，并向他们展示一个健康向上的商业环境。我前面提到的那家集团（近期在波兰本土电竞上大量投资的正规传媒公司 Onet）就举办了很多活动，包括选手转队及招募、商业合并、合作项目等，主要是为了培养并推广新的跨平台渠道，将电竞推广为一种数字娱乐方式。自 2020 年开始，有一所波兰私立学院甚至推出了电竞商业管理方面的大学课程。

此外，电竞和传统电视媒体也有重合的地方，一些电视台也对电竞感兴趣。过去，波兰也尝试过推出主打游戏的电视频道，但现在它们都转战至流媒体平台了。有时候一些媒体会直接呼吁，通过传统体育培养粉丝的方式来培养电子竞技的粉丝群体。比如，波兰当红电竞主播、《反恐精英》高级玩家彼得·舍耶尔斯基（Piotr Skowyrski）曾在一个访谈里提到，希望电竞粉丝对电竞选手和战队的支持能够像狂热的足球粉丝支持球队一样热情投入。

消费

从表面上看，消费主要是在粉丝和玩家、粉丝和大型赛事之间建立沟通渠道。这个要素会影响特定产品和赛事的消费方式，如观众观看的方式、他们通过直播都做了什么等等。目前，波兰本土电竞越来越注重明星文化和网红文化（influencer culture），以吸引那些不是硬核玩家但对竞技游戏感兴趣的人。之前提到的“疯狂电竞”，也在利用各种网红向观众推广电竞相关内容。从观众的角度看，消费要给观众制造一种自己做主的幻觉，让观众感觉自己拥有主动权，可以选择自己希望看到和听到的内容。电竞若想在消费方面取得成功，那观众必须有这种感觉。哪怕有时候这感觉可能并不准确，因为幕后的各种元素其实都在影响观众看到的内容。

2020 年波兰“英特尔极限大师赛”决赛的赛后分析就借用了其他媒介的常规操作，特别是体育赛事的电视直播。比如，电竞主播凯文·凡·德·科伊（Kevin van der Kooi，又被称为 Rotterdam）在分析一场《星际争霸》对战的时候，在游戏截图上画了各种圆圈、线条，用来展示不同单位的位置，以协助自己做分析；波兰知名足球教练和评论员耶克·格莫奇（Jacek Gmoch）也曾用相似的手法，帮助观众把比赛的策略视觉化。虽然这种做法不是格莫奇发明的，但是他很早就将其普及至传统电视媒介中，是用这种方式呈现比赛策略的先驱，甚至因此变成一个象征，一个“模因”（meme）* 式的人物。由此可见，不同领域的人使用了类似策略来包装节目。

现在的大型赛事开始出现了越来越多的个人化叙事。从电竞节目里可以明显看出，主办方希望通过建立感人的叙事，让参赛选手和观众的距离更近。波兰最成功的星际玩家之一 Elazar 在采访中讲了自己在比赛之外的个人目标。此外，电竞媒体也在将一些原本和电竞不相关的传统媒体名人塑造为电竞的代言人。波兰本土电竞圈里面有很多来自各种媒体背景的人。比如，金加·库亚夫斯卡（Kinga Kujawska）以前是一位综合格斗（Mixed Martial Arts，简称 MMA）的主持人，后来跳槽去了索尼的波兰分部，开始主持索尼 PlayStation 的推广活动。她后来逐渐成长为大型赛事分析《反恐精英》的职业电竞评论员。

这些被各大电竞公司看中的专业人士不光有长期的电竞爱好者，也有可以向硬核粉丝之外的普通大众推广电竞的人士。电竞公司也会有多

---

* 编者注：meme 这个词来自于理查德·道金斯（Richard Dawkins）1976 年出版的书《自私的基因》（*The Selfish Gene*）。原指类比基因的文化演化过程中的基本单位。在当代欧美网络文化中 meme 类似于中文网络文化里所说的好笑的“梗”或“段子”。

平台的推广，比如，很多电竞商业团体都在 Twitch TV 或者脸书等不同社交媒体平台上进行宣传。同时，电竞行业充分地利用了现有的媒体格局和形式，加速了职业化进程。如上文所述，以前推广足球的波兰体育媒体也会参与电竞媒体，利用现有的媒体形式宣传电竞。典型的例子是电竞节目《米甲电竞》（*Misja Esport*），它以电视访谈的形式在 Twitch TV 上播出，观众也可以在社交媒体上收看，其形式其实直接来源于以前的足球栏目《米甲足球》（*Misja Football*）。

不过，东欧的电竞消费也并不总是一帆风顺的。有些战队，特别是全女子战队，在赞助问题之外，还会遇到后勤方面的问题。很多电竞行业的商务团队都缺乏持续性，这对整体的电竞行业成长不利。比如，奥林比亚·斯克茨（Olimpia Cichosz）是波兰最成功的《英雄联盟》玩家之一（不论性别），但由于其电竞团队的管理太差，她不得已要在很短时间内经历很大变动，这妨碍了她的长期职业发展。

监管

监管指各种约束某种产品的法律法规，也是各商业团体需要留意的内容。在波兰，相关法律很少，倒不至于需要对直播内容进行仔细筛选。然而，世界各地的赞助商和主办方都要求加大监管力度，例如，对聊天内容的管控。这部分内容在过去不太受人重视，因为不会直接影响内容本身的制作水平。泰勒（Taylor，2019）最近在其有关直播和电竞的书中写道，内容制作人经常认为传统直播之外的内容是无关紧要的部分，但在当前的媒体格局下，直播中的评论和圈内传播、事后在论坛里和社交媒体上的讨论与分享，都已成为电竞媒介回路（media circuit）的关键一环。因此，它其实可以直接影响观众的观感和赛事，甚至游戏本身的热度。

比如，Twitch TV 上的聊天管控就越发重要，特别是在大型电竞赛事直播上。有个名为“任意键”（AnyKey）的倡议就是社区自我管理的一个例子，它们也进入了波兰市场，在波兰电竞赛事中已经可以看到它们的存在。前面提到过《米甲电竞》，该节目有时会出现一些有争议性的话题。例如在一次讨论中，主持人桌上的玩具熊道具举着一个牌子，上面写着“男女混合编队是否应该被允许参赛”，同时桌上也有其他各种广告内容。对于争议性话题，确实有人想要激发粉丝讨论，但却认为这类议题没有直接的广告推广重要。以下为“任意键”的倡议内容*：

> 我承诺：
>
> ●无论输赢都要有体育精神。
>
> ●要记得线上及虚拟空间的人也是活生生的人。
>
> ●意识到自己的行为和言语具有真正的影响力。
>
> ●对仇恨言论、骚扰、霸凌和任何形式的人身攻击说不。
>
> ●做一个正直的玩家，尊重规则，欣赏对手，并做个好队友。
>
> ●和他人在虚拟现实中玩游戏时，主动问询，并等待明确的同意。
>
> ●如果我被告知自己的言语或者行为对他人造成了伤害，打住、聆听，然后重新评估。

我曾在波兰“英特尔极限大师赛”直播中看到，有人鼓励大众去了解“任意键”的倡议，以便营造更平等安全的电竞环境。从商业角度来说，这点也很重要，因为它让大型赛事的吸引力扩展到核心粉丝之外的普通观众。这样一来，圈外的观众，只要对大型赛事的直播（比如“英特尔极限大师赛”）感到好奇，就也可以安全地参与群聊，并欣赏比赛。

---

* 编者注：该倡议引自 https://www.anykey.org/en/pledge。

结语

波兰本土的电竞格局一直在发生变化，各种大型赛事的制作水平也愈发能吸引到更大的观众群体。此外，也有大量新兴的电竞商业行为出现，它们以各种现有媒体形式为基础，利用了以前的一些媒体元素，比如之前提到的足球比赛的推广手法。同时，电竞有了平台化的趋势，整合了各种媒介。我们可以用更多方式直接触达 Twitch 主播，让电竞直播具有更强的互动性。以上就是波兰电竞文化回路的所有要素。

沙龙讨论

张舸：我们先来回答一位观众给马特斯的问题：你认为主机电竞游戏，也就是在游戏主机上而非 PC 上玩的电竞游戏在波兰的现状和前景如何？

马特斯·费尔恰克：一方面，主机游戏市场存在许多 PC 市场不可比拟的机遇，如更具包容性。因为对入门级电竞比赛来说，这种统一的主机游戏平台相对于高端 PC 来说更加便宜，这可能会吸引更多人尝试追求电竞事业。但另一方面，它是一个较封闭的技术环境。所以对主机电竞来说，更多的压力其实落在内容制作方和负责开发的工程师身上，因为其基础架构都是由某一家公司控制的，无论是索尼、任天堂还是其他主机制造商。因此，我觉得主机市场是个好坏参半的状况：它具有发展电竞的潜力；不过从另一方面来看，尤其在东欧地区，主机游戏虽然流行，但主机上的电竞项目并非特别受欢迎。就本土市场情况而言，主机游戏还有一个负面因素，那就是很多在欧洲特别是东欧流行的电竞游戏并不适合在主机上玩。

奥利·塔皮奥·莱诺：我想问的是非营利/政府组织，或者政府的体育管理机构等在电竞推广方面的作用，比如树立良好的行为规范、确保遵守讲座中提到的倡议等等。再就是，如何维护电竞选手的正当权益？你能不能举一些这方面值得参考的具体举措或者谈谈应该避免哪些常见的问题？

马特斯·费尔恰克：就东欧市场来说，我们确实可以看到，政府或者各种非政府组织愿意去影响电竞市场，进而把电竞内容推广至某个受众群体。如我在讲座中所说，涉及这种国家支持的举措时，一般最后的落脚点都在于创建一种集体感（a sense of community）。比如，他们会努力给国家级电竞赛事提供带有波兰语评论的 Twitch TV 直播频道。但说到具体的操作层面时，比如怎么解决包容性的问题，我认为还有很长的路要走。因为就目前的发展阶段而言，东欧地区的电竞事业还是被商业机构所主导的，所以非政府组织或者政府赞助的机构若想监管电竞市场的某些方面，就必须考虑那些在电竞上投入大量资金的公司的利益。在更大层面上，这还涉及东欧媒体市场整体的运作模式（不光是 Twitch TV 或者电竞相关的市场）。此外，有些还在扩张的大型媒体集团试图拓展到各个不同的媒体渠道，这对电竞也会造成影响，有积极的影响，也有一些具有争议的影响。

张舸：你在讲座里面提到了足球等传统竞技体育和电竞之间的交叉，比如在转播的视听呈现手法方面都使用了在屏幕上画辅助线、做战略图示，都制造明星网红以吸引传统玩家之外的观众。我想了解的是，这些不同层面的交叉在波兰是否有一些有趣的案例？

马特斯·费尔恰克：我认为电竞和足球的关联主要可以从两方面来看：第一是商业的角度，投资波兰电竞的新媒体和新商业举措，早已在足球媒体方面看到了巨大商机，而且电竞内容可以直接融入很多传统媒体形式。比如《米甲电竞》的例子，波兰的体育迷已经很熟悉这种形式的节目了，所以他们会尝试保留节目结构，但填充不一样的内容。不过还存在一个问题，那就是目标观众群。足球在波兰非常流行，尤其是在青少年和成年男性之间。因此我认为，电竞的推广方式及其与足球融合的方式，目的在于将电竞推向不同的市场。有些波兰足球俱乐部已经建立了自己的电竞分支，比如玩《FIFA 足球世界》的电竞足球队。但除此之外，电竞行业想要破圈，即尝试触达非游戏玩家的传统体育观众群体或者业余爱好游戏的观众，使其对电竞感兴趣，会尤其关注这种跟传统体育项目更接近的电竞游戏 *。

孙静：我非常关心电竞和游戏文化中的性别多元性问题。如你刚才所说，在波兰也有一些女性游戏主播，你能不能再多介绍一下波兰游戏和电竞文化中性别多元性的情况。

马特斯·费尔恰克：这是一个非常有趣也非常重要的问题。它能够推动电竞发展，让它在潜在玩家和观众之间变得更友好、更多元，进而更受欢迎。具体来说，我们可以在东欧地区看到一种趋势，就是退休的波兰前电竞选手会试着建立自己的战队，然后把自己的经验转换成队伍培训或者活动组织等工作。很多这些退休选手把这种机会视为培养女性电竞群体的机会。比如说，我在讲座中提过的一位重要的波兰电竞传媒人士彼得·舍耶尔斯基，他就组建了一支全女性的《反恐精英》战队。类似的项目还有很多。

不过在我看来，女性进入这一行还是有些障碍的：新成立的女性战队想要吸引赞助商或者向赞助商证明自己的价值是很困难的。在蓬勃发展的电竞市场中，竞争很激烈，也非常看重赚钱能力。因此女性电竞队

---

* 编者注：意指前面提到的《FIFA》之类的足球电子游戏。

要打破这个限制、真正获得波兰观众的关注还很难。我之前也提过一位女性《英雄联盟》选手名叫奥林比亚·斯克茨，实际上她在所有波兰《英雄联盟》电竞选手中成就最高，曾在2019年带领自己的战队赢下了在迪拜举行的“2019女子电竞嘉年华总决赛”（GIRLGAMER 2019 Esports Festival Dubai Final）。但尽管如此，她还是被迫迅速转队，因为赞助方不相信她可以维持胜利或者进一步提升。对怎样改善这一局面，我并没有什么有效的建议，但还是有人在努力开拓女性电竞圈，让它被观众（尤其是波兰本地的观众）看到，以及吸引到商业投资和赞助，我也希望看到这方面的进展。

查莉·哈伯德（Charly Harbord）：我来自阿伯泰大学，同时也是“游戏中的女性”（Women in Games）组织委员会的一员。你在讲座中提到女性战队和男女混合战队，你对此有何想法呢？

马特斯·费尔恰克：在我看来，是否应该设立专门的女性电竞组织，是否应该专为女性战队和选手举办巡回赛，还是说应该全部采用男女混合的形式，这确实是棘手的问题，也是波兰电竞粉丝群中很有争议的问题。总体来说，东欧的电竞圈存在一个反复出现的讨论，那就是女性职业战队的水平目前还没到一个多么精彩的程度，这是一个反反复复出现的说法。但是我觉得这还不是最敏感的问题，因为电竞的目的并不是要让所有选手立刻跃升到世界顶尖水平，好像必须达到世界最好才能被视为电竞选手。我前面也说过，波兰其实还存在一些小众的电竞游戏，而其中的水平不管男女都参差不齐。这种性别不公的局面很容易出现，确实存在这种分化。我认为应该有一些教育方面的努力，以及来自组织者和战队的努力，应该给男女选手都提供持续的经济、训练、情绪等各方面的专业支持，以确保男女选手平等。如果女性一开始得到的支持就不够的话，她们自然会缺乏成长的机会。

查莉·哈伯德：你说得对，最后的关键应该是教育。教育大众，让他们明白性别差异虽然存在，但是它不应该影响游戏。如果所有人都选中性的（游戏中的）人物、中性的名称，而且不开音频，那你怎么分辨男人和女人呢？基本不可能分辨。

马特斯·费尔恰克：我想回应说，电竞，或者说电子游戏本身，是个教育大众的好机会，通过这一小点改变，逐渐推动更大程度的改变。因此，我们应该抓住这个机会想办法为所有参与者带来更好的改变。

查莉·哈伯德：是的，包容性是女性在游戏和电竞领域中最基本的标准之一。而且不光是女性，也包括性少数群体。所有人都可以参与，一起努力创建安全的环境。就像你刚才说的，关键是要提供安全的环境，让大家都可以参与电竞而不会遭遇喷子。我想你们肯定都听说过一些可怕的网络暴力事件。

马特斯·费尔恰克：是的，在这方面我需要补充一点。波兰的媒体，至少是最近报道电竞的主流波兰媒体，正在尝试教育观众，让他们明白游戏中的多元性。特别是针对东欧地区，有许多文化方面的内容需要解释，有很多社会问题需要向公众说明，并给各类玩家和参与者发声的机会，同时维持一种文明的讨论氛围，从一开始就不去冒犯而是善待他人。在上述方面，我能够看到一些好转，特别是在媒体报道上，在大型赞助商赞助的波兰电竞活动中，这方面都尽量做得很好。诚然，我们还有很多进步空间，有很多障碍需要克服，经济方面的障碍可能是最主要的，但我确实看到了一些进步，因此希望还是有的。

查莉·哈伯德：是的，我完全同意。我们还在做另一件事，那就是不要只看到游戏竞技或者电竞，还应该关注心理健康，给自己的心理支持和保护。这样的话，如果有需要，你自己也能够向外界求助和检举不友好的人。这也应该是教育的一部分。我们阿伯泰大学正在研究电竞教育，你认为在电竞实践中应该教授哪些内容？

马特斯·费尔恰克：在我的本土经验中，第一步应该是入门教育，因为在当下的波兰有很多措施，用于鼓励年轻人不仅要尝试电竞或游戏竞技，还要把他们纳入更大的游戏社群，让他们知道游戏不光是一个人对着电脑屏幕练习的事情，也是一种建立社群的活动。学校方面甚至也推出了很多举措，不光包括性别维度，还包括社会阶层和受教育程度方面，鼓励多元背景的学生尝试电竞或者各种有组织的集体游戏活动。这些教育机构会借此培养正能量的态度和观念，让游戏成为一种未来可能的职业选择，进一步提升游戏的包容性。尤其在东欧地区，我觉得机会是存在的，关键是要尽早对大众展开教育。

查莉·哈伯德：我还有最后一个问题。在疫情期间，你发现电竞活动有所上升吗？如果大家没法出门踢足球，可能就会开始玩《FIFA 足球世界》，如果看不了足球比赛，可能就会转而看电竞比赛。对宅在家里的孩子们来说，这也带来了一些能在家中体验的社交生活。在你看来，你看到过或者经历过相似的情况吗？

马特斯·费尔恰克：是的，我觉得是，但也要从两面来看。首先，从总体上看，这是个好事情，因为进行游戏相关搜索的人数和对游戏感兴趣的人数变多了，并因此产生了一些举措，希望把游戏推广为一种创建社群的体验。但从另一方面来看，也是我之前简单提到过的一点，就是这也会引发政府方面的兴趣，让一些政治团体把这个当作一个机会，向年轻群体传达他们想要传达的信息。表面上看，疫情导致游戏和电竞流行，为人们提供了新的参与平台，但实际上背后还是有些交换条件的。

在东欧和波兰，存在两方面的情况，有利有弊。

张舸：你之前提到波兰总统用短视频邀请大家参与电竞比赛，以便让大家宅在家里。你也提到了很多有关国家身份认同，以及国家身份认同在电竞中如何体现，特别是在商业呈现方面。那我的问题分两个部分：第一部分是和团队配合相关，你说波兰人不大懂团队配合，是指团队作战的实践，还是电竞中团队的身份理念？你也说了电竞选手和观众都很愿意推动国家身份的认同，这种由政府和商业集团推动的国家身份是否反而阻碍了电竞战队的自身团队身份的形成？还有最后一点，你提到波兰总统推广电竞，这是个独立事件，还是一种持续的政府推广电竞的尝试呢？

马特斯·费尔恰克：这是个很重要的话题，跟波兰文化之外的人解释起来可能比较困难，因为里面涉及很多历史因素。我先回答你后面那部分问题，有关政府机构参与电竞推广的问题。我不认为这是长期的政府战略，更像是他们抓了个机会去触达新的受众，特别是总统用短视频软件这件事，是他的第一次可能也是最后一次。我们应该注意，这是总统大选期间发生的事情，因此也可以被看作竞选手段。不过尽管如此，之前也出现过其他一些涉及政府机关高层，也包括总统推广电竞的举措，把电竞作为一种塑造国家身份认同的新形式，正如足球那样。

然后回到第一个问题，这部分更难回答一些。但我认为可以用一个具体的电竞例子来解释。历史上，波兰至少在某一时期有过一支非常强大的《反恐精英》战队，他们赢下了多个高级别国际巡回赛，但最后只是昙花一现。如今，尽管电竞在波兰更加流行，而且参赛选手也多了，也有相关教育培训——比如电竞相关学校以及相关商业活动，从零开始支持新选手的项目——以及之前提到的新的商业媒体。但是波兰电竞，尤其是依赖团队协作的电竞项目，比如《反恐精英》《英雄联盟》

《DOTA》，在过去几年却都在持续下滑。我认为，这背后更大的问题是一种为主队加油、为波兰选手喝彩的心理。不管是传统体育还是电竞运动，我们并没有很强的团队精神教育传统，在团队中找到自己的位置就够了。在团队中，你有时候必须牺牲个人目标，以便让团队整体获胜。我认为这种粉丝支持主队的心理加上快速变革的电竞商业模式，让波兰的战队频繁出现更改队名、换赞助方、缩短合约周期等现象。因此，尽管总体的资金规模在扩大，但是要从基础建立真正的团队精神却变得越来越难，年轻选手通常竭尽全力地在电竞比赛中锋芒毕露，以便让自己出名并获得回报丰厚的合约。有时候，选手应该看得长远一些。这就是我的想法。

张舸：我觉得亚洲的电竞战队也会碰到类似问题，也就是对团队精神不同的理解和实践。不过说到波兰特有的东西，你提到了一款名为《魔法门之英雄无敌Ⅲ》的游戏，你说它作为电竞项目在波兰很受欢迎。这个游戏是怎么成为电竞项目的?

马特斯·费尔恰克：谢谢你提这个问题，让我可以再谈谈波兰的情况。也许可以用我们更熟悉的韩国电竞环境打比方，大家普遍认为《星际争霸》在韩国长期流行，是因为韩国曾经禁止游戏主机，于是电脑成了大众化平台。如果你想专业打比赛或者作为业余玩家走得更远，就必须把一个电脑游戏玩到炉火纯青，因为你找不到其他的游戏平台。从某种程度来说，《魔法门之英雄无敌Ⅲ》也是这种情况，特别是第三代。尽管它是九十年代的老游戏，而且后来还出了其他版本，比如《魔法门之英雄无敌》的第四和第五代，但波兰依然选择将第三代作为电竞比赛的版本。之所以如此，首先是因为它对系统的要求相对较低，软硬件要求都很低，所以曾经一度风靡于波兰。此外，虽然它是回合制战略游戏，但有种很流行的竞技玩法，叫作“热板凳”（hot seat）。因为该游戏未经进口引入，所以当时也很少是正版，大多都是盗版的，当然也和这段波兰历史转折时期的经济和体制变化有关。在九十年代，你只需要一台装有这个游戏的电脑就能玩，和队友一起轮换上场，这样就带来一种独特的游戏模式，并培养了一个特定的玩家群体，可以边在一旁看着别人玩，边和其他等着上场的玩家讨论游戏策略。这种模式也很符合我们文化中的一些元素，在波兰游戏文化中，口头交流确实很普遍：大家都很爱看到什么就想马上议论。这也是为什么电竞直播非常重要，以及为什么观看直播赛事的观众如此兴奋。我认为这和人们一直以来热衷于边嘴上讨论游戏边等着上场有关。但我没有具体的数据来进行说明，这是我的猜想。

张舸：即使你的说法现在无法验证，但这还是非常有意思的历史背景介绍。因为这次研讨会系列的目的就是凸显不同国家和地区各自不同的电竞历史。

参考文献*

Felczak, M. (2014). Narratives of spectatorship: E-sports in Poland. In New Perspectives in Game Studies: Proceedings of the Central and Eastern European Game Studies Conference Brno 2014 (pp. 109-123).

Hamari, J., & Sjöblom, M. (2017). What is eSports and why do people watch it? Internet Research, 27, 211-232. doi:10.1108/IntR-04-2016-0085.

Hutchins, B., Rowe, D. (2009). From Broadcast Scarcity to Digital Plenitude. Television & New Media 10(4): 354-70.

* 编者注：在第四部分，编者根据沙龙发言内容添加了相应的参考文献，以便读者进一步查阅相关资料。

Kerr, A. (2006). The Business and Culture of Online Games. Gamework / Gameplay. London: Sage.

Taylor, N. (2016). Play to the camera: Video ethnography, spectatorship, and e-sports. Convergence, 22, 115-130. doi:10.1177/1354856515580282

Taylor, T. L. (2012). Raising the Stakes: E-Sports and the Professionalization of Computer Gaming. Mass.: MIT Press.

Taylor, T. L. (2018). Watch Me Play: Twitch and the Rise of Game Live Streaming. Princeton University Press.

Tudor, A., du Gay, P., Hall, S. Linda Janes, Hugh Mackay, and Keith Negus. (1997). Doing Cultural Studies: The Story of the Sony Walkman. The British Journal of Sociology.

电子竞技在巴西：勇往直前的游戏

嘉宾简介

主题演讲人

迪亚哥·法尔高，现任巴西帕拉伊巴联邦大学数字媒体传播学教授，曾任加拿大麦吉尔大学 PDSE/Capes 学者。他博士毕业于巴西巴伊亚联邦大学传播与当代文化专业，并曾在位于巴西圣保罗的阿年比莫伦比大学从事影音传播领域的博士后研究，目前的研究兴趣为娱乐与政治，尤其关注巴西电竞文化与新自由主义及晚期资本主义之间的关系。

对谈人

魏然，中国社会科学院外国文学研究所副研究员，北京大学比较文学博士，美国杜克大学及阿根廷拉美社会科学理事会访问学者，从事西班牙语文学、拉丁美洲文化研究及中国与拉美文学关系研究。近期发表的论文有《“他加禄的哈姆雷特”的抉择：何塞·黎萨尔的去殖民与亚洲问题》（载《外国文学评论》2020 年第 1 期）、《在笔与枪之间：〈讲话〉在阿根廷的阅读与挪用》（载《文艺理论与批评》2019 年第 3 期）、《旅行书写、人文地理学与摩尔人——张承志解说的西班牙语世界》（载《文艺理论与批评》2018年第2期）等；译著有《文艺复兴的隐暗面：识字教育、地域性与殖民化》（2016）、《一桩事先张扬的凶杀案》（2018）等。

主题演讲

大家好，我叫迪亚哥·法尔高，是巴西帕拉伊巴联邦大学的教授，今天我来谈谈巴西电竞圈的情况。在巴西，与电竞相关的主要机构是参与电竞管理和靠电竞盈利的巴西政府和企业，尽管它们给玩家提供的资源并不充分，但电竞在巴西还是属于快速发展的领域。探讨巴西电竞的现状至关重要，因为巴西的社会及政治中存在其他国家地区不具备的微妙差异（Falcão et al.，2020）。巴西各种复杂交织的现实状况不仅定义了元游戏实践（metagame practices），还从社会性的角度定义了哪些人被允许玩游戏。这不光涉及商业方面的动态，也涉及构成巴西整体电竞状况的社会形态。

巴西电竞圈是一个文化的竞技场，充满各种不同的声音、有关偏见和不稳定（precariousness）的故事及关于反抗与团结的感人记述（Macedo & Falcão，2020）。电竞每年可带来上千万美元收入，近来甚至成为比足球还吸引年轻人的活动，而足球可是巴西的全民运动（Newzoo & ESportsBar，2018）。我所说的这些都是基于各种学术研究和商业行为，以及我本人作为研究者和游戏消费者的体验。

对我来说，透过电竞理解巴西本身是一件重要的事情。提及巴西电竞，人们通常会想到战队、主播和电竞公司。你们可能听说过“巴西制造”（Made in Brazil，简称MIBR）、PaiN和Flamengo等巴西主要战队。亚历山大·波巴（Alexandre “gAuLeS” Borba）是我们最出名的主播之一；而竞舞娱乐（Garena）的游戏《我要活下去》是巴西国内最赚钱的游戏之一，甚至超过了《英雄联盟》和《反恐精英：全球攻势》。但老实说，这些例子并未体现出巴西电竞圈的层级分化（stratified）状况。本次讲座就是要揭示，这些成功人物和美好景观背后的基础设施其实是一个不稳定、不正规、充满各种分歧和剥削的网络。

与全球很多所谓发展中国家类似，巴西的政治历程充满动荡。从集权时期到极右翼国家主义的兴起，这些不同的历史时期都为巴西留下了显著的影响。即使在今天，我们也能看到这种动荡历程在物质层面造成的影响，而这种影响又在电竞圈中体现得淋漓尽致。你可能奇怪，我为什么跑题跑得这么远，好像国家政治状况会帮助我们理解巴西游戏文化的特色似的。实际上，确实如此。巴西近代的军事国家对当下的游戏体验有至关重要的影响（Ferreira，2017）。此外，通过理解巴西的社会和政治，无疑也会帮助我们把握游戏在巴西日常文化中扮演的角色，突出体现休闲（leisure）和游戏（play）在分析社会时起到的关键作用。

我把今天的讲座分为了三个话题，每个话题涉及巴西游戏文化的一个关键方面。第一部分为“电子游戏在巴西：历史与背景”，探讨巴西政治如何引导全国信息化设备的采购，以及20世纪70年代的政策如何对游戏行业起到了既促进又限制的作用，导致20世纪80年代电子游戏在巴西兴起。第二部分为“巴西电竞：当前的局面”，我会探讨目前巴西电竞的现状，着重分析巴西电竞在过去二十年中的发展路径：从最早LAN House*和《反恐精英》1.4版本的流行到巴西《英雄联盟》冠军赛（The Campeonato Brasileiro de League of Legends，简称为CBLoL）。第三部分

* 编者注：LAN House的全称是“Local area network house”，即“局域网房子”。后文讲者会详细讨论。该空间与2000年至2010年初中国的网吧类似，给巴西底层阶级提供了廉价上网冲浪和玩电子游戏的场所。但是出于尊重巴西语境中的词汇，不把LAN House直接翻译为网吧。详见：Trammel, J.M. (2019), “The Lan House Phenomenon: Exploring the Uses and Symbolic Functions of the Internet Among the Low-Income Brazilian Youth”, Schulz, J., Robinson, L., Khilnani, A., Baldwin, J., Pait, H., Williams, A.A., Davis, J. and Ignatow, G. (Ed.) *Mediated Millennials* (Studies in Media and Communications, Vol. 19), Emerald Publishing Limited, pp.199-218.

是“巴西电竞研究：概况和目标”，我会简短谈一谈巴西学界和电竞研究的情况。这个领域还有很大的成长空间，无论是政府政策，还是私人资金赞助，抑或是学术皆研究，都面临诸多障碍。

尽管电竞研究有各种切入点，但我主要关注电竞的背景及其历史发展。我想详细讨论各种物质维度和代表性条件如何相互关联，进而形成巴西电竞文化的基础条件，以及自军政府时期以来，各种机构、平台企业治理和社会结构是如何创造出这些基础条件的。希望这次讲座能够充分说明，巴西电竞圈并非只有战队、选手或市场方面的可能性，我们还可以通过电竞来把握巴西社会的不稳定性及其结构性问题。

电子游戏在巴西：历史与背景

在介绍电子游戏如何进入巴西之前，我应该先做一下背景介绍，以便大家理解之后要谈到的一些问题。巴西是南美洲最大的国家，拥有 850 万平方公里的广袤国土和超过 2.11 亿人口。跟全球很多国家一样，巴西人也面临科技基础设施过于集中的问题，这对电竞行业产生了直接影响。巴西游戏学者塔希里奥·玛卡多（Tarcízio Macedo）曾记录过巴西各地区的电竞发展状况，尤其是巴西北部地区。他指出，由于缺乏基础设施，巴西偏远地区的战队更难在电竞上达到专业水平（Macedo，2018；Macedo & Fragoso，2019）。

这不光指向了众人皆知的巴西社会不平等问题。确实，贫困也属于整个问题的一部分，但除此之外，还有更深层次的因素值得我们关注。这种不平等与巴西的建国历史息息相关：巴西曾经被欧洲国家殖民，很多自然资源都遭到掠夺。我认为，在缺乏传统西方国家福利结构的国家中，新自由主义能特别有效地俘获休闲和游戏的本质，而这一点对发展中国家构成了危害。

尽管看似互不相干，但有一项确凿的事实是，1964 年到 1985 年的巴西军政府独裁时期对于全国计算机以及电子游戏的发展起到了关键作用。早在 20 世纪 70 年代，巴西学界流行的一个观点是，国家应该从战略上采取行动，消除巴西对其他国家提供的技术的依赖。这个想法很简单，如果巴西过分依赖电脑却又不能自己生产，那就不得不花大价钱进口。1977 年，军政府采取了市场储备政策，通过发展国内科技公司刺激巴西经济，旨在推动巴西科技的发展，从而减少对国外科技的依赖，尤其是美国。

1983 年，美国经历了著名的电子游戏行业崩盘，但在巴西情况却略有不同。1983 年以前，在市场储备政策之下，整个行业无法进口零部件和游戏主机，电子游戏在巴西属于人们几乎闻所未闻的事物。在这种局面下，巴西电子游戏文化的一个关键时刻诞生了。由于当时雅达利 2600（Atari 2600）* 无法在巴西发行，一些公司只好想出一些“解决办法”。他们从美国偷运回一批主机，让国内工程师通过逆向工程复刻它们。于是巴西有了第一台克隆版雅达利 2600，名为 CX-2600，由一家叫雅达利电子（Atari Electronica Ltd）的公司制造，名字甚至都和美国的雅达利一样。雅达利电子于 1980 年推出 CX-2600，比起美国的上市时间只晚了三年。与此同时，其他小型电子公司也开始为 CX-2600 和其他盗版游戏主机生产游戏卡带。这种情况使得巴西游戏文化的诞生比起合法进口提前了差不多十年。

盗版和克隆是巴西游戏消费从一开始就存在的背景，而且老实说，这一背景起到了推动游戏文化发展的作用。至今，盗版游戏在巴西都非常普遍，主要的分发渠道是脸书和推特上的论坛、群组等等。例如，我生于 20 世纪 80 年代，但从来没有玩过正版雅达利 2600 上的游

---

* 编者注：雅达利 2600 是雅达利在 1977 年 9 月 11 日发行的一款家用游戏机，在当年风行一时，成为电子游戏第二世代的代表主机。

戏《Enduro》*。虽然它在巴西非常流行，但我只玩过盗版。事实上，我都不知道小时候玩的游戏哪些是盗版，哪些是正版。好几款游戏都经历过这种过程。在20世纪80年代，人们不难在游戏厅（arcade）发现《街霸6》《街霸7》，甚至《街霸8》，但都是盗版和修改过的版本，这让角色变得不可预测，也让游戏非常好玩。很多破解和改动游戏的方法并非巴西的发明创造，但大家确实喜欢看玩游戏的人在游戏中切换角色，或是发出难以预料效果的招式。可以说，游戏盗版和克隆从一开始就深入巴西游戏圈，并且引领着整个20世纪80年代的游戏发展。

20世纪90年代，巴西的国家格局发生了一系列转变。军政府于1985年倒台，国家在1988年公布和施行了新的宪法。巴西全境对外开放，各行业开始和全世界国家进行对话交流。1991年，市场储备政策被撤销，新自由主义开始在巴西落地生根，这个时期出现了私有化潮流以及外资流入。在这种氛围下，又诞生了诸如任天堂的超级任天堂（Super Nintendo Entertainment System）和世嘉的Master System（通常被简称为SMS）、世嘉Genesis（亚洲发行的版本名为Mega Drive，通常被简称为MD）等。在巴西，世嘉的Master系统发行商是Tec Toy，这家公司之后也推出了一个叫作Zeebo的主机，这是第一款巴西产主机，还一起发行了一系列原版或者翻版任天堂游戏。任天堂的主机也以Phantom System的名称得以在巴西发行。总而言之，在那个时期，巴西出现了众多游戏主机。

然而，即便电脑正式进入了巴西，也并没有解决至今仍然存在的一大问题，即巴西普遍的贫困和高价的科技产品之间的矛盾，特别是所谓非必需的科技产品，比如游戏机。即使现在，尽管游戏已经触手可及，但只有一小部分人群能买得起家用游戏机。鉴于这种高购买门槛，很多游戏出租店开始提供多样化服务：包括出租游戏卡带和提供游戏空间，让无法拥有游戏机的孩子们通过租用游戏机能够玩上游戏，就好像游戏

---

* 编者注：《Enduro》是在雅达利2600主机上一款赛车游戏。

机是他们自己买的一样。这种特殊的现象为小孩和年轻人提供了一种异于游戏厅的社交空间，通常是经过改造的居家型聚点，每周六早上十几个或二十来个孩子聚在一起玩。其实这种地方一周七天都开放，星期六早上最火爆。

当然了，这种形式的游戏出租店也带来了一些问题，主要是私人财产和公共使用之间的矛盾。不光行业内人士和零售业对这种做法颇有微词，玩家们也会遇到问题。比如你买了半个小时时长，玩某个日系角色扮演游戏（Japanese Role Playing Game，简称 JRPG），然后把进度保存在卡带上。玩半个小时，不光时间不够，而且你的进度也不能保存住。想象一下，《梦幻之星》（*Fantasy Star*，1987）是一款耗时 80 小时的游戏，你只玩半个小时，玩完之后保存了进度，可是下一个玩家把你的进度删除了，这种事情经常发生。有时候你想玩超级任天堂，但是其他人却预留了一整天。此外，如果没有攻略杂志之类的副文本（paratext），普通玩家只能凭感觉猜测哪款游戏适合自己，但这很不好猜。有意思的是，不同于游戏厅那种公开竞技的氛围，这种出租游戏店让玩家可以自由享受游戏，不受他人打扰。那些不喜欢游戏厅的对抗性竞争和格斗游戏的玩家对此乐在其中。在游戏出租店里面，玩家花钱租的不是游戏卡带，而是拥有一台游戏主机的体验。

在讨论出租游戏店的玩家画像之前，我先讨论一下游戏厅和格斗游戏。在巴西，人们非常喜欢在游戏厅里玩格斗游戏，而且这种游戏体验还体现出了阶层差异。有一种游戏厅，通常位于购物中心里，点缀着各式灯光，有冰球桌、台球桌、许多游戏项目和定制街机。这种游戏厅实际上起到日托中心的作用，家长把孩子寄放在里面，自己去购物逛街。另一种游戏厅，开在城郊地区那些不正规的私人车库里，电线是乱接的，里面有一两台快垮掉的老式街机，我们将其戏称为gambiarras *。这种街机

* 编者注：Gambiarras 的含义是用任何现有的材料和一些临时、即兴的办法解决问题。

机器上通常安装了 SNK 或者卡普空（Capcom）的格斗游戏，玩家都来自存在很多结构性问题的落后地区，通常只买得起一个游戏币，尽可能分秒必争，尽力拼搏，因为输掉游戏的代价太高了。可想而知，这种环境中存在怎样的你争我夺，甚至是强烈的火药味氛围，使得这种体验及场景几乎和赌博无异。

然而，游戏出租店改变了这种现象，它们为脆弱的玩家提供了保护。它们欢迎没有取得什么成就的玩家，即那些因为各种原因无法融入游戏厅竞技空间的玩家，其中大部分为男性。他们只花钱买时长，和朋友、兄弟姐妹一起玩。玩家租用游戏机和电视，沉浸在社交性的游戏体验中，这种体验比游戏厅更具个人化。

这就联系到了我想说的第二点，即这些玩家的年龄段。鉴于上文提及的因素，小孩子经常光顾游戏租赁店就不值得惊奇了，租赁店远比游戏厅更友好。游戏厅，尤其是边缘地区的、残破的游戏厅，更多是青少年的选择。环境非常差，几乎看不见什么装饰性的海报，就是一个普通的车库，墙涂得也非常劣质，属于非常不正规的地方。与此相反，父母经常把小孩子送去租赁店里面玩两三个小时。在这种地方，倒是能经常看到很小的孩子（比如七八岁的孩子）混在一大群人中间玩游戏。

这些租赁店后来逐渐被名为“LAN House”的空间所取代。在 20 世纪 90 年代末期宽带网络还未出现的时候，这种基于局域网技术的游戏屋大规模取代了游戏厅和租赁店，并吸引了一大批青少年（尤其是男性青少年）前来光顾。LAN House 把前面提到的消费模式融合起来，因此出现了一种有意思的现象：一方面，它具有和租赁店类似的消费模式，即花钱买时间玩游戏；另一方面，公开的激烈对战又一次出现。在 LAN House，青少年群体会组成不同的队伍互相比拼，一起玩经典游戏，如《星际争霸》《反恐精英 1.4》《魔兽争霸Ⅲ》等等。从休闲游戏到正经比赛的这一步跨越并不容易。玩家要抛弃单人游戏，转而组建战队，不仅需要很强的社交手腕（social finesse），而且还得了解如何组建一支目标清晰的战队（Forsyth，2010；Bruhn，2009）。

20 世纪末至 21 世纪初，是巴西电竞领域发展的关键时期。当前的一些电竞战队就是从那时候的小战队（clan）发展起来的。具体来说，正是在那个时候，有组织的对战开始在巴西扎根。其中最知名的一个团体就是“巴西制造”，它诞生于 2003 年，在 2012 年解散。“巴西制造”在里约热内卢成立，源自商人保罗·维洛索对其儿子拉斐尔·维洛索的《反恐精英》战队的投资。维洛索的投资提升了战队水平，使其成为巴西最佳战队，引发了全世界对巴西《反恐精英》玩家的关注。这也巩固了巴西作为全球电子竞技一大力量的地位，“巴西制造”战队在 2006 年成了巴西唯一一支赢下“电子竞技世界杯”的队伍。此外，该战队还赢得了“shgOpen 2007”“DreamHack Winter 2007”和“GameGune 2008”的冠军。“巴西制造”的案例很有意思，因为它代表了巴西电竞初期商业模式的规模及水平。即使“巴西制造”赢下了世界知名大赛，但在 21 世纪初，他们既没有得到赞助商投资，也缺乏针对此类活动的市场宣传。当时，媒体几乎都只把游戏当作青少年的玩具而已。2016 年，有谣言说“巴西制造”要重返赛场，但保罗·维洛索坚决驳斥复出的谣言，并称战队重组的前提是“可以预测收支状况”。2018 年，该战队的品牌被美国电竞组织（Immortals，后改名为 Immortals Gaming Club）买入。如今，“巴西制造”已是巴西和世界电竞领域中的标杆战队。

巴西电竞：当前的局面

LAN House 确立了有组织的对战比赛的雏形，对于巴西电子游戏领域有着至关重要的意义。在游戏普及的过程中，它们为形成中的重要团队提供了必要的空间，而且在很长时间内担起了推广游戏文化的责任，促使这一时期出现了游戏名人现象。

但与此同时，LAN House 也体现出当时商业模式实际存在的问题。大众媒体对游戏的普遍印象是，它是小孩子的游戏、不值得认真对待，而且对播报电子游戏竞技并无兴趣，因此没有市场投资。当时职业玩家的回报单纯来自于冠军奖金，没有赞助收入，使得这条道路非常难走。自然而然地，能通过这条路成名的孩子必定都来自于富裕家庭。在那个时期的照片上，我们经常可以见到一群身穿定制 T 恤的白人小孩抱团组队，追逐着最终无法实现的梦想。此外，成名的选手和战队去周边城市打比赛或者寻找赞助商的过程中，经常遭遇质疑。21 世纪初，巴西还没准备好迎接电子游戏，并把游戏转变为电竞。

值得注意的是，LAN House 里还充斥着激烈的竞争，并构成了一种具有独特形态、等级和价值观的亚文化。不过，当时游戏已不再遥不可及，只是经济状况的差异仍旧在很大程度上决定了游戏比赛的胜负。21 世纪中期，巴西的宽带还不稳定，甚至在某些地区如今依然不稳定，所以那些想去 LAN House 比赛的玩家通常要花很多钱租电脑，然后自己带鼠标和键盘去，免得遇到坏的鼠标和键盘。这种方式似乎成了一种时尚，大家都自己带上自己的高级键盘去 LAN House。这种形式虽然才初步形成，但是已经展现出由于玩家经济水平高低导致的不平等。

说到巴西的 LAN House，我们很难不想到《反恐精英》。当然我们也玩《魔兽争霸Ⅲ》，但是当时《DOTA》还未面世。当时撼动整个巴西的还是《反恐精英》，无论是《反恐精英 1.4》还是《反恐精英 1.6》，都率先系统性地推动了电竞战队和巡回赛的发展。这也难怪《反恐精英》一直以来都是巴西最受欢迎的游戏之一。《反恐精英》不仅对硬件要求低，毕竟当时电脑还处于发展阶段，而且《反恐精英》里约地图（CS_Rio）的出现更是营造了整个《反恐精英》趣缘文化。该地图代替了阿兹特克和炙热沙城这些著名的地图，呈现了里约热内卢的贫民窟，包括足球、桑巴和肥皂剧等广为人知的元素。

这款地图出奇地成功，发布第一周就引来 6000 次下载，第二周下载量达到 24000 次。它以里约一个虚拟的贫民窟为背景，加入了当地的特色元素，如收音机中播放的放克和桑巴音乐，以及可以踢足球的球场等，使得里约地图变得非常受欢迎。里约地图呈现出了巴西社会经验中的多面状况，把贫民窟的画面带入一个向往国际化的世界图像中。某种意义上来说，里约地图成了我们在游戏里认同巴西人身份的平台。虽然当时大家对打游戏已经习以为常，但却很少在游戏中看到巴西的相关画面。这种本土身份表征凸显了这款地图在巴西游戏文化史中的地位。

21 世纪初，外资进入巴西电讯市场，科技产品逐步降价，宽带网络在这十年崛起，玩家对不再依赖 LAN House 的游戏越发追捧，《反恐精英》最终进入了普通人的家中。这突如其来的增长为电竞的职业化转变铺平了道路。2009 年，《英雄联盟》的发布显著促进了市场发展。即使拳头游戏（Riot Games）并未在里约设立分部，但这款游戏依然立即在巴西成为爆款。当时全巴西的玩家已经习惯了玩《DOTA》，尽管巴西的延迟问题非常严重，而且比世界上其他所有设有拳头游戏分部的地方都更严重，但《英雄联盟》依然成了最受欢迎的游戏。

2012 年，拳头游戏入驻巴西，设立了全国服务器，扩展了快速增长的《英雄联盟》玩家社群。然而，问题远远没有解决。拳头游戏曾承诺通过开服务器把游戏延时降到 10 毫秒，但最终却把服务器设在了美国迈阿密，导致最后延迟高达 130 毫秒。这种时延问题一直持续到今天，尤其在某些低速带宽地区。巴西研究者塔希里奥·玛卡多曾主张，通过电竞来理解巴西的地区不平衡问题，例如，在正常网络连接下，巴西南部和东南部地区的游戏延迟很少超过 30 毫秒，但在北部地区，延迟通常在 90 到 150 毫秒之间。这导致圣保罗和里约以外的巴西玩家无法提高自己的竞技实力，若想成为职业选手，就不得不迁移到圣保罗和里约。

随后，拳头游戏将《英雄联盟》本土化，该版本进一步激发了玩家群体的兴致，直接促进了增长，以至于拳头游戏于 2012 年创建了 CBLoL。这是巴西最主要的《英雄联盟》比赛，10 支战队每年有两次出战机会，每季度比赛一次，获胜者可以入围国际资格赛、季中邀请赛和全球总决赛。

CBLoL 的发展史见证了大众传媒对电竞关注度的上升。CBLoL 冠军赛成了巴西首个颁发大额奖金的比赛，2012 年的奖金为 8 万美元。这个奖金金额吸引了媒体关注，改变了巴西媒体对游戏的叙事：游戏不再是白费功夫的玩具，而是可以赢取大奖的竞技项目，游戏开始有了价值。不过媒体依然没有认识到电竞的专业性，甚至宣称，任何一个想玩的人都可以去 CBLoL 赢大奖。

2015 年是关键性的一年，大众传媒终于真正对电竞重视起来，原来的业余商业模式被更专业的模式所替代。战队开始正规化，转变成了拉赞助和播出内容授权的公司。ESPN（全称为 Entertainment and Sports Programs Network，中文为娱乐与体育电视网）是率先接受这一现象的传播公司，从 2015 年 9 月开始转播电竞比赛。它涉及的内容很广泛，包括《英雄联盟》《反恐精英：全球攻势》和其他传统电竞游戏。然而，该公司也密切关注了模拟传统体育竞技的游戏，比如《足球世界》《NBA2K》以及《麦登橄榄球》（*Madden NFL*）等。接下来的两年内，ESPN 毫无争议地成为巴西唯一一家转播电竞比赛的媒体。直到 2017 年，隶属于巴西最大传媒集团环球电视网（Rede Globo）的本土频道 SporTV 才开始投资电竞转播。

让大众媒体真正开始长期关注电竞的事件是 2015 年的 CBLoL 的决赛，比赛场地在安联公园（Allian Park），这是巴西最大最现代的足球场。除了现场参与的 12000 人之外，拳头游戏还在全国 44 家影院转播比赛，门票一扫而空。这次赛事是巴西电竞史上的转折点，因为媒体的关注度之高，甚至重塑了电竞的报道模式，为电竞报道树立了新的标准，让观看电竞，就像观看足球或 F1 赛车等传统赛事一样。

然而，电子游戏变成媒体的关注点，也体现出一个结构性问题。虽然电竞在近些年被打造成具有丰富文化性且能促进经济增长的活动，但从它在巴西的渗透率来看，电竞仍然较为小众。首先，电竞报道真正能够带来商业利益的受众仅仅是 10 至 20 多岁年龄段的人群；其次，从总体上看，纵使媒体集团对其抱有兴趣，但游戏仍然是一个被巴西主流大众误解的领域，而且巴西大众对科技和科技文化的了解不多，极大限制了电竞在媒体圈的传播。

根据 Newzoo 和 ESportsBar（2018）的调查结果，巴西出现了一个新的变化趋势，即大部分电竞粉丝并不关注巴西的足球联赛。这可以说是历史性的转变，因为对于巴西来说，足球不光是大众娱乐的一部分，也是其文化体验的重要一环（Ribeiro，2012）。巴西足球是国家身份的组成部分，而这种身份在两大方面发生了改变。首先是改变了足球作为一个国际化 IP（知识产权）的体验。现在大家开始看《英雄联盟》而不看足球了，至少部分人是这样的。其次，足球俱乐部也开始投资电竞，在探索其他市场领域的同时，也开始探索其与观众归属感及社群传播之间的关系。巴西足球队关注电竞领域已经有一段时间了。巴西最大的足球俱乐部之一弗拉门戈俱乐部于 2017 年率先创建了电竞分部，其旗下的《英雄联盟》战队在 2020 年的首次比赛中获得亚军，并宣布将参加《我要活下去》的比赛。这有力地证明了电竞正逐步加入体育竞技的行列。其他很多巴西足球俱乐部也在走相似的道路，如桑托斯（Santos）、克鲁塞罗（Cruzeiro）和科林蒂安（Corinthians）都开始探索电竞这条路，甚至对那些对足球兴趣不大的观众进行投资。其中，科林蒂安的战绩尤为突出，主要是因为它和之前提到的 Immortals Gaming Club 的合作关系，后者是买下“巴西制造”战队的公司。科林蒂安于 2019 年启动电竞分部，包括一支专注于《我要活下去》的战队。《我要活下去》在巴西取得了显著发展，地位已经可以媲美《反恐精英》和《英雄联盟》。科林蒂安战队在 2019 年成立，同年就赢得了 2019 年巴西《我要活下去》联赛（Brazilian Free Fire League）冠军。

在巴西，足球和电竞的联姻是水到渠成的事情，因为两者作为竞技运动的联系是显而易见的。今年五月，面对新冠肺炎疫情的流行，环球电视网推出了一档名为“居家足球”的节目，请著名球星在他们自己家里玩《实况足球》，旨在为因社交隔离而中断的电视球赛转播提供一种替代品。节目其实还行，但是没有取得多大反响。即使在媒体的加持下，效仿传统体育项目的电子游戏依然无法取得和经典电竞游戏相同的地位，与之相比，巴西市场对《反恐精英》《英雄联盟》以及近期的《无畏契约》（*Valorant*，2020）反响更热烈。

巴西市场的特殊之处在于，《我要活下去》这款由竞舞娱乐出品的大逃杀游戏，出现了显著增长，甚至可以匹敌《英雄联盟》和《反恐精英》等长期占据榜首的游戏。在此，最有意义的一点是，在巴西，大半部分人口都自认为是黑人，生活贫穷且高度不稳定，游戏若能够触达贫困线以下的人口，则更有可能获得商业上的优势。鉴于巴西电竞市场中居于领先地位的都是《英雄联盟》《反恐精英》《FIFA》《实况足球》等其他传统竞技性游戏，对物质条件要求较高，因此，《我要活下去》才更可能获得成功。这款竞舞娱乐的大逃杀游戏在平价手机上就能良好运行，所以能触达巴西人口和地区分布中买不起电脑或游戏主机的那部分人群。这就是《我要活下去》在巴西成功的原因之一——所有人都玩得起。

如果我们只关注巴西最受欢迎的电竞游戏，那我们对巴西电竞的了解就会是片面的。在我看来，只关注《反恐精英》和《英雄联盟》，甚至《炉石传说》和《无畏契约》，就是在以新自由主义的框架在理解巴西，是在模拟西方发达世界电竞的视角。相反，进一步研究《我要活下去》这款游戏，才能让我们了解这个庞大国家和电竞之间的关系，不光是因为这款游戏在移动端的统治地位，其玩家数量和下载数都排名最高，而且还因为竞舞娱乐本身也宣布《我要活下去》成了 2019 年巴西最赚钱的游戏。如上文所述，《我要活下去》的玩家不需要具备功能强大的手机。也许对于整个西方世界来说，这一点并不重要，但若考虑到全球整个发展中国家及地区的经济条件时，很难不让人留意到，有如此庞大的人群渴望着游戏，但却求而不得。《我要活下去》让某种游戏消费形式触及巴西每个角落，不仅在地理的意义上触达了非中心的北部和东北部地区，而且还在社会维度触达所有阶层。

在这里，我要强调三个要点。第一，科林蒂安投资成立电竞分部并非巧合，他们的足球俱乐部因受穷人爱戴而出名，成立于圣保罗东区这个历史社会状况一向脆弱的地区。俱乐部在电竞上的布局以《我要活下去》为主，可见，粉丝的爱戴和与迎合大众的意图之间存在着联系。科林蒂安电竞分部刚成立一年，就确立了它在《我要活下去》巴西联赛中的地位。最近，另一家大型足球俱乐部弗拉门戈也宣布开始招募《我要活下去》选手。这种契合“贫民窟精神”（favela ethos）的意图，也体现在俱乐部招来的选手和主播身上。巴西 2019 年度主播 Cerol 就来自里约的贫穷社区，11 岁便开始在停车场打工，曾经也是高中辍学生。背景与之类似的还有巴西《我要活下去》当红明星 Nobru，他被评为 2019 年世界冠军赛最有价值选手（MVP）。这些人的成功为身处困境中的巴西人带来了一套极其诱人的逆袭故事。

第二，《我要活下去》在巴西被看作穷人的游戏。去年 10 月，竞舞娱乐和 Central Única das Favelas（CUFA）* 共同发起了一个名为“贫民窟杯”（Taça das Favelas）的巡回赛，号召全巴西的玩家参与，以此提升游戏的包容性和多样性。“贫民窟杯”是第一个专为边缘大众举办的比赛，同时也致敬了同名的巴西足球巡回赛，该巡回赛曾培养出很多被顶级俱乐部签下的球星。“贫民窟杯”的目标在于包容性，旨在消除电竞领域中隐性的阶层壁垒，说明竞舞娱乐找到了自己的目标人群，有助于进一步拓展市场。该比赛由过去的活动为基础发展而来，说明竞舞娱乐从之前积累的社会资本中获得了回报，这也激发了大家进一步的猜想，认为竞

---

* 编者注：Central Única das Favelas（意译为“中央贫民窟”），是一个 1999 年在巴西建立的非政府组织，主要帮助贫穷人口。

舞娱乐还会继续推出类似活动。

第三,《我要活下去》因为门槛极低，而有效触达了巴西的黑人群体，这自然会导致对职业选手的种族主义态度。黑人玩《我要活下去》的比例远远高于玩其他电竞游戏，这一点激发了根植于巴西社会生活中的社会问题，电竞便成了这些问题的发泄口，凸显出社会分层，也彰显了最流行的电竞游戏中隐含的社会形态。

巴西电竞研究：概况和目标

我们对巴西电竞领域状况已经有了简单的了解。接下来，我想谈谈电竞研究的情况，并简单说说我关注的研究对象。

巴西的科学也曾有过黄金年代，相信大家有所耳闻。不同于西方世界的是，巴西的科学事业几乎完全由国家资助。说到社会科学，如我所处的媒体传媒领域，情况则更糟，不仅缺乏资金，而且也不被政府重视。巴西的国家研究委员会名为科学与技术发展国家委员会（The National Council of Scientific and Technological Development，简称 CNPq），它仅限于把研究资金用于战略性领域，对应用科技颇为重视，导致巴西的社会科学在过去四年一直处于萎缩状态。

就巴西的游戏研究而言，简单来说就是，它并不存在。我们只有一小撮研究人员分散在不同地区，且完全没有资金支持。这并非我的夸大。我之前曾说到，游戏被视作小孩子玩的东西，这其实也是我们国家的研究资金机构所持有的观点，他们认为游戏研究没有价值。当代文化最重要的一个领域，也是一个极其有趣并具有实用性的领域，在巴西就这样被系统性地忽略了。

从巴西机构针对研究生院的调查数据中，我们可以发现电竞相关政策的匮乏。调查结果显示，全国只有八项与电竞相关的个人研究成果，且都是硕士论文，没有任何博士水平的电竞研究成果。据我所知，有一项最近刚刚完成答辩的研究，还没有入库，但也算是一例。虽然巴西的学术期刊刊登了一些相关文章，然而，相关研究数量之少，仍然让人揪心。少数几项鼓励游戏科研的政策，都针对游戏的开发制作。我们并没有游戏（开发）行业存在，可政府还是把钱投入到游戏制作的研究上，忽略了对媒体及其效果的研究。

尽管如此，我所在的研究小组致力于观察巴西电竞的消费和挪用对社会形态造成的影响，尤其是物质境况如何限定了社交互动。从 2007 年开始学术生涯，我就涉足游戏研究领域，从我这么长时间的游戏研究经验来看，这个研究角度比较新颖。但 2016 年成为一个真正的转变点，它源于我在这次讲座中探索的这些问题。这个转变和实际的游戏研究也并无太多关联，更多关联的是巴西学术圈所处的社会和政治局面。很长一段时间以来，巴西并不存在游戏研究，所以我们认为应该和国外学界有所交流。结果，我们忽略了自身文化中的一个关键领域，以及我们如何将游戏研究实践本地化。

因此，这是我们目前需要面对的问题：巴西的游戏玩家文化已经存在，因此也需要有相应的巴西游戏研究。若想了解巴西游戏消费和挪用产生的效果，就需要对产生这种现象的物质条件进行深入研究。基于这种立场，我们希望推动基于巴西语境的游戏研究，并把它当作理解巴西社会的重要入口。

对我而言，这种研究源于我提出的“游戏殖民”（colonization of play），其中，晚期资本主义和新自由主义控制了游戏的脉搏，成了创造的前提（Falcão，Marques，& Mussa，2020；Mussa，Falcão，& Macedo，2020; Falcão et al.，2020）。这种现象影响着我们的娱乐方式、我们和消费品牌之间的关系，以及我们最终玩游戏的方式，如游戏化策略、应用越发广泛的游戏平台、电子产品的崛起、战利品箱（lootbox）的买卖等。基于对巴西社会、政治和经济形态的理解，我认为，在容易受到新自由主义剥削的环境中，这种现象会更加明显，而在不发达国家中，这种旨在剥削玩家的科技模式更有效（Falcão et al.，2020）。此外，“游戏的殖民”也指向了有关技术的修辞，因为整个国家的媒体素养都很低。

在刚才的讲座中，我详细讨论了电竞和巴西社会之间的关系，每个维度都涉及政治和新自由主义观念的兴起，以及它们如何控制游戏相关的各种社会进程。这种控制源于“游戏殖民”中一个最值得反思的问题，即游戏与工作的对立。在把游戏变成工作方面，新自由主义起到了关键作用，这种作用在游戏的技术性层面和抽象形态层面都清晰可见，只要通过把游戏设计、游戏的物质影响和社会形态联系在一起，就可以观察到这两方面的特点。鉴于此，我们从政治视角出发，对棋牌游戏《炉石传说》展开了研究。

在上述对立关系中，另一个重要问题是，如何在游戏行业中寻找工作机会。在巴西，电竞比赛行业和相关有实力的企业尚不存在，于是我们的另一个研究课题是，人们如何在这种非规范市场中寻找工作机会，尤其是非正式工作。相关研究显示，巴西并不具备监管行业的基础设施，不像韩国等国家，由政府通过相关机构和政策的出台，来干预电竞的开展。巴西尚不能调动足够的知识让国家涉足电竞领域。我们的研究以各种方式涵盖了职业选手、主播、社交媒体评论员、心理专家、技术专员等各种电竞圈不受职业监管的专业人士。因为相关法律问题开始显现，2020 年 8 月，巴西劳动部对这种职业关系表现出了兴趣，想要进一步了解，但目前还没有什么进展。在我写作这篇讲稿时，巴西的一档顶尖新闻节目刚刚播出了一期节目，讨论梦想、缺乏职业保障和电竞之间的关系。巴西多个战队的成员生活条件都很糟糕。这种电竞和非正规就业之间的关系也是我们研究小组关注的重点之一，但并非唯一的重点。

在观察游戏与巴西社会之间的关系时，我特别感兴趣的是，地域如何影响这种关系。如上文所说，巴西幅员辽阔，东南部是国内具有代表性的基础设施中心地区。伴随“贫民窟杯”这种活动的出现，以及《我要活下去》这种游戏的增长，巴西所有地区终于都可以参与竞争，而不是只有文化条件高度集中的南部和东南地区。这种互动中充斥着巴西历史上几百年来一直存在的文化阶层和权力关系。同时，它也打破预期，开启了新的讨论空间，那就是我们必须关注巴西电竞中的种族问题。首先，巴西不同种族人群对科技的接触程度依然存在差异。第二，鉴于这种社会文化状况表现在多种互动中，因此它应该是一种结构性问题。最后，我一直在强调政治事件及分歧如何影响我们对巴西电竞的理解。

本次讲座的目的是介绍巴西电竞的概况，对电竞领域的发展趋势和玩家做出反思，并思考电竞背景下的社会差异，最终把电竞当作巴西社会政治语境的延伸。此类研究的价值在于，它让我们触及到反抗的声音和场所，而不是用市场研究和大众媒体将其遮掩起来。就巴西电竞的发展而言，部分是童话故事，部分是反面教材。其中，有些最近产生的新格局也有待我们进一步了解。巴西的电竞领域将持续繁荣、勇往直前。谢谢大家。

沙龙讨论

魏然：首先，感谢迪亚哥·法尔高今天内容丰富和充满激情的讲座。在此，我想对拉丁美洲文化研究和文化游戏学（cultural ludology）提出一些看法。之所以用“游戏学”，因为这个词是拉丁美洲学者贡萨洛·弗拉斯卡（Gonzalo Frasca）提出的，就是在拉丁美洲背景下的游戏研究。人们通常从全球的角度来分析电子游戏行业，但是关注文化背景和区域动态对电子游戏的影响也很重要，尤其是在全球主导市场之外的一个区域。这就是今天的讲座很重要的原因，法尔高教授给我们提供了一个很好的范例，讨论巴西背景下的全球媒体。巴西和拉丁美洲对游戏研究至关重要，因为它提供了一个检验游戏和本土文化之间复杂关系的试验场，尤其是在南半球，它也是一条游戏学科、游戏研究以及文化研究通往更宽阔的文化视角的路径。电子游戏分析能具体说明全球媒体的产品如何通过地方和区域的实践而改变，尤其是游戏流通的移动市场。

在我这部分的反馈中，首先，我想参考一下乌拉圭游戏理论家兼设计师弗拉斯卡创造的游戏学一词，来指代一门研究游戏的学科，特别是电子游戏。游戏学专注于游戏中特定的编码机制，此词源于《游戏的人》，是约翰·赫伊津哈的基础性及开创性研究。此外，一些学者认为弗拉斯卡的方法是20世纪文学形式主义历史的重复，该批评指责游戏学家追随技术决定论的潮流，倒退至形式主义。今天法尔高教授的研究是很重要的，因为他让我们看到如何在游戏研究中克服形式主义或技术决定论。

就个人而言，我的学科背景是中国的拉丁美洲文学研究，事实上我没有资格评论法尔高的演讲。但我个人的一些经验可以给我一些评论这个讲座的合法性，因为我是一名关注拉丁美洲背景的游戏玩家，玩过的游戏包括《海岛大亨》(*Tropico*)、《侠盗猎车手》(*Grand Theft Auto*)、《荒野大镖客》(*Red Dead Redemption*)等。

我想指出的第一点是，自电子游戏诞生以来，拉丁美洲就为许多电子游戏提供了文化背景上的参照，如《古墓丽影》(*Tomb Raider*)中的古代废墟、《神秘海域：德雷克船长的宝藏》(*Uncharted: Drake's Fortune*)、《魂斗罗》(*Contra*)中的战区、法尔高之前提到的里约地图、《正当防卫》(*Just Cause*)、《使命召唤》、《刺客信条4：黑旗》(*Assassin's Creed IV: Black Flag*)等等，使拉丁美洲地区成为了理解游戏历史表征的背景。

但在全球媒体的范围内，拉丁美洲还没出现很多有吸引力的主角。今天，拉美和中国对游戏的设计和消费日益增长，将这两个地区从不同的边缘推向游戏世界的中心，并使其成为21世纪变革的理想模型，改变了全球社会的文化土壤。在过去十年，拉美地区的增长速度显著增长，2014年总复合年增长率约为14%。部分原因是某些领域的增长速度惊人，如平板电脑游戏。对游戏行业的人来说，如今一想到拉丁美洲，人们不太会想到盗版和数字鸿沟，会更多地想到利润和两位数增长。迪亚哥今天提到的电竞领域是另一个很好的例子。

我想分享的第二点是，对那些拉美文化研究很感兴趣的中国高校来说，他们也许想知道为什么应该关注游戏研究。在过去十年，中国和拉美都秉承的原则是，注重中拉文化的共性，以及这两个地区如何在政治和文化上从全球主导的体系中解放出来。我想说，游戏之所以应该出现在这一领域，不仅是因为游戏为人类文化提供了多种用途。粗略地看一下拉丁美洲历史上的一些重大事件，我们就会发现，电子游戏在拉丁美洲出现之前，出于各种社会和文化目的而使用游戏的传统由来已久。《波波尔·乌》（*Popol Vuh*）* 记载了玛雅人口头信仰，首次翻译并出版于16世纪，它描述了一种以游戏为主要目的而使用球类运动的文化。然而，这种球类游戏玩家的动机与今天的电子游戏玩家完全不同。《波波尔·乌》把游戏当作一种谈判的形式，一种人间、地狱和天堂之间的沟通系统。如今，危地马拉设计的一些电子游戏展示了玛雅文化，这些文化被有意融入到游戏设计中，并极大地影响了当地玩家的体验和教育。

玛雅人的魔法游戏空间与赫伊津哈的“魔圈”正好相反 **。魔圈是一个游戏研究的关键词。玛雅人的魔法空间展示游戏世界和现实世界之间的基本相互作用（fundamental interplay）以及互相歌颂的不可能性。另一个例子是来自秘鲁殖民时期的华曼·波马（Huamán Poma de Ayala）***，他在快感和罪恶之间、庆典式的种族与社会矛盾之间建立了动态联系，将游戏描绘成社会问题的根源及其潜在的解决方案。

---

* 编者注:《波波尔·乌》(原意为“草垫之书”)，又称《波波武经》，讲述了玛雅人的创世神话和基切民族的历史。

** 编者注：赫伊津哈的魔法圈理论认为，游戏和现实应该完全分开，现实世界的各种桎梏不应该存在于游戏世界之中。

*** 编者注：费利佩·瓜曼·波马·德·阿亚拉（Felipe Huamán Poma de Ayala）是一个克丘亚贵族，因为记录和谴责西班牙人对安第斯山脉的土著人民的殖民而闻名，常被人简称为华曼·波马。

游戏研究也可以为拉丁美洲的文学研究提供新的启示。回顾该地区20世纪的文化和文学作品，最有趣和最重要的拉美作家之一、来自阿根廷的短篇小说家豪尔赫·路易斯·博尔赫斯已成为新媒体学者的最爱，就是因为他的文字与其他理论和哲学倾向之间的相互作用。博尔赫斯本身的作品不仅充满了对游戏的参考（如象棋），而且本身就包含通过文本进行的作者与读者之间的文字游戏。博尔赫斯的短篇小说《交叉小径的花园》构想了一部小说人物彭寂留下的无限之书：其中，所有可能的结局都在书中发生，每一个结局都是其他故事的分岔点。这部短篇可以被看作概念性小说，为后来的超文本媒体等新形式提供了一种原型。博尔赫斯的文本是一个有效的提示，即在小说和现实之间或现实世界和游戏空间之间缺乏有形的划分。

除了博尔赫斯之外，还有很多人在文字上玩游戏，但很少有人比1963年的小说《跳房子》更具文学性。这本书的作者是另一位20世纪的阿根廷作家胡里奥·科塔萨尔。这部小说的标题暗示了游戏的重要性，开篇就概述了游戏的规则：第一种方法是，读者可以选择从第1章到第56章直接阅读小说，忽略另外99个位于小说主体之后可排除的章节；第二种是按照作者提出的顺序去阅读小说，即要求读者在每一章的结尾都积极地按照指示去阅读，引出一个叙事，以不同风格来构建内容讲片断故事；第三种方式，用读者自己认为合适的方式阅读小说。从对文学结构的创新和实验来说，科塔萨尔的《跳房子》进一步证明了游戏对拉丁美洲文学经典和拉丁美洲经典文化的渗透。

个人而言，我也在做拉丁美洲电影研究。我发现，拉丁美洲电影和游戏之间的关系不断加深，具体体现在该地区近期的电影及美学中。这种交叉的一个例子是吉尔莫·德尔·托罗（Guillermo del Toro）于2006年拍摄的电影《潘神的迷宫》。这是一部关于游戏式叙事结构的电影。拉丁美洲电影的另一个关键人物是阿方索·卡隆（Alfonso Cuarón），一位与德尔·托罗同时代的墨西哥导演。他的电影也提供了对游戏的美学注释，用游戏的结构呈现电影，如主角必须完成一系列预设好的挑战，典型的例子是他最著名的三部电影，即 2013 年的《地心引力》（*Gravity*）、2001 年的《你的妈妈也一样》（*Y tu mamá también*）和 2007 年的《人类之子》（*Children of Men*）。

对于拉美，游戏不仅塑造了我们对这个地区的看法，还塑造了拉美人民对自己的看法。如果电影能够提供一个表征空间，促进身份认同，影响我们对自我身份的认知，那么互动游戏则强化了这种影响。相应地，我们需要一些批判研究，把拉丁美洲视作一个开发和建构新媒体的背景，以及一个在这些领域活跃的地区。

我想说的第三点是，拉丁美洲的游戏研究可以被视作一个当前正在建设中的学术领域，虽然迪亚哥在今天的演讲中提到，巴西的电子竞技研究并不存在。但我认为，他已经展示了一个很好的巴西游戏研究和电子竞技研究的案例。不仅如此，2013 年出版的《全球游戏：生产、游戏与地方》（*Gaming Globally: Production, Play, and Place*）也对跨文化游戏分析做出了重要贡献，包括巴西与阿根廷的游戏开发和消费情况。2015 年出版的《世界各地的电子游戏》（*Video Games Around the World*）也收录了有关阿根廷、巴西、哥伦比亚、墨西哥、秘鲁、乌拉圭、委内瑞拉的章节，对分析电子游戏在拉丁美洲的影响做出了重大贡献。不久前，麻省理工学院出版社出版了菲利普·佩尼克斯－塔德森（Phillip Penix-Tadsen）的专著《文化符码：电子游戏与拉丁美洲》（*Cultural Code: Video Games and Latin America*）。此外，拉丁美洲还有一些西班牙语和葡萄牙语的相关出版物。

我们还应注意到，拉美研究之所以可以被视作一个学科，是因为一些当代拉丁美洲文化研究的关键人物，如贝阿特里兹·萨罗（Beatriz Sarlo）、加西亚·坎克里尼（García Canclini）等，他们都关注到了电子游戏和流行文化之间的关系。游戏学作为一门新兴学术领域的最重要原则，也是由乌拉圭理论家和游戏设计师弗拉斯卡建立的。确实，来自游戏研究和文化研究的学者已经令人信服地分析了许多游戏，从《古墓丽影》到《侠盗猎车手》。但一个更加成熟的游戏研究和电子竞技研究应该由我们这一代推动，这包括迪亚哥今天的研究。

游戏研究和拉美文化研究之间的联系尚未被充分挖掘，但已有一些相关探索，典型例子是当代阿根廷文化评论家贝阿特里兹·萨罗于1994年出版的一本开创性的学术著作，名为《后现代生活场景》（*Escena de la vida posmoderna*），这是一本意识到电子游戏对拉丁美洲文化的影响的先驱作品。萨罗的电子游戏的分析，以其在拉美，特别是在阿根廷布宜诺斯艾利斯的经验为基础，聚焦丑陋阴暗的电子街机游戏厅，讨论了其中的亚文化。她提出了一些真正具有开创性的见解，认为游戏的本质是一种互动实验，并期待后来的游戏学者对具身性（embodiment）展开进一步研究。在《后现代生活场景》一书中，她拓展了游戏玩法的主观性和主动性，并且注意到如果玩家像屈从没有多少互动的电视一样，屈从于电子游戏，他们学到的东西就很有限。此外，她也把游戏视为一种非叙事性结构，是一系列的重复，其重点并不是游戏角色之间的斗争，而是在玩家与机器之间的冲突。简单地说，经典电子游戏产生的非叙述性情节其实是由身体行动及其数字化结果之间的邂逅构成的。

萨罗最近的研究可见于《看见的城市：商业与城市文化》（*La ciudad vista. Mercancias y cultura urbana*）一书。在这本书中，她将网吧中炫目的虚拟空间和自己所在的现实空间中的贫民窟进行了对比。对于萨罗来说，玩家玩电子游戏是因为他们在游戏中发现了一个想象中的异托邦、一个独特的地方：在几小时的游戏时间内身在其中，现实中的街道被更有吸引力的虚拟空间的布置取代。当然，这种类型的虚拟旅游是许多玩家的主要动机。用加西亚·坎克里尼的话讲，电子游戏是国家和地区身份解体的一个因素，详情可参见他1995年的作品《消费者与公民》（*Consumers and Citizens*）。该作品指出，信息技术通过文化工程（cultural engineering）对身份的重建产生了影响，这是值得研究的。

迪亚哥今天还提到了身份认同的新媒介，从巴西的足球游戏到巴西的电子游戏玩家。我认为这是一个非常重要的比较研究观点。加西亚·坎克里尼在2001年出版的《混合文化》（*Hybrid Cultures: Strategies for Entering and Leaving Modernity*）一书中强调，在全球媒体生产的进程中，与处于核心的经济领先地区相比，发展中国家的地区文化在象征性产品的传播（propagation of symbolic goods）及文化创新的可及性方面依然存在着不平等。但这一不平等不再如我们认为的那样，以简单且极端的形式出现，而是把每个国家分为统治或被统治，把世界划分为帝国和其附属国家。如今，我们不能仅把国际资本的流动和全球层面上的文化表征理解为生产中心自上而下的传递。这也是电子游戏研究可以为我们提供的经验。

《文化符码》的作者佩尼克斯－塔德森创造了一个术语：文化游戏学，用于分析文化与电子游戏之间的关系，它既包括游戏在更广泛的文化中用于政治、经济、闲暇等其他目的，也包括电子游戏对文化的使用，比如图像、游戏环境、语言和叙事元素等形式。同时，我们应该注意到，游戏研究对拉美文化研究至关重要。我们不能只在孤立的魔圈中研究游戏，也不能在忽略媒体网络流通的情况下理解当代文化。迪亚哥今天的讲座表明，电子游戏和电竞的社会文化研究是日常生活研究特别需要的部分。

以上就是我对拉美文化、文化研究、文化游戏学的关系的看法。回到法尔高教授的讲座，有两点让我印象颇深。第一，他在演讲中提到网吧*，这也是一个非常有意思的社会和商业机构。因为很多原因，巴西有一段特殊的历史，最重要的是经济问题。巴西的情况与世界上很多地方，比如美国和日本的游戏厅不同，但情况可能与中国类似。拉美的网吧历

---

* 编者注：这里的网吧指的是迪亚哥·法尔高在讲座中提到的LAN House，魏然教授这里把LAN House和网吧做了比较，他在这里把LAN House直接称作Cybercafe，所以译为网吧。但是魏然在此处并没有把迪亚哥·法尔高在讲座中提到的游戏出租屋和LAN House很清晰地分开。

来都是小规模经营，一个业主会购买几台游戏机和显示器，再按游戏时间（按分钟数）出租给消费者。由于这种网吧的存在，游戏作为一个以社交为中心的事物，在拉丁美洲比在美国和日本的历史更久。拉美玩家不像美国或日本的硬核玩家，独自宅在家里成天玩游戏，而是和其他人或者一群人在一个空间里玩。这样的空间不适合单独玩游戏，但它可以形成一种团结文化。我认为这种空间很有趣，因为它不仅具有商业性，还是一种本地游戏亚文化的发展论坛，其中一些成员最终成为第一代的电竞战队成员，甚至是本土游戏设计师。我想这就是《我要活下去》这个例子的情况。我认为，这样的空间和中国的情况具有可比性，尤其是中国的一些小城市。也许我们应想出一些共同的方法来研究全球媒体的本土表现，比如在拉美和中国。第二，是关于电子游戏对底层人的意义，他在讲座中提到《我要活下去》这个例子，还提到了贫民窟精神，听起来与我们形容巴西足球文化的方法或术语类似。我想听一听迪亚哥进一步的解释和看法。

迪亚哥·法尔高：谢谢您刚才的讲话，也谢谢您对我讲座的认真解读。有一些听众的留言也提及了中国和巴西电子游戏经验中的相似性。此外，您还提到一些拉美电子游戏研究和文学研究的优秀成果，我个人很熟悉这些作品，比如科塔萨尔和博尔赫斯。谈及巴西和拉美的关系，巴西受制于北美政治、新自由主义、身份政治，这种影响远远超过了它与其他拉丁美洲兄弟国家之间的对话，所以我试图强调巴西当地文化表征形式的重要性，通过这种方式，我们能理解游戏得以形成的条件，并理解建构身份认同的条件。

我昨晚刚好读到加州大学尔湾分校亚伦·特拉梅尔（Aaron Trammell）教授的一篇文章*。他认为，北美和欧洲关于游戏的讨论，通过边缘化的

* 编者注：文章名为“折磨、游戏和黑人的体验”（Torture, Play, and the Black Experience），详见 https://www.gamejournal.it/torture-play/。

方式来理解游戏，从而把文化边缘化，就像对待黑人、有色人种以及性少数人群一样，如果去读一读游戏研究中关于游戏（play）哲学的文章，我们会看到，对于游戏本质的理解较为狭隘。他指出，研究者应该考虑所有形式的游戏。

我们努力让自己被全世界看见。我们尝试的一种方法是，强调我们的游戏方式如何特殊。《我要活下去》是一款针对穷人的游戏，这个观点并不适用于作为整体的电子游戏，而是针对《我要活下去》在巴西的状况。因为在巴西，电子游戏还不够普及。最新的游戏机（Xbox S或者PS5）在巴西特别贵，是真的贵到几乎是买不起，连一个中产阶级都要挣扎一番才能买得起一台游戏机。但还是有一些电子游戏很普及，这就是我强调《我要活下去》的原因。这一普及性揭示了我们文化中某些被完全隐藏的部分。

巴西的种族分歧很严重，尽管巴西并不因非裔美洲人而闻名，但这是我们特有的文化。一般来说，从种族角度来说，巴西没有种族主义，但这些反种族主义运动在巴西很激烈，这里存在一种矛盾。我们其实并没有习惯像美国人那样讨论种族，大部分黑人都玩不到游戏。如果看一看我们的电子竞技战队的人口分布，你会发现都是白人小孩在玩，他们来自更富有、更舒适的白人环境。从这里我们似乎可以推论，只有白人孩子在巴西玩电子游戏。

但事实并非如此。《我要活下去》这个游戏对我们探索巴西尤其有意思，因为它对运行平台的限制很少，可以几乎在所有手机上运行，对玩家来说门槛很低，这就是为什么巴西穷苦地区的人在玩这个游戏，而且进步很快。促使他们觉醒的不仅是玩游戏，还有整个社交媒体生态，使其有渠道在社交媒体上露面。所以，我将其称为“穷人的游戏”，白人小孩甚至称其为小偷的游戏、边缘人群的游戏。这种叫法是一种侮辱，但它却非常直白。对于《我要活下去》玩家来说，巴西电子游戏文化中的贫民窟精神源于以上这些公众的理解。我提到的贫民窟精神，就是我们如何通过提供简单廉价的方案来解决问题。

最后，我想强调你刚才讲的足球和电子游戏在巴西的关系。巴西的足球不仅仅是一项运动、一种结构性或结构化的娱乐，还是我们文化的一部分。强调它的重要性、它的象征意义以及它的表达，对我们的身份认同很重要。这不仅仅是我们在每四年一次的世界杯上看到的，而且也是让巴西民众充满激情的事。这种象征性的事物虽然属于历史的一部分，但对我们的现在也非常重要。对于10岁至18岁的巴西孩子来说，足球对身份认同的重要性越来越不及《英雄联盟》和《反恐精英》。当我们本土文化中某些小事物被全球文化抹去时，尤其是当我们在谈论帝国主义、象征帝国主义以及西方世界的观念时，我们文化中的小事物很可能会消失。但对足球来说，却完全不同。

张舸：有位观众问，谈及品牌经营模式（franchise model），最近有一篇文章说CBLoL将转向特许经营。在美国、欧洲、中国的《英雄联盟》职业联赛或多或少都采取这种模式。你如何看待特许经营模式在巴西的前景？你认为特许经营模式（或选择转向这种模式）和该地区的文化、社会、经济有关联吗？

迪亚哥·法尔高：这是一个很好的问题。因为巴西的电子竞技商业模式对市场的行为采取了一种更加积极的姿态。巴西拥有独特的游戏文化。相关机构一旦获得特许经营授权，收益会很大，尤其是那些已经成立的俱乐部，但对那些不那么专业的俱乐部来说是一种打击。这说明了游戏产业和巴西文化之间是如何相互联系的，并证明了不同地区呈现出来的文化阶层图景。

张舸：另一位观众说："我发现巴西的情况和中国的电子游戏发展有很多相似之处。在中国，电子竞技的中心也位于大城市，但许多锈带城市（rust belt）都在使劲通过投资电子竞技来转变制造业导向的产业。巴西也有类似的经历吗？落后地区是否将电子竞技视为重振经济的机遇？”还有人问：“巴西电子竞技行业是否存在性别问题？”

迪亚哥·法尔高： 巴西中部地区并没有试图利用电子竞技提振经济。因为，首先，巴西的电子游戏是一个小众市场，即使他们赚了很多钱，尤其是通过微交易（microtransaction）。玩家很多，但这些人并不会被大众媒体关注。我认为这是巴西电子游戏市场与世界其他地方电子游戏市场运作的主要区别。在21世纪初有些地方的电视节目上会播放《魔兽世界》的广告，我不知道在中国有没有，但我知道北美确实有很多。虽然我们有暴雪娱乐的巴西分部，但却没有电子游戏的电视广告。所以，电子游戏并没有真正进入大众媒体的视野中。这个事实确实阻止了投资者在非中心地带投资电子竞技。更常见的是，偏远地区对职业电竞感兴趣的人会移居到圣保罗或里约热内卢，然后拼一拼。

这是个文化趋势。如果你住在巴西东北或北部地区，同时又想要从事绘画、跳舞或演员等任何文化活动，那你就需要搬到圣保罗或里约热内卢。对于电子游戏也一样，因为市场在东南部。还有一个原因有点离谱，那就是东南部那里的网络更好，所以延迟时间较短，大概有80毫秒的区别。虽然这看上去不是很严重，但在专业领域却是巨大的差异。总之，我们确实有电子游戏，确实有人关注游戏研究和更广泛意义上的游戏，但我们缺少投资、缺少基础设施、缺少条件来切实发展这个行业，没有在偏远地区投资电竞。难怪我在论文数据库进行调查时，只找到了八篇成果。

张舸： 你和魏然都提到了贫民窟精神这个概念。你在刚才的演讲中也提到，很多《反恐精英》战队成员基本是有钱人家的孩子，而《我要活下去》有更多的职业玩家来自真正的草根阶层。我想，这两种战队在一定程度上是共存的，那么在何种程度上它们像是两个平行宇宙？从种族、阶级、也许甚至是性别上来说，你怎么看待这个两个截然不同的人群之间的关系？

迪亚哥·法尔高： 这个问题很好。我在准备这场讲座时发现，《我要活下去》巴西联盟和 CBLoL 的办公室都在同一个写字楼里。有一个《英雄联盟》的职业黑人玩家不小心下错了电梯楼层，去了《我要活下去》巴西联盟的楼层。他告诉媒体，他在《我要活下去》反而体验到家的感觉，因为他是黑人，周围都是穷人。显然，《我要活下去》巴西联盟办公室的人要穷一些，这就说明，在某种程度上，他们并不想要成为专业人士，与专业人士也没有太多交集。比如，他们在社交媒体上的形象是很具体的：如果你是《英雄联盟》的玩家，那你谈论的都是《英雄联盟》；如果你是《我要活下去》的玩家，那就只谈论《我要活下去》。你说到有些大明星，那些其实已经赚了钱的玩家，他们创造了财富，变得富有，而且还要表现出很有钱，这是中产阶层炫耀财富的美学。我没看到底层的人们有这种行为，因为他们都在努力向上爬，在努力取得大合同和大笔的钱。在大的联盟里，选手们一起出去玩，都会在 Instagram 上发照片、在所有的社交媒体上发照片。

关于巴西电竞选手的收入，我们国家的 Nobru 就算不是最厉害的玩家，也是巴西最有名的职业玩家，他的年薪大约是 60 万美元到 120 万美元。如果和足球明星内马尔比的话，差异还是很大的，内马尔一年赚 3600 万英镑，令人咋舌。这也说明了为什么《我要活下去》和穷人联系在一起。我觉得，这些电竞明星虽然不像足球明星一样富有，但却在很大程度上实现了自己的财富梦想，也会像足球明星一样炫耀自己的财富，所以总是发一些 V12 引擎、兰博基尼和法拉利的照片，展示他们的豪宅等等。实际上，这种行为塑造了贫穷孩子的梦想。列举一个真实的案例，有个小孩在玩《我要活下去》时，得用他妈妈的手机，一部破旧的摩托罗拉。他妈妈是一个女佣，下班回来后，她儿子才能用这部手机玩。有一天，妈妈删除了《我要活下去》的社交账号，因此就弄丢了一些专业人士经常发的激活码。这就是现实中的差异。对于这些孩子来说，上述炫耀财富的行为既是一个筑梦行为，也有助于巩固等级制度。以上就是我的回答。

参考文献

Bruhn, J. (2009). *The Group Effect: Social Cohesion and Health Outcomes*. New York: Springer.

Comitê Gestor da Internet no Brasil. (2018). *Banda larga no Brasil: um estudo sobre a evolução do acesso e da qualidade das conexões à Internet*. São Paulo: CGI.br.

Falcão, T., Marques, D., Mussa, I., & Macedo, T. (2020). At the Edge of Utopia. Esports, Neoliberalism and the Gamer Culture's Descent into Madness. *gamevironments*, 13(1), 382-419. https://doi.org/10.26092/elib/411.

Ferreira, E. (2017). A guerra dos clones: Transgressão e criatividade na aurora dos videogames no Brasil. *Sessões do Imaginário*, 22(38), 72. https://doi.org/10.15448/1980-3710.2017.2.29806.

Forsyth, D., (2010). *Group Dynamics*. 5. ed. Belmont: Wadsworth Cengage Learning.

Kurtz, G.; Leal, B. (2020) "Eu vejo gente tóxica": um estudo comparativo de gênero sobre a percepção de comportamentos tóxicos em League of Legends por parte dos jogadores brasileiros. *Anais da Intercom*. Available at: http://www.intercom.org.br/sis/eventos/2020/resumos/R15-1101-1.pdf.

Macedo, T., & Fragoso, S. (2019). Geografias dos Esports: Mediações Espaciais da Prática Competitiva na Amazônia. *Logos: Comunicação e Universidade*, 26(02), 106-124. https://doi.org/10.12957/logos.2019.45603.

Macedo, T. & Falcão, T. (2020). Like a Pro: Communication, Camaraderie and Group Cohesion in the Amazonian Esports Scenario. *Entertainment Computing*, v. 34.

Messias, J. C. (2015). Notas sobre a pirataria de games no Brasil: Inclusão (digital) dos pobres e resistência. *Revista Intexto*, 33(1), 154-173.

Mussa, I., & Falcão, T.; Macedo, T. (2020) Liminal leisure: colonization of play and player labor in RappiGames. *Antares*, v. 12,

Newzoo & Esports BAR. (2018). Esports in Brazil: Key facts, figures, and faces. *Report*. San Francisco.

Pase, A., & Schultz, C. (2013), The Year eSports Defined Their Place in Brazil. In: Hiltscher, J., & Scholz, T. *eSports Yearbook 2013/14. Norderstedt: Books on Demand GmbH*, 2015 (eBook), p. 23-28.

Ribeiro, L., (2012). Futebol: por uma história política da paixão nacional. *História: Questões & Debates, Curitiba*, n. 57, p. 15-43.

芬兰与北欧的电竞：文化、健康与心理学

嘉宾简介

主题演讲人

维利－马迪·卡胡拉迪（Veli-Matti Karhulahti），芬兰于韦斯屈莱大学高级研究员，芬兰图尔库大学客座教授，同时也是芬兰游戏文化卓越研究中心（Centre of Excellence in Game Culture Studies）的成员，曾在丹麦哥本哈根信息技术大学、韩国延世大学、美国麻省理工学院等全球多家学术机构从事研究工作。他的研究涵盖电竞与游戏的多个领域，包括产业与伦理、健康与心理学等。他的英文专著《电竞与游戏心理学》（*Esport Play: Anticipation, Attachment, and Addiction in Psycholudic Development*）一书，已于2020年由布卢姆斯伯里学术出版社出版。

对谈人

奥利·塔皮奥·莱诺，现任香港城市大学副教授，是一位电脑游戏研究及电脑游戏哲学学者，主要研究兴趣为电脑游戏及游戏艺术中的物质性、体验、情感、阐释及表现。他近期的主要研究项目是“从游戏厅到电竞赛场：理解香港的竞技类电脑游戏文化”。

主题演讲

我是维利－马迪·卡胡拉迪，在于韦斯屈莱大学工作，是芬兰游戏文化卓越研究中心的高级研究员。为了介绍电竞研究的历史和当前研究的背景，我想先介绍下电竞研究网络（Esports Research Networks）。去年我们建立了这个研究网络，目的在于提高研究水平，将全球电竞研究联结起来。它总部在德国，但并非专门以欧洲作为研究对象。如果你对电竞科研感兴趣，或者只是对电竞研究的结果感兴趣，只是想知道有什么新的研究进展，那就去它的官网上看看吧，不一定非得亲自做研究。上面有图书馆以及所有做高质量研究所需要的东西，很多人在网站上积极地分享研究动态和成果，共享研究资源。期待能在网站上见到更多新朋友。

回到讲座主题，我们今天将讨论文化、健康和心理学，这是我最感兴趣的三个领域，也是我最近的主要研究方向。再次感谢主办方邀请我来做这次讲座，讲座时长约为一小时，分为三个部分。首先，我会重点介绍一下芬兰以及北欧的游戏文化，然后我会转向健康话题，最后讨论心理学和电竞相关的话题。第一部分会专门通过具体的文化来透视北欧和芬兰的游戏文化，之后我会转向更普遍的视角，并提及更多的国际研究成果，但还是会尽量时不时提及斯堪的纳维亚或北欧的情况。

在开始讨论第一个主题之前，我想先从“洛文斯坦先生”的一幅漫画开始。这个漫画里有两个穴居人，其中一个人把石头扔给另一个人。我们暂且把这叫作一种运动。运动自然是很有趣的。但几秒钟后，情况可能就变得没那么有趣了。这是对电竞现状的某种隐喻。这个有趣的活动（比如游戏这样的休闲活动）突然就变成了一件严肃的事情。人们投入大量的努力，来研究这个本来是休闲的活动，不仅在芬兰，在全世界都是如此。

在各个电竞研究中心，研究者都关注如何理顺电子竞技与其他体育运动之间的关系。电竞是一项运动吗？如果是，为什么是？这个问题虽然超出了本次演讲的讨论范围，但我认为这很重要。有位挪威学者近期就此发表了一个案例研究，如果感兴趣可以看看（Tjønndal，2020）。关于电竞是否是运动的讨论，自然会延伸到其他问题，比如服用兴奋剂等，它们在特定场景下非常重要，人们肯定会继续对其展开进一步研究。

需要指出的是，在这个问题上，不同地区之间存在显著差异，不同的文化、不同的国家的差异都要考虑。芬兰人很幸运，在我们国家，电竞选手和其他项目的体育运动员享有几乎一样的待遇和优待。在很多方面，他们可以使用同等的设施。但如果说到其他国家，情况可能不完全一样，也可能完全相反。在许多欧洲国家，电竞的情况就不像在芬兰那么乐观了。我们要记住：芬兰的个案不一定能代表北欧，也不一定能代表欧洲。它只是一种特殊的情况。

另外，你通常会将电竞视为一种职业游戏领域的新现象。这里的"职业"二字无论意味着什么，它从一开始就不准确。当我们谈到电竞并对它进行科学分析的时候，我们应该以对待其他体育运动相同的方式来对待电竞。电竞有不同的级别，包括休闲玩家，有半职业、职业和业余水平的玩家。非常精英的游戏玩家，也就是专业玩家，可以通过打游戏赚钱，但这只是非常少的一部分人。与之相比，在大众层面，有刚刚开始认真玩电竞游戏的年轻人，也有年纪大点的休闲玩家。他们的众生百态，与新闻报道里庞大电竞行业的顶尖出彩瞬间同样有趣。需要强调的是：我讨论的电竞，并非指向专业游戏玩家，而是任意技能水平的竞技游戏和从中衍生的微妙因素。

文化背景

从这幅欧盟地图可以看出，欧盟不等于欧洲。欧洲比欧盟大一点。也许几年之后，这张地图将成为历史，因为欧洲局势变化得非常快。有些国家虽然在欧洲，比如英国、挪威和冰岛，但不是欧盟的一部分，只是欧洲的一部分。所有这些国家和地区都有自己独特的游戏和电竞史，而芬兰只是欧洲大环境中很小的一部分。我这个讲座标题里的“北欧”二字是指芬兰、瑞典、挪威、丹麦和冰岛。但令人遗憾的是我还没能勾勒出冰岛的电竞生态。冰岛在这方面一定有许多值得研究的东西，有待我去了解。还有，不要把北欧人和斯堪的纳维亚人搞混了。斯堪的纳维亚通常是一个用语言定义的概念，所以当我们谈到北欧人时，我们会提到所有这些国家，而不仅仅是那些说斯堪的纳维亚地区语言的国家。

QD2 你上网从事以下哪些活动？（可多选）
（**网络游戏**部分，单位%）

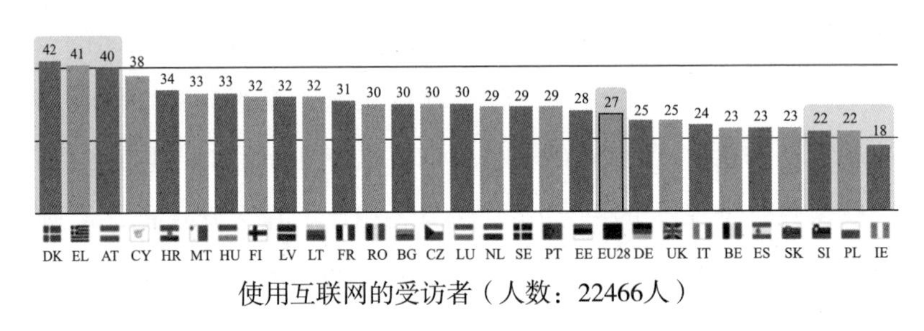

图 1：欧洲国家玩线上游戏的比例（European Commission，2019）

我们先看一下欧洲的总体情况。这是全欧数据变化表（European barometer），由欧盟委员会负责，每隔一段时间更新一次。就整个欧洲的游戏习惯和行为来说，可能是目前我们能得到的最可靠的数据了。

根据这项调研，大概四分之一的欧盟公民在玩网络游戏（online games）*。有意思的是，丹麦的网络游戏玩家人数在欧盟国家里排第一，

* 编者注：这里的网络游戏指的是所有需要连接互联网玩的游戏（作为对比的是不需要联网的单机游戏），这里包括中文语境说的网络游戏（代表是《魔兽世界》），也包含《英雄联盟》这样的在中国被当成电竞类的游戏。

芬兰排第八。这说明这两国玩家玩网络游戏的消费比例非常高。还有挪威和冰岛这两个国家没有列在这里，因为它们不属于欧盟。瑞典排名第29位。普遍来说，不管是哪个北欧国家，都位于电子游戏高消费的国家之列。

之所以如此，是因为我们在这方面有很多基础设施和传统。根据2018年发布的数据（Kinnunen et al.，2018），约60%的芬兰人至少每月玩一次电子游戏。据我观察，这一数字很长时间都没出现大幅波动，今年可能也不会有太大变化。有1.8%的芬兰人是电竞游戏用户，今年可能会增加一点。电竞在过去几年发展得非常快，所以今年的数字可能会更高。两年前看电竞比赛的人数接近10%，几年前我很惊讶，居然这么多芬兰人观看电竞比赛。这个数字估计还在继续上升。参照加拿大和日本的玩家，我们也做了一些关于芬兰人的游戏习惯的比较性研究——谁最活跃，谁最热衷于买电子游戏来玩等等。我感觉最显著的差异是选择多人游戏还是单人游戏的习惯，芬兰人的习惯与其他国家相比不同：芬兰人似乎更喜欢在PC端玩单人游戏。这很符合芬兰在别人眼里的刻板印象，就是那个“沉默的国家”（the silent country）。也许我们应该重复做一下那个研究，以便更好地理解它的研究结果。

有个因素可能比较关键，芬兰地广人稀，只有500万人口，不像许多亚洲国家的游戏和电竞那样，受到网吧文化的影响很大。我们从来没有过网吧文化，大多数人都是在家用自己的电脑玩游戏，与他人面对面接触并不多。当然，按照传统，我们每年在“集会”（Assembly）* 举办一两次的大型局域网电竞活动 ** 将玩家聚在一起。但这仍然不能弥补由于没

---

* 编者注：Assembly是一个在芬兰组织大型游戏/电竞活动的组织，详见Assembly的网站 https://www.assembly.org。

** 编者注：这里说的局域网活动并不是真的只是在局域网内联机玩游戏，而是一群玩家聚集在一个线下空间一起玩同一个联机多人游戏，这个游戏可以是网络游戏，也可以是不需要连互联网的局域网游戏。

有网吧文化而导致的巨大游戏习惯差异。因为在网吧文化中，人们每天都会在打游戏的地方见面。在发展电竞的时候，这可能是一个很大的差异，应当被纳入我们的考虑范围。

另一个重要因素是芬兰的诺基亚历史。一些观众可能还记得诺基亚手机，近年来已经很过时了。但在历史上，诺基亚几乎启蒙并推动了芬兰的高水平游戏开发，像超级细胞（Super Cell）、绿美迪（Remedy）和Rovio等公司做出了诸如《部落战争》（*Clash of Clans*）、《愤怒的小鸟》、《马克思・佩恩》（*Max Payne*）、《心灵杀手》（*Alan Wake*）之类的优秀游戏，为游戏和电竞做出了巨大贡献，颇受芬兰人肯定。此外，报纸上也一直在宣传和弘扬游戏文化，而不是将其污名化。正是因为诺基亚的历史和游戏开发行业的成功，芬兰把游戏当作文化的一部分，是世界上对游戏的看法最为正面的国家之一。

回到电竞，在20世纪70年代或者80年代很早期，有些西方国家就举办了大型电竞比赛。与之相比，芬兰电竞赛事起步有点晚。第一届芬兰国家电竞大赛于1983年举办，比赛游戏是《吃豆人》。如果你对这段具体的历史和相关记录感兴趣，可以看一下这篇文章（Saarikoski，Suominen and Reunanen，2017）。虽然他们那时还没有谈到电竞，但最初的大规模竞技类游戏活动都是记录在这类杂志文章里面。

在那之后，芬兰还举办了很多其他游戏的竞技比赛，包括我之前简要提到的Assembly锦标赛以及其他很酷的活动，在此不作赘述。我只想说，这种活动促使集体竞技性游戏行为最终在20世纪90年代变得标准化。2010年，芬兰电竞联合会（Finnish Esports Federation，芬兰语：Suomen elektronisen urheilun liitto，简称SEUL）成立，这是芬兰官方推广电竞的开始。2019年，SEUL成为芬兰奥林匹克委员会的一部分。因此，我们现在可以说电竞和其他运动的地位一样了。

此外，在芬兰，如果你是精英级别的电竞选手，就可以以职业电竞选手的身份服兵役，将电竞选手作为主要职业*。同样，无论哪种一种电竞游戏，你只要玩得够好，都能因此被体育院校录取。如果如今你是一个高水平的顶级芬兰电竞选手，那前途将无比光明，和其他项目的运动员一样享有很多机会。

芬兰有很多电竞研究，很多学者自学术生涯一开始就进行电竞研究。我整理了 2013 年以来网络上有关芬兰电竞的本科和硕士论文。最早的发表于 2013 年，如今还不断有新的论文发表出来。据我所知，芬兰还没有关于电竞的博士论文，但却开展了很多与直播相关的研究。其中不少讨论当然都是互相联系的，我们稍后再详细讨论。遗憾的是，这些论文以芬兰语为主，只有少量是英语。

健康

根据世界卫生组织的旧版分类，整体健康包括精神、身体和社会幸福感三个元素。我从最简单的社会幸福感开始，逐一讨论，把这些健康维度与电竞进行对比。

首先，在电竞中，社会幸福感被认为一种不那么重要的因素。有些早期研究认为，比起其他游戏玩家，电竞玩家更能通过游戏来满足自己的社交需求（Martoncik，2015）。原因有很多，主要是因为知识的创造和学习受社会因素的推动（Kow & Young，2013）。我觉得，把电竞视为一种人际间的文化活动是合理的。在大部分情况下，电竞游戏非常复

* 编者注：在芬兰男性在 30 岁之前要服半年到一年的兵役。芬兰运动员会享有一些特权，因为通常参加兵役的年纪在 18—20 岁间，也是一个运动员训练的黄金时段。为了不影响运动员的训练，服兵役期间的运动员可以在特殊的军校接受训练并且有更多的时间训练自己的体育项目。芬兰的电竞运动员和其他体育项目的运动员在这点上待遇相同。

杂，需要大量的学习。若想在游戏中获胜，你需要整合很多知识，在各种层面上实现提升，并非只有职业等级方面。如果一个独自玩游戏的电竞玩家，只在家里的设备上玩，没有任何与他人的互动，那么就很难成为一名优秀的电竞选手，也很难实现自我成长（Nagorsky & Wiemeyer，2020）。如果缺乏社交元素，电竞并不一定会给人满足感。我认为这也有利于证明一个事实，就是在电竞游戏中，人们更有可能找到机会，来满足他们的社交需求，而不是缺乏社交。此外，比赛能力也是电竞实力的一部分。尤其在很多团队电竞游戏中，你的综合能力中有一项指标就是必须具有与队友沟通的能力，包括口头沟通能力等。虽然有很多交流形式，但实际上，你尤其需要具备社交能力，社交技能也是电竞技能的一部分。

电竞中的社交行为存在于多个层面（Seo & Jung，2016）。如果我们把电竞作为一个整体来看，而不仅仅只关注职业电竞的话，会在基层看到很多蓬勃发展的电竞生态。我们有很多电竞观众，包括那些很少玩电竞游戏的人，或者只看不玩的人。他们会去参加游戏展会，或者每周和朋友们一起玩一次，时不时关注电竞新闻，看看职业选手的动向。从个人与电竞的互动可以看出，大家都是电竞生态系统的一部分。这个系统中有很多层面，不同的人占据不同的层面，在其中进行活动，这和其他领域的情况是完全一样的。我觉得，电竞从根本上就是建立在这样一个前提上，那就是玩家在多个不同级别的圈子里运作，这些圈子通常具有社交性，至少是整合了社交活动功能的。当然，尽管电竞玩家，尤其是年轻的电竞玩家，可能确实在电竞活动的各个场景中满足了自己的社会需求，但他们应该还有电竞之外的生活。

一个很突出的原因就是电竞中的负面影响。我们知道每个人都含蓄地意识到（其实也明确地表达出）电竞圈的负面行为，尤其是在游戏过程中。泰勒（Taylor，2018）在最近出版的书中详细探讨了这个问题，例如 Twitch 直播平台。当然，所有的线上环境都有负面影响。但提醒你一下，如果你的全部青春或者最好的几年都泡在这样的环境里，你其实需要体验一下别的环境。对你来说，电竞环境不一定是最佳选择，不管是从未来发展角度，还是个人成长角度。也许你也该考虑出门玩玩，见见其他人，这是有好处的，尤其是年轻的时候。电竞之外，人毕竟还是要生活的。所以人们，尤其是二十出头的年轻人和青少年，可能需要考虑一下除了电竞，世界上还有什么其他东西值得关注（Smithies et al.，2020）。如果你每天花六个小时玩电竞游戏，你也许该想想如果这个事业或者说人生计划不成功，自己下一步该怎么办？如果心里有这个准备，也许会帮助你更好地和其他圈子的人打交道。桌上不能只有电脑，还要多了解一下其他领域的知识，培养一些其他兴趣。

同样，电竞空间也有很大的性别差异。我记得拉宾德拉·拉丹等人（Rabindra Ratan et al.，2015）在研究《英雄联盟》时发现，只有 4% 的玩家为女性，95% 以上为男性。性别如此不平衡的环境，实际上对任何性别都没有好处。

接下来是身体健康。首先，我们有很好的理由相信，电竞玩家的身体活跃度可能比其他游戏的玩家要高，不一定高于人口平均水平，但至少比其他类型游戏的玩家更高。电竞似乎鼓励了玩家至少多做一点体育活动。芬兰教授帕西·考斯基（Pasi Koski，2008）提出过一个身体活动关系框架。根据这个框架，从事某项体育运动的人，通常也会涉足与该运动相关的领域，或者成为运动场地周边文化区域的参与者。举个例子，如果你经常看足球比赛，你更有可能也会踢足球，或者至少会和其他足球相关的东西接触，注重保持身体健康等等。当然，据我所知，这个理论的真伪还缺乏证实，但可以抛砖引玉。也许电竞作为一种文化，就是以这样的方式与体育文化具有千丝万缕的联系，以至于电竞玩家也会想让自己的运动频率更高一些。

我们最初在 2015 年收集数据时发现，严肃对待电竞事业的电竞玩家也相信，体育锻炼和健康的身体会特别有助于他们取得良好的电竞成绩。

电竞游戏的职业级别越高，教练、体能教练、团队、俱乐部就越有可能特别强调体育锻炼和身体健康的重要性。我们也许可以从生理角度解释为什么电竞的身体锻炼导致身体更健康，期待未来的相关研究成果。另一方面，也有一些证据表明，有些电竞玩家并非和我们想象的一样健康。例如，最近的一项研究（Trotter et al.，2020）发现，电竞玩家的健康出现了两极分化态势，有人很健康，有些人则很不健康。你坐在电脑前面能消耗多少能量呢？即使你毫不关心自己的健康，你也可以成为一个非常成功的电竞选手。也许你抽烟，喝酒，做所有对身体不好的事情，但仍然可以成为一个非常高水平的电竞玩家。这些变数在电竞领域中的影响，我们尚不了解。此外，也有研究人员发现，排名前 10% 的电竞选手平均比其他玩家更健康。这又是一个需要以后的研究进一步探讨的问题。

与健康有关的另一个因素是伤病。如果你玩了 10 年左右的游戏，不妨看看自己的脖子和手腕，这些关节可能都不太好，背部可能也有问题，而且是慢性的长期问题（DiFrancisco-Donoghue et al.，2019）。这是一个将来必须重视起来的课题。当然，还有营养问题。电竞在能量消耗这方面与其他任何运动有很大的不同，所以电竞玩家需要考虑他们该吃什么，也许需要比其他运动员更小心（Rudolf et al.，2020）。期待未来有这方面的研究成果。

第三个关于健康的主题是心理健康。这个问题和所谓“网络游戏障碍”（internet gaming disorder）或者“游戏障碍”（gaming disorder）的课题紧密相关。美国精神病学协会于 2013 年将其列为未来的研究课题之一。几年前，世界卫生组织也决定把游戏障碍列为一种与成瘾行为有关的症候。我们现在有一个诊断手册，把这个“障碍”界定为对游戏的痴迷与非常成问题的游戏行为。如果我们从电竞的角度来看这一现象的话，心理学上的定义就出现了一个悖论。如果你的生活已被高密度的游戏行为所主宰，那有两种可能性：要么你的生活已经出问题了，要么你只是非常投入地致力于玩电竞而已。按照目前的标准，要鉴别一个玩家是上瘾的病人，还是未来的电竞冠军，是非常困难的一件事（Nielsen & Karhulahti，2017）。一个人每天在电脑前坐 10 个小时，游戏玩到最高的级别，这个人是否属于玩游戏玩出了问题？这是一个在未来的研究中必须得到重视的问题。

在有些研究中，电竞也被视作一种有效的学习环境。为了在这些游戏中取得成功，你需要制定复杂的、精密的策略，以促进学习进步。这让心理健康这个领域更加复杂。从积极的方面看，电竞也可以让人非常有满足感和收获感。你也许还可以将电竞中的一些学习技巧转为其他领域所用，但我们对此还知之甚少。还有一点，我个人没发现多少证据可以证明这一点，但我推测电竞最大的问题之一是：当有人全心全意投入电竞时，这就会成为他们生活中最重要的主要活动。这并没什么问题，能对一件事充满热情而且热情长盛不衰，这在心理上来说是健康的。一般来说，这也是你取得优秀成果的原因。但这种理论怎样联系实际呢？我们怎么理解一个人同时在不同领域的投入之间的关系呢？安娜·米特·索恩豪兹（Anna Mette Thorhauge，2018）在论文中指出，如果一个 15 岁的孩子认为电竞是他生活中最重要的事情，想要真正改善自己的技术并投入大量精力研究这个东西，我们能否指望他会以同等的热情投入到学校的学业当中去呢？这是非常具有挑战性的。问题并不是游戏本身。游戏倒不一定总会令人上瘾，问题是一个人怎么能在生活中平衡多个不同的兴趣爱好？这才是挑战所在。

那么，我们如何理解这些要求人们特别是要求青少年同时参与多件事情时的生活情境和个人积极性？安德烈亚斯·格莱格森（Andreas Gregersen，2018）的研究很好地展示了人们的多种社会角色。如果我们说青少年应该在学校上学，那他们的角色就是学生。他们同时也是家庭成员，所以他们是孩子和家人。他们可能还在打工，所以是员工。他们有朋友。我们在同一时间致力于融入所有这些社会环境，所有这些角色每天都需要你花时间维持。那么在一个社会环境中，你是如何协调这些角色的呢？当你的父母叫你来吃饭，而你正在打一场不能暂停的电竞比赛，这种情况能怎么协调呢？还有环境因素，如国家、文化、习俗的差异，对我们如何协调甚至能否协调这些事情有着非常强大的影响，所以我们也要思考什么样的文化背景和环境会造就这种局面。

心理学

有关心理学以及运动心理学的现状和未来发展方向，我想要讨论四个问题。第一个问题是专业知识（expertise）、培训（training）和技能培养（skill development）。让我们从埃里克森和莱曼（Ericsson & Lehmann，1999）关于专业知识积累的经典模型开始。

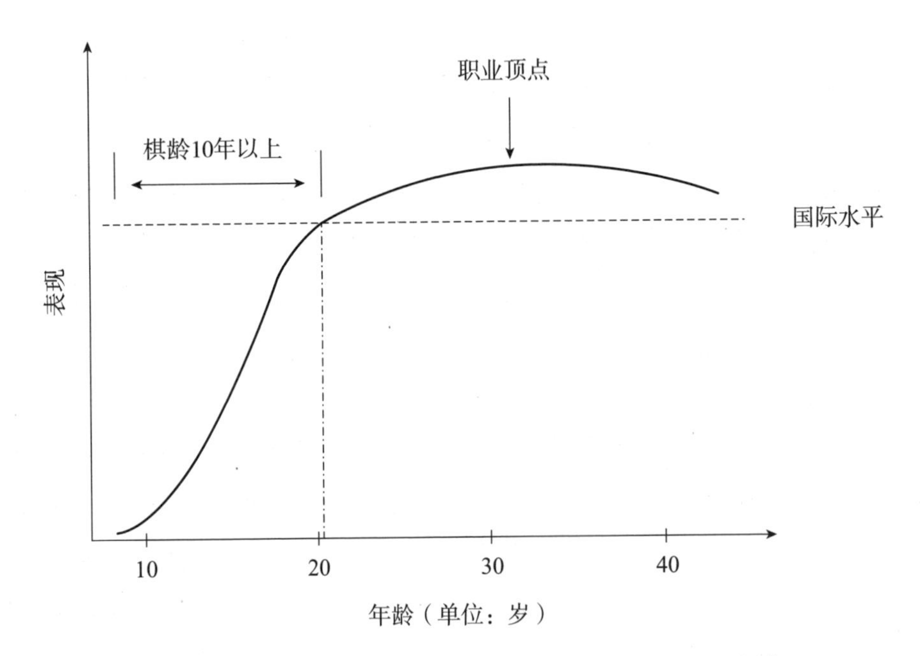

图 2：经典的技能发展模型（expertise development model）
（Ericsson & Lehmann，1999）

很多人把它和一万小时定律*联系在一起，但那不是埃里克森发明的。埃里克森和莱曼的模型描述了人们在30岁以后（大约三十一二岁）就会成为某个领域的专家。当然，这只是一种说法，别太把它当真。很长一段时间以来，人们认为一个人需要用大约十年的时间成为某方面的专家。斯特里特马特等人（Strittmatter et al.，2020）在近期发表的一项新研究中分析了24000场顶级象棋比赛，研究发现，在35岁之后，棋手的招数开始变弱了。即使是在像象棋这样不怎么受棋手本身自然年龄老化影响的游戏中，35岁似乎都是玩家实力的巅峰。

在电竞领域，汤普森等人（Thompson et al.，2014）分析了“衰老对手眼协调延迟（Looking-doing Latency）的影响”，并发现了反应时间

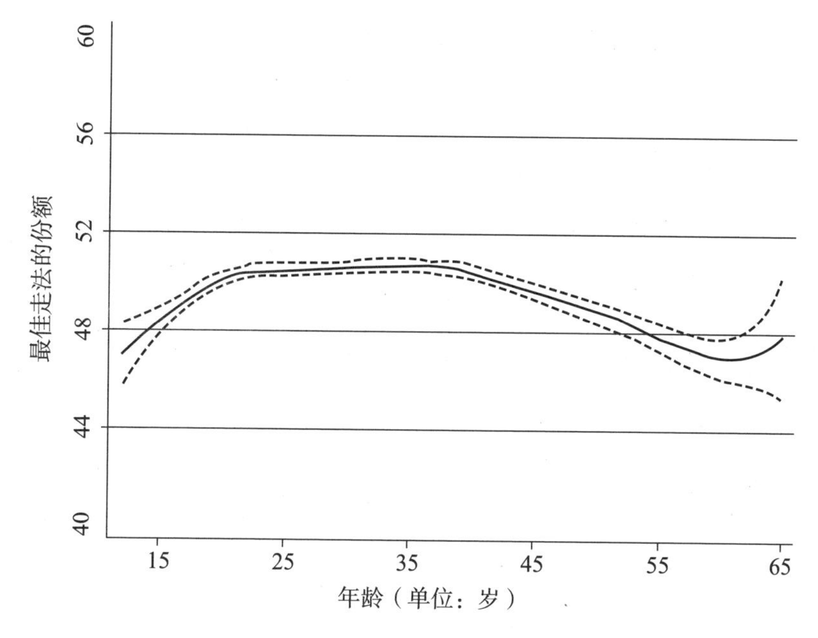

图3：最高等级国际象棋选手在24000场比赛内的发挥变化（Strittmatter et al.，2020）

---

* 编者注：一万小时定律是作家格拉德威尔在《异类》一书中指出的定律，即要成为某个领域的专家，需要一万个小时。

（reaction time）变长的自然衰减现象。从事某专业 34 年后，衰老就开始产生负面影响了。然而许多《星际争霸》选手因为具有专家级的经验，也学会了很多弥补这种反应减速的新方法，以克服自然衰老带来的许多不足。

另一种有趣的研究是，观察哪种电竞项目能够让选手拥有更长的职业竞技期。在电竞生态系统中，游戏种类并不像别的体育项目一样能在很长一段时间内保持不变，新的电竞游戏一直层出不穷，旧的游戏也可能会慢慢消失。举个例子来说，可以观察一个电竞玩家主攻的游戏能否从一个换到另一个。他这样做所需的综合技能有哪些，哪些是必需的，哪些更重要等等。近期，马图祖斯基等人（Matuszewski et al.，2020）研

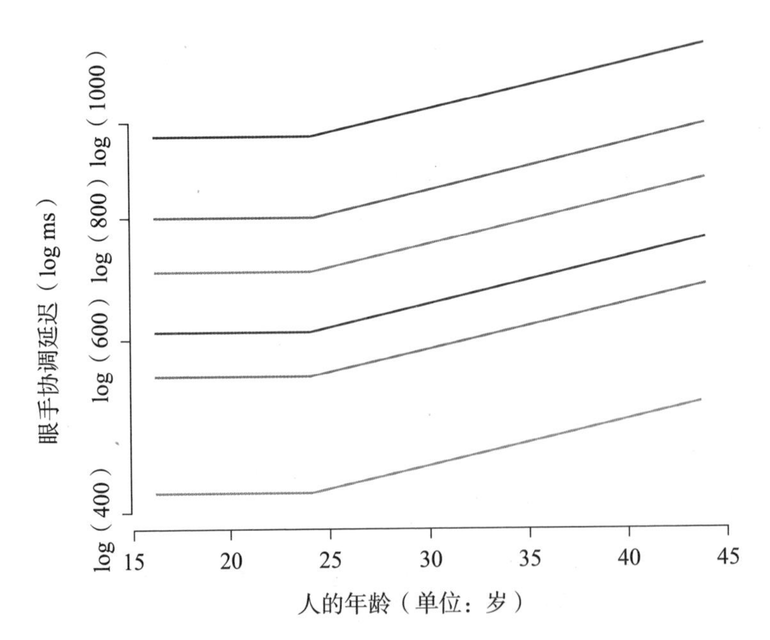

图 4：衰老对《星际争霸》选手“手眼协调延迟”的影响

（Thompson et al.，2014；也可以参照：Matuszewski et al.，2020）

图中的战队级别从上至下分别为青铜、白银、黄金、白金、钻石、大师

究发现，那些在电竞中能获得好成绩的玩家，其个性类型不同于其他运动的参与者。虽然这研究并非针对职业选手，但该论点表明，电竞在某些方面可能与传统体育略有不同。

第二个问题是电竞选手的职业生涯和个人生活发展，这是一个非常重要但目前还鲜少有人探索的心理学研究领域。我的芬兰同事马科斯·萨罗（Markus Salo，2017）提出了电竞生涯发展框架（Esports Career Development Framework），主张始终从电竞面临的挑战出发，从四个不同的发展阶段——入门（initiation）、发展（development）、精通（Mastery）、停止（discontinuation）——观察研究对象如何发展成为职业选手，甚至在他们还远未达到职业选手水平时就开始研究了。此类研究涉及很多社会问题和个人问题，如发掘人才和玩家辍学等，这类问题同样也深受文化差异的影响。

当我们谈到生涯（career）的时候，很容易把它和职业生涯（professional career）的概念混淆。我最近在《电竞游戏：精神游戏发展中的期待、依恋和上瘾》（*Esport Play: Anticipation, Attachment, and Addiction*

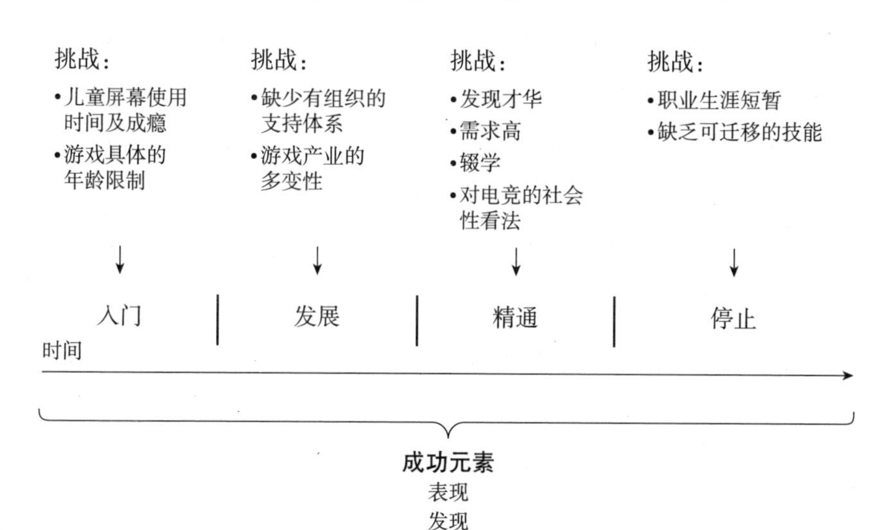

图 5：电竞生涯发展框架（Salo，2017）

in Psycholudic Development）一书中提出了心理上的游戏发展模式（psycholudic development model），它分为五个步骤：熟悉（acquaintance）、期待（anticipation）、喜爱（attachment）、分析（analysis）和适应（accommodations）。

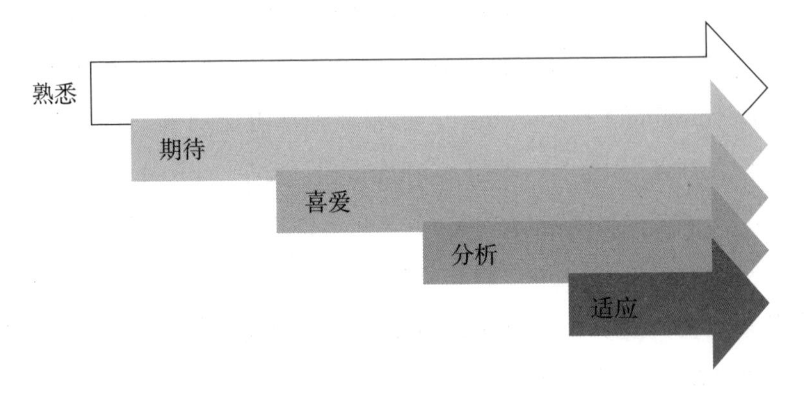

图 6：心理上的游戏发展模式（Karhulahti，2020）

该模型用于单独分析各种类型的玩家，而不是只关注顶层精英选手。很多人在开始接触游戏的时候会玩很多游戏，十几个、上百个或者上千个他们想要尝试的新游戏，但只有其中一部分最终会满足这些玩家的具体期待，让他们想要继续玩下去，然后逐渐放弃。这个过程可能持续几周，有时几个月，有时许多年。但在某个时间点，玩家会开始自我反省，分析自己与游戏活动的关系，并进一步思考，也许生活中还有其他让自己更感兴趣的事情，也许这些事情对自己的个人发展、亲友、社交圈子更有益处。所以我认为，努力去拓宽视野是很重要的。另一种可能是，电竞游戏和某些其他游戏一样，逐渐融入了某个人的生活，并持续很长一段时间，无论是作为一个事业、一个职业，还是仅仅作为一种休闲活动。这个人也许只是每年都看世界锦标赛，也许只是看看联赛，了解游戏架构或网站上当前最热的内容是什么，也许只在周末玩玩游戏而已，电竞很好地融入了个人生活。我们应该关注所有这些层面的电竞生态。

第三个问题是竞技类游戏设计与游戏机制，这是一个非常独特的领域，也没有多少人研究。我想我们的研究将会大大受益于心理学、神经科学等领域的研究成果，因为这些领域已经发现了很多与我们的话题相关的有趣事实。我们理解了游戏的设计理念，也就能理解这些游戏的玩家了。只有理解了游戏的心理机制，我们才能理解玩家的心理。我这里只是抛砖引玉。假设所有团队电竞游戏或多或少都允许你能在不认识任何自己队友的情况下进行高段位比赛。这种和陌生人组团比赛的团队竞赛架构是电竞独有的现象，和许多其他运动都不同。无论是玩棒球、足球，还是别的此类运动，你不可能哪天兴致来了，就随便找一个晚上随机加入一支队伍进入锦标赛。

这是一个非常有趣的设计，这种模式在其他运动项目中从未出现过，这也让电竞在很多方面变得非常有趣。我给你们举个例子。在一些电竞游戏中，有个 30/40/30 规则，是指由于存在某个刻意设计的随机系统，你一定会输掉 30% 的游戏，可能因为你不认识好几个队友，可能因为他们掉线，可能因为他们要去赶公交车于是就不玩了，也可能因为他们那天就是比较倒霉，总之他们总是输。即使你是世界上最优秀的玩家，你也赢不了这种比赛，所以你会输掉至少 30% 的比赛。因为游戏设计的因素，你的胜率最高只能达到大约 70%。反过来也是一样，你也一定能够赢下至少 30% 的比赛，同样是因为设计的原因。有时候只是因为你的队友当天人品爆发，有时候即使你打得不好，但队友在输出方面（carry）表现出众，有时候对面有人可能会掉线等等。所以在电竞游戏中，你的整体胜率基本上会在 30% 到 70% 之间。

电竞中为什么要设计这样的限制标准呢？原因可以在以前的神经心理学（neuropsychology）研究中找到。贾克·潘科塞普（Jaak Panksepp, 1998）在动物中发现了同样的规则：

> 平均来说，胜利者一般最多会赢 **70%** 的对战，而失败者的胜率会低一些。但若想让游戏对战得以继续，要取决于两方的共识以及

> **强壮的一方是否愿意故意输**。如果其中一只动物变成了一个想一直赢的**霸凌者**，游戏行为就会逐渐消失，而总是失败的一方就会开始忽视霸凌者。（p.284）

白鼠在玩闹争斗时，场面十分残忍混乱。在白鼠大战中，体型大小很重要。大白鼠最终会赢小白鼠，一直如此，百分百会赢。但是，白鼠脑中有一种天生的机制，会让它们觉得，如果每次都输，那我们就不想再继续玩这个了。你仔细想想，这是很自然的。如果我们总是输，就不想玩了。所以，在现实中，大白鼠基本上会让小白鼠赢得 30% 的游戏，因为这算是一个不错的甜头。如果我大概每三局能赢一局，我就愿意继续玩。我输两场，起码也能得到赢一场的满足感。类似的机制有很多，因为时间有限，我们无法在此逐一讨论，但我们可以在电竞游戏中看到并了解这样的设计机制。

第四个问题是心理健康和有关“成瘾”的话语。我认为这几乎是最基本、最重要的话题，这是电竞心理研究的核心理论。如果一项活动最初的设计初衷就是为了让你上瘾，那就构成赌博而不是游戏。娜塔莎·舒尔（Natasha Schüll，2014）在书中描述了一个赌徒的一天：这位赌徒的生活就是一个闭环，整个生活都围绕着赌博转，日复一日，年复一年，毫无变化。这个人不管去哪儿，脑子里想的一切都是赌博。如果你赢了，你就会赌得更多。这是一成不变、永无止境的情况。

然而，电竞玩家并非如此。我们必须承认，有些人玩游戏的方式有问题，但游戏不是这样运作的。努力玩、不断追求更高的段位、执着于自我成长和努力成为更好的玩家，是电竞（或者说体育精神）定义中的一部分。这符合团体运动心理学家早在一百多年前研究出来的东西：体育运动是我们用科学眼光来看待的活动，从你开始反思自己活动的那一刻起，这个活动就变成了一项运动。这些接触电竞游戏的玩家，只为了玩得更好，为了在自我反思的模式下玩游戏。因此，此类电竞游戏活动看起来就像刚才说的体育运动。

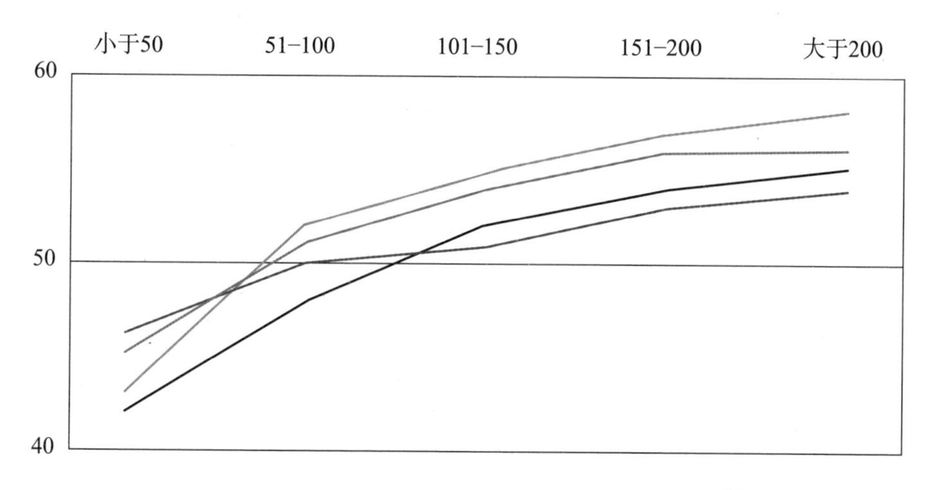

图 7：4 个冠军选手的平均胜率 / 他们玩的游戏数量 ①

通过观察四个冠军选手的平均胜率与他们玩游戏的数量的关系，我们可以发现，这不是描述赌博的那个闭环。如果你玩游戏确实是为了玩得更好，而且是认真在打电竞，当你玩到 200 小时的时候，那么胜率就自然会上升。所以，实际上你是在进步，在学习，在获得新的知识。这与刚才我们提到的赌徒心态完全不同。当研究现实中的电竞玩家时，我们要思考以下问题：电竞玩家是在发展进步中产生满足感的，我们要如何理解心理机制？它在什么程度上是健康的，什么程度上是不健康的？它能在何种程度上移植到你生活的其他方面？

研究电竞的方法

接下来我谈谈研究方法，为刚开始研究电竞的人提供一些指南。前人已经有不少的研究理论、方法和框架了。如果你是一名新手研究者，

① Karhulahti, V. M. (2020). *Esport play: Anticipation, attachment, and addiction in psycholudic development*. Bloomsbury Publishing USA.

至少在收集数据之前问问自己，你究竟期待发现什么？在你开始做调查、采访或者做民族志等研究之前，先稍微思考一下：

- 我的研究目的是什么？
- 我期望发现什么？
- 这个期望和我们已知的东西在某种程度上一致，还是全新的？
- 你为什么要用某种特定的方法？
- 如果你做问卷调查，那又是为什么要做问卷调查而不是做采访？

这些问题会有助于你做更高质量的研究，需要你在开始工作之前就想好，而不是先工作后思考。当然，有时你的研究具有探索性，这也没问题，但你可能找不到非常有力的前提、假设或理论，将其与自己的研究建立紧密的联系。不过，承认并意识到自己的研究具有探索性，已经是一个非常好的开始了，至少证明你清楚自己还不了解这个领域。

方法论创新。我们都知道自陈式问卷（survey self-report）是什么。问卷调查研究是一种非常主流的方法，尤其是在心理学研究和电竞领域，但也可以尝试不同的方法。试着扩展我的研究成果或者多角度验证一下（triangulation），也是有好处的，也许在过程中还可以学习一些有用的其他方法。

开源数据。现在是2020年，我们正在经历一场开源科学（open science）革命。在开始研究之前，你要想好完成分析后，怎样与他人分享自己的数据。待研究成果发表之后，人人就都可以了解你的数据。你怎样才能以合乎学术伦理的方式分享数据？如何让大家都能进一步使用数据？收集好的样本是一个很有价值但很耗时的工作，如何才能确保每个人都能尽可能多地从你的研究成果中受益？你做了很多工作，不要把它锁在保险箱或者你存储数据的地方。

重复性研究（replication）。到目前为止，我还没有发现任何关于电竞的重复性研究。但我认为，现在是时候开始重复一些我们所做的基础研究和发现了。这是一件非常重要的事情，但却极为少见。在开始研究之前，尽力先确定其他人可不可以重复你的研究。这是一个简单的问题，但值得重视和思考。如果你的研究一开始就把所有细节都处理好了，如果你有了重大发现，那其他人也可以按同样的步骤再验证一遍，以确保它是正确的发现。此外，文化差异也非常重要。如果你的研究基于特定的文化背景，那有可能并不适用于其他国家。所以我们在收集或分析数据的时候，也要注意这些问题。

与人合作。研究需要花费大量的时间、精力和金钱，所以尽量和别人合作。独自工作是很困难的，特别是基于特定文化和特定背景的工作。我们起码要做到去了解其他国家，所以要多阅读别人的研究成果，以及其它能找到的所有第三方资料。我们生活在一个互联网时代，有很多资源可以帮助你了解不同的文化。重要的是，要意识到我们自身的局限性，比如我们会局限于自己的文化背景。突破这种局限是全世界每个研究人员都必须要做的，我们值得为此投入精力。

建立全球网络。这源于我之前提到过的电竞研究网络。构建你的人脉网络，去给那些做相关研究的人发电子邮件、征求意见、寻求帮助。一般来说，人们都很善良，也会对合作保持非常开放的态度。要尝试和其他国家的人一起合作，也许开始并不容易，但如果不去尝试，它就根本没有可能。如果可能的话，尝试从其他国家收集数据。这肯定不容易，需要时间和努力，有时还需要额外的经费支持，这导致很多人的研究不符合验证研究结果所需达到的标准。

更好的调查问卷工具（survey instrument）。不久前，我们对大约三十个游戏成瘾调研工具进行了内容有效性的分析，但没有一个能通过测试。工具如此之多，但它们不一定像你想的那样来运作的。所以在使用一些工具之前，比如调查量表（survey scale），先看看它包括什么项目

（item），看看项目说明。这些项目对我有意义吗？如果没有意义，也许使用其他工具会更好。多看一看，你会发现大部分工具都非常容易获得。

纵向研究。这是年轻研究者尤其不容易想到的一个方面。我也是最近几年我才意识到自己需要纵向调研。我们的大部分工作都是横断面（cross-sectional）研究，只需要做一个调查就完事了。然而，即使你没有一年以上的时间，也可以连续数周或数月研究某个对象。如果幸运的话，你可能获得经费，支持好几年的研究，这样你就可以做多年的纵向研究。事实上，我们有非常多的横断面实证研究，却很少有纵向实证研究。做这类事情，你需要与人合作，合作就会占用很多资源，但至少值得考虑一下。当然，若长时间跟踪研究一些人，可不是一件小事，你必须以任何可能的方式补偿自己所做的牺牲。

学术伦理。这在任何情况下都是一个挑战，因为人们会被各种各样的要求轰炸，要做这个，做那个，做更多，可是时间却很有限。*

跨学科研究。你可以看到与电竞相关的领域很多，如心理学、电竞健康等等。你不可能在所有方面都是专家，最多精于两三个领域，所以请向别的领域的专家请教。有一条 70/30 定律指出，你是哪方面的专家就在哪方面分配 70% 的工作时间，剩下的 30% 时间（如果按照一周五个工作日计算，就是一天到一天半的时间），就花在其他你不懂的事情上。你只管一直学习，一直探索，分配 30% 的时间在你的核心专业之外的那些领域，你就可以一直拓展知识。但同时记住，你做不到同时深入研究所有的课题。所以，和你身边的人谈谈，请他们帮忙、与他们合作、组建团队等等。

---

* 编者注：欧美大学大多有的伦理委员会，其作用是在大学研究者做和人类有关的任何形式的实验（这里包括医学和心理学实验）和接触（比如社会学和人类学的采访、观察等）之前，对研究计划进行审核，以确保研究对象不会受到任何形式的伤害。

个意义上来说，《反恐精英》反而是很自由的。

奥利·塔皮奥·莱诺：你提到了芬兰游戏公司的成功。

维利－马迪·卡胡拉迪：这是我本应该提及的。问题不一定出在公司身上，因为我们对公司拥有完全控制权的情况也挺满意的。

奥利·塔皮奥·莱诺：是的，新的诺基亚或者下一个媲美《英雄联盟》的游戏也许会来自芬兰，这是一种梦幻般的期待。你提到《反恐精英》在芬兰最受欢迎，我也很好奇电竞文化的地理和文化特殊性。我想到的是芬兰的游戏，以及我们在芬兰已经拥有的地理、文化和游戏文化。芬兰的棒球主要是乡下人玩的，这绝对是一个农村人爱好的活动。有人也于十年前在首都赫尔辛基尝试推广过这项运动，但是没人感兴趣，因为它属于农村。与之不同，我感觉冰球在整个社会都很流行。那么电子竞技也类似吗？

维利－马迪·卡胡拉迪：好问题。直觉上，我认为电竞与棒球的情况不同，因为我们有非常强大的场馆，比如在卡亚尼——他们在那里做游戏开发——和奥卢，这些都是非常强大的电子竞技中心。但与此同时，我们的首都和其他人口密集地区也非常热衷于电子竞技。怎么说呢？电竞在芬兰无处不在。但从长远来看，区域发展的差异会出现，也许我们目前还没有到达这个阶段。

奥利·塔皮奥·莱诺：你演讲的最后一部分提到了研究方法指导，我认为这对于那些刚开始研究电子竞技的人来说非常有用。但我发现其中许多方法也可以应用于其他类型的研究中，至少是游戏研究。我想知道你是否遇到过只有电竞才有的方法论上的挑战，是否有应对的方法？

我还是将它与电子竞技的商业特殊性联系起来，例如游戏公司很可能不想让自己的产品受到负面报道。这是否意味着我们必须采取一些特殊的措施来确保客观公正且具有批判性的观点，从而避免去传播商业营销话语。在这种商业背景下，是否存在电子竞技研究特有的障碍？

维利－马迪·卡胡拉迪：如果你说它可以应用于所有的游戏研究，那么我完全赞同。我认为所有的挑战、机遇和错失的机遇都适用于所有类型的游戏研究。

与游戏公司合作是一个挑战，因为这些公司有非常强大的利益关系。作为公司，他们需要成功。例如，今年早些时候，有些学者强烈呼吁，游戏公司应该开放他们的数据并与研究人员共享数据。那么如果这真的发生了，假设世界上某些地方的特定团队获得了这些数据，这会怎么样？我们怎么能保证研究人员得到的数据是正确的数据？也没有人控制检验。所以，当企业和学者进行合作时，我们应该有一些政策和规则来指导这个过程。

奥利·塔皮奥·莱诺：我还想聊聊电竞景观的话题。我记得泰勒在关于《魔兽世界》的书中指出，许多采访的地点都是人们的家中或自发的局域网游戏聚会。这样看起来，在当时的网络游戏研究环境中，那种自上而下组织的大型活动似乎并不是一个重要的研究场所。这在电竞领域是否发生了变化？体育场这种物理空间的景观是否已经变成了一个研究场所？这是否提高了电竞研究的准入门槛？

维利－马迪·卡胡拉迪：我看到马特斯也在这里，他研究过电竞的物理空间及其景观。我想他可能有话要说。

马特斯·费尔恰克：首先，感谢你的演讲，非常有意思，特别是最后一部分，我认为这对年轻的研究者很有用。当你在演讲的时候，我也回想了一下自己的研究以及一些可能的注意事项。我有一个问题涉及电子竞技景观的物理空间，希望你能回应一下。我不知道这是一种大趋势，还是只是个例。我注意到一些已经不在职业生涯最高峰的电竞选手试图留在这个行业，有时候他们的媒体人设发生了变化。当然《英雄联盟》的玩家泰勒·斯坦坎普（Tyler Steinkamp）比较特殊，我相信你们对他的公众行为很熟悉。

以波兰为例，我们有很多杰出的退役电子竞技选手，他们精力旺盛，积极健身。在波兰，有很多前健美运动员进入电子竞技行业的例子。一方面，他们正努力推广和培养一种更健康的游戏玩家的生活方式。有时甚至有公司与他们签订赞助合同，不是因为他们玩游戏的水平最高，而是为了对抗那些不健康的电竞玩家的刻板印象。我想知道这是一个大趋势，还是只是电竞行业发展的一个元素？

维利－马迪·卡胡拉迪：这是一个有趣的观察，一直都有关于这个问题的讨论，因为电竞玩家的平均年龄，或者说电竞玩家的职业生涯都很短，所以最好在十几岁的时候就能成为专业玩家，再打几年，然后在25岁左右退休。那之后你会做什么呢？尤其是如果你在当职业选手期间没有做游戏之外的任何事情，比如学习。关于健康的讨论，我已经看到有很多这样的健康项目，比如教练指导服务等等。这可以成为电竞运动员退役后职业生涯的一个方向。可惜的是，我经常看到，至少在芬兰和其他许多地方，电竞运动员退役后，就对电竞不再感兴趣了。这在体育运动中也经常发生，当你终止了职业生涯后，可能会在自身健康方面有所松懈，尤其是芬兰的运动员。但我想说的是，这是可以改善的。

在电子竞技中，这无疑是一个尚待解决的挑战。怎么安置这些已经不玩游戏的年轻老将？他们在过去七八年的职业生涯中积累了丰富的经验和专业知识，但没人知道该拿他们怎么办。有个办法是帮他们融入到健康等服务行业或相关机构。如果再往深了讲，还要回到芬兰体育组织的背景。每个小镇都有自己的冰球队，还有那些在少年冰球队长大的人，要么已经退役，要么也没法晋升到更高级别的联盟。这些组织不仅依赖于家长的努力，也依赖于这些前电竞从业者的努力。

据我所知，很多选手退役后成为了教练，但主要问题是他们没有稳定的工作。就像我刚才说的，当你不再玩竞技游戏的时候，教练、团队和俱乐部都没有钱付给你当教练的薪水，尤其是在一个赞助资金非常少的队伍。在芬兰，只有一两支队伍的规模足够大，足够成功，能够筹集到可观的赞助资金。在芬兰这样一个小国家，没有多少电竞队伍能够募集到像冰球那么多的资金赞助。

奥利·塔皮奥·莱诺：其实冰球也一样。有人可能会认为，他们让孩子们在球场上玩冰球，是出于公共健康的考虑，这样他们就不会成为破坏者。当然他们也想为职业球队挑选最好的球员。

回到电竞，一直以来，问题在于电竞团队没钱。人们自然期望电竞团队能够专业化，而不是依赖志愿者。有关志愿者的话题，似乎很少出现在讨论中。

维利-马迪·卡胡拉迪：在芬兰为期一周的冰球夏令营要花500欧元，一般有50个小孩参加。我只是在想，假设一个资深老将在冰球夏令营做教练，这种情况经常发生，那他能赚不少钱。我不知道是否存在电竞夏令营，在某种程度上此类营地也可以成为一个赚钱的事业。也许电竞团队和俱乐部也应该组织这样的活动，也就是所谓有组织的培训、夏令营和辅导等服务作为一个可持续的模式，这需要深入研究。

张舸：我有两个问题要问马迪，它们是相互关联的。首先，你提出了一个观点，即为了要理解玩家的心理，你必须先理解游戏的心理，我完全同意。你从电竞游戏设计这一方面进行了阐述：在电子竞技游戏中，通常会与随机玩家一起玩。而在传统运动中，尤其是团队运动中，你不会和随机的运动员一起比赛。所以，这两种类型运动所需的社交技能是完全不同的。你对电竞的定义不仅涉及锦标赛，还涉及半专业甚至业余水平的电子竞技玩家。在一个普通的排位赛中，你可能只是半职业或业余的，你仍然可以玩《反恐精英》的排位赛。但是你有没有考虑过随机组队的街头篮球的形式，这样的情况下有团队运动也有和陌生人/随机的人一起玩。可以说这样的形式在篮球和足球中很常见，因为体育设施的限制，只有一个球场之类。所以你必须和这些人一起打球，有时你会和不认识的人一起玩，甚至都不是熟人，而是纯粹的陌生人。但是为了打比赛，你还是得和这些人沟通。你认为这其中也有某种程度的联系吗？

第二个问题与成瘾有关，这是一个非常重要的概念。你将电竞中的上瘾和赌博研究中的上瘾做比较，这非常有趣，因为尤其在西方，游戏作为一种成瘾的概念，两者通常被联系在一起。但在东亚国家，并不一定是这个情况，我不知道你们是否熟悉。例如，中国依然普遍存在一种关于游戏成瘾的社会及道德恐慌，这对电子竞技的发展来说是一个障碍。电子游戏与电子竞技之间出现了一个鸿沟，这样电子竞技就可以从游戏上瘾的叙述中升华出来。我想知道在这方面芬兰的情况怎么样？如果没有关于成瘾的社会道德恐慌，关于上瘾的研究在哪种意义上是必要的？为什么你还需要定义成瘾？

维利－马迪·卡胡拉迪：谢谢你的两个问题。它们对电竞这个话题很重要。现在我们把单人电竞游戏排除在外。与线下游戏不同，在一个线上游戏团队中，团队成员可能是你了解的人，也有可能是随机分配的。我非常同意我们应该有两个独立的研究领域：一种适用于在一个俱乐部或一个队伍里和固定的一群人玩的人；另外一种适用于玩家独自与随机匹配的陌生人一起玩游戏的线上环境。两者也有重叠的部分。例如，有些游戏公司要求，若要成为职业玩家，你就需要上一定的等级才能玩职业游戏并签正式合同。所以为了得到职业选手的认证，你首先得独自在线上的排位赛中玩，取得成就才会得到团队的认可，之后才会得到加入团队的合同。

与其他运动相比，电子竞技的训练模式不同。典型的电竞训练日程是职业选手 9 点起床，开始与团队一起训练。我们假设他们每天工作 9 个小时，一直练习到下午 6 点，然后看录像，讨论策略等。在一天结束的时候，他们各自回到座位上，开始玩在线单排（solo queue）。他们在休息时也独自在玩同样的游戏，这就是接下来的 6 个小时，直到睡觉。这就是职业玩家的典型模式，他们每天都要“练习”十二三个小时，这其中可能有八九个小时是有组织的训练，剩下的时间都是他们自己的空闲时间。但因为他们非常喜欢这款游戏，所以他们自己还会继续玩一会儿。这和传统的运动员很不一样。传统运动员一天能够训练的时间是很有限的，因为人体的生理限制，你只能进行一定数量的训练，否则身体承受不了。你可以在足球训练结束后去玩电子游戏，也许你会去玩《FIFA》，但至少这个足球和你一天三次的足球训练是不一样的。我总结下，这两类玩电竞游戏的方式之间存在着区别，虽然都在玩电竞游戏，但却存在不一样的地方。

再回到上瘾问题。我一直认为，现在世界卫生组织正式承认这是一种问题，不管我们乐意不乐意，都需要面对这个问题。无论它是否真的是一种精神障碍，还是其他生活问题的症状或征兆，不管它和电竞到底有没有关系。现在有不少学者提出了一个排除标准（exclusion criteria）：过度游戏可能对你的身体有伤害，但若这是你的自愿选择，比如说，因为你是一个电竞玩家，那就没有问题。即使我们有这样一个排除标准，我们还是要追问：如何定义“自愿选择”？不管是从意识来说，还是从现象来看，我们如何界定过度做一件事，怎样才算对自己有害，以及对此完全无意识？这是我们需要讨论的问题。

张舸：你刚才提到，职业玩家每天完成常规训练后，继续在较低级别的排位赛中接着打，这其实很常见。我看到一些职业玩家在做直播，他们完成一天训练后，就上直播，然后用一个没有排名的新账号继续玩同一款游戏。而在低段位的游戏中，对手基本上都是新玩家或者是菜鸟玩家，显然职业玩家的技术更厉害。这种实力差距可以是为了娱乐观众，与此同时也契合了直播的目的：看到专业玩家碾压新手玩家。

回到成瘾问题上，因为我是在芬兰的背景下问的，我不知道你们是否读过，现在已经有很多关于成瘾的英文研究和例子，或者说成瘾的社会构建，特别是在东亚，韩国和中国。但在日本，这并不是很大的社会议题，我也不知道为什么。在这种情况下，几乎所有的这些国家的有关上瘾（网瘾也好、游戏上瘾也好）的英文研究文献都是在说上瘾属于一种社会构建。这一争论产出的社会关系当然不仅仅是电竞。从这个意义上说，电子竞技并不一定和上瘾的概念有关。就像你可能对篮球上瘾，比如你可以打篮球、看比赛、听关于球赛的播客，在这种层面上只是一种爱好。但这种社会构建可以追溯到马特斯说的关于男子气概的问题，类似于如何塑造自己的形象，比如把电竞玩家塑造成强壮的男性，就是在改变游戏玩家很弱的刻板印象。这样的情况在中国很少见，但是可能在美国及其他盎格鲁背景中比较多见。在芬兰的背景下，你怎么看待这个问题？

维利－马迪·卡胡拉迪：首先，我想重申的是，与其他很多国家相比，芬兰在游戏领域少了很多污名化问题。我在讲座中已经提到过相关历史原因：这些公司的正面历史以及最近电竞玩家的成功，大大提升了游戏在大众眼中的形象。这就是为什么我们很少关心成瘾问题。你可以每周或几个月一次在报纸上看到，有些文章描述游戏中的暴力或者游戏成瘾的可能性，使用了一种传统的媒体恐慌语调。我们也为“上瘾”的电子游戏玩家设立了治疗中心，如果需要的话，人们可以联系他们并得到一些帮助。所以不能说，上瘾言论完全不存在。但从整体上看，我认为芬兰的负面氛围要弱于其他许多地方。

关于成瘾或者一般性的游戏问题的社会构建，我还要补充一点。当我们着眼于更广泛的健康讨论时，我们会发现，不仅是游戏、还有智能手机和社交媒体，所有这些技术现在都在媒介研究或媒介心理学的辩论中得到讨论：这些技术是否会对人们的日常生活和心理健康产生巨大的全球性影响。游戏本身是这个辩论中的旗舰（flagship），因为游戏（的问题）是第一个被世界卫生组织正式承认的。但我认为科学讨论并不仅仅局限于游戏。我同意这有很大一部分是社会建构的，但是也许就像很多学者提出的，最根本的问题是一些由游戏设计导致的影响。我们没有时间在此深入讨论这些文献，但是我认为这个争论的范围比社会建构这个概念的负面影响更广，后者使情况变得相当复杂，有时也会让人感到不舒服。

张舸：有位观众问：许多国家都开设了电子竞技课程，但主要关注竞技技能，甚至是管理和制作。芬兰的电竞教育发展情况如何？我觉得马特斯也可以补充一些，因为马特斯在他的讲座也提到电竞教育已在波兰开始兴起。你们可以就这个话题有一个对话。

维利－马迪·卡胡拉迪：我们大部分课程都集中在商业和管理方面。我们有很多课程和讲座都与电子竞技相关，我们在于韦斯屈莱大学开设了一门课程，这周五开始。但我不确定，芬兰的大学是否授予学生电子竞技专业的学士或硕士学位。除了商业或管理方面的教育，还有电子竞技教练的课程。对于年轻人来说，你可以获得电子竞技专业的辅修学位，比如电子竞技和健康或电子竞技训练等方面。

马特斯·费尔恰克：我再简单地补充几句。在波兰，我们有两种方式从教育层面将电竞作为一种潜在职业来推广。第一种课程是在高中阶段，是独立的电子竞技课程。就像之前传统电竞的情况一样，你要去上高中，这所高中又被划分为文科和理科，可以选择自己喜欢的方向分班上课。我们已在以电竞为主的课程上开展了一些教学实验。据我所知，他们只专注于团队电竞，典型的例子是《英雄联盟》和《反恐精英》。第二种课程旨在培养未来商业上的专业人士，学生可以获得一个体育商业管理的学士学位，今年刚刚开始。被招募到这个项目里来的专业老师基本上都参与过之前在波兰举办的“英特尔极限大师赛”等大型比赛。他们的水平更高，会分享他们的商业知识，讲述如何把电子竞技变成一种媒体景观，以及如何在这种环境中游刃有余。以上是两个独立的知识体系。

参考文献

Karhulahti, V. M. (2020). *Esport play: Anticipation, attachment, and addiction in psycholudic development*. Bloomsbury Publishing USA.

Schu ¨ ll, N. D. (2012). *Addiction by Design: Machine Gambling in Las Vegas*. Princeton, NJ: Princeton University Press.

Brevers, D., King, D. & Billieux, J. (2020). Delineating adaptive esports involvement from maladaptive gaming: a self-regulation perspective. Current Opinion in Psychology, 36: 1-6.

Choi, C., Hums, M., Bum, C.-H. (2018) Impact of the Family Environment on Juvenile Mental Health: eSports Online Game Addiction and Delinquency. Int. J. Environ. Res. Public Health, 15 (2850).

DiFrancisco-Donoghue, J., Balentine, J., Schmidt, G. & Zwibel, H. (2019). Managing the health of the eSport athlete: an integrated health management model. BMJ open sport

& exercise medicine, 5(1), e000467.

Ericsson, A. & Lehmann, C. (1999) Expertise. In Encyclopedia of Creativity. Academic Press.

Eurobarometer (2019) Europeans' Attitudes towards Internet Security. European Commission.

Frith, U. (2020). Fast lane to slow science. Trends in cognitive sciences, 24(1): 1-2.

Gregersen, A. (2018) Games between family, homework and friends: Problem gaming as conflicts between social roles and institutions. In What's the Problem in Problem Gaming (pp. 35-49). Nordicom.

Happonen, A. & Minashkina, D. (2019). Professionalism in Esports: benefits in skills and health and possible downsides. LUT Scientific and Expertise Publications 90. LUT.

Jung, C. (2020) The role of game genres and gamers' communication networks in perceived learning. Palgrave Commun 6 (69).

Kari, T., Siutila, M. & Karhulahti, V. (2019). An Extended Study on Training and Physical Exercise in Esports. In Exploring the Cognitive, Social, Cultural, and Psychological Aspects of Gaming and Simulations (270-292). IGI.

Kinnunen J., Lilja P. & Mäyrä F. (2018). Pelaajabarometri 2018: Monimuotoistuva mobiilipelaaminen. University of Tampere.

Koski, P. (2008). Physical activity relationship (PAR). International review for the sociology of sport, 43(2), 151-163.

Kow, Y. & Young, T. (2013) Media technologies and learning in the Starcraft esport community. In Proceedings of the 2013 conference on Computer supported cooperative work (387-398). ACM.

Martoncik, M. 2015 E-Sports: Playing just for fun or playing to satisfy life goals? Computers in Human Behavior, 48, 208-211.

Matuszewski, P, Dobrowolski P. & Zawadzki B. (2020). The Association Between Personality. Traits and eSports Performance. Front. Psychol. 11:1490.

Nagorsky, E., & Wiemeyer, J. (2020) The structure of performance and training in esports. PloS one, 15(8), e0237584.

Nielsen, R. & Karhulahti, V. (2017). The Problematic Coexistence of Internet Gaming Disorder and Esports. In Proceedings of the 12th International Conference on the Foundations of Digital Games (52-55). ACM.

Panksepp, J. (1998). Affective neuroscience: The foundations of human and animal emotions. Oxford university press.

Ratan, R., Taylor, N., Hogan, J., Kennedy, T., & Williams, D. (2015). Stand by your man: An examination of gender disparity in League of Legends. Games and Culture, 10(5), 438-462.

Rudolf, K., Bickmann, P., Froböse, I., Tholl, C., Wechsler, K., & Grieben, C. (2020). Demographics and Health Behavior of Video Game and eSports Players in Germany. Int. J. Environ. Res. Public Health, 17(6).

Saarikoski P., Suominen J. & Reunanen M. (2017). Gamification of Digital Gaming-Video Game Competitions and High Score Tables as Prehistory of E-Sports in Finland in the 1980s and early 1990s. GamiFIN, 15-21.

Salo, M. (2017). Career transitions of eSports Athletes: a proposal for a research framework. International Journal of Gaming and Computer-Mediated Simulations, 9(2), 22-32.

Schüll, N. (2014). Addiction by design: Machine gambling in Las Vegas. Princeton University Press.

Seo, Y. & Jung, S. (2016). Beyond solitary play in computer games: The social practices of eSports. Journal of Consumer Culture, 16(3), 635-655.

Smithies, T., Toth, A., Conroy, E., Ramsbottom, N., Kowal, M. & Campbell, M. (2020). Life After Esports: A Grand Field Challenge. Frontiers in Psychology, 11, 883.

Strittmatter, A., Sunde, U. & Zegners, D. (2020). Life cycle patterns of cognitive performance over the long run. Proceedings of the National Academy of Sciences.

1091-6490.

Taylor, T. L. (2018). Watch me play: Twitch and the rise of game live streaming. Princeton University Press.

Thompson, J., Blair, M. & Henrey, A. (2014). Over the Hill at 24: Persistent Age-related Cognitive-Motor Decline in Reaction Times in an Ecologically Valid Video Game Task Begins in Early Adulthood. PLoS ONE, 9(4).

Thorhauge, A. (2018). Problem gaming as broken life strategies. In What's the Problem in Problem Gaming? (pp. 65-81). Nordicom.

Tjønndal, A. (2020). "What's next? Calling beer-drinking a sport?!" Virtual resistance to considering eSport as sport. Sport, Business and Management: An International Journal. Online first.

Trotter, M., Coulter, T., Davis, P., Poulus, D., & Polman, R. (2020). The association between esports participation, health and physical activity behaviour. Int. J. Environ. Res. Public Health, 17 (19).

Vahlo J., Karhulahti, V. & Koponen, A. (2018). Tasavallan core-gamer: videopelaamisen piirteet Suomessa, Kanadassa ja Japanissa. Yearbook of Finnish Game Studies: 35-59.

日本作为方法：多样游戏文化的可能性

嘉宾简介

主题演讲人

杨骏骁，现任日本早稻田大学文学学术院讲师，日本综合批评杂志《ecrit-o》撰稿人，曾任日本学术振兴会特别研究员，主要研究兴趣为日本和中国的游戏文化、科幻、动漫、媒介等。主要游戏研究论文有：《中国游戏文化私论——游戏玩家会做科幻梦吗？》（载《探寻游戏王国里的宝藏：日本游戏批评文选》）、《游戏的“思想”——作为方法的日本游戏表象》（载《文学与文化》2017年第三期）、《“你，正在操作我”：选择分支型作品的“存在主义”重生》（载“澎湃新闻·思想市场”，原载于《ecrit-o》第10辑）、《从“游戏批评”到“玩游戏批评”》（载“澎湃新闻·思想市场”）。

对谈人

邓剑，北京大学新闻与传播学院博雅博士后。早稻田大学大学院文学研究科访问学者、韩国国立木浦大学亚洲文化研究所访问学者、完美世界教育学术顾问。他编译了《日本游戏批评文选》一书，先后在海内外各级刊物发表游戏论文10余篇，其中CSSCI 5篇（含CSSCI扩展1篇）、韩国KCI 1篇、人大复印资料全文转载3篇，并在国内各大媒体发表游戏批评20余篇。

主题演讲

在今天的讲座中，我希望从《喷射战士》这个日本特有的电竞游戏和日本国内电竞的现状出发，对游戏文化的多样性进行一些思考。首先，我会明晰日本电竞的现状和矛盾，并试图从一个全新的视角审视现有的矛盾。第二，我会为大家介绍《喷射战士》系列。第三，我主张将《喷射战士》作为一个新的游戏类别，并以此来思考这个游戏的创新性。第四，我们会进一步讨论《喷射战士》和日本文化的空间性，思考《喷射战士》是以何种逻辑来进行构建和设计的，并将其与日本文化中的空间性联系起来，探索其中有何种关联。最后是“作为方法的日本”。“作为方法的日本”，并不是说日本这个国家具有一些本质上的特质，比如“忍者之国”。在此，“方法”指的是，历史按照一种方法发展而来，并从这个角度出发，把“方法”应用到电竞的游戏文化或者电竞中，产生新的发现。

日本的电竞现状和矛盾

日本国内的电竞现在是怎样的情况呢？这是个相当难回答的问题。众所周知，日本电竞是由日本政府为主体和中心从上向下推行的，主要有日本的经济产业省（也就是经产省）和阁府作为坚定后盾。2018年，日本电竞联合会（日语：日本Eスポーツ連合，英文：Japan esports

Union，简称 JeSU）成立。之前也有各种电竞协会，由各种游戏公司联手建立，但参差不齐，导致日本电竞无法参加奥运会。因此，各自为政的三家大型竞技组织融合起来，成立了日本电竞联合会，主要是为了能够获得参加奥运会的资格。

我们来看一看日本电竞联合会公布的竞技类游戏都有哪些。首先是《实况足球 2020》（eFootball ウイニングイレブン 2020）这款足球游戏，还有《使命召唤》《彩虹六号：围攻》两款射击类游戏，就是国际上比较普遍的电竞游戏。其他还有《街霸》《铁拳》等格斗类游戏，可以说都是全球公认的经典电竞游戏。此外，列表中也有《智龙迷城》（日语：パズル & ドラゴンズ，英语：*Puzzle & Dragons*）、《噗呦噗呦》（日语：ぷよぷよ，英语：*Puyo Puyo*）、《怪物弹珠》（日语：モンスターストライク，英语：*Monster Strike*）等日本独有的休闲手机游戏，也就是所谓可爱系或休闲系这一类的游戏，它们与中国或者欧美人想象的电竞有很大差距。这就是日本的游戏文化和电竞选手面临的巨大困难和矛盾。

在日本，迄今为止，玩游戏一直都和玩游戏机画上等号。例如，一般人们会联想到过去的红白机、PlayStation、Wii、Wii U，现在的 PS4、Xbox、任天堂 Switch、智能手机之类。此外，Gameboy、PSP、NDS、任天堂 DS 和 3DS、PS Vita 等没有火起来的设备，也一直存在于日本游戏文化的核心位置。现在有些人可能已经注意到，在日本的游戏文化中，用电脑玩高竞争性游戏的玩家基本不存在，即便有也很难碰到其他玩家。说到我们能想到的电竞游戏，除了格斗游戏以外，基本都需要使用电脑。因此，日本原本的游戏基础设施与电竞史上占据中心地位的基础设施完全不同。基础设施的差异催生了深刻的文化差异，会带来很大的文化分歧。

首先，我们来看一下根据游戏在日本的定位差异，人们使用的游戏机有何不同。例如家庭游戏机、游戏主机，一般放在客厅这样一个全家人共享的空间，而电脑属于个人空间或网咖这样的地域社会空间之中。

一旦联网以后，个人空间就变成了社会空间。因此，日本人普遍认为，游戏是个人与朋友、家人一起享受休闲时光的媒介。此外，游戏机的联网功能很弱，缺少竞争类游戏所必需的网线和通讯设备。比如 PS4，倒也不是不能联网，只是非常困难，需要用到好多设备。因为人们将它放在客厅，所以即使有键盘，也很难操作或交流。换言之，家庭游戏机所在的位置阻碍了它超越家庭这一沟通场所，很难让玩家在互联网上与多数人进行交流。

这样的硬件设施差异进一步导致了内容的差异。就 RTS 或者 FPS 之类的国外主流电竞游戏来说，其竞技性很强，在日本基本没有什么人喜欢玩。之前一直没人玩，之后也没有太大可能。例如《反恐精英》这款 FPS 游戏，在日本基本没有多少玩家。再如《魔兽争霸》和《星际争霸》这两款即时战略游戏，也完全没有流行起来。我觉得，现在的《英雄联盟》之类的 MOBA 游戏，还有几年前在中国、韩国乃至全世界都火爆的《守望先锋》，玩家也很有限，而且《守望先锋》只在 PS4 发售。与之相对，角色扮演类和解谜类游戏在日本广受欢迎。因为这些游戏的可玩性在于情节和角色，能让人们轻松随意地玩。例如《智龙迷城》等可爱系、休闲系手机小游戏，这类游戏的玩家数量要多得多。

然而，这就出现了新的问题。在日本，受欢迎的游戏没有一个是以竞技为目的而研发出来的，竞技性极低。为了创造竞技性，玩家需要用和平时不同的玩法来玩游戏，才能够参加电竞运动，这显然形成了一定的门槛。我并不是说玩家数量越多越好，但若玩法和平时不同，那就很难培养成竞技生态，而且缺乏竞技性也会有损游戏的观赏性。例如玩角色扮演类游戏，如果看谁是第一个抽中传奇武器的人，那肯定没什么意思。此外，还有观看现场直播的需求。有些人虽不参赛，但会看竞技实况。

除了日本游戏文化方面的特殊性，电竞的特殊性也需要纳入我们的考虑范围。其必要因素包括下列文化和社会条件，缺少其一，都很难成为电竞：

●至少要在地域社会上形成一定规模的游戏网络；

●支撑该网络和网络中交流的基础设施，关键是电脑作为必要的设备提供个人空间或社会空间的接入口；

●必须是以竞技为目的的游戏；

●要有很多玩家，他们玩游戏的主要目的之一必须是竞技；

●游戏不是单纯给个人玩的，游戏过程还要具有观赏性。

至此可知，上述条件的差异阻碍了日本以自上而下的方式推广电竞。日本的这些条件并不齐备，没有形成电竞所需要的文化、社会条件，因此在这种情况下推广电竞很难成功。

另外，还有几个阻碍电竞在日本普及的关键因素，例如法律和赞助商的问题。法律问题主要是奖金。在日本，奖金过高就意味着成为一种赌博形式，法律是明令禁止的。此外，日本电竞基本没什么赞助商。因为玩家少、人气低，即使有赞助商也没有任何宣传效果。实际上，这些问题也是日本电竞联合会面临的挑战。然而，有一款游戏虽然没有进入联合会的正式名单，却在日本非常受欢迎，拥有大量玩家，并成功吸引到很多玩家参与竞技，这就是任天堂的《喷射战士》系列。

《喷射战士》系列简介

首先我们来介绍一下这款游戏。《喷射战士》其实有两部:《喷射战士1》和《喷射战士2》。初代《喷射战士》由任天堂于2015年5月8日发售，是一款专门搭载Wii U的动作类射击对战游戏，至今累计销售量约为495万件。考虑到Wii U主机本身的销售情况不太好，495万件的销量已经能证明这款游戏的超高人气了。两年以后的2017年7月21日，任天堂发售Switch版的《喷射战士2》。发售后的三天之内，日本国内的销售量就达到了 67.1 万件，创下当时任天堂 Switch 游戏历史最高累计销售额。发售五周后，日本国内销售突破百万件，而当时 Switch 主机销售量为 148 万台。也就是说，在买了 Switch 的人中，有 70% 都买了《喷射战士 2》，创下了超乎寻常的纪录。截至 2020 年 3 月末，全球累计销售突破 1000 万件，广受玩家追捧。它之前虽然不是什么大 IP，但如今却引发了如此大的热潮。日本国内玩家非常之多，下到小学生，上到老年人，现在各个人群都在玩这款游戏。

我其实不玩《喷射战士 1》，也不太喜欢 Wii U 这个机器，所以我只从最新版的《喷射战士 2》来聊聊。《喷射战士 2》提供了排位战、抢地盘、打工 / 鲑鱼冒险这三种模式。

其中，排位战有很多规则，比如运鱼头、涂地、占塔、投蛤蜊等。运鱼头是四人一队的团队战，把鱼头运到对方阵地碉堡中的一方胜利。涂地是把游戏地图中心区域涂上颜色并维持自己的颜色，这个和一般的射击类游戏的占领规则类似，就是一直不停地涂。占塔模式是占矢仓，后者是一种日本传统的祭祀庙会要素，玩家要把塔运到对方阵地。投蛤蜊是指收集蛤蜊，并将其放到对方的碉堡里。因此，游戏有很多规则，有很多玩法。

在运营方面，有定期举办的"庆典"活动、周末限定的 24 小时活动等。《喷射战士 2》的全体玩家会分成两个阵营，主要是为了举办庆典活动。对战规则跟刚才看到的各种规则一样，但这里限定为抢地盘模式。庆典活动人气极高，截至去年 4 月，游戏在两年内大约举办了 24 次庆典，每次开放庆典活动的那两天，玩家数量都会暴涨。平时不怎么玩的人和很久不玩的人也会参加庆典。我们甚至可以推测，正是这个机制导致了玩家的长期停留。

接下来，我们对照着看任天堂的官方视频，来详细说明《喷射战士 2》的游戏玩法。玩家用各种各样的武器在地面上涂色，也可以这样攀爬墙壁或高速移动，然后攻击对手，大家都拼命涂颜色，这就是地盘争夺战。

舞台多种多样，有立体的，也有非立体的。在不同阶段，玩家使用的武器也非常多，几乎用都用不完。我们大致看一下游戏画面，来解释一下地盘争夺战怎么玩。首先，四名玩家组成一队，两队使用武器相互攻击，武器不是其他游戏中常见的子弹，而是液体墨水。墨水打在地面上，地面会变成彩色；墨水打在敌方身上，就会像子弹一样击毙对方。同时，自己的队伍会用墨水在地面、墙壁一类的空间上涂抹。打地盘争夺战时，哪个队伍最后涂的面积更大，哪个队伍即可获胜。

此外，墨水不仅意味着面积，还是组成更加复杂的游戏系统的重要部分。玩家角色是从乌贼进化而来的种族，包括人的形态和乌贼形态，也可以在两种形态间来回切换。在人的形态下，虽然玩家也可以发射墨水攻击敌人，或给地面涂色，但移动速度极慢，而且会被敌人完全看到，受到攻击时目标也比较大。在乌贼形态下，玩家若进入自己的墨水中，便能高速移动，还能利用墙上的墨水登上墙壁。若在墨水中一动不动，玩家甚至还能隐形，不被敌人发现，进而“潜伏”下来击毙对手（“伏击”）。墨水还能恢复。一旦墨水用光，玩家只要潜入自己的墨水中，就能恢复消耗掉的墨水。玩家可以在两种状态间瞬间切换，将其巧妙组合起来，采取战术行动，最终赢得游戏。单靠任何一种形态，都无法参与游戏，不能在游戏中获胜，甚至不能玩这款游戏。地上有自己的墨水，也有对方的墨水，踩到对方的墨水就会受伤，然后强制恢复人形状态，而且移动速度也会立即变慢，最终无法移动，在对方的墨水上无法动弹。总之，墨水这种东西是个非常复杂的系统。

《喷射战士》：一个全新的游戏类别

我认为《喷射战士 2》是一个全新的游戏类别，这个独特的系统能够带来全新的游戏体验。我想向大家展示一下，这个“新”在某种意义上具有极大的日本特性。《喷射战士 2》的制作人表示，最初在开发这款游戏时，他们没有拘泥于任何现有游戏类别，而是将其作为一个全新的游戏去创作的。早期游戏角色的雏形是豆腐形状的立方体，在迷宫中分为敌我两方，把黑白两色墨水涂在迷宫中争夺阵地，同时也可以用墨水打倒敌人。可以看出来，很多人把《喷射战士》视作第三人称射击游戏（TPS）的变体，但制作人的初衷并非是要制作一款第三人称射击游戏，这不是一款以打倒敌人为目的的游戏。它其实是一种更复杂的体系和游戏体验，射击仅仅是其中的一个要素而已。据游戏开发者称，涂墨水这个动作本身就是有意设计出来的一个大动作，能给人带来愉悦感受。而且，游戏的武器非常多样，我已经玩了两年了，但很多武器我一次都没玩过，其种类之多可见一斑。

不以击杀对手为目的，可以使多种移动和战术成为可能，例如初期武器若叶枪。所谓初期武器，是刚参加游戏的玩家唯一的选择。在射击时，普通的子弹会直线发射，而这种武器的墨水会飞散至四面八方，造成严重的“乱射”，无法直接打中对手。玩家即使瞄准了对方，但打不中的概率非常高，而且其射程很短。《喷射战士》有射击射程的设计，这一点与其他射击游戏极为不同。武器的射程非常短，也就是说，即使接近也很可能打不到。上述两个条件叠加起来，直面对手或者接近对手也打不中的可能性很高。若叶枪就是这样一个很难击杀对手的武器，但我们也不能断言这个武器很弱。虽然它有上述缺点，但《喷射战士》的系统令它具有强大的功能。之所以这么说，是因为它射程虽短，但喷涂性能极高，喷射轨迹比较分散，会打出很多墨水球，墨水会到处乱飞，从而可以涂抹更大面积。因此，这个武器涂占空间的性能极强，甚至说最强也不为过，而且墨水量超级大，可能是所有武器中发射墨水最多的一种了。

副武器是投出喷射炸弹（Splat bomb），这种炸弹很快就能引爆。玩家预测对手要去的位置，提前扔出炸弹，就可以一发击毙对手。就算无法击毙对手，它也可以在爆炸时喷射墨水，瞬间涂满，因此也是强调涂抹功能的副武器。此外，《喷射战士 2》里还有特殊攻击，即玩家通过涂够一定的量来累积点数，当点数到达一定上限后就可以发出大招，大招有很多种，有攻击性的和非攻击性的。若叶枪就是彻彻底底的非攻击性武器，它的大招是产生能吸收一定伤害的“铠甲”，铠甲不仅保护玩家自己的角色，而且还可以保护团队里所有的四个成员。可以说，初期武器不以杀伤为目的，而是专注于喷涂和支援。所以这不是弱，而是功能不同。例如，喷涂这个动作在抢地盘模式时会直接影响胜负的判定。但除此之外，因为把墨水喷到对手脚下时对方就无法移动了，这样自己的队友就可以把动弹不得的对手击毙，这也是支援队友的方式。还有潜伏中的敌人，墨水喷到对手身上就可以强制变回人的形态，暴露目标，让队友能看到敌人并击杀对方。

很多武器都是支援性武器，并非以打倒敌人为最终目标。正如《喷射战士》的研发人员说道：“最终得分、击倒对手几次等可量化的贡献固然重要，但自己在战斗中为队友做出贡献的感觉却是最为重要的，而不只是强弱对比。我希望这种武器能给玩家带来这样的感受”。总之，《喷射战士》这款游戏鼓励以多种方式为团队做出贡献，不止拘泥于击杀。

《喷射战士》如何改写传统射击游戏

从《喷射战士》的游戏设计中可以看出，它强调了多样性这一思想。首先，《喷射战士》的理论逻辑是什么样的呢？《喷射战士》虽然引入了第三人称射击系统，但与欧美、中国、韩国的流行射击游戏存在很大的差异，通过某种再解读、翻译或者编辑，产生出新的意义和游戏体验。

具体来说，在《喷射战士》中，射击游戏的要素发生了变形，玩家发射的不是固体的子弹，而是液体的墨水，两者存在很大的差异。第一，子弹通常飞直线，就像我们平时经常玩的射击游戏那样，若打不中敌人，则只会留下毫无意义的弹痕。与之相反,《喷射战士》中的液体不会飞直线,而且在重力作用下呈曲线轨迹飞翔,因此,这款游戏的很多武器都可以发动曲线攻击。例如,有一款以旋转式洗衣机为主题设计出来的武器,名为回旋泼桶。玩家用它把墨水向上投出,经过一段时间才会落地,呈曲线运动,可以打中墙那边的敌人。另一个形状类似的武器叫作滚筒(roller),可以用来进行曲线发射攻击。伤害值会根据曲线发射角度而不断变化,受重力影响越久,曲线发射造成的伤害越小,直线加速度则会加大墨水给对方的伤害。由于攻击方式不同,武器的攻击位置和所带来的伤害强度也会产生复杂的变化。例如,有一款武器能发射出大量肥皂泡一样的球体,只能非常缓慢地移动,它大概是游戏中延时最长、也就是受时间影响最大的武器,碰到墙壁,轨道就会发生变化。玩家在看不到敌人的情况下,也能给对手造成一定程度的攻击,即便没有击中对手,也可以涂上部分墨水。

第二,游戏里有一种从点线到面的转换,这种转换背后并非是抽象化的固体逻辑,而是具身性的液体逻辑。作为固体,枪的子弹指向了点线的几何学,遵照几何学的逻辑从一个点发射出来,沿着直线前进,从发射到击中几乎是瞬间完成的,可以说是"去时间性"的。此外,子弹从出发原点开始直线延长,导致其因果路径是决定论的,不受具体环境影响。这就是固体的点线逻辑,这种几何学理论是抽象的、很日本的逻辑。

与之相对,由于液体的墨水在重力作用之下会不断地发生变形,因此不同武器从发射到击中的时间差也不同。例如上文提到的滚筒、洗衣机、浴室等发射泡泡的武器,其时间差和用法都不一样,在很大程度上受环境的影响,无法从原因直接推导出结果,而是要经过复杂的路径。例如浴室武器的泡泡,在碰到墙之后会改变方向,与固体材料脱离时间概念的特征相反,极度受制于时间,具有很强的时间特性。从这个意义来说,墨水这种液体是极度具象化的、经验论或者说是关系论的,与日常身体的切实感受联系极度紧密。

不仅如此,《喷射战士》的陀螺仪操作也进一步调动了玩家的日常性身体实感。它让玩家通过手部动作将3D操作原原本本地还原到游戏当中，比2D的鼠标更容易操作，既解决了家庭游戏机不如电脑的劣势，也将身体性引入游戏。从表现形式来看,《喷射战士》的武器全部是我们周围的日常生活用品改造而来，我们可以将这种“改造”称为“翻译”。例如上文提及的滚筒、洗衣机还有浴室中的泡泡，都是身边的日常用品。在各个层面上都可以看出，这个游戏是诉诸我们具体的切身实感的，具有具身性。

第三,《喷射战士》墨水的攻击性比子弹低，不会让被击中的玩家感受到子弹的破坏所带来的强烈疼痛，而只会因为别人涂了与自己不同的液体而感到不快。换句话说，墨水带来的不过是心理上的不愉快，而且玩家还能涂回去。进一步看,《喷射战士》里的“涂墨”不仅可以为玩家提供移动的落脚点，也可以让玩家抢先出发或阻碍对方移动。玩家潜入自己的墨水中，可以恢复消耗掉的墨水，算是补充“弹药”。在被对方攻击的过程中，玩家若还未阵亡或能逃走，那潜入墨水还可以回血。此外，涂墨这个动作可以累计特殊点数，后者在进攻、防守甚至打开局面时都极为重要。在某些情况下，涂墨甚至可以让玩家发动特殊攻击，一发扭转局面。总之，一方面，涂墨就是为玩家自己的生存、防卫甚至攻击创造有利的环境；另一方面，在《喷射战士》中，生存、攻击、防卫这些核心行为完全依赖于玩家自己所创造的环境，而在传统的射击类游戏中，玩家只能在客观决定的环境中活动，二者有很大不同。

《喷射战士》与日本的空间文化

就《喷射战士》中的涂抹环境而言，首先，这是一种集体行为，因为创造环境的主体并非个人，而是整个团队。自己能涂，队友也能为自己涂，队友涂过的地方自己能走，队友给自己涂了多少还会决定胜负。其次，敌方也能够创造环境，因此游戏的整体环境具有极强的流动性，是时刻变化的。环境构建本身就被编码成一种竞争行为。可以说，队伍之间的关系本身流动性极大，为了队伍进行竞争构成了一切的基础。例如，玩家只有通过喷涂自己的墨水，才能以乌贼形态高速移动，否则移动速度就要慢于人的形态。游戏右上角有一个计量盘，显示着喷涂积累的能量值，玩家积满后可以放大招，如超级落地（Splashdown）大招，从而进行范围攻击。

为进一步说明，我们看一下我曾参加的一场比赛，我的墨水是黄色，对方是紫色墨水。我现在无法移动，敌人从对面过来了。我用了一个“Booyah Bomb”大招。所谓“Booyah Bomb”，就是队友给我点赞而使我的力量增加，进而可以生成的大招。比赛任务是寻找蛤蜊，然后投进对方碉堡就能取胜。比赛即将结束，我方处于落后状态，对方再扔进17个蛤蜊就能赢了，但我们还一个没进，还需要扔进100个。刚刚队友扔进去两个，现在开始反攻。刚刚全部是紫色，这位名字叫“Milk”的队友帮我涂了黄色墨水，可以限制对方移动，所以我才能击毙两名敌人。由此可见，涂抹多么重要。现在我使用的副武器是一个盾牌。放在这里，不仅可以抵御对手所有攻击和干扰，而且刚好可以把蛤蜊扔到对方碉堡里，直接得分。我一边涂出自己的一条路一边前进，这时队友把蛤蜊扔进去，最后是我扔了进去。我方扔的蛤蜊更多，所以翻盘取胜。这样团队齐心合力涂抹并使用盾牌等副武器，可以逆转战况。

值得注意的是，乌贼形态和人形态的功能区分十分明显，玩家只有将二者巧妙组合，才能取胜。在乌贼形态下，玩家可以潜入自己的墨水移动，补充墨水或隐身潜伏，若完全融入墨水，则只有队友能够看到，失去外观特征。与之相对，在人的形态下，玩家可以发射武器、喷射墨水，其他所有玩家都能看到你，你的外观特征（如各种时尚装扮）还会保留。

《喷射战士 2》中人的状态与乌贼状态的对比	
乌贼状态	**人的状态**
融入环境	独立环境
非个性化	个性化
非攻击性	攻击性
被动性	主动性
不可见的存在	可见的存在

如上图所示，乌贼状态下，玩家的角色是无个性的，融入队伍创造出的环境之中，不具有攻击性，因此玩家是适应环境的被动性存在。与之相对，人形态下的玩家角色保留了独特个性，作为个体进行活动，具有很强的攻击性，因此能够涂抹拓展领地，是能够创造环境的主动性存在。如此一来，强调集团性的乌贼形态与强调个人性的人的形态被鲜明地区分开来。对前者来说，个人是不可见的状态，而后者则是可见的。可见和不可见、集团性与个人性、被动性和主动性之间的切换，正是《喷射战士》这个游戏最为独特的系统。我认为，这个系统本身实际上是非常具有日本特征的空间体验。

在日本空间研究方面，我要参考法国的日本学学者边留久（Augustin Berque）的精彩著作《空间的日本文化》（日语：空間の日本文化，法语原文：*Vivre l'espace au Japon*），对《喷射战士》的空间性进行详细论述。边留久基于表象观察、语言学、地理学、脑科学、心理学、社会学等领域的知识指出，日本特有的主体和环境的关系呈现了一种极为特殊的形态，日本文化不会将主体从环境中分离，用他的话说，“主体具有适应性”。以日语里的人称代词为例，英语中有 I、You、She，中文的“我”，但日语不太常用此类任何情节和环境中都能使用的抽象性代词，而是需要根据具体的场景或情节使用不同的称呼，如地位或职位等词汇。也就是说，日语不用抽象的假面一般的代词，而是用名词来表达，将人物和人称放在社会现实中进行表达。某种意义上来说，这里存在一种转移，即从任何语境都通用的抽象表达转移至依赖于语境和环境的具体事物。边留久把日本人这种语言层面上的、付诸行动的文化倾向称为“场所中心主义”，指向主体人称，也就是人格和行动。这意味着意义只在具体场所、环境、情节、架构的关系之中被建构起来。主体所在的位置并非任何时候任何场所都不变，而是随着环境和情节的变化而时刻变化着的，即流动的主体。但是，这并不是说环境决定了主体，而是主体和环境复杂纠结，形成了一种恒常性的相互生成的关系。也就是说，环境虽然能够规定主体，但环境是在不断改变的，主体能够适应环境。就日本人而言，他们有能力应对周围的状况，进而再次决定自身。关键是与具体的环境共存，这个环境构成了一个主体的所有人格和行动所必需的基本条件和必要条件。日本所强调的并非西方语言中的“个体”，即与情节无关、抽象出来的、在任何情节都能通用的人称人格，而是能根据环境变化的、差分性的特质。

敏锐的人也许已经注意到，日本文化的这一特质实际上在《喷射战士 2》中有了鲜明的体现。用墨水涂出来的环境和玩家这一主体的行动之间的关系，区别于西方射击类电竞游戏的主体与环境间的关系，而是与边留久论证的日本文化中主体与环境的关系非常相似。首先，我们回头思考一下乌贼形态和人形态的区别。乌贼形态是适应环境的主体，充分利用这一特质，可以确保自身安全，把握周围情况，准备攻击。而人形态下能够创造改变环境，主动形成对自己有利的状况。换言之，主体的主动行为依赖于环境这一被动的状况。没有涂抹，玩家就无法移动、击杀、逃走。不仅如此，在地盘争夺战或排位模式里，涂抹这一环境创造行为本身就是比赛最主要的目标，它是《喷射战士》决定胜负的关键。重要的不仅是玩家个人的击杀技能，而且还在于集体如何涂抹、创造环境并对其加以利用。从这一角度看，所谓能动性的位置发生了变更和移动。

那么，我们也可以将其称为场所中心主义或者环境中心主义。对认同其他文化倾向的人来说，这个系统可能被视作对人性的某种压抑，并带来集体性的压制。从某种程度上看，这种担忧是正确的。例如，山本七平在其名作《空气的研究》中指出，“氛围”这种环境压力会带来深刻的政治、社会和文化上的后果，日本的战争也和这种逻辑有关。然而，主体和环境的关联性这一构造本身，也适用于日本文化的倾向，即根据具体情节来思考事物的倾向。关键是，这个游戏系统具体是如何起作用的呢？正如游戏设计师所述，《喷射战士》的系统是为了让玩家可以做出多种多样的贡献。换言之，就是肯定了主体的个性和多样性。实际上我作为一名玩家，最有意思的是在不同的地图里应对不同的状况，用不同的武器组合形成我独一无二的玩法。反观强调个性高于环境的西方常见射击类电竞游戏，重要的只是击杀击杀再击杀，任何情况下都用同一种战略。这种个性单一化的现象时有发生，也就是说，如果做什么都是雷同的，在任何情况下都只能做自己的话，那就遑论个性和自由，只不过故步自封于孤独王国而已。如此一来，我们又可以得出一个完全相反的结论，即在具体的语境中去思考游戏系统所带来的结果更重要，而不是抽象地认为集团性的就是罪恶的。

日本作为方法

我们刚刚分析了《喷射战士 2》与一般的电竞游戏的差异，并从日本文化的特殊性和平行部分进行了讨论。然而，我的目的并非是要把日本文化进行本质化，也不是要提出所谓“日本文化的定义”。我所论述的是，日本与其说是一种本质，不如说是一种方法。当然了，日本文化会以这种方法发生变化，或者更准确地说，这是为了变化而存在的方法。我想给大家显示的是一种可能性，即电竞不仅仅只有我们现在所看到的样子，而是有着可以演变出多样的电竞、多样的游戏的竞技性、多样的游戏文化的可能性。就像日本编辑工学领域创始人松冈正刚所说的那样，日本不是主题之国，而是方法之国，而这里所说的方法就是编辑。

说到普通的编辑，一般人们会想到报纸、杂志、书籍、电视、电影等常用的技法，但在编辑工学领域中，获取事件或对象的信息，将信息进行排列组合并创造出新东西的方法全部被归入“编辑”的范畴。例如，日本引进中国的汉字，进行独到的组合编辑后，形成了和汉文化；近代以后引入西方文化，将其与传统进行组合，编辑成和洋文化。总之，日本文化本身就是将各种各样的东西组合起来进行编辑、创造出新的价值的历史，即方法本身。这就是我所说的“作为方法的日本”。

而《喷射战士 2》这款游戏同样也是此类编辑的产物。它不拘泥于现有的游戏类型，而是创造出全新的游戏，这也是研发人员的初衷。这款游戏将传统的第三人称射击游戏风格和通过喷涂行为创造环境这个全新的游戏风格相结合，将完全不同的两种东西组合起来，创造新的价值。再者，它不仅采用了悬赏的竞技大会，还引入了甲子园（日本独有的高中棒球文化）和日本庙会形式的庆典等要素，在周末限定时推出新地图，每次庆典都会准备新关卡。届时，全日本的玩家乃至全世界的玩家都分为两大阵营进行对战，也采用庆典的形式完成，极大提升了这款游戏的人气。

可以说，创作《喷射战士》的过程本身是利用了作为方法的日本，把不同的东西组合起来创造新的价值。日本式的批评也是如此，促使日本式的批评本身也成为一个作品。[①] 可以说，《喷射战士》这款游戏改变了射击游戏的规则，明确了构造性前提，将日本式主体和环境的关系进行组合，然后创造出新的价值和新的竞技性游戏文化。这恰恰扭转了此前被批判的一种日本文化倾向，即所谓主体对环境的从属关系，或者环

① 有关我对“游戏批评”的详细讨论，可以参见：杨骏骁. 游戏论 · 批评的向度丨从“游戏批评”到“玩游戏批评”. 澎湃新闻，2019-6-22.

境对主体的压抑，并揭示出日本文化中肯定多样性和个性的一面。这也是我们在思考《喷射战士》这款游戏的过程中得到的启发。然而，就像我在讲座开头所指出的那样，当前的日本电竞行业并没有遵循日本式的方法，而是原封不动地接受了国际电竞的前提，并将其强行应用于日本的电竞界上，没有组合，没有编辑，直接照搬套用在日本，所以才导致日本电竞文化中的各种的矛盾及难题。

我认为，要发展日本电竞，必须重新思考这一点。规格化、标准化、国际化之类或许确实必要，但不一定通用于所有情况。对整个游戏文化来说，这也不见得一定是好事。通过今天的讲座，我们聚焦《喷射战士》和日本式方法，强调了多样的竞技性以及异质性的游戏文化其实是可以存在的，并建议大家重新思考规定自己生活的规则和前提，甚至领悟通过重新组合、编辑来创造全新价值的方法。这就是本次讲座的初衷。

沙龙讨论

邓剑：我跟骏骁是老朋友了，谢谢骏骁的精彩演讲，使我受益匪浅，促使我重新理解电竞和电竞文化。今天的讲座中，有很多点都是我很感兴趣的，同时我也有很多问题想问，借此机会和骏骁、主持人和大家一起来探讨。

首先，虽然我也做游戏研究，也看到了一些电竞研究资料，但对于我来说，骏骁今天提到的日本电竞如何呈现个体与环境的关系，是一个非常新的说法，这对游戏研究本身来说，极具理论深度和创造性。他对《喷射战士 2》的分析，一方面揭示出日本文化的特殊性，另一方面列出了这款游戏的具体差异特点。我首先想问骏骁一个问题，你觉得《喷射战士 2》这款游戏的主题就是个体与环境的关系吗？

杨骏骁：谢谢邓剑，我觉得是这样。《喷射战士 2》中个体与环境的关系，是这款游戏与其他射击类电竞游戏的主要差异，同时也通过这样一种方式向玩家传达了“把日本作为一种方法”的理念。它其实是对欧美的一种人与环境的模式的重新思考和转换。在欧美模式中，个体跟环境是相互独立的，或者说，两者处于对立的模式。此外，《喷射战士2》中个体与环境的关系又传达出日本式的主体与环境的融合。这样的一个日本式融合是主体跟环境的关系的变奏，它不是完全按照日本式的来运转，而是进行了一个重新的编辑跟翻译，然后重新做一个游戏呈现给玩家。

邓剑：谢谢。你在讲座的结尾指出，日本电竞的一个根本问题是，它放弃了日本性，原封不动地把欧美的电竞模式接入日本，所以影响了电竞在日本的发展。对此，我颇有感触。我最近编译了一本书，名为《探寻游戏王国里的宝藏：日本游戏批评文选》。在编译过程中，我发现，不仅是日本的游戏，还有日本的游戏批评或者说日本研究，纵观其几十年来的发展脉络，有个很大的问题在于，研究者在慢慢地在去日本化。我们知道，日本学者从 20 世纪 80 年代早期就已经开始做游戏研究或者游戏批评了。那个时候，他们一方面是知识积累很不错的学术大家，另一方面运用了一套日本游戏研究的方法，对于研究游戏，特别是研究日本式的游戏来说，很有解释力。后来，我们就看到，很多当下比较年轻的学者都开始用欧美式的方法来解释游戏，从某种程度上缺乏人文研究或者游戏批评所应该具有的基本向度。那么，你觉得当前日本电竞面临的困境是否能有效解决？你所提出的《喷射战士》中“把日本作为方法”的理念能否在电竞界中推广开来，从而促进日本电竞的发展？

杨骏骁：这种可能性肯定是有的，但是我不是很确定这种理念何时被大众接受。就像你说的，其实日本政府现在正在推进与国际接轨的合作，其中就包括电竞，因此出现了一个从上到下的非常强大的力量，把日本整个电竞界往那个方向推进。此外，虽说现在日本仍然是一个以游戏主机为主的社会，但游戏笔记本、台式电脑其实已经在很大程度上开始普及开来，以视频网站上的那些主播为例，他们大部分人都在用电脑直播。看了这些人直播之后，日本年轻人可能也会去想要拥有一台自己的游戏笔记本电脑，去参与电竞。这其实是一个非常强大的宣传链，加上政府和产业的推动，这种电竞状态很可能会变得跟中国以及欧美一样。

但与此同时，任天堂一直在拒绝把自己发行的游戏变成与欧美电竞游戏一样的产品。任天堂表示，他们希望让所有人都可以参与到他们的游戏当中，体会到它的乐趣，所以不会像欧美一样，举办有高额奖金的电竞赛事。如果你仔细分析这样的说法，那么你会进一步追问这一电竞观念上的差异到底意味着什么？适用于中国和欧美的电竞制度是怎样的？这种电竞制度其实呈现出金字塔形，所有玩家都是朝着顶点向上走。然而，任天堂的理念是人人都可以玩，就像在《喷射战士》里，每个月都会有一次庙会（Splatfest，也被玩家称为祭典）及相关主题活动。其中，所有玩家分为两个阵营，双方进行竞争，这就跟金字塔式的电竞完全不同。

这样的话，日本就会有两种力量存在，一个是把它推广到跟欧美、中国等地区进行国际接轨的电竞，另一个是任天堂这样的力量。当然这也可能只有任天堂才能做到，我现在没有办法预测。

邓剑：你是不是认为，任天堂还是在玩具的脉络里面设计《喷射战士》，而不是在我们当代的竞争体制或者技场体制里设计他们的电竞？如果电竞游戏要在日本打开市场的话，是否必须回到日本玩具的脉络中，或回到日本文化的各种节庆季的这样一个脉络中，与日本的本土文化进行一个再编辑，才能使电竞本身在日本流行起来，同时也能提升电竞文化的多样性？

杨骏骁：如果你说的玩具脉络是指游戏较为民主的结构，那确实如此。另外，由于基于电脑端的电竞活动难以推广，日本转而推动基于智能手机的移动电竞。例如，日本三大手机公司之一的 NTT DocoMo 与育碧合作，共同推出了名为 X-moment 的电竞平台，现在主打两款游戏，一个是手机游戏《绝地求生：刺激战场》(PUBG Mobile)，另一个是电脑游戏《彩虹六号：围攻》。双方想要将其作为一个与国际接轨的模式，兼顾电脑与手机两种平台。第三种就是任天堂的模式。也就是说，现在日本有三条路、有三个力量在推动电竞，而非全都是欧美的主流模式。

邓剑：我最近也在重新玩《喷射战士》这款游戏。我最大的感触是，这其实是一款打水枪的游戏，我们小时候都玩过的那种水枪。所以，我觉得任天堂的射击游戏方式，是日本本土文化设计过程的一个数字化衍生。然而，你在演讲里提到，乌贼状态和人形状态体现出环境与个体既对立又融合的关系。你觉得这样一种设计方式是有意识地要创造一种有想象的竞争方式，还是无意识的生产过程？

杨骏骁：我觉得任天堂是比较有意识地在做这件事，因为他们从这个游戏最早的企划开始，就是要做一个跟普通的射击游戏不同的作品。他们最初并不是要做一款射击游戏，但之后《喷射战士》诞生了。任天堂比较有名的一个思想就是，枯竭技术的横向思考。也就是说，不用最新的、最尖端的、性能最好的主机，而是以已有的比较老旧的技术为基础，重新发掘其新的可能性。例如 Wii U 和 Switch，两者在技术上其实都是一个平板电脑的改造。它用的硬件全都是早于我们现在用的平板两个世代的东西。但任天堂却把游戏做得跟以前非常不同，这是他们一个主要的思考方式。我觉得《喷射战士》其实也是这种思想的体现。

邓剑：对，你前面还提到《喷射战士》里有很强的身体性，这也与我们理解的传统电竞游戏不太一样。其实我们知道，如果把电竞理解成一种体育竞技的话，日本电竞可以追溯到很久以前，比如最早的《高桥名人的冒险岛》。要知道，高桥名人就是由街机文化竞技赛衍生而来的一种电竞游戏。那么发展到现在，为什么日本的电竞反而越来越不受到重视呢？当时已经很火的日本街机厅文化里的电竞，却没有衍生到我们现在的进程中来，这跟日本游戏的媒介物质性有关系吗？在日本的发展过程当中，电竞所使用的媒介是不是发生了断裂，所以才导致以前的日本电竞模式没有很好地延续下来？

杨骏骁：我没有办法很好地回答这个问题，但确实存在这个可能性。我是在2003年来到日本的。那时，游戏厅文化已经不算很主流的东西了，取而代之的流行文化是在游戏厅玩对战游戏和格斗游戏。在日本主流社会，其实也没有一个延续这种对战文化的东西，因为人们当时都用家庭游戏机。当家庭游戏机普及之后，这种游戏厅式文化就必然走向边缘。这可能是导致它没有被延续下来的原因之一。也就是说，游戏厅文化其实一直都有延续，只不过它比较边缘而已，而且没有办法跟现在的主流游戏文化来连接。我不常去游戏厅，但在我的印象中，街机文化比较注重社区内的联系，很多去游戏厅的人其实彼此都认识，基于熟人关系去进行竞技。当然东京那种大游戏厅可能不一样。

邓剑：在我的《喷射战士2》游戏体验里面，乌贼状态完全就是为了一种隐身、然后加快速度回血，跟普通人形状态下是完全不同的一种体验，完全没有想到乌贼状态是为了融入环境，也就是你刚才提到的各种环境里面的集团性。很多日本亚文化学者都提到过集团性的概念。有关乌贼和集团性之间的关联，在日本的其他的学者那里可以找到相关解释吗？

杨骏骁：因为关于这个游戏的研究本身就不是很多，这种联系是我的个人看法，还真没有看到别人研究。有人可能会想，乌贼状态跟集团性的感觉不是很强。其实这要看你的思考角度。比如，你之所以能找到可供自己移动的墨水（也就是自己队颜色的墨水），是因为你的队友给你涂过了，但你钻到里面去回血的时候，可能没有意识到这是集团性的一个结果。如果你用的是那种涂抹力不是很强的武器，你可能会想，要是队友给自己涂好的话，该多好。如果环境没有创建好，玩家会面临很大压力，这也是集团性的体现。

邓剑：对，作为一个中国的玩家，我在玩这款游戏时可能想不到那么多。听完你的演讲后，我突然就意识到这构成了一个问题。你认为，在游戏批评或《喷射战士 2》研究来说，玩家和研究者之间应该是怎样一种关系？

杨骏骁：我刚提到过，批评本身就是一个作品。我们玩游戏的时候，只是去参与这款游戏本身，能感受到的东西特别有限。就像你听音乐、看电影、读小说，如果不去看影评，不去看书评，不去看音乐评论的话，你对这个音乐、电影、小说的感受其实是特别有限的。但是，你通过我的演讲，第一次意识到自己的游戏经验里包含了自己意料之外的内容，这其实就是批评的功能。所以我最想说的是，游戏需要批评，它可以丰富你的游戏经验，让你反思自己如何玩游戏，如何面对一款游戏。因为在某种程度上，游戏是你存在于这个世界的一种方式，跟看电影、听音乐、聊天、读书没有任何本质区别，它们都是人的存在方式。如果说游戏是我们现在普遍的很重要的且极具支配性的存在方式，尤其是电竞，那么我们就有必要去反思它，然后去丰富它。反思丰富的一个方法不仅仅是我们去玩游戏，而是去反思自己的游戏经验，然后去建构一个游戏批评的模式。我觉得日本游戏批评其实最早也是在这样一个脉络当中出现的。

张舸：我看到一些观众的提问。这位观众问：据我所知，日本有一部分硬核玩家注重游戏的竞技因素，他们会玩 SNK 和卡普空的格斗游戏，并参加线下比赛，或在《超级马里奥制造 2》和《糖豆人》(*Fall Guys*)之类的平台上竞技。你说的《喷射战士 2》也是同样的类别。这些游戏由日本公司开发，在全世界均有不小影响。是什么原因使得日本游戏开发商或者玩家不把此类行为定义为电竞，也不用欧美中韩的商业逻辑来举办此类游戏相关的商业活动？

杨骏骁：这个蛮难讲的，很难说有一个特定的原因。我个人的感受是，日本一直都缺乏用于支持电竞的良好的基础设施。电竞这个概念本身就是一个外来的东西，在日本这个脉络当中缺乏根基，导致它难以普及。此外，格斗游戏以及刚才我提到的游戏厅文化，都是日本自生的东西，很难跟电竞完全对应上。这些可能是比较能说得通的原因，但还有很多复合因素导致了这样一个结果。

张舸：作为这个系列活动的组织者，我们不希望存在一个非常单一的电竞定义。电竞在每个国家、每种文化背景中的生成过程都不太一样。例如，巴西学者迪亚哥·法尔高在介绍本土的电竞时，曾提到巴西以前的一些 LAN House，与网吧类似，在那个环境下逐渐形成了巴西的电竞。在中国，也有这样一个环境，网吧推动了电竞的发展。刚才这位观众也说，很多日本游戏，特别是格斗游戏，在西方的英语国家也都很流行，也有很多比赛，但是它们为什么就没有被称为电竞？其实在某种意义上，如果你只是从竞技游戏这个角度来看的话，它们都是竞技游戏。只不过，如果你只关注一个主流的游戏，如《英雄联盟》，那么你可能就看不到这种本来就根植于具体历史文化环境下的多样性。

邓剑：我想再补充一点。我觉得日本人在玩《喷射战士 2》的时候，他可能想到的是把这个游戏给玩好，玩到极致，玩到最好，而不是在这里面有竞争的因素。它可能不是在为了人与人之间进行竞争，或者在一个比较的平台上考虑这个事情。或者更简单一点说，他们是在挑战自己的游戏技术。

张舸：回到游戏批评，有位观众提问：关于日本式批评的概念，是否会因为批评是指涉性的作品，所以批评者会更多在意自己作品的完整性，而不是批判力度？

杨骏骁：可能这里面有一些概念上的差异。我们说的批评和批判其实是两回事。批评意味着去评价这个作品哪里好或哪里不好，当然就包括这个作品的价值在哪里。如果你能把一个作品的价值很好地表述出来，或者在表述它的同时，把它联系到一个更宽广的文化脉络当中或其他作品上，然后形成一个跟当初你看到的作品不一样的图景和看法，就可以称作一个好的批评。

邓剑：我觉得，刚才这位观众所说的“作品的完整性”是否指商业批评，“批判的力度”是否指超越商业批评的社会批评或者文化批评、学术批评？中川大地将日本的游戏批评分成了这两种类型，虽然他没有明确地提出来。所谓商业批评，就是这个游戏作品设计得好不好玩，包括它的游戏机制、剧情、人物、颜色等，从上述维度去讨论一套作品的完整性。在商业机制里面，这是为了游戏能够有一个更好的销量，或者作为一种商品购买指南的批评，那么它就会在乎游戏的完整性，而不是游戏的深度。然而，如果想让批评着重于批判的力度，那就不能只对游戏就事论事，或者只批评一种作为“器”的游戏，而要研究游戏本身的“道”，也就是说它会研究游戏本身蕴含了怎样的社会批评意识，这可能就是关乎批判的力度。就日本的游戏批评而言，它会分为两种。之前的应该是那种商业机制的批评，而且至今依然存在。自日本游戏产业繁盛后，日本的游戏批评就受到了关注，因为它能为玩家提供消费参考，了解哪些游戏是好游戏，哪些是垃圾游戏。不过目前随着日本游戏研究或者游戏批评有了新的发展，很多学者在用第二种批评，即主题式的批评或社会批评来研究游戏。这个时候就如骏骁所说，游戏不仅仅只是一种游戏了，不只是玩家的游戏了，而是成为了批评者的作品，批评家会通过游戏作品去理解整体的日本的社会文化。因此，我们从骏骁今天的演讲中，也看到了这样一个脉络，发现了《喷射战士 2》与日本文化的关系。

张舸：有位观众问：骏骁是否把《堡垒之夜》（*Fortnite*）看作和《喷射战士》类似的游戏，因为两者在一定程度上都包含了对环境的改造。你不妨也联系《堡垒之夜》在日本的情况谈一谈。

杨骏骁：这个问题很好。在我看来，这两款游戏在很大程度上有相似之处。《堡垒之夜》没有遵循之前第三人称射击游戏的逻辑，而且也使用了一些编辑手法。《堡垒之夜》指向了自己建筑的维度，这在很大程度上改变了环境的流动性。在这个意义上，我觉得两款游戏有同样的倾向。至于《堡垒之夜》在日本的接受程度，因为它在家庭游戏机里面是可以跨平台玩（cross-play）的，所以还是蛮有人气的，但不是特别高。其中一个原因是，《堡垒之夜》不像《喷射战士》这样具有集团性，缺少大家一起来通过不同的方式为最后胜利做贡献的感觉，而是只有一个人或者一个队伍生存下来，属于大逃杀类型的游戏，玩家的贡献方式比较单一，因此它其实跟其他第三人称射击游戏是一样的。当我通过《喷射战士》这个游戏来解释主体与环境的关系时，不仅是指改造环境，还涉及主体跟集团的相互作用。在这个方面，《堡垒之夜》可能更弱一点，这可能是它在日本没有特别流行的一个原因。

张舸：我有个问题，之前你说到“把日本文化作为方法然后编辑”。你有没有把它与“山寨”的概念做一些联系？因为如果把山寨作为一种方法去理解的话，两者很相似。

杨骏骁：我觉得这个视角是可以的，因为在某种程度上说，日本文化是中国文化的“山寨”，从以前到现在，都是如此。到近代以后，它变成了欧美文化的一个杂糅，从美国到德国。日本的法律其实是德国式的，用一种杂糅形成了它的近代国家系统。但我们在这里说的山寨，不是对别的东西的一个劣化复制。把一个东西从外部学过来，要有一定的变奏。在这样一个变奏或者翻译的过程当中，如果它的丰富性反而减少了，那就是另外一回事了。两者在结构上是一样的。最近这些年，我们提到山寨时，往往只会想到完整复制别人的模式，没有想到在模仿中创新。如果我们不是去想纯粹地复制别人，而是把你觉得别人有意思的东西和你自身的经验组合出来新的东西，那就是一个很好的“山寨”。韩炳哲（Byung-Chul Han）有一本书叫《山寨》（*Shanzhai: Deconstruction in Chinese*，2017），说到从古代中国到日本的建筑，再到当代的山寨。他关注的并不是一个劣质的复制，而是在这个过程当中，如何把一些东西组合起来产生新的价值，也就是山寨的力学。这种理解山寨的方式，很接近我今天所说的把日本作为方法。

张舸：说到研究方法，之前邓剑提到了游戏批评以及怎么做游戏批评，你也指出，要把对一个游戏的观察扩展到对社会的理解，或者对某一种更抽象的东西上面去。但我在看到很多所谓游戏批评时，也就是相对学术化的游戏批评，很多作者其实并没有做过像你那样，提供这种非常细致的游戏分析。例如你在讲座里面分析了一段《喷射战士》的比赛录像以及你在这个比赛中做了什么，基于这样一个非常细致的讨论，再延伸出你对一些概念的讨论。在我看来，这样的一种方式反而是游戏批评里面相对有意义的，也是比较稀缺的。大家现在对理论过于强调，忽略了游戏细节。我之前跟你讨论过《环境媒体》（*Ambient Media*）一书，里面也提到那本关于空气的书以及日本空间的理论，很有意思。而你的理论是来自于对《喷射战士》这个游戏的深刻理解，在《喷射战士》的环境下来理解这个方向的理论，是很有意思的。但这些在我看来还是要基于你对这个游戏有深刻的理解，这个深刻的理解就是你真的有去玩，这个玩是真的。当然你再重新审视并反思了你玩的这个过程。

杨骏骁：这可能是学术训练所得出来的结果，因为我是研究文学的。要研究文学，就必然涉及文本的精读。但在日本，很多研究游戏或做游戏批评的人也做媒介研究、传播研究，还有一些研究当代思想。有些人做游戏研究时，往往忽视了游戏本身，也就是玩游戏时的一些细节。想要解决这个问题，可以部分地导入文学研究或者文学批评的一些方法，可能会促进游戏批评的发展。

张舸：还有一位观众问，西方社会在2000年左右形成了游戏研究领域，它与日本的游戏批评所关注的内容有哪些差异和联系？

杨骏骁：差异很大。我看到的一些欧美现在的游戏研究，比较关注游戏原理性的一些问题，如游戏是什么，规则是什么，玩游戏是什么，这些涉及到较为原理式的或者说美学分析式的一些问题，具有很强的逻辑性和系统性。但就日本游戏批评而言，可能没有像他们那种系统性的严谨研究。透过日本的游戏批评，我们其实可以看到一些单纯玩游戏时看不到的东西。在这个意义上，它其实就是把一些东西组合在一起，让你看到游戏比较意外的一面或者它意外的一个可能性。就我今天讲的内容和形式而言，它们和我所推崇的方法完全契合。我就是在分析《喷射战士》的机制，把它联系到日本文化或者一些编辑的东西，这其实是一种组合。换句话说，我今天没有深挖游戏到底是什么，游戏的原理是什么，而是把两个完全没有关系的东西组合在一起，让你会发现这两个东西其实有内在的联系，这就是日本的游戏批评。日本游戏批评是建立横向联结：这个东西跟这个东西比较像，然后这个东西又跟另外一个东西比较像，然后从这样一种相似的东西，我们可以看出什么。这是日本一种比较横向的思考方式，不同于西方的纵向思考方式。这是我个人感觉到的一个明显差异。

邓剑：我同意骏骁的看法。我觉得，如果再把中国的游戏批评或者中国的游戏研究给加进来的话，还可以看到一些其他的东西。

张舸：我可以补充一下。骏骁刚才所说的西方游戏研究中关注所谓玩的本质或者是游戏的本质。从背景上来说，这样的一种研究方式还是以哲学为基础的。其实在近五到十年，越来越多的研究者开始质疑此类研究。即便是在英语国家接受学术训练的游戏研究学者，也都不太愿意以这样的方向再继续研究下去。像骏骁所推崇的研究方式，我们说它是思考的方式也好，批判的方式也好，都更贴近游戏本身，而不是去探讨一些所谓终极议题。

杨骏骁：我再回应一位观众的问题。他认为，可以把东浩纪、斋藤环等人的日本 ACG 批评与游戏批评重叠。我想说的就是，这要看你如何去定义文本了。确实，像他所说的一样，在东浩纪之后，很多日本学者会把游戏当作一种文本，去非常细致地分析，我今天的演讲其实也是以此为基础的。东浩纪提出的游戏现实主义，是通过他对游戏的分析，来建构一个完全新的文学批评模式。他拿游戏去分析一些文学作品，一些在之前的文学脉络当中没有办法被把握的文学作品。他经由游戏和对游戏的分析，来重新解读某个文学作品，因此改变了这个作品的阐释方法、意义和价值。这是他所做的一个最大贡献，之前没有人做过，这其实就是非常具有代表性的一个日本式批评方式：我们可以拿文学来批评游戏，也可以拿游戏来批评文学、电影等其他作品。这是把游戏当作一种方法。我觉得这样去理解日本的批评比较符合这二十年来的日本批评脉络。

邓剑： 我再接着补充一下。东浩纪研究的那些游戏的对象，跟日本的轻小说、动漫作品一脉相承，所以他用那种方法去分析 ACG 文学和游戏是没问题的。但当下的情况是游戏本身。我们在谈游戏的时候，游戏是一个比较笼统的概念，我们可以把自己玩的任何东西，都叫作游戏。但如果要进入到东浩纪那样一个脉络里面的话，还是得再重新指认一下。也就是说，东浩纪所指的游戏究竟是哪些游戏，哪些游戏适合放在他的脉络里面去讨论，哪些游戏不太适合。其实，东浩纪后来完全意识到了自己所分析的那些游戏本身的特定性。

张舸： 我们的活动即将结束，最后请骏骁和邓剑再跟观众做个简短的总结。

杨骏骁： 谢谢大家参与今天的讲座。我是作为《喷射战士》的玩家来讲这件事，而不是一位学者。大家可以从中听到自己感兴趣的东西，然后拿回去思考自己如何面对游戏。把自己作为一名玩家，把游戏当作自己存在于这个世界的一种方式，去反思游戏。

邓剑： 骏骁提出的“作为方法的日本”，可以作为一个研究日本电竞或者日本游戏的方法。同时，对未来有志于做游戏批评或者游戏研究的年轻人来说，大家也可以把骏骁今天的演讲作为一种方法，去重新反思游戏批评或者游戏研究。谢谢大家！

参考文献

Han, B. C. (2017). *Shanzhai: deconstruction in Chinese* (Vol. 8). MA：MIT Press.

Roquet, P. (2016). *Ambient media: Japanese atmospheres of self*. Minneaolis, MN: University of Minnesota Press.

邓剑. 2020. 探寻游戏王国里的宝藏：日本游戏批评文选. 上海：上海书店出版社.